U0369992

张荣芳文集

第二卷 秦汉史与岭南文化论稿

张荣芳◎著

中山大学出版社
SUN YAT-SEN UNIVERSITY PRESS
·广州·

图书在版编目（CIP）数据

秦汉史与岭南文化论稿/张荣芳著.—广州：中山大学出版社，2023.12
（张荣芳文集；第二卷）
ISBN 978 - 7 - 306 - 07946 - 6

Ⅰ.①秦… Ⅱ.①张… Ⅲ.①中国历史—秦汉时代—文集 ②地方文化—广东—文集 Ⅳ.①K232.07 - 53 ②C127.65 - 53

中国国家版本馆 CIP 数据核字（2023）第 222154 号

QINHANSHI YU LINGNAN WENHUA LUNGAO

出 版 人：王天琪
策划编辑：王延红
责任编辑：麦晓慧
封面设计：周美玲
责任校对：梁锐萍
责任技编：靳晓虹
出版发行：中山大学出版社
电　　话：编辑部 020 - 84110283，84113349，84111997，84110779，84110776
　　　　　发行部 020 - 84111998，84111981，84111160
地　　址：广州市新港西路 135 号
邮　　编：510275　传　　真：020 - 84036565
网　　址：http：//www.zsup.com.cn　E-mail：zdcbs@mail.sysu.edu.cn
印 刷 者：恒美印务（广州）有限公司
规　　格：787mm×1092mm　1/16
总 印 张：235.5
总 字 数：4748 千
版次印次：2023 年 12 月第 1 版　2023 年 12 月第 1 次印刷
总 定 价：780.00 元（全九卷）

目　录

简牍所见秦代刑徒的生活及服役范围

秦代刑罚繁密严苛，除各种死刑和肉刑外，还有徒刑。徒刑的种类很多，根据服刑者所犯罪行的轻重和刑期长短，有城旦舂、鬼薪、白粲、隶臣妾、司寇、侯（候）等的区别。这些既是刑名，也是刑徒的称谓。刑徒在封建国家的严密控制之下，被迫从事各种劳役，有时还被驱使从军，直接参与作战。他们地位低下，处境悲惨，"常衣牛马之衣，而食犬彘之食"，虽终日劳作，却常有冻馁之虞。了解秦代刑徒的日常生活，对秦代社会其他问题的研究无疑大有裨益。本文试据简牍材料，对秦代刑徒的衣、食及服役范围等问题作初步探讨。

一　秦代刑徒的衣服

秦代刑徒所穿衣服与常人有别，为红褐色的赭衣。《汉书·刑法志》就以"赭衣塞路，囹圄成市"形容秦代刑徒数量之多；《汉书·食货志》则称"赭衣半道，断狱岁以千万数"；《太平御览》卷六四九引应劭《风俗通义》云："秦始皇遣蒙恬筑长城，徒士犯罪亡依鲜卑山，后遂繁息。今皆髡头衣赭，亡徒之明效也。"这在秦简中也多有反映，《秦律十八种·司空》① 规定："鬼薪、白粲、群下吏毋耐者，人奴妾居赎赀责（债）于城旦，皆赤其衣"，"城旦舂衣赤衣，冒赤幰（毡）"。但公士以下因赎罪而服城旦舂者，可不穿囚衣。可见，秦代刑徒一般均须穿特制的囚衣。

刑徒的囚衣一般由官府发放。在都城咸阳服役者，凭券向大内领取；在地方郡县服役者，凭券向所在的县领取。囚衣分夏装与冬装两种，夏装的发放时间为四至六月，冬衣为九至十一月，过此期限即不再发给。如刑徒到另一官府服役，应按距离远近至迟在八月底或九月底以前将其所领衣服的数量通告原计账官府。②

但是，并非所有刑徒的衣服均由官府发给。而且，官府对刑徒的衣服也不是无偿的给予。《司空律》规定：

---

① 见睡虎地秦墓竹简整理小组《睡虎地秦墓竹简》，文物出版社 1978 年版。本文所引睡虎地秦墓竹简材料均出自此书，以下凡引秦简材料均只注篇名，不再注书名。

② 参阅《金布律》《司空律》。

> 凡不能自衣者，公衣之，令居其衣如律然。其日未备而被入钱者，许之。以日当刑而不能自衣食者，亦衣食而令居之。

也就是说，凡是不能自备衣服的，才由官府发放，但他们必须以增加劳役作为补偿。如果增加劳役的天数未满，可以折纳现金；至于那些以服役代替受刑而又无力自备衣服者，也由官府发放，但他们照例也必须额外增加劳役作为对衣价的补偿。因此，真正由官府提供衣服的就只有那些生活贫困、无妻又无力自备衣服的隶臣、府隶和刑期较长的城旦舂等，故《司空律》又规定：

> 隶臣妾、城旦舂之司寇，居赀赎责（债）戴（系）城旦舂者，勿责衣食；其与城旦舂作者，衣食之如城旦舂。隶臣有妻，妻更及有外妻者，责衣。人奴妾戴（系）城旦舂，贷（贷）衣食公，日未备而死者，出其衣食。

《属邦律》还规定：

> 道官相输隶臣妾、收人，必署其已禀年日月，受衣未受，有妻毋（无）有。受者以律续食衣之。

可见，秦代对刑徒是否受衣是有严格规定的，隶臣有妻、妻是更隶妾及自由人的，均不在受衣者之列。而"贷（贷）衣食公"，则形象地说明，秦代给刑徒发放衣服实质上只是一种有偿借予而已，并不是不加任何条件的给予。

研究表明，秦汉人的日常服装大体分为长袍和短衣两大类。长袍类服装源于先秦的深衣，即上衣下裳（裙）缝合到一起的衣服。根据季节变化，袍服又有禅衣（单层薄料制成）、襜褕（厚料制成并可加皮毛装饰）和袍（有里有面并填以棉絮）之分；短衣则有衫（单内衣）、裤（夹内衣）、襦（一种及上膝之上棉夹衣）、袭（没有着棉絮的短上衣）和袴（即裤子）之别。[1] 据《金布律》，秦代刑徒衣服只有夏装和冬装，似无春秋服。夏装的情况不得而知，官府发放的冬装主要有褐衣和幪布（即头巾，秦代刑徒无冠饰，故用幪布裹头），均用粗麻布织成，并以用麻多少而各有所值。《金布律》规定：

> 为幪布一，用枲三斤。为褐以禀衣：大褐一，用枲十八斤，直（值）六十钱；中褐一，用枲十四斤，直（值）卌六钱；小褐一，用枲十一斤，直（值）卌六钱。

---

[1] 参阅林剑鸣等《秦汉社会文明》，西北大学出版社 1985 年版，第 173－180 页。

据此，则每用枲（即粗麻）三斤约值十钱，每条头布用枲三斤，大约亦值十钱。然而，刑徒为领取官府发放的衣服时所缴纳的钱额却远高于其值。对此，《金布律》也有规定：

> 禀衣者，隶臣、府隶之毋（无）妻者及城旦，冬人百一十钱，夏五十五钱；其小者冬七十七钱，夏卅四钱。春冬人五十五钱，夏卅四钱；其小者冬卅四钱，夏卅三钱。隶臣妾之老及小不能自衣者，如春衣。亡、不仁其主及官者，衣如隶臣妾。

每件大、小褐衣约值60钱和36钱，但刑徒却要分别缴纳110钱和77钱，比实际价值约高出一倍。此外，官府还常以各种借口克扣和减发刑徒衣食，如《金布律》规定：

> 隶臣妾有亡公器、畜生者，以其日月减其衣食，毋过三分取一，其所亡众，计之，终岁衣食不蹉以稍赏（偿），令居之。

法律明文规定，"以其日月减其衣食"，说明刑徒因丢失公物或牲畜走失等被减发衣食当非个别现象。总之，由官府发放的冬衣是无法防御寒冷侵袭的。对刑徒而言，也"只能达到不裸其体的程度"而已。①

二、 秦代刑徒的饮食

就食物来源而言，秦代刑徒有公食与自食两类。《司空律》规定：

> 有罪以赀赎及有责（债）于公，以其令日问之，其弗能入及赏（偿），以令日居之，日居八钱；公食者，日居六钱。

同为以劳役抵偿债务，公食者日居六钱，而非公食者日居八钱，二者之别显然可见。从前引《司空律》中"以日当刑而不能自衣食者，亦衣食而令居之"的规定来看，所谓"公食者"，依然是指那些无力自供食物者。官府供给刑徒的食物主要是禾（即粟），根据刑徒的年龄、性别及所服役的时间长短和强度大小，所供食物的数量也有别，《仓律》规定：

---

① 参阅吴树平《云梦秦简所反映的秦代社会阶级状况》，载中华书局编辑部编《云梦秦简研究》，中华书局1981年版，第123页。

隶臣妾其从事公，隶臣月禾二石，隶妾一石半；其不从事，勿稟。小城
旦、隶臣作者，月禾一石半石；未能作者，月禾一石。小妾、春作者，月禾
一石二斗半斗；未能作者，月禾一石。婴儿之毋（无）母者各半石；虽有
母而与其母冗居公者，亦稟之，禾月半石。隶臣田者，以二月月稟二石半
石，到九月尽而止其半石。春，月一石半石。隶臣、城旦高不盈六尺五寸，
隶妾、春高不盈六尺二寸，皆为小；高五尺二寸，皆作之。

是则秦代判断刑徒是否为"小"是以身高为据的，男子六尺五寸（约为1.5米）
以下，女子六尺二寸（约为1.4米）以下，均为小。但凡身高五尺二寸（约为
1.2米）以上者都要服劳役。一般隶臣月食禾二石，隶妾、春及服役的小城旦、
小隶臣均为月食一石半，服役的小隶妾、春为月食一石二斗半，不能服劳役的
男、女刑徒即小城旦、小隶臣和小隶妾、春则均为月食一石，但从二月到九月
底，从事农业劳作的隶臣，每月增粟半石，这可能与刑徒在此期比在十月到正月
劳动时间更长、强度更大有关。

古代从事农业劳动，基本上是日出而作、日落而息。从春分到秋分，白昼较
夜晚长，在此期间从事农作的刑徒，其劳动时间也当比其他时候更长；加之这段
时间正是从耕耘播种到管理收获的农忙时节，农事更多，劳动强度更大，《仓
律》中专门为从事农作的"隶臣田者"每月增加半石的口粮，当即为此。这从
秦律的其他条文亦可得到印证。如《仓律》规定："小隶臣妾以八月傅为大隶臣
妾，以十月益食。"小隶臣妾成年，虽在八月登记为大隶臣妾，但其加发口粮却
不自九月始，而从十月起，显然与"到九月尽而止其半石"禾的规定有关。此
外，《工人程》又规定：

隶臣、下吏、城旦与工从事者冬作，为矢程，赋之三日而当夏二日。

隶臣、城旦和有罪而下吏者在冬季劳动时被放宽劳动标准，劳动三天仅收取相当
于夏季两天的产品，正是由于夏季劳动时间较冬季更长的缘故。

《仓律》还规定从事较轻劳役的城旦不得增加口粮，否则主管官吏要受处罚：

城旦为安事而益其食，以犯令律论吏主者。

以劳动强度的大小决定口粮的多少，在《仓律》中也屡有反映：

城旦之垣及它事而劳与垣等者，旦半夕参（三）；其守署及为它事者，
参（三）食之。其病者，称议食之，令吏主。城旦春、春司寇、白粲操土

攻（功），参（三）食之；不操土攻（功），以律食之。

免隶臣妾、隶臣妾垣及为它事与垣等者，食男子旦半夕参（三），女子参（三）。

《司空律》规定：

居官府公食者，男子参（三），女子驷（四）。

修筑城垣为重体力劳动，相比之下，"守署""居官府"则为较轻的"安事"，因而在口粮供应上也有区别。如按一般情况，隶臣月食二石，隶妾及舂一石半，则隶臣日食2/3斗，隶妾及舂日食1/2斗。所谓"守署及为它事者，参食之"即早、晚餐各1/3斗，与隶臣日食2/3斗之律合；而"不操土攻（功）"的女性刑徒则"以律食之"，即仍为日食1/2斗。但凡是从事筑垣等重体力劳动者，不论男女和是否达到免老的年龄，口粮均有增加。故"男子旦半夕参"，即早餐1/2斗，晚餐1/3斗，合为日食5/6斗，较通常的日食2/3斗为多；而"操土攻（功）"的城旦舂、舂司寇、白粲和从事筑垣"及为它事与垣等"的隶臣妾、免隶臣妾均"参食之"，即早、晚餐各1/3斗，合为日食2/3斗。亦较通常隶臣妾及舂日食1/2斗为多。可见，性别和劳动时间的长短、劳动强度的大小是决定口粮多少的重要因素，而后者的影响尤为明显。

根据"贳（贷）衣食公"的原则，给刑徒发放口粮照例要有一定的补偿。前引《司空律》中关于以劳役抵偿债务或代替受刑，"以令日居之，日居八钱；公食者，日居六钱"的规定即为明证。此外，《司空律》还规定：

毄（系）城旦舂，公食当责者，石卅钱。

以城旦舂日食1/2斗的常例与"石卅钱"的规定相对比，则城旦舂每日应缴纳一钱半的口粮补偿。但据上引《司空律》"公食者，日居六钱"，自食者日居八钱的规定来看，官府每日折扣的口粮补偿实际为二钱，比应纳额多半钱。

然而，官府对刑徒口粮的克扣远不止此。《金布律》规定，隶臣妾丢失官物和牲畜，即从丢失之日起按月减其衣食。由于官府供应刑徒的衣服仅能维持最低生产和生活需求，所谓"减其衣食"主要当指"食"而言。《仓律》中就有"食饥囚，日少半斗"的规定，即以饥饿作为对刑徒的惩罚，他们每天只能得到1/3斗的食粮，仅为男性刑徒正常日食量的一半，甚至比女性刑徒1/2斗的日食量更少。这可能就是《金布律》中"月减其衣食"的反映。

此外，《仓律》还规定，如果刑徒服役不足一月，也要扣除其食粮。又规定,"日食城旦,尽月而以其余益为后九月禀所",即将城旦到月底时剩余的口粮移作闰九月的口粮。筑城为强度很大的重体力劳动,按"隶臣田者"二月到九月月食二石半的最高额计算,平均日食量也不足一斗。但据《传食律》,自第二级爵的上造以下到官府中没有爵位的佐、史以及卜、司御、寺、府等,每餐即供粝米①一斗,另有菜羹;第三、四级爵的谋人(即簪袅)、不更,则每餐粺米一斗,酱半升,另加菜羹;出差的御史卒人,每餐粺米半斗,酱1/4升,另有菜羹、韭葱等,就连其随从,每餐亦有粝米半斗。相比之下,刑徒的口粮不论质与量,都是极其有限的。尽管如此,到月底仍有"剩余",足见官府对刑徒口粮克扣之甚。

三、 秦代刑徒的服役范围

秦代刑徒所服劳役的范围极其广泛,几乎被用于社会生活的各个领域。仅就刑徒名称来看,就有筑城、舂米、伐薪、择米等。《汉官旧仪》记秦制云:

> 凡有罪,男髡钳为城旦,城旦者,治城也;女为舂,舂者,治米也,皆作五岁。完四岁,鬼薪三岁。鬼薪者,男当为祠祀鬼神,伐山之薪蒸也;女为白粲者,以为祠祀择米也,皆作三岁。罪为司寇,司寇男备守,女为作,如司寇,皆作二岁。

但是,秦代刑徒从事的工作并不仅限于上述几种,而是涉及许多方面。

1. 从事农业劳动和放牧

秦代虽以封建土地私有制为主体,但国家仍掌握大量土地,这些官田除用于奖励军功的赏赐外,很大部分是由众多的刑徒耕种的。这些刑徒如城旦、舂、隶臣妾等实际上是国家的官奴隶,他们被广泛用于农业生产,《仓律》中的"隶臣田者"就是从事田作的刑徒。从耕种到收获的所有农事都由他们承担,因农忙时节,劳作时间长、强度大,故自二月到九月,每月增加半石口粮,已如上述。

秦《厩苑律》规定:

> 将牧公马牛,马〔牛〕死者,亟谒死所县,县亟诊而入之,其入之其弗亟而令败者,令以其未败直(值)赏(偿)之。其小隶臣疾死者,告其□□之;其非疾死者,以其诊书告官论之。

---

① 秦代食米有粝米、糳米和毇米(即粺米)之别,其中粝米最粗,糳米次之,毇米最精,参阅《仓律》。

将小隶臣的死亡系于"将牧公马牛"的律文之下，说明小隶臣即从事放牧马牛的劳役，前引《金布律》中隶臣妾丢失牲畜，即"以其日月减其衣食"的规定，亦可为刑徒从事放牧之有力佐证。

2. 从事各种手工业生产

秦律中有许多刑徒从事手工业生产的条文，《军爵律》规定：

> 工隶臣斩首及人为斩首以免者，皆令为工。

《工人程》规定，与工匠一起生产的隶臣、下吏、城旦，在冬季劳动三天只收取相当于夏季两天的产品；从事杂务的冗隶妾两人相当于工匠一人；轮番服役的更隶妾四人及小隶臣妾五人均当工匠一人。

《秦律杂抄》云：

> 城旦为工殿者，治（笞）人百。大车殿，赀司空啬夫一盾，徒治（笞）五十。

《司空律》规定：

> 城旦舂毁折瓦器、铁器、木器，为大车折輮（軩），辄治（笞）之。

可见，秦代刑徒被广泛用于瓦器、铁器、木器等各种手工业生产，而制造大车则是刑徒经常性的工作。对那些掌握某种手工技艺的刑徒，一般都使其从事他所擅长的手工业劳动，而不安排其他杂役。如《均工律》规定，"隶臣有巧可以为工者，勿以为人仆、养"。对擅长刺绣、制衣的女刑徒，也使其从事相应的手工制作，如《仓律》规定："女子操敃红及服者，不得赎。"《工人程》云："隶妾及女子用箴（针）为缗绣它物，女子一人当男子一人。"

考古发现的秦代上郡铜戈铭文中，有"工城旦□""工鬼薪戬""工隶臣積""□隶臣庚"等字样①，进一步说明秦代刑徒还直接从事铸造兵器等手工业生产。

3. "守署"等较轻的劳役

《仓律》云："（城旦）守署及为它事者，参食之"；"城旦为安事而益其食，以犯令律论吏主者"。《司空律》又云："司寇勿以为仆、养、守官府及除有为殿（也）。有上令除之，必复请之。"前引《均工律》中也有"隶臣有巧可以为工

---

① 参阅李学勤《战国时代的秦国铜器》，载《文物参考资料》1957 年第 8 期；张政烺《秦汉刑徒的考古资料》，载《北京大学学报（人文科学）》1958 年第 3 期。

者，勿以为人仆、养"的规定。守署、守官府即看守官府，仆、养即赶车、做饭，均为较轻的劳役，故又称"安事"。所谓"守署及为它事"之"它事"，当即指仆、养一类的"安事"，故《司空律》将仆、养与守官府并称。据此，则仆、养、守官府等"安事"亦为秦代刑徒的服役范围。

4．运送官物与传递公文

《法律答问》云："馈遗亡鬼薪于外，一以上，论可（何）殹（也）？毋论。"意即鬼薪在运送食物途中逃亡一人以上，主管鬼薪者可不承担罪责。《行书律》又云："行传书、受书，必书其起及到日月夙莫（暮），以辄相报殹（也）。书有亡者，亟告官，隶臣妾老弱及不可诚仁者勿令。"据此则非老弱而又诚实可靠的隶臣妾可以传送公文。换言之，秦代刑徒被用于运送官物和传递公文。

5．从军

秦代刑徒被驱使从军在史籍中多有反映。《史记·秦始皇本纪》载，秦王政二十三年（前224），"徙谪，实之初县"。《索隐》云："徙有罪而谪之，以实初县。"汉人晁错言："臣闻秦时北攻胡貉，筑塞河上，南攻杨粤，置戍卒焉。……因以谪发之，名曰谪戍。先发吏有谪及赘婿、贾人，后以尝有市籍者，又后以大父母、父母尝有市籍者。"（《汉书·晁错传》）秦二世在农民军进逼咸阳之时，也曾令章邯率数十万武装起来的刑徒向农民军反扑。刑徒从军亦见于秦律《军爵律》：

> 隶臣斩首为公士，谒归公士而免故妻隶妾一人者，许之，免以为庶人。
> 工隶臣斩首及人为斩首以免者，皆令为工。

由此可见，秦代刑徒不仅从军、参与作战，而且还可因军功使自身或其妻子获得自由民身份。

6．修筑城垣，建造陵墓、长城

有关秦代刑徒修筑城垣的记载屡见于史籍和秦简，已如上述。至于建造陵墓和长城，在文献中亦屡见不鲜。秦始皇即曾驱使数十万刑徒和奴产子为其修筑骊山陵和阿房宫。《史记·秦始皇本纪》载，秦始皇三十四年（前213），"適治狱吏不直者，筑长城及南越地"，三十五年（前212），发"隐宫①徒刑者七十余万

---

① 此"隐宫"，《史记正义》："宫刑，一百日隐于荫室养之乃可，故曰隐宫，下蚕室是。"《史记·蒙恬列传》："赵高昆弟数人，皆生隐宫。"《史记索隐》云："谓隐宫者，宦之谓也。"把"隐宫"释为宫刑。《睡虎地秦墓竹简》中《秦律十八种·军爵律》和《法律答问》有"隐官""隐官工"，注释者云："据简文应为在不易被人看见的处所工作的工匠。"据此，《史记》的"隐宫"应为"隐官"之误。

人，乃分作阿房宫，或作丽山"；又云，"始皇初即位，穿治郦山，及并天下，天下徒送诣七十余万人"。同书又记丞相李斯上书始皇帝，请"令下三十日不烧，黥为城旦"。《史记集解》引如淳曰："《律说》：'论决为髡钳，输边筑长城，昼日伺寇虏，夜暮筑长城。'"是则秦代刑徒不仅从事修城建陵和筑长城等劳役，而且数量还相当巨大。

秦代用刑徒修建陵墓，不但有大量文献记载，而且为大量考古资料所证实。在秦始皇陵西北角郑庄村南的打石场遗址内，曾出土铁刑具十件。其中有铁钳九件、铁鈦一件。这说明打石场内用的人是戴着铁刑具的刑徒。① 另外，在秦始皇陵西南角发现刑徒墓地两处。一处于新中国成立前已被破坏，仍可见密密麻麻地埋着的白骨。另一处保存较完整，曾探出秦墓103座，现已清理了32座。这32座墓内计出人骨架100具，经初步鉴定，女性三人，其余为男性；6～12岁的儿童二人，其余都是二三十岁的青壮年。有的骨架完整，有的肢体残断，有的头骨上有刀伤痕迹，有的身首异处，四肢骨与躯干骨分离叠压。这些人显然是死于非命。有的尸骨上放置着刻有文字的残瓦片，共18件；有一件残瓦上刻着两人的名字，合计19人。瓦文写明了死者的籍贯和姓名，有的还注明了死者的爵位和所服劳役的名称——居赀。"居赀"一名见于《睡虎地秦墓竹简》，是以劳役形式来抵偿因有罪被罚缴纳钱财的一种刑名。瓦文记载着他们的籍贯，属于东武者六人，赣榆和博昌各二人，杨民三人，平阳、平阴、兰陵、邹、訾各一人。东武，在今山东武城西北，战国时赵地。平阳，故城在今河北临漳西，战国属韩，后属赵。平阴，故城在今河南孟津东。博昌，在今山东博兴县南，战国时齐邑。兰陵，故城在今山东兰陵县西南至陵镇，本楚县。赣榆，故城在今江苏赣榆东北。杨民，故城在今河北宁晋附近。邹，故城在今山东邹县东南。訾，故城在今河南巩义西南。上述地点均属于原山东六国地区。这些刑徒墓地的发现及其出土的瓦文，说明关于秦代从原山东六国地区征调大批刑徒来修筑陵墓的古代文献记载是真实可信的。文献、实物相印证，雄辩地说明秦代用刑徒修筑陵墓之史实。②

7. 备守候望

据《汉官旧仪》，"男备守，女为作"，为服役两年的刑徒，较城旦舂、鬼薪、白粲为轻，故在劳作时往往作为城旦司寇监率城旦一类的刑徒。《司空律》规定：

---

① 始皇陵秦俑坑考古发掘队：《临潼郑庄秦石料加工场遗址调查简报》，载《考古与文物》1981年第1期。

② 参阅袁仲一《秦始皇陵兵马俑研究》，文物出版社1990年版，第40-46页；始皇陵秦俑坑考古发掘队《秦始皇陵西侧赵背户村秦刑徒墓》，载《文物》1982年第3期；袁仲一、程学华《秦始皇陵西侧刑徒墓地出土的瓦文》，见《中国考古学会第二次年会论文集》，文物出版社1982年版。

毋令居赀赎责（债）将城旦春。城旦司寇不足以将，令隶臣妾将。居赀赎责（债）当与城旦春作者，及城旦傅坚、城旦春当将司者，廿人，城旦司寇一人将。司寇不践，免城旦劳三岁以上者，以为城旦司寇。

以劳役抵偿债务和赎刑者及城旦春、城旦傅坚均由城旦司寇监率，只有在城旦司寇不足时，才可以隶臣妾监率，或者把已服三年以上劳役的城旦减刑为城旦司寇。据此则《司空律》中之"城旦春之司寇"当即城旦春减刑为司寇者。①

司寇与城旦傅坚、城旦春、隶臣妾及"居赀赎责（债）"者等刑徒一起劳作，并对他们进行监督管理，一般不再充当其他职役，即使有上级命令，也须重新请示，故《司空律》规定："司寇勿以为仆、养、守官府及除有为殹（也）。有上令除之，必复请之。"

秦代还有一种伺望敌情的刑徒，称为候。《内史杂》云，"侯（候）、司寇及群下吏毋敢为官府佐、史及禁苑宪盗"。《秦律杂抄》规定，"为（伪）听命书，法（废）弗行，耐为侯（候）"。"当除弟子籍不得，置任不审，皆耐为侯（候）"；《法律答问》："当耐为侯（候）罪诬人，可（何）论？当耐为司寇。"据此，侯（候）确为秦代刑徒之一种。侯（候）之本义为伺望，也含有备守之意。但因其"在备守中与司寇的分工有所不同，因之劳役的轻重也有所分别"，"候是秦律中最轻的刑徒"②。从司寇监率刑徒和西周设候人于王畿四周的情况看③，秦代司寇大约重在备守内部，即监率刑徒；而候则以伺望外部敌情为主。

8. 临时差遣及各种杂役

秦代杂役名目繁多，《仓律》中就有随其母为官府服各种零散杂役的"冗居公者"。还规定"更隶妾节（即）有急事，总冗，以律禀食，不急勿总"，即如有紧急差役，就将服杂役的隶臣妾集合起来，平时则无须集合。《徭律》规定，各县应负责维修辖区内的禁苑及牧养官有牛马的苑囿，为苑囿建造、修理堑壕、墙垣和藩篱。这些事务一般由在苑囿附近的有田者按其田地多少分担，但不算作徭役。各县不得擅自拆除或扩建官有房舍和衙署，但"欲以城旦春益为公舍官府及补缮之，为之，勿谳"，即如果用城旦春扩建或维修官有房舍衙署，则无须上

① 参阅《睡虎地秦墓竹简》，文物出版社 1978 年版，第 88 页注释①。

② 刘海年：《秦律刑罚考析》，见中华书局编辑部编《云梦秦简研究》，中华书局 1981 年版，第 186 页。

③ 《周礼·夏官·司马第四》："候人。各掌其方之道治与其禁令，以设候人。若有方治，则帅而致于朝，及归，送之于竟。"《国语·周说中·单襄公论陈必亡》有"火朝觌矣，道荗不可行，候不在疆，司空不视涂"等语，可证候为设于边地以伺望敌情、接待宾客之人。秦代之候可能源于西周的候人和春秋时之候。

报请示。因此，官府的各种临时性杂役多由刑徒承担。

综观秦代刑徒的衣、食及劳作情况，可见其生活是极为悲惨的。他们"衣赤衣，冒赤幨（毡）"，戴着木械、黑索和胫钳等刑具，在官府的严密监视下，被迫从事各种劳役，稍不如官府的意，就会遭到严厉的斥责和毒打，动辄被扣发衣粮，延长刑期，额外增加劳动量。如在服役期间损坏器物，如折断大车轮圈等，都会招致笞打的惩罚，且所损器物每值一钱，即笞打十下；20钱以上则要重打。如果做工被评为下等，每人都要受笞打一百下的惩罚。①

刑徒的行动也受到严格的限制，《司空律》规定："春城旦出繇（徭）者，毋敢之市及留舍阓外；当行市中者，回，勿行。"即春城旦外出服役，不得进入市场和在市场门外停留休息；如果途经市场，要绕道远行，不得从市场中间通过。

刑徒辛勤劳动，除得到维持最基本的生活所需的衣、食之物外，就一无所获。刑徒不仅受到饥饿和寒冷的折磨，还受到野蛮的奴役，精神和肉体均遭受了极大伤害。虽然秦代刑徒的刑期为一年到五六年，并不算很长，"但由于当时刑徒的生活极其艰苦，劳役十分繁重，鞭挞、重罚、疾病和饥馑往往使许多人刑期未尽而身先亡。所以秦被判徒刑的人们的下场是非常悲惨的"②。

本文与高荣合撰，原载《秦文化论丛》第7辑，西北大学出版社1999年版，收录时有修改。

———————————

① 参阅《司空律》《秦律杂抄》。

② 刘海年：《秦律刑罚考析》，见中华书局编辑部编《云梦秦简研究》，中华书局1981年版，第189页。

中国简牍学的奠基者王国维

大量出土的中国古代简牍，是我国 20 世纪考古发掘中的重要发现之一。经过百年历史沧桑，通过几代学人的艰苦努力，以简牍为研究对象的简牍学已经发展成为一门专门的学问，并蔚然成为国际显学。对简牍的研究，应包括两个方面的内容：一是研究简牍本身的制度、历史；二是利用简牍的材料，通过考释，订正、补充、考证历史。王国维在这两方面都做出了重要贡献，堪称简牍学的开拓者和奠基人之一。

一、《简牍检署考》对建立简牍文书学有筚路蓝缕之功

1911 年末，辛亥革命之后，王国维偕全家随罗振玉一家东渡，定居日本京都。此后，王国维的学术兴趣发生了历史性的转折。《观堂集林》中罗振玉的序，专门讲了王国维学术趋向变化的问题。序中说：

> 余交君二十有六年，于君学问之变化，知之为最深。光绪戊戌（1898年），始与君相见于上海……君方治东西文字，继又治泰西哲学。逮岁丁未（1907 年），君有《静庵文集》之刻。戊申（1908 年）以后，与君同客京师，君又治元明以来通俗文学，时则有《曲录》之刻，而《宋元戏曲史》亦属草于此时。……辛亥之变，君复与余航海居日本，自是始尽弃前学，专治经史，日读注疏尽数卷，又旁治古文字声韵之学。甲寅（1914 年），君与余共考释流沙坠简。……盖君之学，实由文学声韵以考古代之制度文物，并其立制之所以然。①

这篇序，据 1923 年 6 月 10 日王国维致蒋汝藻的信可知，是由王国维代罗氏撰写，"后由其改定数语"②。因此，序中所叙学术变化实为王国维所自述，这是可信的。也就是说，王国维随罗振玉移居日本之后，专门从事研究罗振玉带到日本的甲骨、青铜器、古器物、敦煌文物、字画、碑帖、古籍等大批文物的工作，从

---

① 罗振玉：《观堂集林序一》，见王国维《观堂集林（外二种）》上，河北教育出版社 2001 年版，第 3－4 页。

② 吴泽主编：《王国维全集·书信》，中华书局 1984 年版，第 351 页。

此走上国学研究的道路。

斯坦因从 1901 年至 1916 年先后多次到我国西北探险，得简牍千余枚，并把简牍交给法国沙畹教授研究。日本橘瑞超、大谷光瑞等于 1908 年至 1910 年也到我国西北探险，得简牍 23 枚。对于这些简牍，王国维或者看到照片，或者看到实物，他说："匈牙利人斯坦因于敦煌西北长城址所得木札长汉尺一尺，广半寸许。余所见日本橘瑞超所得于吐峪沟者大略相同（未及以汉尺量之），其书或一行或二行，此当为最狭之牍矣。"① 又说："唯斯坦因所得于阗古牍，则检上皆刻通绳处三道，每道以绳一周或二周。"② 又说："余观斯坦因所得之刻上书牍，而悟其为汉斗检封之制。"③ 王国维看到出土的简牍或其照片，开始简牍检署制度的研究，于 1912 年写成《简牍检署考》一文。此文虽只有一万多字，却是近代简牍发现以来早期的有分量的研究论著之一。

《简牍检署考》初稿写于 1912 年春，由日本友人铃木虎雄译为日文，同年刊于日本《艺文》杂志第 3 卷第 4、5 号上。5 月 31 日，王国维在致铃木虎雄的信中说："《简牍检署考》承展大笔为译和文，甚感厚意。唯近复有补正之处，别纸录呈，仍乞附译为祷。"④ 北京国家图书馆藏王国维手稿，《简牍检署考》自注说："壬子季秋朔日第四次写定。此稿日本铃木学士虎雄译为日文，登诸 1912 年《艺文》杂志者，乃未改定之稿。夏间复增补若干条定为此稿。岁暮，闻法国沙畹教授方研究斯坦因所得古简牍，因复写一本遗之。"是则此文最后写定于 1912 年秋。后收入《云窗丛刻》⑤。对此文，沈曾植说："此书虽短短十数页，然非贯通经史者不能为也。"⑥ 日本著名简牍学家大庭脩对此文的评价说："王国维的《简牍检署考》汇集了以往有关检署的文献资料，给人们以极大的方便。"⑦ "王国维是首先对检进行详细研究的第一人。他的《简牍检署考》有两个版本。……比较两个版本可见，中文本有较大幅度的修改，因此从整体上说中文本要优于日文本。"⑧

《简牍检署考》广泛引证文献资料，对简牍的起源、名称、长短、书写行数、书体、刀刻还是笔写、简牍的编连法等做了较全面的考察。关于检署制度，《简牍检署考》文中指出："书牍之封缄法，则于牍上复加一板，以绳缚之。"然

---

① 王国维：《简牍检署考》，见《王国维遗书》第九册，上海古籍书店 1983 年版，第 12 页。

② 同上，第 20 页。

③ 同上，第 18 页。

④ 《王国维全集·书信》，第 26 页。

⑤ 见袁英光、刘寅生《王国维年谱长编》，天津人民出版社 1996 年版，第 86 页。

⑥ 同上，第 87 页。

⑦ ［日］大庭脩著，徐世虹译：《汉简研究》，广西师范大学出版社 2001 年版，第 179 页。

⑧ 同上，第 176 页。

后再在检上写上收书牍者的官号、姓名等，是为"署"。《释名》："署，予也。题所予者官号也。"王国维认为，"由此观之，则检上所题，但所予之人与所遗之物，不题予者姓名也"。最后还要封之以泥，并在泥上加盖官印等。"则检之为书函之盖，盖一定而不可易也。"又指出："汉时书牍，其于牍上施检者，则牍、检如一，所谓检栉是也（又谓之笯）。然大抵以囊盛书而后施检。"关于绳缄之法及封泥，指出："绳缄之法亦无定制。……至今日所见古封泥，则底面绳迹，有纵有横，有十字形，而以横者为多，其迹自一周以至五周皆有之。唯斯坦因所得于阗古牍，则检上皆刻通绳处三道，每道以绳一周或二周。""古牍，封处多在中央，《汉官旧仪》所谓'中约署'是也。于阗古牍亦然。"又论封泥说："古人以泥封书，虽散见于载籍，然至后世，其制久废，几不知有此事实。""封泥之出土，不过百年内之事，当时或以为印范，及吴氏式芬之《封泥考略》出，始定为封泥。然其书但考证官制、地理，而于封泥之为物，未之详考也。"于是王国维考证之，从《说文》的"玺"，从土，悟"玺印之创在简牍之世，其用必与土相须，故其字从土"。他认为"古人玺印皆施于泥，未有施于布帛者。故封禅玉检则用水银和金为泥，天子诏书则用紫泥，常人或用青泥，其实一切粘土皆可用之"。自后汉以降，纸盛行，于是玺印用于纸上，"盖印泥之事，实与简牍俱废矣"①。以上王国维关于简牍检署制度的考证基本上是正确的，并为大量出土实物所证明。所以，这篇长文是研究简牍者不可不读的。

《简牍检署考》一文的意义，不仅在于从历史文献中钩稽出大量资料，论证了简牍检署制度及其历史，而且为建立简牍文书学奠定了基础。日本永田英正教授谈日本研究汉简所采用的方法有两种：

> 第一种方法是重视汉简中所记载的事情，原封不动地把它用作正史的补充材料。第二种方法是姑且不管它同正史的联系，企图首先建立汉简独自的体系，也就是采取古文书学的方法。当然，这两种方法并不是互相对立的。特别是在研究居延汉简这种断简零墨时，首先根据木简的形状、书写格式或出土地点等，建立起古文书学的体系，充分掌握每支简的性质，然后用作正史的辅助材料。毋宁说这样做才是研究的正道。②

永田英正的话有一定的道理。我们研究汉简时，先从文书学的角度对汉简的性质、特征有所了解，对正确把握汉简、利用汉简，乃至将散乱的断简残片简牍复

---

① 以上引文皆见《王国维遗书》第九册《简牍检署考》。

② ［日］永田英正：《居延汉简集成之一》，载《简牍研究译丛》第一辑，中国社会科学出版社 1983 年版，第 41－42 页。

原，都是大有好处的。

《简牍检署考》从文书学、检册制度的角度研究汉简，并推动了这方面的研究。1936年，王献唐作《临淄封泥文字叙目》一书，充分利用出土的封泥，结合文献记载，对汉代封检及用印等问题做了全面考察，提出了新的见解，印证和充实了王国维的看法。

1930年，西北科学考察团在居延地区发现了一万多支汉简，这批汉简的出土，大大推动了汉简文书制度的研究。劳榦的《居延汉简考释·考证之部》一书，有多处涉及文书制度，例如"封检形式""检署与露布""露布""编简之制""烽燧三"诸条利用出土简牍材料，对文书封检的形制、封检题署、封缄方式、封囊等问题做了很好的讨论。关于诏书行下形式的研究也有新的突破。劳榦的研究比王国维大大前进了一步。

陈梦家从20世纪60年代开始治汉简，参加甘肃武威汉简的整理研究工作，之后又对过去出土的汉简进行了大量的整理研究，写了十几篇论文，这些论文被收入《汉简缀述》一书中（中华书局1980年版）。其中《汉简所见太守、都尉二府属吏》《西汉施行诏书目录》两文，直接涉及汉代文书制度，提出许多值得注意的观点。尤其是《武威汉简》一书中的《由实物所见汉代简册制度》一篇（也收入《汉简缀述》一书），是通论简册制度的。该文分出土、材料、削改、收卷、错简、标号、文字、余论等14节，结合出土实物，参考汉代或较古的文献资料，试图复原简册的原形。从文献的收集到实物所见，都比王国维的《简牍检署考》大大前进了一步。

陈直的《居延汉简研究》（天津古籍出版社1986年版）一书中的综论部分包括38个小标题，其中很多内容是关于简牍文书及其制度的，如诏书、名籍、符传、簿检等。《居延简所见汉代典章及公牍中习俗语》一篇，把汉代文书很常见的一些用语如"敢言之""敢告卒人""粪土臣"做了详尽的解释。该文对简牍文书学的研究也有所推进。

最近几十年，除西北地区出土大量简牍之外，其他各省也出土了不少简牍，为进一步研究简牍文书学提供了条件。许多青年学者取得了很好的成绩。李均明长期致力于简牍的整理与研究，他的许多论文都与文书制度有关。他在《文物》1990年第10期发表了《封检题署考略》一文，他说：关于封检的"形制及封缄方式，近代学者王国维在《简牍检署考》一文中言之颇详，但限于历史条件，他对封检题署尚无法作仔细的研究。"他从出土封检题署材料里挑选若干较典型者，分文书封检题署和实物封检题署，对封检题署的格式、内容做了总结说明，从而深化了对封检用途的认识。更加可喜的是，李均明主编了"简牍文书学丛书"，由广西教育出版社出版。该丛书已出版了两种，一种是李均明、刘军著《简牍文书学》，一种是汪桂海著《汉代官文书制度》。特别是《简牍文书学》一书，系统全面地阐述简牍文书的一般规律，对简牍文书的材质、文字、符号、版面及文体、稿本、分类做了详尽的考述，又着重对书檄、簿籍、律令、案录、符券、检褐六大类文书中的具体文种进行了举例说明。简牍文书学的基本架构已经建立起来了。有些年轻学者已把研究简牍文书制度和简册的历史作为博士学位论文的选题，如汪桂海的《汉代官文书制度》，就是在其博士学位论文的基础上修整扩充而成的。研究简牍文书制度蔚然成风，推动了简牍研究的发展。当我们今天看到绚丽多彩的简牍文书研究成果时，不能忘记具有开创之功的王国维，不能忘记《简牍检署考》给我们的启迪。

还值得指出的是，王国维写《简牍检署考》不仅推动了本国的简牍文书研究，也推动了国际汉学界对简牍文书的研究。该文首先在日本《艺文》杂志上发表，就说明它具有国际意义。上引北京国家图书馆藏《简牍检署考》手稿自注，第四次修改定该文时，"岁暮，闻法国沙畹教授方研究斯坦因所得古简牍，因复写一本遗之"。这说明王国维想以自己的研究成果，与国际汉学界交流，推动国际汉学界研究简牍文书学。后来沙畹考释的汉晋木简，亦采纳王国维先生之说。在日本，简牍文书学的研究成果也引人瞩目。森鹿三《关于令史弘的文书》①、永田英正《居延汉简集成》②，都是从文书学的角度研究汉简的，也都取得了可喜的成绩。大庭脩研究汉简数十年，出版的汉译版《汉简研究》③，全书由三篇构成。第一篇"册书研究"，以汉简研究之基础——册书复原为研究对象，通过对《元康五年诏书册》的成功复原，总结原则，归纳方法，遴选简文，爬梳史料，进而又对诏书册、骑士简册、"实籍部中"册、檄书、迁补牒及功劳文书进行了复原研究。第二篇"简牍丛说"，既论及简牍中符、致、检的功用及各种制度，又论及简牍各种行政文书的运行实态。第三篇"研究杂纂"，从文化史的角度述及世界范围内的木简、书写材料由木至纸的变化、汉简与书法史等。译者徐世虹教授在《跋》中说："此书最突出的特点，就是在简牍文书的复原上用力至深。""册书研究一篇，即为集数十年研究心得，总结归纳出了复原简牍册书的操作原则。"简牍文书学的最重要的基础研究——断简缀合、册书复原，其成果都是令人瞩目的。"《汉简研究》堪称为一部真正的考据之作。"④ 大庭脩如今在简牍文书学方面的研究取得很大的成就，但他"饮水不忘挖井人"，对在这一领域有筚路蓝缕之功的王国维的《简牍检署考》给予很高的评价。

---

① 《简牍研究译丛》第一辑，中国社会科学出版社 1983 年版。

② 《简牍研究译丛》第一辑、第二辑。

③ ［日］大庭脩著，徐世虹译：《汉简研究》，广西师范大学出版社 2001 年版，第 176 页。

④ 同上，第 296 - 298 页。

二、 《流沙坠简》 为中国简牍学史上的奠基之作

英籍探险家斯坦因曾四次进行中亚考察，其中第二次于 1906 年和 1907 年间考察了新疆和阗、尼雅、楼兰古城遗址及甘肃敦煌汉代长城郭燧遗址，发现大批汉文及粟特文、佉卢文的文书，书写材料多为木质简牍。斯坦因把这批材料交由法籍汉学家沙畹研究。沙畹系统整理斯氏此次考察所获汉文文书，编著《斯坦因在东土耳其斯坦所获汉文文献》。1912 年应罗振玉之索，沙畹寄来了"手校本"。罗振玉与王国维从沙畹书 991 枚简牍中，选取 588 枚做释文和考证，编著《流沙坠简》，1914 年由日本京都东山学社刊行。1934 年该书再版，对初版做了许多修订。王国维在《流沙坠简序》中记其事云：

> 光绪戊申，英人斯坦因博士访古于我新疆、甘肃，得汉、晋木简千余以归。法国沙畹博士为之考释。越五年，癸丑岁暮，乃印行于伦敦。未出版，沙氏即以手校之本寄上虞罗叔言参事，参事复与余重行考订，据榻逾月，粗具条理。乃略考简牍出土之地，弁诸篇首，以谂读是书者。案古简所出，厥地凡三：一为敦煌迤北之长城，二为罗布淖尔北之古城，其三则和阗东北之尼雅城及马咱托拉、拔拉滑史德三地也。敦煌所出，皆两汉之物。出罗布淖尔北者，其物大抵上自魏末，讫于前凉。其出和阗旁三地者，都不过二十余简，又皆无年代可考。然其最古者犹当为后汉遗物，其近者亦当在隋唐之际也。

在这里王国维把这批简牍的来源、出土地点以及时代断限说得很清楚了。罗振玉晚年写的《集蓼编》，谈到此事说：

> 西陲古简，英人得之，请法儒沙畹教授为之考证。书成寄予，予乃分为三类，与忠悫分任考证，撰《流沙坠简》三卷。予撰《小学术数方技书》《简牍遗文》各一卷，得知古方舳简之分别及书体之蕃变。忠悫撰《屯戍遗文》，于古烽候地理，考之极详。后忠悫在沪将所著订正不少，仅于《观堂集林》中记其大略，惜不及为之重刊也。

王国维除完成《屯戍丛残考释》之外，还作《流沙坠简补遗》，考释斯坦因于尼雅河下游所获晋初之文；又补附录，移录、考释日本大谷探险队橘瑞超于罗布淖尔北所获前凉西域长史李柏书稿；另据斯坦因《塞林提亚——中亚和中国西域考古记》绘制敦煌郭燧分布图，将各燧编号及其汉时名称、所出木简列为一表。王

国维考释《流沙坠简》，用功甚勤。晚年编《观堂集林》时，他把一部分考释，修订后收入《集林》。《观堂集林》卷十七《史林》九的下列各篇：《流沙坠简序》《流沙坠简后序》《敦煌所出汉简跋一至十四》《罗布淖尔东北古城所出晋简跋》《尼雅城北古城所出晋简跋》《尼雅古北城所出晋简跋二》《罗布淖尔所出前凉西域长史李柏书稿跋》，就是《流沙坠简》部分考释的修订稿。王国维批注本《流沙坠简》现藏北京国家图书馆，我们除看到修订入《观堂集林》的部分批注外，图表部分也有多次修订。王国维把修订意见整理成《流沙坠简考释补正》，于1916年发表（上海仓圣明智大学《广仓学窘丛书》本）①。王国维对《流沙坠简》的史学价值有充分的认识。他于1914年7月17日致缪荃孙的信中说：

> 岁首与蕴公（罗振玉）同考释《流沙坠简》，并自行写定，殆尽三四月之力为之。此事关系汉代史事极大，并现存之汉碑数十通并不足以比之。东人不知，乃惜其中少古书，岂知纪史籍所不纪之事，更比古书为可贵乎。考释虽草草具稿，自谓于地理上裨益最多，其余关乎制度名物者亦颇有创获，使竹汀（钱大昕）先生辈操觚，恐亦不过如是。先生谅已赐览，祈有以教之。②

《流沙坠简》是中国近代学者研究简牍的开端。其所取得的成就是很大的。简修炜、章义和先生撰《王国维汉简研究述论》③一文，举其荦荦者数端如下。

（一）对汉代边郡都尉官僚系统的梳理

汉简中有大量关于边郡都尉府官僚系统的记载，但这些材料在传世文献资料中缺失疏略的地方很多，造成边郡制度研究的困难。王国维是研究汉代边郡都尉府、属吏及其相互关系的开创者。在《屯戍丛残考释》中，他有不少极为精当的论述。经过他的梳理，将边郡都尉府官僚组织系统可以表示如下：

---

① 参阅周一平、沈茶英《中西文化交汇与王国维学术成就》，学林出版社1999年版，第309-310页。

② 《王国维全集·书信》，第40页。

③ 载《华东师范大学学报》（哲学社会科学版）1986年第4期，收入《王国维学术研究论文集》第二辑，华东师范大学出版社1987年版。

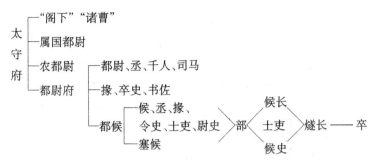

虽然随着汉简出土的增多、研究的深入，这个系统或有变化，但王国维的开创之功是不可泯灭的。

（二） 对烽燧制度的研究

由于烽燧制度涉及军事机密，所以在汉代文献中，有关烽燧制度的记载很少，汉简的发现为我们研究这一制度提供了重要资料。王国维在《屯戍丛残考释》和《敦煌汉简跋十二、十三》中，最早对烽燧进行了系统的研究，并在斯坦因纪行书附图的基础上重新绘制了边郡烽燧分布图表，对诸烽燧的地理、次第进行了详细考定。

据王国维考订，烽燧是烽火亭燧的简称，是边郡用来传送警报、沟通消息的治所。古代文献对此记载很混乱，王国维梳理后认为，燧是就其地而言，烽是就其物而言。烽是烽火，燧是守望烽火的处所。他把汉代烽火的类别分为烽、表、烟、苣、积薪五种。关于烽燧的职责，王国维认为，以候望为职，兼治传书之事。其职责具体说有谨候望、通烽火、防寇抄、传文书四方面，其中，谨候望、通烽火是主要职责，既包括警戒瞭望、侦察敌情，又包括发布烽号、传递烽号。王国维的这些研究成果，有的已被后来的考古成果所证实，有的也有不足之处。后代学者对烽燧制度的意见虽然不尽一致，但关于王国维对这项研究有开创之功，则是公认的。

（三） 对历史地理的考释

上引 1914 年 7 月 17 日王国维在给缪荃孙的信中说，《流沙坠简》的考释，"自谓于地理上裨益最多"。西北历史地理的研究历来是一个难题，王国维在《流沙坠简》中对一些古国、古城、古关阙、古道等的考证，使西北历史地理的研究粗具脉络，尤其是对汉玉门关址的考辨与楼兰故城和海头城考辨具有重要意义。

汉玉门关址，自唐代以来已不能确指。在斯坦因于敦煌发现汉简以前，学者对汉代玉门关址的地望大约有四种观点。但无论哪种意见，都认为汉玉门关址在敦煌郡治的西北。沙畹根据《史记·大宛列传》认为，汉玉门关址曾有变动，武帝太初二年（前103）以前，玉门关设在敦煌以东，太初二年以后才移到敦煌西北。王国维在《流沙坠简》中赞同沙畹的意见，并进一步认为太初以前的玉门关"实即自汉迄今之玉门县也"。李广利西征克大宛以后，玉门关西迁至今敦煌之西。至于西迁后的玉门关址在什么地方，王国维认为在今敦煌县西北70公里的小方盘城。这些观点在当时都是很新颖的。后世学者根据新发现的汉简，对王国维的新说都有补充和订正，但学术贵在争鸣，王国维的意见可成一家之言。

关于楼兰故城的位置，王国维经考证后认为，"则楼兰一城，当在塔里木河入罗布淖尔西北"。我国地理学界曾用卫星遥感资料对"楼兰西北说"做了鉴定，肯定了王国维的观点。与此相关的是前凉海头城的地理位置问题。罗布淖尔东北的一个古城遗址出土了大量简牍，德国人喀尔亨利、孔拉第，英国人斯坦因，法国人沙畹等认定此遗址为古楼兰之墟。王国维以确凿的证据指出"此地决非古楼兰，其地当前凉之世，实名海头"。魏晋以后这里又是西域长史的治所，成为中原王朝治理西域的重地。至于尼雅遗址，王国维同意斯坦因所论，认为其当是汉代精绝国废墟。

王国维把"屯戍丛残"简牍分为簿书、烽燧、戍役、禀给、器物、杂事六类，逐条释之，重点考释。罗振玉在《流沙坠简序》中归纳王氏"屯戍丛残"考释成就时说：

> 校理之功匝月而竟，乃知遗文所记，裨益至宏。如玉门之方位，烽燧之次第，西域二道之分歧，魏晋长史之治所，部尉、曲侯数有前后之殊，海头、楼兰地有东西之异，并可补《职方》之记载，订史氏之阙遗。

这个归纳大致综合概括了王氏在考释中的新见解。

1993年中华书局为方便读者，将《流沙坠简》的修订本影印重版，在出版说明中给该书以很高的评价：

> 作者在书中不仅考校文字，诠释词语，疏通文意，还对与之有关的汉晋历史制度进行考证，其中对遗址性质、汉长城走向及郭燧布局、屯戍组织、西域史地、中外交通的研究，对行文关系及文书制度、简牍缀合及编联的解析，创获尤多，至今仍具有很高的学术价值和参考意义。
>
> 王国维、罗振玉在语言文字、古典文献、历史研究诸方面均有很高造诣，《流沙坠简》则综合反映了他们的才能。尽管以现代的标准来衡量，该书不可避免地存在许多不足，但它代表了当时的最高水准，为后人开辟了道路、提供了方法，不愧为现代中国简牍学史上的奠基之作。鲁迅先生曾这样

说过："中国有一部《流沙坠简》，印了将有十年了。要谈国学，那才可以算一种研究国学的书。开首有一篇长序，是王国维先生做的，要谈国学，他才可以算一个研究国学的人物。"（《鲁迅全集》卷一七《热风·不懂的音译》）

这段话给《流沙坠简》及其作者罗振玉、王国维做了总结。

现在我们要进一步探究，为什么在 20 世纪初期能出现这样一本"当时的最高水平"的著作。我以为有两点原因。

第一，这是中西文化交汇的产物。

如上所述，这批简牍，是英人斯坦因在我国西部探险获得的，由法人沙畹整理研究。罗振玉在《流沙坠简序》中说，光绪戊申年（1908）得知斯坦因在"我西陲得汉、晋简册载归英伦"的消息后，觉得"神物去国，恻焉疾怀"。1910 年有人从欧洲回国告诉他，在巴黎看到沙畹博士正在考释这批简册，并准备出版，"为之色喜"。但直至 1912 年尚未见到沙畹之书，他急切地"遗书沙君，求为写影"。这一年王国维把《简牍检署考》复写一份寄赠沙畹。罗振玉之所以和沙畹通信，是因为他早闻沙畹"精熟太史公书"，故"心仪有年"。宣统元年（1909）通过伯希和"宛转通音问于博士。博士以所著《河朔访古图志》见赠。由是邮使往来"，"遂成夙好"。① 1912 年沙畹给罗振玉寄来"手校之本"。手校本是用法文写的，罗振玉之子福苌精通法文，帮他翻译。罗氏通读沙畹考释的汉译材料，感到"其中颇有不惬意之处"（赵万里《王静安先生年谱》），觉得很有必要重新编排简牍照片，以体现出简牍的内在联系，故重新将简牍分为三类：一为小学术数方技书；二为屯戍丛残；三为简牍遗文。② 罗、王分工考释，于是有了《流沙坠简》的问世。罗氏在序中给斯坦因、沙畹以很高的评价："斯氏发幽潜于前，沙氏阐绝业于后，千年遗迹，顿还旧观；艺苑争传，率土咸诵，两君之功，可谓伟矣。"我们从《流沙坠简》问世的传奇般的经历中，可以感受到这是中西方文化交汇的结果，也可以说是时代的产物。

第二，王国维、罗振玉的史学研究方法，在乾嘉朴学的基础上更上一层楼。

郭沫若在《中国古代社会研究·自序》中说："大抵在目前欲论中国之古学，欲清算中国的古代的社会，我们不能不以罗、王二家之业绩为其出发点。"其是最早将罗、王二家的学术成就联系在一起的学者。后来的学者称之为"罗王之学"。陈梦家在《殷墟卜辞综述》中将"罗王之学"归纳为六个方面："（1）熟习古代典籍；（2）承受有清一代考据小学音韵等治学工具；（3）以此整理地

① 罗振玉：《汉两京石刻图像考序》，1912 年版。
② 参阅罗琨、张永山《罗振玉评传》，百花洲文艺出版社 1996 年版，第 158－159 页。

下的新材料；（4）结合古地理的研究；（5）以二重证据治史学和经学；（6）完成史料之整理与历史记载之修正的任务。"陈氏对罗王治学成果的总结，比较全面地概括了他们二人创造性的治学方法和所处的时代特征。这也是他们在国学研究领域诸多方面超越前人的原因所在。"罗王之学"与乾嘉以来的朴学的最大区别在于，他们跳出了朴学大师们从文献到文献的穷经皓首的烦琐考证，而把眼光投向地下发现的新材料，并在对这些材料进行整理、鉴别、精选和研究后，同有关传世文献相结合，研究古代历史和古代文献，这样更能认识历史的原貌。后来王国维把这种方法加以理论化，概括为"二重证据法"。1925 年他在《古史新证·总论》中说：

> 吾辈生于今日，幸于纸上之材料外，更得地下之新材料。由此种材料，我辈固得据以补正纸上之材料，亦得证明古书之某部分全为实录，即百家不雅训之言亦不无表示一面之事实。此二重证据法，惟在今日始得为之。虽古书之未得证明者，不能加以否定，而其已得证明者，不能不加以肯定，可断言也。①

这种"二重证据法"，吴其昌称其为"物质与经籍证成一片"法②，陈寅恪称其为"取地下之实物与纸上之遗文互相释证"法③。王国维从 1911 年随罗振玉东渡日本以后，其学术活动几乎完全转移到对中国古代历史和古代文献的研究上，尤其是对甲骨文、金文、封泥、简牍和碑刻等的研究，成就斐然。从《流沙坠简》可以看出他重视以地下出土资料印证和补充传世文献记载的治学方法的端倪。这种历史研究的方法，在近代史学方法上具有划时代的意义。可以这么说，"二重证据法"是王国维长期以"纸上之材料"与"地下之新材料"相结合研究历史的实践的理论总结。而《流沙坠简》是这一实践活动的辉煌成果，是他创立"二重证据法"的重要基础之一。

三、 继往开来的 《竹书纪年》 研究

王国维于 1917 年在上海哈同办的"仓圣明智大学"和"广仓学"工作期间，完成《古本竹书纪年辑校》及其姐妹篇《今本竹书纪年疏证》两本书，发表于《学术丛编》。这两本书对《竹书纪年》的研究，有继往开来的作用。

---

① 王国维：《古史新证——王国维最后的讲义》，清华大学出版社 1994 年版，第 2 - 3 页。
② 吴其昌：《王观堂先生学述》，载《国学论丛》第 1 卷第 3 期。
③ 陈寅恪：《王静安先生遗书序》，载《金明馆丛稿二编》，上海古籍出版社 1980 年版，第 219 页。

《晋书·武帝纪》云：咸宁五年"汲郡人不准掘魏襄王冢，得竹简小篆古书十余万言，藏于秘府"①。《晋书·束晳传》云：

> 初，太康二年，汲郡人不准盗发魏襄王墓，或言安釐王冢得竹书数十车。其《纪年》十三篇，记夏以来至周幽王为犬戎所灭，以事接之，三家分［晋］，仍述魏事至安釐王之二十年。盖魏国之史书，大略与《春秋》皆多相应。……大凡七十五篇，七篇简书折坏，不识名题。……武帝以其书付秘书校缀次第，寻考指归，而以今文写之。

这大批竹简，经当时有名学者荀勖、和峤、束晳、卫恒等整理、写定成书的有75篇，凡10余万字。《纪年》13篇是其中最著名的一部。因为这些文字写在竹简上，故又称《竹书纪年》。所以，我认为王国维研究《竹书纪年》是简牍学的外延，是广义的简牍学的一部分，故我在此述之。

《竹书纪年》原简收藏在晋王朝宫廷藏书的"秘府"，后来亡佚了。而荀勖、和峤、束晳等人作的释文也逐渐失传。明代后期，这部书却突然出现，并有几个内容相同的本子流传。明代重刻的这些本子，已经不是《竹书纪年》的本来面目，而是北宋时据残本重刻的，后世称为《今本竹书纪年》。从明代后期以来，一向被人当作汲冢的原本，流传很广。直到清代嘉庆年间，朱右曾一反以前的做法，完全撇开《今本竹书纪年》，将古籍所征引的《纪年》，一一加以辑录，"标明所出"，并恢复古本的排列，西周以后，以晋、魏之年纪事，不像今本那样全部据周王编年。朱右曾重新辑成一书，名之曰《汲冢纪年存真》（简称《存真》）。朱右曾在序中列举了《今本竹书纪年》12条可疑之点，又列举了16条证据，证明"真古文之可信"。他说：

> 秦政燔书，三代事迹泯焉。越五百岁，《古文纪年》出于汲县冢中，而三代事迹复约略可观。学者锢于所习，以与《太史公书》及汉世经师传说乖牾，遂不复研寻，徒资异论。越六百岁而是书复亡。不知何年何人，掇拾残文，依附《史记》，规仿紫阳《纲目》，为今本之《纪年》。鼠璞涽淆，真赝错杂，不有别白，安知真古文之可信，与今本之非是哉。

---

① 此言"咸宁五年"，据《卫恒传》、杜预《春秋左氏经传集解后序正义》引王隐《晋书·束晳传》作太康元年；《束晳传》、荀勖《穆天子传序》作太康二年；雷学淇《竹书纪年考证》云："竹书发于咸宁五年十月，《帝纪》之说，录其实也。就官收以后上于帝京时言，故曰太康元年，《束晳传》云二年，或命官校理之岁也。"又"魏襄王"，王隐《晋书·束晳传》作"魏安釐王"。

这段文字，指出了《古文纪年》的重要史料价值，以及《今本纪年》的不可信。

王国维的《古本竹书纪年辑校》（简称《辑校》）署名为"嘉定朱右曾辑录，海宁王国维校补"，他在序中说：

> 嘉定朱氏右曾复专辑古书所引《竹书》，为《汲冢纪年存真》二卷。顾其书传世颇希，余前在上虞罗氏大云书库假读之，独犁然有当于心。丁巳二月，余既作《殷先公先王考》毕，思治此书，乃取《今本纪年》一一条其出处，注于书眉。既又假得朱氏辑本，病其尚未详备，又诸书异同，亦未尽列，至其去取，亦不能无得失。乃以朱书为本，而以余所校注者补正之，改正若干事。至考证所得，当别为《札记》。又《今本》之伪，当别为《疏证》以明之，将继是而写定焉。①

因为王国维的《辑校》是在朱右曾《存真》的基础上所做的"校补"，"补正"了原著的不足之处，所以，方诗铭先生说："在恢复古书《竹书纪年》的原貌上，王国维较之朱右曾又前进了一步。"② 王国维能够继承朱右曾的业绩，而又有重大突破，得益于他"取地下之实物与纸上之遗文互相释证"（陈寅恪语）的"二重证据法"，罗振玉在甲骨文中发现"王亥"一名，王国维在《竹书纪年》和其他书中查出了关于"王亥"的记载。他先后写的《殷卜辞中所见先公先王考》和《续考》，进一步据《竹年纪年》等书论证了"王亥"的问题，从而证明《竹书纪年》的可靠性。方诗铭先生说："没有甲骨文的发现，以及他（王国维）对甲骨文的研究，那么，也就不会有《古本竹书纪年辑校》一书。"③ 这话是有道理的。《今本竹书纪年疏证》是继《古本竹书纪年辑校》而作的。王国维在序中说："余治《竹书纪年》，既成《古本辑校》一卷，复怪今本《纪年》为后人搜集，其迹甚著，乃近三百年学者疑之者固多，信之者且过半。"他采用惠栋《古文尚书考》和孙颐谷《孔子家语疏证》的方法，"一求其所出，始知今本所载殆无一不袭他书。其不见他书者，不过百分之一，又率空洞无事实，所增加者年月而已"。他认为这样做，"是犹捕盗者之获得真藏"。他进一步说："夫事实既具他书，则此书为无用；年月又多杜撰，则其说为无征。无用无征，则废此书可，又此《疏证》亦不作可也。然余惧后世复有陈逢衡辈为是纷纷也，故写而

---

① 范祥雍编：《古本竹书纪年辑校订补》附《王国维校补本原序》，新知识出版社 1956 年版。

② 方诗铭：《关于王国维〈竹书纪年〉两书》，见《王国维学术研究论集》第二辑，华东师范大学出版社 1987 年版，第 274 页。

③ 同上，第 275 页。

刊之，俾与《古本辑校》并行焉。"① 可见王国维对《今本竹书纪年》是彻底否定的，说它是伪造的书，"无用无征，则废此书可"。他之所以要为它作疏证，是为了防止后世有人翻案。

总的来说，王国维对《竹书纪年》的研究，成绩是值得肯定的，有超越前人的地方，但也存在不足，有他的局限性。所以，后人在他研究成果的基础上，继续前进。因而有范祥雍的《古本竹书纪年辑校订补》，方诗铭、王修龄的《古本竹书纪年辑证》等书的问世。无疑，这些成果超越了王国维的研究。就《今本竹书纪年》而言，王国维对它彻底否定的态度也值得商榷。方诗铭先生则说，"今本不属于伪作，而是重编"②，有它的参考价值。

我们据上述王国维对简牍研究的贡献，为他戴上中国简牍学的开拓者和奠基者的桂冠，他是当之无愧的。

附记：本文在《第二届简帛学术讨论会》上宣读。承蒙台湾大学王德毅教授评议，提出许多宝贵意见，并赠送马鼎先生著《天才王国维》一书以作参考，谨此致谢。

原载台湾《简帛研究汇刊——第二届简帛学术讨论会论文集》，收录时有修改。

① 方诗铭、王修龄：《古本竹书纪年辑证》所附《今本竹书纪年疏证》，上海古籍出版社 1981 年版。

② 方诗铭：《关于王国维〈竹书纪年〉两书》，第 280 页。

中国简牍学的奠基者王国维

25

司马迁游历中华大地与他的"名山事业"

一、序言

在中华民族光辉灿烂的历史上，出现过无数成就辉煌、贡献卓著、影响深远的优秀人物，而汉代的司马迁无疑是其中最杰出的代表。他以毕生的精力、惊人的意志、坚强的毅力，完成了一部千古不朽的历史巨著——《史记》，记录了从黄帝至西汉武帝上下三千年的历史，谱写了中华民族光辉的历史篇章。这是司马迁嘉惠于后人、永垂不朽的历史功勋。

司马迁写完《史记》之后，在卷一三〇《太史公自序》中说："凡百三十篇，五十二万六千五百字，为《太史公书》"，"藏之名山，副在京师，俟后世圣人君子"。在《汉书》卷六二载《报任安书》中亦云："仆诚已著此书，藏之名山，传之其人通邑大都。"唐代颜师古在《汉书》卷六二《司马迁传》注中说："藏于山者，备亡失也。其副贰本乃留京师也。"按颜师古的理解，"藏之名山"就是恐其被禁失传，故将正本藏于著名的大山，只将副本留在京师。这种理解是望文生义，是不对的。"藏之名山"的"名山"，不是指一般所指的著名大山，而是指可以传之不朽的藏书之所，即"古帝王藏策之府"。司马贞《史记索隐》云："言正本藏之书府，副本留在京师也。《穆天子传》云：'天子北征，至于群玉之山，河平无险，四彻中绳，先王所谓策府。'郭璞云：'古帝王藏策之府。'则此谓藏之名山是也。"司马贞的解释是符合实际的。① 也就是说，司马迁的《史记》是一部不朽的著作，是司马迁的"名山"事业。后人用"名山事业"来指不朽的著述，也是由此而来。

在距今两千多年前的西汉武帝时代，出现了司马迁和《史记》，这是中华民族的光荣，是值得我们骄傲的事情。我们是历史唯物主义者，认为司马迁和《史记》的出现不是偶然的，而是时代的产物，是大一统的汉武帝时代创造了司马迁和《史记》。而司马迁在这个时代能够创作《史记》，并使它成为不朽的著作，这与他青壮年时游历中华大地的经历是分不开的。

---

① 张大可：《司马迁评传》，南京大学出版社 1994 年版，第 402 页。

二、 司马迁游历中华大地

司马迁一生与汉武帝相始终，同是西汉大一统时代可歌可泣的英雄。司马迁一生的游历有三种情况：一，二十岁南游；二，奉使征略西南夷；三，扈从汉武帝之游。下面我们对这些不同性质的游历，作一个简单的描述。

（一）二十岁南游

《史记》卷一三〇《太史公自序》说：

> 二十而南游江、淮，上会稽，探禹穴，窥九疑，浮于沅、湘；北涉汶、泗，讲业齐、鲁之都，观孔子之遗风，乡射邹、峄；厄困鄱、薛、彭城，过梁、楚以归。

因为司马迁 20 岁开始南游，正属壮年时期，有学者称之为"二十壮游"。历来学者对这段话是没有怀疑的，但对一些具体问题的看法却有分歧，如由于司马迁没有留下他出生于哪一年的记载，因此学者对"二十南游"开始的年代就有不同理解；又如南游的范围、南游的次序、南游的年数等，学术界都有不同的说法。①

关于南游的范围和次序，清代王鸣盛《十七史商榷》卷一"子长游踪"条认为，二十南游，不仅包括《自序》这段话所说的地点，还应包括《河渠书·赞》《屈原列传·赞》《樊郦滕灌列传·赞》所提到的地方。王国维《太史公行年考》② 首次对南游的范围和次序做了描绘。司马迁从京师长安出发东南行，出武关至宛。南下襄樊到江陵。渡江，溯沅水至湘西，然后折向东南到九疑。窥九疑后北上长沙，到汨罗屈原沉渊处凭吊，越洞庭，出长江，顺流东下。登庐山，观禹疏九江，辗转到钱塘。上会稽，探禹穴。还吴游观春申君宫室。上姑苏，望五湖。之后北上渡江，过淮阴，至临淄、曲阜，考察了齐鲁地区文化，观孔子之遗风，乡射邹、峄。受困于鄱、薛、彭城，然后沿着秦汉之际叱咤风云的历史人物的故乡，楚汉相争的战场，经彭城，历沛、丰、砀、睢阳，至梁（今河南开封），回到长安。③ 以今地言之，司马迁二十南游，经过了今陕西、湖北、湖南、江西、江苏、浙江、安徽、山东、河南九个省区，行程数万里。

---

① 参阅施丁《司马迁行年新考》，陕西人民教育出版社 1995 年版，第 11 – 18 页；张大可：《司马迁评传》，南京大学出版社 1994 年版，第 41 – 47 页。

② 见王国维《观堂集林》卷十一，中华书局 1959 年版。

③ 张大可：《司马迁评传》，南京大学出版社 1994 年版，第 44 页。

关于南游的年数，学术界的意见主张由两年到近十年，分歧很大。我们认为，王国维《太史公行年考》说司马迁生于汉景帝中元五年（前145）是正确的，那么"二十南游"的始年就是汉武帝元朔三年（前125）。至于南游年数，可以参考秦始皇、汉武帝南巡所需的时间。秦始皇两次南巡，每次将近一年，汉武帝南巡，超过半年。司马迁南游，比秦皇、汉武南游，范围广得多，条件差得多，所以，总需要两三年的时间，否则是难以完成任务的。

（二）奉使征略西南夷

司马迁在《太史公自序》中叙述二十南游之后，紧接着说：

> 于是迁仕为郎中，奉使西征巴、蜀以南，南略邛、笮、昆明，还报命。

奉使西征巴、蜀以南，是司马迁出仕郎中之后的一次重要使命，是他正春风得意之时。班固在《汉书·司马迁传》中也记载了这件事。在汉代奉皇帝之命出使边疆之地是很荣耀的事情，《汉书》都一一做了记载，如《张骞传》载张骞奉使西域，《司马相如传》《公孙弘传》载唐蒙、司马相如、公孙弘奉使西南夷，《苏武传》载苏武奉使匈奴等，在《东方朔传》中还说："（武帝）时方外事胡越，内兴制度，国家多事，自公孙弘以下至司马迁皆奉使方外。"可见司马迁奉使西征是事实。但对具体问题，学术界仍有不同看法。

关于奉使的时间，学术界有几种不同的看法，王国维的《太史公行年考》主张在元鼎六年（前111）"置郡之后"；日本泷川资言的《太史公年谱》和张惟骧的《太史公疑年考》主张在元封元年（前110）；施丁的《司马迁行年新考》主张在元鼎六年春；我们主张方国瑜、祁庆富的说法，司马迁于元鼎五年（前112）秋从长安出发，至元封元年春"还报命"，除了途中往返时间，他在西南活动的时间是元鼎六年春、夏、秋三季。①

关于司马迁奉使的任务，学者或以为是做一般的"调查研究"②，或以为是到这些地区来"视察和慰问"③，或以为是"去省察这些地区"④。方国瑜、祁庆

---

① 方国瑜：《云南史料目录概说》第1册，中华书局1984年版，第2页；祁庆富：《西南夷》，吉林教育出版社1990年版，第68－69页。

② 《云南各族古代史略》编写组：《云南各族古代史略》，云南人民出版社1977年版，第23页。

③ 季镇淮：《司马迁》，上海人民出版社1979年版，第33页。

④ 胡佩韦：《司马迁和史记》，上海古籍出版社1979年版，第13页。

富则认为这次出使"负有经略西南夷之任务",也就是说"奉使西南夷设郡"①。这种看法是有道理的。

第一,《自序》云"奉使西征巴、蜀以南,南略邛、筰、昆明"。其中的关键是"征""略"两字。征,《说文》《尔雅》皆释为"行",这是征字的本义。征,也有"征伐""征讨"之意。《易·谦》:"利用行师征邑国。"《诗·鲁颂·泮水》言"桓桓于征,狄彼东南",郑玄笺:"征,征伐也。"略,是"治理",《书·禹贡》:"禹夷既略,潍溜其道。"孙星衍疏:"《广雅·释诂》云:略,治也。经言略者,义当为治。"特别是这里"征""略"相呼应,说明它是军事政治用语,说司马迁奉使征伐邛、筰、昆明,开拓疆土,设置郡县进行治理。这种"略"字的用例,在《史记》中累见,如卷一三〇《太史公自序》"唐蒙使略通夜郎",卷一一七《司马相如列传》"司马长卿便略定西夷,邛、筰、冉、駹、斯榆之君皆请为内臣"。司马迁担负的使命与唐蒙、司马相如是相同的。

第二,从具体史实去判断司马迁此次奉使有"设郡""经略西南夷的任务"。据《史记》卷一一六《西南夷列传》、卷一一三《南越列传》载,元鼎五年秋,汉发兵分桂阳、豫章、零陵数路征南越,又命驰义侯征调巴、蜀、犍为兵由牂柯道进,策应攻南越;既至夜郎,为且兰君阻道。六年,南越破灭,驰义侯诛且兰君,平南夷,设牂柯郡。《西南夷列传》云:

> 南越破后,及汉诛且兰、邛君,并杀筰侯,冉駹皆振恐,请臣置吏,乃以邛都为越巂郡,筰都为沈犁郡,冉駹为汶山郡,广汉西白马为武都郡。

《汉书》卷六《武帝纪》载:

> (元鼎六年冬十月)上使令(驰义侯)征西南夷,平之。……定西南夷,以为武都、牂柯、越巂、沈黎、文山郡。

由此可见,汉武帝元鼎五年和六年是征略西南夷、设置郡县的时间,司马迁"奉使西征巴、蜀以南,南略邛、筰、昆明",也是元鼎五年至六年,说明司马迁参与了平定、经略西南夷的工作。

司马迁到过哪些地方呢?因为邛、筰、昆明在巴、蜀之南,要"南略邛、筰、昆明",必须经过巴、蜀。

巴,古代族名、国名。据常璩《华阳国志·巴志》,其族主要分布在今四川

---

① 方国瑜:《云南史料目录概说》第 1 册,中华书局 1984 年版,第 2 页;祁庆富:《西南夷》,吉林教育出版社 1990 年版。

司马迁游历中华大地与他的"名山事业"

的东部、湖北的西部一带，周慎靓王五年（前316）并于秦，以其地为巴郡，汉仍之。

蜀，古代族名、国名。据常璩《华阳国志·蜀志》，其族主要分布在今四川中、西部。周慎靓王五年并于秦，以其地为蜀郡，汉仍之。

邛（或称邛都）、笮（或称笮都），都是古代西南族名、国名。《史记》卷一一六《西南夷列传》载：

> 自滇以北君长以什数，邛都最大：此皆魋结，耕田，有邑聚。……自嶲以东北，君长以什数，徙、笮都最大：自笮以东北，君长以什数，舟騕最大。

汉武帝平定西南夷之后，"乃以邛都为越嶲郡，笮都为沈犁郡"。越嶲郡治所在邛都（今四川西昌东南），辖境大体相当于今四川凉山彝族自治州。沈犁郡治所在笮都（今四川汉源东北），辖境约当于今四川西部邛崃、汉源、泸定之间的地区。

关于昆明，《西南夷列传》载：

> 其外西自同师以东，北至楪榆，名为嶲、昆明，皆编发，随畜迁徙，毋常处，毋君长，地方可数千里。

可见"昆明"也是古代西南族名，社会发展比较落后，但分布很广泛，"地方可数千里"。而且昆明夷地处通往东南亚和印度身毒的咽喉之地。汉武帝把征定昆明夷作为开拓西南夷的一个重要目标。为此，他在长安附近开凿昆明池。《汉书》卷六《武帝纪》臣瓒注：

> 《西南夷传》有越嶲、昆明国，有滇池，方三百里。汉使求身毒国，而为昆明所闭。今欲伐之，故作昆明池象之，以习水战，在长安西南，周回四十里。

这里说明：第一，汉武帝为伐昆明夷而凿昆明池，以习水战；第二，昆明池模拟滇池。这是不符合逻辑的，因为滇池地区为滇王统治，昆明夷活动中心是在洱海。唐杜佑在《通典》中说："西洱河，一名昆弥川，汉武帝象其形凿之"，认为昆明池像洱海。清全祖望《鲒埼亭集》卷三五《昆明池考》指出，昆明之地滨水，在滇以西之湖泊，惟洱海最著，昆明应在大理地区。方国瑜亦主此说①。潘蔚在《汉代西南夷裔丛考》一文中说：

> 考巂昆明一族，属叶榆以乞其东北，叶榆即今大理，有洱海，武帝之昆明池，盖指此而言，与滇国之滇池无关。瓒注及《括地志》之滇池，显然附会。②

可见昆明夷，汉时主要分布在洱海地区，西至澜沧江，东到贵州西部，北起四川西南，南及哀牢山区均有分布。

那么，司马迁是否到过这些地区呢？明万历《云南通志》卷二"大理府王案山"条云："郎中司马迁到此观西洱河。"倪蜕《滇云历年传》卷二说："司马迁立讲堂于叶榆（大理），为滇云讲学之始。"此二说与《太史公自序》"南略邛、笮、昆明"是吻合的。可见司马迁的足迹曾及于昆明夷分布之地，即今云南大理、洱海一带。

《史记》卷二九《河渠书·赞》曰："西瞻蜀之岷山及离碓。"考离碓，在大渡河流入岷江处，为秦蜀郡太守李冰所凿，即今都江堰。司马迁到此，即为经略邛、笮、昆明。王鸣盛《十七史商榷》卷一"子长游踪"条以为"瞻岷山及离碓，即为中郎将时使巴蜀事"，这个说法是对的。

纵观上述，司马迁奉使经略西南夷期间，其足迹及于今四川省、云南及贵州部分地区。这种生活体验，无疑对他后来写《西南夷列传》产生了非常重要的影响。

（三）扈从汉武帝之游

汉武帝是一位雄才大略的皇帝，他一生喜欢巡幸。据《汉书·武帝纪》不完全记载，武帝在位 54 年，巡幸 34 次。有学者统计，所有这些巡幸，除两次外，司马迁都扈从参与了。③ 从下面介绍的几次重要巡游，可见司马迁的足迹遍布中华大地。

（1）元鼎四年（前 113）司马迁随从至三河地区（河东、河内、河南）。这是汉武帝即位以来第一次巡行三河地区。《汉书》卷六《武帝纪》载：

> （元鼎）四年冬十月，行幸雍，祠五畤。……行自夏阳，东幸汾阴。十

---

① 方国瑜：《中国西南历史地理考释》上册，中华书局 1987 年版，第 14 页。

② 见国立中山大学研究院文科研究所历史学部编《史学月刊》1936 年第 1 卷第 3 期，第 234 页。

③ 张大可：《司马迁评传》，南京大学出版社 1994 年版，第 55 页。

一月甲子，立后土祠于汾阴脽上。礼毕，行幸荥阳。还至洛阳。

武帝的行程是先到雍（今陕西凤翔县）祭五畤（即祭青、黄、赤、白、黑五帝），然后往东北方向去夏阳（今陕西韩城市），到河东郡的汾阴（今山西万荣县），在汾阴脽上立后土祠，并按照太史令司马谈和祠官宽舒议定的仪式举行祭礼。礼毕，渡黄河，经荥阳（今河南荥阳市），回到洛阳。司马迁当时是郎中，必然侍从。在《史记》卷三十《平准书》中记元鼎四年"天子始巡郡国。东度河，河东太守不意行至，不办，自杀"，所写的就是从行中的见闻。

（2）元鼎五年（前112）司马迁侍从西巡。《汉书》卷六《武帝纪》载："（元鼎）五年冬十月，行幸雍，祠五畤。遂踰陇，登空同，西临祖厉河而还。……十一月辛巳朔旦，冬至。立泰畤于甘泉。天子亲郊见，朝日夕月。"这是武帝即位以来第一次巡幸陇西。《史记》卷三十《平准书》对这次西巡记载得更详细、具体：武帝"行西踰陇，陇西守以行往卒，天子从官不得食，陇西守自杀。于是上北出萧关，从数万骑，猎新秦中，以勒边兵而归"。

武帝这次行程是先到雍，祠五畤，然后西行到陇西郡，登崆峒山（今甘肃平凉市境），北出萧关（今甘肃固原市东南），率领数万骑于新秦中（今内蒙古河套一带）围猎，然后回到甘泉宫（今陕西淳化县西北甘泉山上）。司马迁侍从武帝陇西之行后，在《史记·五帝本纪赞》中特别自豪地记上了一笔："余尝西至空桐（即崆峒）。"

（3）元封元年（前110）司马迁侍从封禅和北巡。《汉书》卷六《武帝纪》载，武帝元封元年"行自云阳，北历上郡、西河、五原，出长城，北登单于台，至朔方，临北河。勒兵十八万骑，旌旗径千余里，威震匈奴。……还，祠黄帝于桥山，乃归甘泉"。

这次汉武帝从云阳（今陕西淳化西北）出发，北上，经上郡（今陕西神木、绥德）、西河（今内蒙古托克托一带）、五原（今内蒙古包头市西北）等郡，过长城，登单于台，抵达朔方（今内蒙古杭锦旗西北），临北河（约今乌加河）。18万骑兵，耀武扬威，震惊匈奴。回来时汉武帝经过陕西黄帝陵，祭黄帝于桥山，然后回到甘泉。司马迁这次侍从到达朔方。张鹏一的《太史公年谱》认为，司马迁"奉使巴蜀返，时武帝北巡，史公复命朔方"①。其证据有二。一是《史记》卷二九《河渠书·赞》说："（余）北自龙门至于朔方。"二是司马迁在《史记》卷二八《封禅书》中详记了武帝祭黄帝冢于桥山的问话："上曰'吾闻黄帝不死，今有冢，何也？'或对曰：'黄帝已仙上天，群臣葬其衣冠。'"又记武帝到甘泉"为且用事泰山，先类祠太一"。可见司马迁是从游的。

---

① 转引自施丁《司马迁行年新考》附录五，陕西人民教育出版社1995年版。

《汉书》卷六《武帝纪》又载：

> （元封元年）春正月，行幸缑氏。……行，遂东巡海上。夏四月癸卯，上还，登封泰山，降坐明堂。……行自泰山，复东巡海上，至碣石。自辽西历北边九原，归于甘泉。

这次武帝向东驾临缑氏（今河南偃师东南），登上中岳太室山举行祭祀。后来到了海上，武帝听方士说海上有仙山、仙人，于是就派了好几千人入海求蓬莱神仙，没有求得。夏四月，武帝登泰山举行封禅礼。一行人沿海北上到达碣石（今河北昌黎），经辽西（今辽宁义县西），北部边郡，至达九原（今内蒙古包头市西北），然后从"直道"（秦始皇修筑的从甘泉直通九原的大道）回到甘泉。武帝此次行程18000里，经历半个中国。司马迁随同巡行，他在《史记》卷二八《封禅书》中说，"余从巡祭天地诸神名山川而封禅焉"，并记载了这次巡行，还描述了封禅情景。他还在卷八八《蒙恬列传·赞》中说："吾适北边，自直道归，行观蒙恬所为秦筑长城亭障，堑山堙谷，通直道，固轻百姓力矣。"这是写这次从行的观感。

（4）元封二年（前109）司马迁侍从负薪塞瓠子（宣房）。《汉书》卷六《武帝纪》载：

> （元封）二年冬十月，行幸雍，祠五畤。春，幸缑氏，遂至东莱。夏四月，还祠泰山。至瓠子，临决河，命从臣将军以下皆负薪塞河堤，作《瓠子之歌》。

元封二年春，武帝行巡缑氏，到达东莱（今山东龙口东南莱山）。夏四月，武帝回到泰山祭祀。至瓠子（今河南濮阳），遇黄河决堤，武帝命令随从大臣及官员个个都得背草填塞决口，参加塞堤工作，并作《瓠子之歌》。此次司马迁必定从行，因为《河渠书》描写了塞瓠子的情景，记录了《瓠子之歌》，司马迁还在卷二九《河渠书·赞》中自豪地说："余从负薪塞宣房（瓠子），悲《瓠子之诗》而作《河渠书》。"王国维在《太史公行年考》中亦说："史公既从塞宣房，则亦从至缑氏、东莱、泰山矣。"

（5）元封四年（前107）司马迁侍从北巡。《汉书》卷六《武帝纪》载：

> （元封）四年冬十月，行幸雍，祠五畤。通回中道，遂北出萧关，历独鹿、鸣泽，自代而还，幸河东。春三月，祠后土。

这次武帝至雍，西行至回中宫（今陕西陇县东南），北出萧关（今甘肃固原东南），经独鹿山、鸣泽（均在今河北涿县境），从代（今河北蔚县东北）而回。又巡行河东。司马迁当扈从武帝北行。他在《五帝本纪·赞》中说："余北过涿鹿（今河北涿鹿东南）。"当是此行中的事情。

（6）元封五年（前106）司马迁侍从南巡。《汉书》卷六《武帝纪》载：

> （元封）五年冬，行南巡狩，至于盛唐，望祀虞舜于九嶷。登灊天柱山，自寻阳浮江，亲射蛟江中，获之。舳舻千里，薄枞阳而出，作《盛唐枞阳之歌》。遂北至琅邪，并海，所过礼祠其名山大川。春三月，还至泰山，增封。甲子，祠高祖于明堂，以配上帝。……还幸甘泉，郊泰畤。

这次武帝南巡，先到盛唐（今湖北荆门、洪湖一带），然后祭祀虞舜于九嶷山（湖北江陵一带西部山地）。武帝登位于灊县（今安徽霍山东北）之天柱山。一行人自寻阳（今湖北黄梅西南）乘船浮江而下，抵达枞阳（今安徽枞阳），沿海北上，到达琅邪（今山东胶南），并在海上巡游。三月，武帝至泰山封禅，然后回到甘泉。此行司马迁必然扈从，因为司马迁此时任太史令，其职责是掌天文历法，记录瑞应、灾异，皇帝出巡，"所过礼祠其名山大川"，所以，太史令是必须随从的。《史记》卷二八《封禅书》亦记述了此次南巡："其明年冬（指元封五年），上巡南郡，至江陵而东。登礼灊之天柱山，号曰南岳。浮江自寻阳出枞阳，过彭蠡，礼其名山川。北至琅邪，并海上。"据《水经注》卷三九载："庐山，彭泽之山也。……秦始皇、汉武帝及太史公司马迁，咸升其岩，望九江而眺钟、彭焉。"汉武帝登庐山，望九江，当是这次南巡之事。司马迁在《史记》卷二九《河渠书·赞》中说"南登庐山，观禹疏九江"，既是"二十南游"之事，也是此次扈从之事。

综上所述，司马迁扈从汉武帝之游，前后所到之地方，按今天地望而言，有陕西、山西、河南、甘肃、内蒙古、山东、河北、辽宁、湖北、安徽、江西等省区。

司马迁一生的游历，有学者估计约有十年时间。[①] 而游踪及于今天的近20个省区，东北、华北、中南、华东、西南、西北六大自然区域都有他的足迹。这对于司马迁其人、其事业都有重大影响。

三、 司马迁游历与他的 "名山事业"

司马迁近十年的游历，足迹遍及除华南之外的整个中华大地，对他的人格、

---

① 施丁：《司马迁行年新考》，陕西人民教育出版社1995年版，第34页。

思想、情操的形成及对《史记》的创作都产生了无法估量的影响。归纳起来，有四方面。

（一）培养了司马迁热爱祖国、热爱伟大河山的爱国主义情操

中国疆域辽阔，河山壮丽，历史悠久，文化灿烂。司马迁游历中华大地，受到大自然的美丽山水的滋养，各地绚丽多彩的历史文化的熏陶，古往今来爱国志士业绩的感染，这都铸造了他爱国主义的情操。这种高尚的思想感情，在《史记》中表现在两个方面。

第一，司马迁用饱满的热情、如椽的大笔，讴歌祖国的地大物博和悠久历史。《史记》记述从黄帝到汉武帝时代的3000年历史，130篇，篇篇引人入胜。司马迁所到之处，凡山川河流、物产矿藏，都进行考察。《封禅书》《河渠书》《平准书》《货殖列传》等所记，大都是他从实际生活考察所得，所以写得形象、生动，不仅寄托着他对祖国热爱的感情，而且使读者读后热爱祖国的感情油然而生。例如他在《河渠书》中简略而系统地记述了我国古代的水利发展史。传说中的禹疏九川，经李冰之凿离碓，西门豹之引漳水，关中的郑国渠，郑当时之议开漕渠，到汉武帝令群臣负薪塞瓠子之壮举等。读了这些记述，使读者不但感受到山河的伟大，而且感受到征服这些河山的人民的伟大。

又例如他在《史记》卷一二九《货殖列传》中记载了全国各地的物产矿藏，这些都是人民生活所必需的：

> 夫山西饶材、竹、榖、纑、旄、玉石；山东多鱼、盐、漆、丝、声色；江南出枏、梓、姜、桂、金、锡、连、丹沙、犀、瑇瑁、珠玑、齿革；龙门、碣石北多马、牛、羊、旃裘、筋角；铜、铁则千里往往山出棋置：此其大较也。皆中国人民所喜好，谣俗被服饮食奉生送死之具也。

这些话使读者为祖国各地有如此丰富的物产而自豪，我们生于斯、长于斯，能不珍惜她、热爱她吗？《史记》记载祖国山河伟大之处俯拾皆是，不胜枚举。

第二，司马迁怀着极其崇敬的心情，歌颂那些热爱祖国，为国家的统一、独立、富强而不屈不挠地奋斗，甚至不惜牺牲自己生命的爱国人物。

例一，《屈原贾生列传》载，屈原本为楚怀王的左徒，很受重用。后来楚怀王听信宠姬郑袖及张仪之计，疏远屈原而亲近上官大夫，甚至将屈原放逐。然而，屈原流放远地仍然关心着楚国的命运。本传载：

> 虽放流，眷顾楚国，系心怀王，不忘欲反，冀幸君之一悟，俗之一改也。其存君兴国而欲反复之，一篇之中三致志焉。

从中可看出屈原热爱祖国、不畏强暴的斗争精神。司马迁认为屈原"正道直行，竭忠尽智以事其君"，其操守"虽与日月争光可也"，对屈原的爱国的崇高品质大加赞扬。在《史记》卷八四《屈原列传·赞》中说：

> 余读《离骚》《天问》《招魂》《哀郢》，悲其志。适长沙，观屈原所自沉渊，未尝不垂涕，想见其为人。

这说明司马迁对屈原的崇敬与热爱。

例二，《廉颇蔺相如列传》载，廉颇是赵国的名将，立下赫赫战功，做了赵国的上卿。蔺相如是赵国的文臣，曾带着和氏璧出使秦国，勇敢不怕牺牲地挫败秦国的国王，完璧归赵。他又在秦王与赵王的渑池会议上，阻止了秦王欲侮辱赵王的阴谋，机智地使秦王"为一击缶"，为赵国赢得了荣誉。他也被拜为上卿，位在廉颇之上。廉颇不服，声言要侮辱蔺相如。然而，蔺相如"不欲与廉颇争列"，处处避免冲突。据本传记载，相如说：

> 顾吾念之，强秦之所以不敢加兵于赵者，徒以吾两人在也。今两虎共斗，其势不俱生。吾所以为此者，以先国家之急而后私仇也。

后来"廉颇闻之，肉袒负荆，因宾客至蔺相如门谢罪。……卒相与欢，为刎颈之交"。在这里，一位只重视国家利益、不计较个人私怨、心胸豁达的爱国文臣和一位为了国家利益而勇于接受批评、改正错误的爱国将军的形象均跃然纸上。司马迁的这篇传记，写得细致、生动、具体、形象，表现出他对这两位爱国英雄的崇敬与热爱，也能引起读者对于两位英雄的崇敬与热爱。在本传赞中说：

> 相如一奋其气，威信敌国，退而让颇，名重太山，其处智勇，可谓兼之矣！

蔺相如"名重太山"，这是多么高大的形象。

《史记》记载的爱国英雄人物很多，如《田单列传》记载田单孤军奋战保卫齐国的英雄事绩和王蠋捐躯守义的爱国之举；《司马穰苴列传》歌颂司马穰苴"将受命之日则忘其家，临军约束则忘其亲，援枹鼓之急则忘其身"的爱国精神；《越王勾践世家》称颂勾践为了越国的强大而"卧薪尝胆"的发愤图强精神；《平准书》记载商人卜式愿将自己一半家业捐献给国家，以抵抗匈奴的爱国事迹；等等。

（二）培养了司马迁同情和热爱被压迫人民的思想感情

司马迁跋山涉水、行数万里路，深入社会生活中做调查研究，广泛接触祖国各地各阶层人民，熟悉丰富、复杂的民情风俗，体验被压迫人民的疾苦，因而产生了对人民同情的思想感情。这些在《史记》中的表现是多方面的。

第一，司马迁为社会下层人物立传。

众所周知，《史记》有《陈涉世家》，把陈胜、吴广起义的事迹列入"世家"，以示尊敬。《项羽本纪》描写推翻"暴秦"的项羽的英雄气概，把项羽的事迹列入"本纪"，以肯定他的历史地位。《刺客列传》记载了曹沫、专诸、豫让、聂政、荆轲五人的事迹，表彰了为弱者伸张正义，藐视强敌，不惜牺牲一切的侠义精神，并在赞中说："自曹沫至荆轲五人，此其义或成或不成，然其立意较然，不欺其志，名垂后世，岂妄也哉！"在卷一二四《游侠列传》中，他称赞"其言必信，其行必果，已诺必诚，不爱其躯，赴士之厄困，既已存亡死生矣，而不矜其能，羞伐其德"的侠客。《游侠列传》所记述的朱家、郭解等著名游侠，都是得到人民爱护的。司马迁在赞中说：

> 吾视郭解，状貌不及中人，言语不足采者。然天下无贤与不肖，知与不知，皆慕其声，言侠者皆引以为名。

司马迁称颂游侠，表现他同情人民和反暴的愿望。《史记》中还有《滑稽列传》《日者列传》《龟策列传》等，都记述了低下层人民的事迹，虽然其反映的意义不同，但可以说明司马迁笔下的《史记》广泛反映了社会各类人物的喜怒哀乐。

第二，司马迁在描写统治阶级的人和事时，能从人民的立场来判断是非。

卷八八《蒙恬列传》为蒙恬、蒙毅兄弟立传，蒙氏世代为秦将，在秦统一中国和巩固政权的过程中，都立有大功。司马迁记载了他们的历史功绩以及他们被赵高、胡亥合谋处死的遭遇。但司马迁在赞中说：

> 吾适北边，自直道归，行观蒙恬所为秦筑长城亭障，堑山堙谷，通直道，固轻百姓力矣。夫秦之初灭诸侯，天下之心未定，痍伤者未瘳，而恬为名将，不以此时强谏，振百姓之急，养老存孤，务修众庶之和，而阿意兴功，此其兄弟遇诛，不亦宜乎！何乃罪地脉哉？

说明司马迁站在人民的立场上，对蒙恬在筑长城、修直道等问题上，不顾人民疾苦，"阿意兴功"的行为，给予严厉的批评。司马迁评价他们兄弟二人被杀，不也是该当的吗？这哪里是斩断地脉的罪过呢？

卷一一一《卫将军骠骑列传》记载了大将军卫青和骠骑将军霍去病在打击匈奴中的赫赫战功以及不断被汉武帝提拔、赏赐和爱重的事迹。但是最后则说，骠骑将军霍去病"然少而侍中，贵，不省士。其从军，天子为遣太官赍数十乘，即还，重车余弃粱肉，而士有饥者。其在塞外，卒乏粮，或不能自振，而骠骑尚穿域蹋鞠。事多此类。大将军（卫青）为人仁善退让，以和柔自媚于上，然天下未有称也"。显而易见，司马迁是站在广大士兵的立场上，批评霍去病"重车余弃粱肉，而士有饥者"的行为。在卷一〇九《李将军列传》中，赞扬"广廉，得赏赐辄分其麾下，饮食与士共之"，"广之将兵，乏绝之处，见水，士卒不尽饮，广不近水，士卒不尽食，广不尝食。宽缓不苛，士以此爱乐为用"的大将风度。司马迁认为李广真正做到了"仁爱士卒"，因而得到广大士卒的爱护和人民的同情。所以，李广在卫青的偏私和压抑之下被迫自杀时，"广军士大夫一军皆哭，百姓闻之，知与不知，无老壮皆为垂涕"。司马迁是站在广大士卒一方说话的。

第三，司马迁敢于揭露汉代专制主义的残酷统治，特别对汉武帝的暴力统治表现出极端的悲愤和厌恶。刘知几在称赞古代的直笔史家时，其中说"司迁之述汉非"[1]，正因为司马迁"述汉非"的现实批判精神，所以《史记》被东汉的王允斥为"谤书"[2]。司马迁对汉朝最高统治者刘邦到汉武帝，对汉代文质彬彬而争荣逐利的儒生，对尔虞我诈的君臣关系，都做了深刻的"微文刺讥"。尤其对汉武帝一朝的社会矛盾做了深刻的揭露。《平准书》集中批判横征暴敛的经济政策；《儒林列传》《公孙弘列传》通过揭露汉儒阿贵取容的丑态，批判当时的文化政策；《封禅书》讥刺汉武帝的痴妄迷信、劳民伤财；卷一二二《酷吏列传》集中批判黑暗的官僚体制。本传写了郅都、宁成、周阳由、赵禹、张汤、义纵、王温舒、尹齐、减宣、杜周十人，基本上反映了汉武帝时代政法状况。"酷吏"的共同特点是执法严厉，但执法不公平，他们凭个人的爱憎或看最高统治者的脸色办事。例如周阳由，他的执法原则是"所爱者，挠法活之；所憎者，曲法诛灭之"。本传的中心人物张汤一贯看武帝的脸色行事。他"奏谳疑事，必预先为上分别其原，上所是，受而著谳决法廷尉，絜令扬主之明"。他判案的原则是"所治即上意所欲罪，予监史深祸者；即上意所欲释，与监史轻平者"。另一个酷吏杜周的行为与张汤所为一模一样，他"上所欲挤者，因而陷之；上所欲释者，久系待问而微见其冤状"。当有人问他："君为天子决平，不循三尺法，专以人主意指为狱，狱者固如是乎？"杜周却振振有词地说："三尺安出哉？前主所是著

---

① 〔唐〕刘知几：《史通》卷七《直书》。

② 见《三国志·魏书》卷六《董卓传》裴注引谢承《后汉书》，又见范晔《后汉书》卷六〇下《蔡邕传》。

为律，后主所是疏为令，当时为是，何古之法乎？"由于贪赃枉法，"杜周初征为廷史，有一马，且不全；及身久任事，至三公列，子孙尊一官，家资累数巨万矣"。对汉朝黑暗统治的揭露，对人民是有利的。在《平准书》中记载的张汤之死，司马迁只简单写"张汤死，而民不思"。在《酷吏列传》中，对王温舒的滥杀，司马迁激愤地说："其好杀伐行威，不爱人如此！"这是有力的、愤怒的、站在人民立场的语言。说明司马迁具有同情人民的思想感情。

（三）司马迁在游历中对社会做广泛的调查，搜集、掌握、印证了大量生动的历史材料，为《史记》成为"实录"奠定了基础

《汉书》卷六二《司马迁传·赞》说："自刘向、扬雄博极群书，皆称迁有良史之才，服其善序事理，辨而不华，质而不俚，其文直，其事核，不虚美，不隐恶，故谓之实录。"刘向、扬雄、班彪父子一致认为《史记》是"实录"。《史记》所以能够被后人称为"实录"，除因为司马迁具有进步的历史观，善于叙事和说理之外，关键原因是对历史资料的搜集鉴别和整理。综观司马迁撰写《史记》的材料，主要来自三个方面：一是司马迁以前的历代的图书，正如《太史公自序》所云"紬史记石室金匮之书"。通计载于《史记》中的司马迁所见书共近百种①；二是汉代的档案材料，如天子的诏、策，官吏的奏议和上书，功臣的赏赐记载，汉代与各族之间交往的文书材料，等等；三是自己实地考察调查，"网罗天下放失旧闻"，搜集当时人的口述材料。有了这三方面的材料来源，才可能使《史记》成为"实录"。那么，司马迁近十年的游历与搜集撰写《史记》的材料有什么关系呢？

第一，在游历中，司马迁对先秦历史资料进行搜集、鉴别和核实。

关于司马迁"二十南游"的目的，他在《太史公自序》中说得很明白，就是他不满足于"天下遗文古事，靡不毕集太史公"的书本知识，有目的、有计划地到广阔的社会中去"网罗天下放失旧闻"，就是搜集古史资料。《太平御览》卷二三五《职官部十三》引《汉官旧仪》说："司马迁父谈世为太史，迁年十三，使乘传行天下，求古诸侯之史记。"（《西京杂记》卷六文略同）从这个记载，看出四个问题：第一，司马迁的南游是他父亲司马谈所"使"的（即要他这样做）。第二，"乘传行天下"。"乘传"是古代驿站用四匹下等马拉的车子。《史记》卷九四《田儋列传》："田横乃与其客二人乘传诣洛阳。"裴骃《集解》引如淳曰："四马下足为乘传。"可见司马迁是乘车南游的。第三，13 岁开始南游，这点与《太史公自序》"二十而南游"有矛盾，我们应该相信《太史公自序》的说法。第四，南游的目的是"求古诸侯之史记"，这与《太史公自序》的

---

① 金德建：《司马迁所见书考》，上海人民出版社 1963 年版，第 1－30 页。

说法是一样的。

我国远古时代的神话传说需要比较系统的整理。先秦典籍如《诗经》《楚辞》《尚书》《春秋》《左传》《国语》《战国策》《论语》《孟子》《墨子》《庄子》《周礼》《礼记》《仪礼》等，其中保存了丰富的神话传说资料。这些神话资料掺杂有各种观点或学说，如宗教观、鬼神观、天命观等。司马迁要写旷古之作《史记》，中国历史应从何时开始，这是摆在面前的重要问题。司马迁经过研究，确立"神话传说是古史"的历史观念。但如何撰写神话传说时代的历史呢？他在《史记》卷一《五帝本纪赞》中说：

> 学者多称五帝，尚矣。然《尚书》独载尧以来；而百家言黄帝，其文不雅驯，荐绅先生难言之。孔子所传宰予问《五帝德》及《帝系姓》，儒者或不传。余尝西至空桐，北过涿鹿，东渐于海，南浮江淮矣；至长老皆各往往称黄帝、尧、舜之处，风教固殊焉。总之，不离古文者近是。予观《春秋》《国语》，其发明《五帝德》《帝系姓》章矣，顾弟弗深考，其所表见皆不虚。《书》缺有间矣，其轶乃时时见于他说。非好学深思，心知其意，固难为浅见寡闻道也。余并论次，择其言尤雅者，故著为本纪书首。

在这里司马迁说明了两点：一是《五帝本纪》的材料主要来源于先秦典籍和他游历考察各地所搜集到的材料；二是把两者互相印证，"择其言尤雅者"，撰成叙述黄帝、颛顼、帝喾、尧、舜历史的《五帝本纪》，放于全书之首。可见司马迁的游历对他撰写神话传说时代历史的重要性。

夏、商、西周及春秋战国的历史，由于春秋以来，长期战乱，图籍散失很多，尤其是秦始皇统一天下之后，下令"焚书坑儒"，《史记》卷一五《六国年表》说：

> 秦既得意，烧天下《诗》《书》，诸侯史记尤甚，为其有所刺讥也。《诗》《书》所以复见者，多藏人家，而史记独藏周室，以故灭。

司马迁要写这段历史，必须求得被秦始皇焚烧了的各诸侯国史记。秦只焚灭了官家之藏，而民间尚有残篇，因此，司马迁游历考察，到各地搜集古诸侯国史料，就是上文引《汉官旧仪》说的"求古诸侯之史记"，成为撰写《史记》不可或缺的重要环节。事实上，《史记》取材于"古诸侯之史记"的地方是不少的，有的是游历所得。

司马迁还通过自己实地调查，纠正了学者记载的错误，如卷四《周本纪》说：

太史公曰：学者皆称周伐纣，居洛邑，综其实不然。武王营之，成王使召公卜居，居九鼎焉，而周复都丰、镐。至犬戎败幽王，周乃东徙于洛邑。所谓"周公葬（我）[于] 毕"，毕在镐东南杜中。

这是司马迁通过自己的实地调查，纠正了"周伐纣，居洛邑"的记载。他在卷三二《齐太公世家》中说：

吾适齐，自泰山属之琅邪，北被于海，膏壤二千里，其民阔达多匿知，其天性也。

司马迁考察过齐地，对齐国的地理位置、风土人情的简练叙述，给人以实感。

卷四三《赵世家》对战国末年赵国良将李牧被杀的事情是这样记载的：

太史公曰：吾闻冯王孙曰："赵王迁，其母倡也，嬖于悼襄王。悼襄王废适子嘉而立迁。迁素无行，信谗，故诛其良将李牧，用郭开。"

在这里司马迁说李牧被杀的原委是听冯王孙说的。冯王孙即冯遂，是冯唐之子，是司马迁的朋友①。可见司马迁核实材料之认真。

卷八六《刺客列传》中司马迁对有关荆轲的记载曰：

世言荆轲，其称太子丹之命，"天雨粟，马生角"也，太过。又言荆轲伤秦王，皆非也。始公孙季功、董生与夏无且游，具知其事，为余道之如是。

就是说关于荆轲的故事是公孙季功和董生对司马迁说的，而他们两人是秦始皇的侍医夏无且的朋友，荆轲与秦王互相搏击时，夏无且本人在场。他们"具知其事，为余道之如是"。所以有关荆轲故事的记载，《史记》是最可靠的，真可谓"实录"。

关于司马迁在实地考察中搜集、鉴别、核实春秋战国史料，在《史记》中还有很多体现。卷四七《孔子世家》说："适鲁，观仲尼庙堂车服礼器，诸生以时习礼其家，余祇回留之不能去云。"卷七七《魏公子列传》说："吾过大梁之墟，求问其所谓夷门，夷门者，城之东门也。"卷七五《孟尝君列传》说："吾尝过薛，其俗闾里率多暴桀子弟，与邹、鲁殊。问其故，曰：'孟尝君招致天下

① 《史记》卷一〇二《张释之冯唐列传》。

任侠，奸人入薛中，盖六万余家矣！'世之传孟尝君好客自喜，名不虚矣。"卷八四《屈原贾生列传》说："适长沙，观屈原所自沉渊，未尝不垂涕，想见其为人。"卷七八《春申君列传》说："吾适楚，观春申君故城，宫室盛矣哉。"卷四四《魏世家》说："吾适故大梁之墟，墟中人曰：'秦之破梁，引河沟而灌大梁，三月城坏，王请降，遂灭魏。'"等等。

凡此种种，说明司马迁的游历对《史记》中先秦部分的记载成为"实录"，起了非常重要的作用。

第二，司马迁的游历对他撰写从秦到汉武帝这段时期的历史显得更为重要。

从秦始皇到汉武帝这段历史，对司马迁来说，是现当代史。有学者做过统计，《史记》130 卷中，完全和重点写当代史的有 66 卷，加之其他篇章也有当代史的内容，说明司马迁以 52 万余字，写 3000 年的历史，竟然用半数以上的篇幅记述当代史。[①] 可谓略古详今。撰写现当代史，固然有许多档案材料可资参考，但更重要的是实地考察，到广阔的社会中去，读无字之书，接触祖国的锦绣河山和人民的生活习俗，搜集当代活的资料，使所写的历史更加丰富、生动、形象、准确。事实上，从《史记》的记述看，许多内容是他实地考察的结果。如他对汉初风云人物的记述、个人遗事的搜集、古战场形势的描写，都是他对实地考察或他人讲述的记录。

《史记》卷九七《郦生陆贾列传》载：

> 太史公曰：世之传郦生书，多曰汉王已拔三秦，东击项籍而引军于巩、洛之间，郦生被儒衣往说汉王。乃非也。自沛公未入关，与项羽别而至高阳，得郦生兄弟。余读陆生《新语》书十二篇，固当世之辩士。至平原君子与余善，是以得具论之。

关于郦食其、陆贾两人的故事，世上广为流传，但有很多失实的地方。平原君朱建与陆贾是好朋友，所以平原君的儿子得知真实情况。司马迁与平原君的儿子交好，故得以把真实情况记载下来。

卷九五《樊郦滕灌列传》说：

> 太史公曰：吾适丰、沛，问其遗老，观故萧、曹、樊哙、滕公之家，及其素，异哉所闻！方其鼓刀屠狗卖缯之时，岂自知附骥之尾，垂名汉廷，德流子孙哉？余与他广通，为言高祖功臣之兴时若此云。

---

① 施丁：《司马迁写当代史》，载《历史研究》1979 年第 7 期。

司马迁一方面到汉初风云人物刘邦、萧何、曹参、樊哙、滕公夏侯婴等人的故乡丰、沛去亲自调查，访问经历过秦朝的老人，踏访这些人物的故居，了解他们平时的为人，搜集到鲜为人知的材料。另一方面，又听他的朋友樊他广讲述刘邦及其功臣起兵反秦及建立汉朝的故事。樊他广是樊哙之孙，曾被汉文帝封为舞阳侯。汉景帝时有人揭发"他广实非荒侯子，不当代后"，才夺侯为庶人。樊他广实为汉宫廷圈子中的人物，他提供的情况应当是真实的。

卷九二《淮阴侯列传》说：

> 太史公曰：吾如淮阴，淮阴人为余言，韩信虽为布衣时，其志与众异。其母死，贫无以葬，然乃行营高敞地，令其旁可置万家。余视其母冢，良然。

由于司马迁掌握大量实地调查的材料，所描写的汉初叱咤风云人物，个个都栩栩如生。

司马迁游历，考察有关的山川地理、河流水利，在卷二九《河渠书》中说：

> 太史公曰：余南登庐山，观禹疏九江，遂至于会稽太湟，上姑苏、望五湖；东窥洛汭、大邳，迎河，行淮、泗、济、漯、洛渠；西瞻蜀之岷山及离碓；北自龙门至于朔方。曰：甚哉，水之为利害也！余从负薪塞宣房，悲《瓠子》之诗而作《河渠书》。

这一篇赞说明了两层意义：一是司马迁创作《河渠书》的基础，是他考察了全国的山川地理，并对水之利害对国计民生的重大影响，有深刻的了解；二是他亲自参加了"负薪塞宣房"的伟大工程，亲身经历了人与自然斗争的伟大壮举。这使他感奋异常，追想大禹治水的功业，创作了《河渠书》。《河渠书》之重要，正如清代郭嵩焘所说"此两汉富强之业所由开也"[①]。由于司马迁考察了全国名山大川、关隘要塞，所以在描述全国地形、古代战场时，都是非常科学周密的。顾炎武在《日知录》卷二六《史记通鉴兵事》条说：

> 秦楚之际，兵所出入之途，曲折变化，唯太史公序之如指掌，以山川郡国不易明，故曰东曰西曰南曰北，一言之下，而形势了然。……盖自古史书兵事地形之详，未有过此者。太史公胸中固有一天下大势，非后代书生之所能几也。

---

① 〔清〕郭嵩焘：《史记札记》卷三《河渠书》，商务印书馆1957年版，第154页。

司马迁的经济思想集中表述在《平准书》和《货殖列传》中。《平准书》概述了从汉初到汉武帝元封元年近百年的经济发展和财政政策。《货殖列传》考察了从春秋末年到汉初这一历史时期的商品经济，为巨商大贾作传。尤其是该传不仅将汉代全国划分为山西、山东、龙门碣石以北与江南四大经济区，而且能够依据商品生产的情势划分为关中、三河、齐鲁、越楚（内中又分东楚、西楚、南楚）、南阳五大区域。司马迁能够把全国各地的山川、物产、交通、人口、都市、商业以及风俗习惯等叙述得条理清楚，层次分明，与他近十年的游历，对社会做深入的调查、考察是分不开的。同时，要写当代史，亲身见闻及采访当事人都十分重要。张鹏一在《太史公年谱·序》中说：

> 史公之职，佚文古事郡国计书，皆所综录。故黄帝以来，迄于秦世，成书尚易。唯武帝时经营四夷，若部落建置，酋长世次，物产风俗，恐当时秘府尚无记载，无论西域南服未入中国，即蒙恬兵力只及新秦，龙廷旃帐无从犁埽，更何论其山川道路，东西方域耶？而公既与张骞、唐蒙同时，当时出塞北征诸将，苏建、李广诸人，过从友善，《匈奴》《大宛》各传事实，必得之苏、李诸人之谈论，不尽资诸石室金匮之藏。

因此，司马迁写当代史，他的游历、采访，向社会做深入的考察，是使《史记》成为"实录"的非常重要的环节。

（四）司马迁的游历，对《史记》的文学成就也产生巨大的影响

《史记》不仅是一部历史名著，而且是一部优秀的古典传记文学作品；司马迁不仅是一位伟大的史学家，而且是一位不朽的文学家。司马迁近十年的游历，对《史记》的文学成就也产生巨大的影响。主要表现在两个方面。

第一，《史记》最高的文学成就，就是在实录史事的基础上，塑造了众多的典型人物形象。《史记》的体例是以人物为中心的，十二本纪、三十世家、七十列传，都是描写一个个人物。司马迁笔下的人物，大都是有血有肉、个性鲜明的具体生动的人物形象，读起来，给人以如见其人、如闻其声、呼之欲出之感。描写当代人物，如叱咤风云、勇敢豪放的项羽，豁达大度、宽大长者的刘邦，刚毅嫉妒、阴险毒辣的吕后，勇猛粗犷、愿附骥尾的樊哙，阿谀逢迎的叔孙通，诈忠饰智、见风使舵的公孙弘，木讷厚重的周勃，风流倜傥的陆贾，恭敬醇谨而无所作为的石奋，善于推贤进士而又圆滑世故的韩安国，善于策谋、运筹帷幄的张良，常出奇计、解救国家之难的陈平，勇敢善射的李广，执法残酷的张汤等。描写古代人物，如礼贤下士和急人之难的信陵君，智勇双全、名重太山的蔺相如，忠诚老实、勇于负荆请罪的廉颇，忠诚与高洁的屈原，慷慨侠义的荆轲等。司马

迁所描写的人物，有热情的歌颂，有无情的鞭挞；有无限的同情，有激愤的不平；有尖锐的讽刺，有轻松的嘲笑。不仅让读者看到人物的音容笑貌，而且还能揭示人物的个性及其内心世界。因此，司马迁的传记文学充满着真实感，许多人称《史记》为形象的历史。《史记》之所以能够获得如此的艺术效果，就是因为司马迁能够在近十年的游历中深入生活，向社会做广泛的调查，把搜集来的材料，经过去粗取精、去伪存真、由此及彼、由表及里的艺术加工，因而一个个栩栩如生的人物跃然纸上。

第二，《史记》的文章简洁、辞藻华丽而通俗。这不仅由于司马迁博览群书，也由于他近十年游历，采集了大量民间的口头语言。对书面语言和人民大众的生活语言，进行创造性的运用，形成独具艺术魅力的《史记》语言。

唐代司马贞在《史记索隐后序》中说："太史公之书，既上序轩黄，中述战国，或得之于名山坏壁，或取之以旧俗风谣。"这里的"旧俗风谣"，就是指民间文学，包括民间故事、神话传说、俗词、歌谣、谚语，等等。司马迁对民间故事、神话传说的采用上文已有论述，现仅举《史记》中运用民间的歌谣谚语，使人物形象更加生动，使揭露的事物更加深刻的例子，来说明《史记》的艺术成就。

卷一一八《淮南衡山列传》载淮南厉王刘长，自恃尊贵，起居"拟于天子"。汉文帝担心皇权旁落，逼刘长绝食而死。司马迁引歌谣"一尺布，尚可缝；一斗米，尚可舂。兄弟两人不能相容"来揭露统治阶级内部的矛盾，非常深刻。卷四九《外戚世家》记载汉武帝专宠卫子夫，使卫氏一门权倾天下，司马迁引"生男无喜，生女无怒，独不见卫子夫霸天下"这首歌谣来揭露外戚恃势称霸的丑恶社会现实。卷一〇七《魏其武安侯列传》记载流行于颍川的一首童谣"颍水清，灌氏宁；颍水浊，灌氏族"，用以揭露灌夫"为权利，横于颍川"的罪行。《史记》中还记载了许多对生活经验和处世哲学的总结的歌谣谚语。如"狡兔死，走狗烹；高鸟尽，良弓藏；敌国破，谋臣亡"（卷九二《淮阴侯列传》）；"当断不断，反受其乱"（卷七八《春申君列传》）；"鉴于水者见面之容，鉴于人者知吉与凶"（卷七九《范雎蔡泽列传》）；"家贫则思良妻，国乱则思良相"（卷四四《魏世家》）；"忠言逆耳利于行，毒药苦口利于病"（卷五五《留侯世家》）；"蓬生麻中，不扶而直，白沙在泥，与之俱黑"（卷六〇《三王世家》）；"桃李不言，下自成蹊"（卷一〇九《李将军列传》）；等等。这些歌谣、谚语使作品增加了艺术感染力。

《史记》还采用大量方言和口语叙事，丰富了语言的内容，提高了语言的表现力。如卷四八《陈涉世家》：

已为王，王陈。其故人尝与庸耕者闻之，之陈，扣宫门曰："吾欲见涉。"宫门令欲缚之。自辩数，乃置，不肯为通。陈王出，遮道而呼涉。陈王闻之，乃召见，载与俱归。入宫，见殿屋帷帐，客曰："夥颐！涉之为王沈沈者。"楚人谓多为夥，故天下传之，夥涉为王，由陈涉始。

"夥颐"是楚地方言，"沈沈"是俗语，司马迁用以刻画贫苦农民的天真、纯朴和具有乡土气的真挚感情，十分传神。这类例子还有很多，如卷五五《留侯世家》载："（张）良尝闲从容步游下邳圯上。"裴骃《集解》："徐广曰：圯，桥也。东楚谓之圯，音怡。"可见"圯"字属方言。卷八九《张耳陈馀列传》："赵相贯高、赵午等……乃怒曰：'吾王，孱王也。'"《集解》引孟康的话："冀州人谓懦弱为孱。"可见"孱"字属河北一带方言。卷一二《封禅书》："神君者，长陵女子，以子死，悲哀，故见神于先后宛若。宛若祠之其室，民多往祠。"这里的"先后"两字，据颜师古《汉书》卷二五上《郊祀志》注引孟康："兄弟妻相谓先后"，"古谓之娣姒，今关中俗呼为先，吴楚俗呼之为妯娌"。可见"先后"两字属陕西关中方言。卷四九《外戚世家》："武帝择宫中不中用者，斥出归之"中的"不中用"，"帝及太子诸窦不得不读黄帝、老子"中的"不得不"等，都是当时的口语，司马迁在这里运用得非常恰当。甚至这些口语直到今天还有生命力。

综上所述，司马迁近十年的游历，其足迹遍及今东北、华北、西北、西南、华东、华中六区的20多个省市，可谓整个中华大地。时间漫长，地域宽广的游历，培养了他热爱祖国、热爱壮丽河山的爱国主义情操；培养了他同情和热爱被压迫人民的思想感情；搜集、掌握、印证了大量生动的历史材料，为《史记》成为"实录"奠定了基础；对他塑造众多的典型人物形象和形成独具风格的语言艺术，都产生巨大影响。也就是说，司马迁的游历，并不是游山玩水，而是在吸收丰富的物质和精神营养，提高为人品格和学术修养，是他创作《史记》的必要条件。《史记》是司马迁的不朽的"名山事业"，成就他"名山事业"的近十年游历，也被后人所重视，历来为学者研究的课题之一。本文略陈己见，就教于方家。

本文第三部分原载《庆祝杨向奎先生教研六十年论文集》，河北教育出版社1998年版，这是刊载全文。

源远流长的 "丝绸之路"

　　"丝绸之路"是从中国汉（前206—220）、唐（618—907）的都城长安（今陕西西安市）开始，经过中亚、南亚和西亚，联结欧洲、非洲许多国家和地区的陆路交通线的总称。这是一条具有世界历史意义的通道。人们把这条道路誉为"东西方各国人民传播友谊之路"。近年来，在中国对外开放了"丝绸之路"上许多城市以后，国际上兴起了探索"丝绸之路"热。许多中外历史学家、考古学家、文艺工作者和青年学生，怀着极大的兴趣，亲自到"丝路"上走一走、看一看，追忆这段源远流长的交往史。

一、 开辟和发展

　　丝绸是中国人民的伟大发明。据史籍记载，中国利用蚕丝织成衣料已有近5000年的历史。丝绸很早就传到了西方，大约在公元前3世纪时，西方就把中国称为"赛里斯"国。"赛里斯"在希腊语中有蚕丝产地或贩卖丝绢之人的意思。把这条以丝绸贸易为媒介的交通大道概括为"丝绸之路"的，是19世纪70年代德国著名地理学家李希霍芬。

　　虽然东西方丝路交通早在先秦时期就已存在，但其畅通繁荣则是在张骞出使西域以后。汉武帝（公元前140—公元前87年在位）时，曾两次派张骞出使西域，联络大月氏（在今阿姆河北岸）和乌孙（在今天山以北伊犁河流域），以夹击匈奴。张骞两次出使西域，历时十多年，行程万余里，历经艰险，经过数十个城邦国家，了解了有关这些地区的政治、经济、地理、风俗等情况，并向汉武帝做了汇报。汉朝政府与这些民族和国家建立了友好关系，开创了"丝绸之路"的新局面。张骞为"丝绸之路"的畅通做出了巨大贡献。

　　汉武帝元狩二年（前121），霍去病两次出兵河西，大败驻牧河西的匈奴浑邪王和休屠王，迫使浑邪王杀休屠王，率部降汉，河西遂入汉朝版图。此后，汉王朝相继在河西进行大规模的军政建设和移民开发，设置了酒泉、张掖、敦煌和武威四郡，即所谓"河西四郡"；又在敦煌以西设置了玉门关和阳关。史书中称为"列四郡、据两关"。西汉时由长安西行，经河西走廊到西域的丝绸之路，在西出敦煌，分别经玉门关、阳关后分为南、北两道。南道出阳关，从鄯善傍南山（阿尔金山、昆仑山）北麓西行，经且末、精绝、于阗（今和田）、皮山、莎车等地，越葱岭（今帕米尔），或西南至罽宾、身毒（今印度、巴基斯坦），或西行到大月氏、安息（今伊朗），再往西可达条支（今伊拉克）、犁靬（即大秦，今地中海东岸）等国。北道自车师前王庭（今吐鲁番西）傍北山（天山）南麓西行，经焉耆、乌垒、龟兹（今库车）、姑墨（今阿克苏）、疏勒（今喀什）等地，越葱岭，到大宛（今费尔干纳）、康居（今撒马尔罕），再往西南至安息，而西达犁靬。

为了保障"丝绸之路"的畅通，汉王朝修筑了河西走廊自令居（今甘肃永登）以西至敦煌和敦煌西至盐泽（罗布泊）的长城亭鄣，并在具有灌溉之利的要冲之地进行大规模屯田；又设置西域都护府，代表汉朝中央政府行使权力。这些措施的实行，有效地保证了往来使者和客商的安全，为他们的住宿和饮食提供了便利。笔者于1982年和1983年两次考察了今西安至乌鲁木齐段的丝路古道，沿途目睹了许多屯田遗迹、古城残垣断壁和边塞烽燧亭鄣。这些遗址和遗迹、遗物，就是古代人们为保障丝路畅通而付出辛勤劳动的历史见证。

到了隋唐时期，中央政府通过西域都护府、都督府和州县等各级机构，对西域各地行使了更为有效的统治和管理。为了加强对"丝路"的保护，还在其沿线驻扎了大量军队，凡是名为"军""镇""城""守捉"的地方，都驻有军队。隋唐时期对西北政治和军事控制的加强，进一步促进了"丝绸之路"的繁荣。

隋唐时期的"丝绸之路"，从长安出发，经河西走廊，到达敦煌。自敦煌以西至西域有三条大道，即北道、中道和南道。中道即汉代的北道，由高昌、焉耆、龟兹等地而至地中海；南道即汉代的南道，由鄯善、于阗而至地中海。隋唐时期的北道在汉代尚未形成，它是魏晋时期新开辟的。《魏略·西戎传》记载说："从敦煌玉门关入西域，前有二道，今有三道。……从玉门关西北出，经横坑，辟三陇沙及龙堆，出五船北，至车师界戊己校尉所治高昌，转西与中道合龟兹，为新道。"

唐朝灭亡以后，由于我国西北地区地方割据十分严重，西域和河西走廊都长期不得安宁，南方海路交通遂获得较大发展，并成为中西交通的主要路线，传统的陆上"丝绸之路"贸易就相对衰落了，但仍有不少人往来于这条著名的道路。1271年，马可·波罗随父、叔，从威尼斯出发，经地中海东岸，跋山涉水，经土耳其、伊拉克、伊朗、阿富汗，翻越帕米尔高原，再东行经喀什、莎车，由"丝路"南道进入河西走廊，约于1275年夏抵达蒙古大汗的驻地上都（今内蒙古多伦县）。

二、"丝绸之路"上的经济交流

"丝绸之路"是古代东西方人民共同开辟的友谊之路，它把沿途各国联结起来，让各国之间进行频繁的经济交流，丰富了各国的物质生活。从南亚、中亚、西亚、欧洲传入我国的，有药材和诸如葡萄、苜蓿、石榴、胡桃、胡瓜、胡蒜、胡葱、棉花等植物新品种；有各种毛皮和毛织品；有良马、骆驼、狮子、犀牛、孔雀等珍禽异兽；有玻璃、珊瑚、海西布、琥珀、玛瑙、水晶等奇珍异物。这大大丰富了中国人民的物质生活。中国的养蚕种桑、冶铁和灌溉等技术都相继传到中亚、西亚、南亚以至欧洲，对这些地区社会经济的发展起了促进作用。陕西人杜环于唐天宝十年（751）开始，在阿拉伯地区生活了十年，他回国后写的《经行记》中提到，旅居在巴格达城中的中国人有绫绢机织匠、金银匠和画匠等，他们直接将中国的工艺传到了西方。

中国的养蚕种桑是怎样西传的呢？在《大唐西域记》"瞿萨旦那国"条中记载了一个有趣的传说。瞿萨旦那国（即今新疆和阗）不懂得养蚕种桑，听说东国有蚕桑，就派遣使者去求。东国国王密而不赐，令边关严禁蚕桑出口。瞿萨旦那国王想了一个巧妙的主意，用卑辞厚礼向东国的公主求婚。东国的国王答应了。瞿萨旦那国王对去迎接公主的专使说，先告诉东国的公主，我国没有丝棉，她可以把桑、蚕种子带来，将来为自己做衣服。公主听了专使的话，就秘密地弄了一些蚕、桑种子，放在自己的帽子里。到了边关，到处都搜查了，就是不敢搜查公主的帽子。就这样，蚕、桑种子被带到了瞿萨旦那国。从此，该国开始养蚕种桑和缫丝。这个脍炙人口的故事还见于藏文《于阗国记》和《新唐书·西域传》，文中的"东国"，就是指中国。更有趣的是，1900年西方考古学家斯坦因在和阗的丹丹乌里克古庙遗址中，发现了一块古代画板。画板中央绘着一个盛装的贵妇，头戴高冕；右侧画着一个人拿着一架纺车，左侧地上放着一个盛满蚕茧的篮子；有一个侍女，左手指着贵妇的高冕。据斯坦因考证，这块画板上画的就是《大唐西域记》中所说的东国公主巧带蚕、桑种子的故事。

蚕桑传到欧洲，也是用巧妙的办法。据6世纪末期的拜占庭史学家梯俄方内斯记载，查士丁尼在位时，波斯人某尝居赛里斯国（即中国）。归国时，藏蚕子于行路杖中，后携至拜占庭。初春之际，置蚕卵于桑叶上，后来生出小蚕，食桑叶而长大，生两翼可飞。此后，东罗马掌握了蚕丝生产技术，为欧洲人民带来了好处。原来只有贵族才能穿丝绸，此后各阶层人民，虽贱至贩夫走卒，也能穿上丝绸。

在养蚕种桑缫丝技术传到西方的同时，印度、非洲的棉花也通过"丝绸之路"传入中国。棉花原产印度、非洲，至迟在东汉时就传入我国了。《后汉书·哀牢夷传》说："有梧桐木华（引注：棉花叶似梧桐，故称梧桐木，华即花），绩以为布，幅广五尺，洁白。"这就是用棉花织布。1959年在新疆民丰县北大沙漠的东汉合葬墓中，发现两块蓝白印花布，男尸穿的白布袜和女尸的手帕，都是棉织品。在新疆巴楚县晚唐地层中发现的棉籽，经科学鉴定，被认为是草棉，即非洲棉。这种棉花曾在印度河流域种植，逐步传入我国新疆。唐代平定高昌国之后，取棉种移植内地，棉花种植才在各地推广。棉花种植普及以后，中国人民才改变了冬穿皮裘、夏穿丝绸或麻布的衣着习惯。

三、"丝绸之路"上的文化交流

"丝绸之路"像一条大动脉，通过它，中国文化源源不断地传入西方；西方文化也络绎不绝地输入中国。东西方文化在这条大动脉上融会贯通。

造纸术是中国人民的发明，至迟在西汉武帝时就已用纸。到东汉时期，蔡伦（？—121）总结劳动人民的造纸经验，利用树皮、破布等废物制成植物纤维纸，把造纸术提高到一个新的水平。随着"丝绸之路"的开辟，中国纸很快从中原传到新疆，甚至是中亚。新中国成立前后，在我国新疆和中亚"丝路"经过的地方，发现过不少2—5世纪用纸写的公文和私人信件。造纸技术传入西亚，大概是在唐代。据《唐书》记载，唐朝军队与阿拉伯人打仗，战败后许多唐朝士兵被俘，其中有不少造纸工人。这样，造纸技术就通过这些工人传到了阿拉伯，以后又传入欧洲。

印刷术是中国人民的又一伟大发明。至迟在7世纪时，中国已出现雕版印刷术。11世纪中叶，毕昇发明活字版印刷术，这是印刷术新的飞跃。印刷术也通过"丝绸之路"向西方传播。1294年波斯实行币制改革，流通纸币，这种纸币直接仿照中国的"纸钞"。这是波斯第一次运用中国的印刷术。他们的历史家还把中国的雕版方法记载下来，这对印刷术传到欧洲有很大作用。14世纪时，欧洲使用了雕版印刷。15世纪中叶，欧洲开始用活字排印书籍。欧洲人也承认，他们的雕版印刷是由中国传入的。

在传入中国的西方文化中，以杂技百戏、乐舞歌舞、佛教艺术最为突出。据史书记载，西方的杂技很早就传入中国。汉代时东罗马等西方的"眩人""眩者""幻人"（均指耍魔术杂技的艺人）就在中国的大庭广众中表演，其节目有角力、竞技、假面戏、斗兽、化妆歌舞、跳丸等杂技和吞刀吐火、自支解、易牛马头等魔术，名目繁多，内容十分丰富。唐朝时西方的马戏、波罗球等相继传入中国，从皇帝到王公贵戚、宫娥妃女都喜欢玩球戏，可见其影响之大。

亚洲其他国家的乐曲、歌舞传入中国，对中国的音乐、舞蹈产生重大影响。唐天宝年间，在吸收外国乐曲的基础上，创造了著名的《霓裳羽衣曲》。当时中亚的音乐获得中国人民的喜爱，所谓"城头山鸡鸣角角，洛阳家家学胡乐"（王建《凉州行》），这反映了洛阳人学习外国音乐的情况。许多乐器如箜篌、琵琶等都由波斯传入中国。唐代的舞蹈有胡旋舞、胡腾舞、柘枝舞、拂菻舞等种类，顾名思义，这些舞蹈都是从中亚、西亚传入的。中国各族人民共同创造的音乐舞蹈，吸收了外来的精华，变得更加绚丽多彩。

通过"丝绸之路"，佛教传入中国。东汉明帝听说西域有佛，便派郎中蔡谙及弟子秦景往天竺寻访佛法。他们沿丝绸之路到了阿富汗，得到了佛像和佛经，并与印度高僧伽叶摩腾、竺法兰相遇，遂结伴以白马驮佛经，于67年回到东汉都城洛阳。明帝建白马寺于洛阳，两位印度高僧在白马寺翻译佛经，这是中国有和尚之始。他们死后葬在寺内。白马寺被尊为佛教的祖庭。至今到白马寺瞻仰的国内外人士仍络绎不绝。历史上也有人说早在此前半个世纪，佛教已从海上传入中国。

唐代高僧玄奘是对中外文化交流中做出卓越贡献的代表人物之一。他在佛学上有着很高的造诣。他于627年从长安出发西行，北越新疆天山，经阿富汗，过兴都库什山到达今克什米尔，南下今巴基斯坦，最后到达印度的王舍城那烂陀寺——当时印度的最高学府和佛教圣地。他留学数年后被升为该寺的副主讲。643年，他满载佛教经典和印度人民的友谊，由印度沿原路经阿富汗、葱岭，然后从南道回到长安。他前后跋涉5万多里，历时17年，是中国屈指可数的大旅行家。

玄奘回到长安后，翻译了大量印度佛经。经他口述由其门徒记录写成了《大唐西域记》，详细记载了他所经历和听到的西域各地的历史、气候、物产和风土人情，为今天人们了解当时的"丝路"面貌，提供了极其珍贵的资料。《大唐西域记》和《马可·波罗行纪》堪称是介绍当年"丝绸之路"的杰作。后一书中马可·波罗系统地记载了他从欧洲到中国所经历的中亚、西亚和中国等地的地理状况和繁荣景象，让欧洲人第一次知道了中国高度发达的文化。

在"丝绸之路"上散布着许多大大小小的石窟寺。这些石窟寺中的建筑、壁画、塑像都不同程度地受到大月氏犍陀罗文化的影响。以敦煌莫高窟为例，现存有壁画和塑像的洞窟492个，彩塑2000多身，壁画4.5万多平方米，它是经过前秦、北魏、西魏、北周、隋、唐、五代、宋、西夏、元十代（从4世纪到14世纪左右）开凿而形成的，是世界艺术史上的奇迹。莫高窟早期（北魏时期）石窟中的作品如裸体菩萨和胡装唐天子，都反映了外来文化的影响。更有趣的是，石窟中还有直接描绘"丝绸之路"上的商队被手执刀杖的强盗打劫的壁画，莫高窟是"丝绸之路"中外文化交流的明证。

原载《中国建设》（英文版）1985年1期，刊载时为英文。

源远流长的 丝绸之路

西汉长城的修缮及其意义

西汉长城，指的是中国西汉时期（前206—8）所修缮的长城。西汉214年中，西汉政府在中国北部先后修建了绵延数千公里的长城，在中国历史、中亚史乃至世界史上都有着深远意义。本文拟就西汉长城的修缮过程及其意义作一简要分析。

一、 西汉长城的修缮

早在1979年的"长城保护研究工作座谈会"上，与会学者就根据历史文献及考古实地调查，证明在中国历史上有三个朝代修筑的长城超过了万里，其中秦始皇长城为5000多公里，汉长城10000多公里，明长城为5000多公里。① 故可以说，言中国长城，多言秦、汉、明长城；而言汉长城，一般指的就是西汉长城。西汉后期，长城能达到"自敦煌至辽东万一千五百余里"② 的规模，是与西汉历届政府的长期修缮分不开的。下文试以西汉武帝在位期为界，对西汉政府所修缮的长城作一简论。关于西汉长城的全貌，可参见张维华《中国长城建置考》的《汉长城图》③。

（一） 西汉初期（前206—前141）

西汉初期指西汉建立前后至武帝即位前夕的65年。西汉初期西汉政府基本上没有修筑新长城，只是缮治秦长城。关于秦统一后长城的缮治，张维华先生将之分为西北、北、东北三段进行论述，甚有见地。④

汉高祖刘邦在称帝之前，就开始了对秦长城的缮治。《史记》称，汉王二年（前205），"汉王东略地，塞王欣、翟王翳、河南王申阳皆降。韩王昌不听，使韩信击破之。于是置陇西、北地、上郡、渭南、河上、中地郡"，并"缮治河上塞"。⑤ 此"河"指黄河。唐颜师古注引晋灼语："《晁错传》：秦北攻胡，筑河

---

① 本刊记者：《长城保护、研究工作座谈会侧记》，载《文物》，1980年第7期。

② 〔东汉〕班固：《汉书》卷六九《赵充国传》，中华书局1962年版。

③ 张维华：《中国长城建置考》上编《汉长城图》，中华书局1979年版。

④ 张维华：《秦统一后之长城》，载《中国长城建置考》上编，中华书局1979年版，第129－136页。

⑤ 〔西汉〕司马迁：《史记》卷八《高祖本记》，中华书局1959年版。

上塞。"① 清王先谦《汉书补注》又引宋祁语："北河灵夏州地也，秦时缮治。"②
从 1977 年开始，河北省文物工作者在承德、隆化、滦平、丰宁都发现了西汉长城及其遗址（如不下百余座的墩口等），根据出土的大量绳纹瓦片、陶纺轮及其他各种陶器的残片（如瓮、罐、盆、甗等），可定其年代为西汉早期③，可能与刘邦时的修治有关。

（二）武帝在位时期（前 140—前 87）

武帝在位的 53 年是汉长城迅速扩展的年代，经过武帝时期的修建，汉长城形成了基本规模及格局，武帝以后的西汉时期及东汉时期均沿武帝之制，只做了部分的增建，可以说论汉长城，实际上就是论汉武帝长城。

汉武帝长城，包括了缮治秦长城及建筑新长城两种类型。

缮治秦长城，指的是元朔二年（前 127）大将军卫青对秦长城的缮治。《史记》载，是年，"匈奴入杀辽西太守，虏略（掠）渔阳二千余人，败韩将军军。汉令将军李息击之，出代；令车骑将军（卫）青出云中以西至高阙。遂略河南地，至于陇西"，"遂以河南地为朔方郡"。④ 此言卫青等汉将收复河南之地（今内蒙古河套一带）。《史记》又载，卫青"取河南地，筑朔方，复缮秦时蒙恬所为塞，因河为固"⑤。可见卫青重缮秦长城，这段长城起自内蒙古集宁东南，大体上沿北纬 41 度循阴山南麓而西，直达乌兰布和沙漠边沿。⑥ 值得指出的是，卫青重缮秦长城的重要一项是补缀榆溪塞。所谓榆溪塞，就是大规模种植榆树，形同一道边塞，即"树榆为塞"⑦。卫青缮治长城时，曾经"广长榆"⑧，即把这条榆溪塞加长加广⑨。关于这条榆溪塞，著名历史地理学家史念海先生有详细的论述⑩。

在缮治秦长城的同时，武帝也注重新长城的修筑。这些长达数千里的新修长

① 《汉书》卷一上《高帝纪》。

② 〔清〕王先谦：《汉书补注·高帝纪》，中华书局 1983 年版。

③ 郑绍宗：《河北省战国、秦、汉时期古长城和城障遗址》，载《文物》编辑委员会编《中国长城遗迹调查报告集》，文物出版社 1981 年版。

④ 《史记》卷一一一《卫将军骠骑列传》。

⑤ 《史记》卷一一〇《匈奴列传》。

⑥ 孙机：《汉代物质文化资料图说》，第 155 页，文物出版社 1991 年版。

⑦ 《汉书》卷五二《韩安国传》。

⑧ 〔北魏〕郦道元：《水经注》卷三《河水注》。见王国维《水经注校》，上海人民出版社 1984 年版。

⑨ 《汉书》卷四五《伍被传》。

⑩ 史念海：《历史时期黄河中游的森林》，见《河山集》二集，生活·读书·新知三联书店 1981 年版，第 253-256 页。

城的落成，确定了汉长城的规模。由于当时特定的历史形势，武帝新筑的长城主要集中在西北地区，下分段述之。①

（1）令居—酒泉段（前111）。

公元前115年，武帝设置令居县（今甘肃永登）。《史记》载："汉始筑令居以西，初置酒泉郡，以通西北。"②《汉书》云："又数万人渡河筑令居"③，《集解》引徐广则说明在元鼎六年（前111）。《汉书》载此事后，汉代史学家臣瓒将"通西北"明确定为"筑塞西至酒泉也"④。

关于这段长城更具体的地理位置，《后汉书》记载为"度河、湟，筑令居塞"⑤，可见是越过了黄河及湟水（今湟河），修筑于原匈奴盘踞地域，根据索马斯特罗姆（Ba Sommarstrom）《内蒙古额济纳河流域考古报告》〔见贝格曼（F. Bergman）原稿〕，从镇夷至毛目沿甘州河东岸皆有烽台，而在毛目南约5～12公里间除烽台外尚有塞垣的残迹。⑥

（2）酒泉—玉门段（前116—前107）。

《史记》卷一二三《大宛列传》载，武帝遣将军赵破奴出师匈河水，后与王恢共破楼兰，"封（王）恢为浩侯，于是酒泉列亭障至玉门矣"，《汉书·张骞传》和《西域传》的记载大体相同。按，赵破奴出师匈河水，事在元鼎元年（前116），而王恢被封浩侯，据《大宛列传》的《集解》引"徐广曰元封四年（前107）"，可知此段长城筑于公元前116—前107年。因玉门关为敦煌郡之西界，故本段长城又可以称为"酒泉—敦煌段"，这段长城的存在已为考古调查所证实。如英国探险家斯坦因（A. Stein）就对玉门关及敦煌一带的长城、关址进行了详细的考察，并在其报告《西域》中有记载。⑦

（3）玉门—盐泽段（前100—前97）。

本段就是敦煌郡至盐泽段。该段的特点是，并不是一条完整的长城，或严格意义上的长城，仅是间或在某些城障、列亭间以塞墙相连。更重要而言，它是一条密布亭、障的防线。《史记》卷一二三《大宛列传》载，汉武帝遣贰师将军李

① 关于汉武帝在西北所建的长城，在1982年7—8月参加中国秦汉史研究会等组织秦汉时期丝绸之路考察队后，作者曾撰《西汉屯田与"丝绸之路"》一文，其中第三节对西北此段长城已有论述（载《中国史研究》1983年4期），撰写本文时，部分参考了该文。

② 《史记》卷一二三《大宛列传》。

③ 《汉书》卷二四下《食货志》。

④ 《汉书》卷六一《张骞传》颜注。

⑤ 〔南朝宋〕范晔：《后汉书》卷八七《西羌传》，中华书局1965年版。

⑥ 转引自陈梦家《汉简缀述》，中华书局1980年版，第221页。

⑦ A. Stein. Serindia, *Detailed Report of Explorations in Central Asia and Westernmost China*, Vol. 2, Chapter 19 – 20, Oxford, 1921.

广利伐大宛（前101）之后，"敦煌……西至盐水（即'盐泽'，亦称'蒲昌海'，今新疆罗布泊），往往有亭"。按，前101年为太初四年，之后为天汉年间（前100—前97），此段汉塞应为天汉年间所筑。根据今天的文物调查可知，敦煌西北至今除有大量城障烽燧遗址外，还有断断续续的塞墙。这些塞墙联结上障即可称为长城。故可以这么说，汉武帝时在玉门至盐泽一带，某些地段上亦断续建有长城。《水经》载："其一源出于阗国南山，北流与葱岭所出河合；又东，注蒲昌海，又东，入塞，过敦煌、酒泉、张掖郡南。"郦注"河自蒲昌有隐沦之证，并间关入塞之始"[①] 可证。

（4）酒泉—居延段（前102）。

《史记》卷一一〇《匈奴列传》载："汉使光禄徐自为……筑城障列亭至庐朐……使强弩都尉路博德筑居延泽上。"《汉书》亦载，太初三年（前102），"强弩都尉路博德筑居延"[②]。《汉书·地理志》颜注："武帝使伏波将军路博德筑遮虏障于居延城。"故不论"居延泽"或者"居延"，都并非指居延城一地，而是指包括了居延地区的整体防御体系。[③] 汉军取得居延，并修长城以固守之，也就牢牢地控制了深入蒙古大漠的最近的路线，这就为以后西汉的犁庭扫穴、东汉的燕然勒石创造了条件。20世纪二三十年代，黄文弼先生曾认为西汉取居延，就断绝了胡羌交通之路[④]，由此可见西汉在居延一带修筑长城的重要性。

（5）五原塞外—卢朐光禄塞段（前102）。

太初三年，西汉又在阴山以北修筑长城，《汉书》卷九四上载："汉使光禄徐自为出五原（今内蒙古包头附近）塞数百里，远者千里，筑城障列亭至卢朐（今阿尔泰山南麓）。"[⑤] 按卢朐，唐杜佑云"在麟州银城县北，犹谓之光禄塞"[⑥]，或云徐自为"筑五原塞外列城"[⑦]。这就是五原塞外至卢朐光禄塞的长城。这条修筑于秦长城以北数百里处、有千里之长的西汉长城，已为20世纪70年代的考古调查所证实。[⑧]

根据西汉元帝时郎中侯应所说："北边塞至辽东，外有阴山，东西千余里，

---

① 〔北魏〕郦道元：《水经注》卷二《河水注》，见王国维《水经注校》，上海人民出版社1984年版。

② 《汉书》卷六《武帝纪》。

③ 薛英群：《居延汉简通论》，甘肃教育出版社1991年版，第30－31、34页。

④ 黄文弼：《黄文弼蒙新考察日记》（黄烈整理），文物出版社1990年版，第121页。

⑤ 《汉书》卷九四上《匈奴传》。

⑥ 〔北宋〕司马光：《资治通鉴》第二册，中华书局1956年版，第703页。

⑦ 《汉书》卷六《武帝纪》。

⑧ 内蒙古大学蒙古史研究室：《内蒙古文物古迹简述》，内蒙古人民出版社1976年版，第31页。

草木茂盛，多禽兽，本冒顿单于……（之）苑囿也。至孝武世，出师征伐，斥夺此地，攘之于幕北，建塞徼，起亭燧，筑外城，设屯戍，以守之，然后边境得用少安。幕北地平，少草木，多大沙，匈奴来寇，少所蔽隐。"① 可知此段长城修筑于阴山的北面，直接面向广袤的蒙古草原。据考古调查，这段长城起自内蒙古达尔罕茂明安联合旗，大体沿北纬 42 度延伸，西达居延地区东北。②

此段长城上有一些著名的"列城"。当时五原郡稒阳县（今内蒙古包头西北）"北出石门障，得光禄城，又西北得支就城，又西北得头曼城，又西北得虏河城，又西北得宿虏城"。陈梦家先生认为徐自为所筑的上述列城是以稒阳石门障北西北斜的等距离列城③，上述列城仅是文献有载的著名的几个，以现在的调查可知，实际上徐自为所筑的列城远远不止这个数字。1975—1976 年，内蒙古文物工作队在内蒙古自治区潮格旗乌力吉公社西北 50 多公里处发现汉武帝时所筑古城一座。当地蒙古族群众称之为"朝鲁库伦"，即汉语"石城"之意。该城东边为一条河（高勒布桑旦赛拉河），涉过此河约半公里，就是汉代石筑的复线长城，亦应为徐自为时所筑。此段长城跨越朝鲁库伦东北的一座小山，分为南北两条长城：北面的长城，沿线也有古城分布，据牧民说，该条长城一直延伸到阿尔泰山脉；南面的那条长城，则建筑更为坚固，其南侧散布着大量的城障和烽台，基本上每隔约十公里就有城障一座，朝鲁库伦仅为其中之一。④ 此条长城，据内蒙古文物工作队 1962—1963 年在额济纳旗（西汉居延）调查可知，在当时的内蒙古朝格旗的乌力吉公社穿过中蒙边界，在蒙古国内西行，然后折向南方与居延塞外的长城障塞遗迹连在一起。⑤ 由此可知，徐自为所筑五原塞外至卢朐光禄塞沿线长城，实际上把居延长城防线与五原长城防线有机地联系起来了。

（6）眩雷塞（前 107 年之前）。

《史记·匈奴列传》，西汉政府"又北益广田，至眩雷为塞，而匈奴终不敢以为言，是岁翕侯（赵）信死。汉用事者以为匈奴为已弱，可臣从也"，故"使杨信于匈奴"。《汉书》载此事时，将之录于元封四年（前 107）条下，可知眩雷塞筑于元封四年或此年之前。

眩雷塞，位于西汉时期西河郡增山县西⑥、大约为今内蒙古鄂尔多斯高原一

---

① 《汉书》卷九四下《匈奴传》。

② 孙机：《汉代物质文化资料图说》，文物出版社 1991 年版，第 155 页。

③ 陈梦家：《汉简缀述》，中华书局 1980 年版，第 215 页。

④ 盖山林、陆思贤：《潮格旗朝鲁库伦汉代石城及其附近的长城》，见《中国长城遗迹调查报告集》，第 25 - 33 页。

⑤ 盖山林、陆思贤：《内蒙古境内战国秦汉长城遗迹》，见《中国考古学会第一次年会论文集》，文物出版社 1979 年版，第 212 - 224 页。

⑥ 《汉书》卷二八下《地理志》。

带，是一段大体南北走向的长城。

（三）武帝以后的西汉时期（前86—8）

武帝后，西汉政府对长城亦有所新筑，主要集中于昭、宣二帝时期。

昭帝时，西汉政府修筑了东段长城。据《汉书》，元凤六年（前75）春正月，"募郡国徒筑辽东玄菟城"①。按，辽东郡、玄菟郡地处今东北地区南部及朝鲜北部清川江（两汉时称浿水）出海处的番汗附近。较之秦长城东段，西汉长城略有回缩，但这并不表明汉国力的衰弱，事实正好相反，除玄菟郡外，从西汉武帝时代起，包括今平壤在内的绝大多数朝鲜领土被置为乐浪郡（从前108—前82，乐浪郡还曾一度被分出真番、临屯二郡）。

宣帝时，西汉政府还曾修建盐泽以西至库车的长城。关于盐池以西的长城修于何时，终于何地，《史记》《汉书》等均无记载。武帝时，搜粟都尉桑弘羊的屯田轮台奏书中建议"益垦溉田，稍筑列亭，连城而西，以威西国，辅乌孙为便"②，但未为武帝所纳。20世纪二三十年代，黄文弼先生随西北科学考察团在罗布泊北岸孔雀河末流古烽燧遗址获得的汉简中，年代最早者是宣帝黄龙元年（前49）之物③，推测这段边塞修于神爵二年（前60）设置西域都护之后。斯坦因由营盘西北沿库鲁克塔山南麓、孔雀河北岸，西北经沙漠至库尔勒，在100英里以上的古道上发现绵延的烽台，一直抵达新疆库车西北为止。烽台的建筑结构，与甘肃境内的汉亭隧相同④，今新疆库车西克孜尔尕哈的烽燧就是其中保存得较好的一个。

经过武帝、昭帝时期两代政府30余年在河西的经营，到了宣帝初年，西汉在北方的长城防线达到了鼎盛时期。⑤ 这以后，长城东"至浿水（今朝鲜清川江）为界"⑥，西则抵达敦煌（玉门关）以西地区，至少"自敦煌至辽东，万一千五百余里"⑦，确定了汉长城的规模，也奠定了其在中国历史上的地位。

① 《汉书》卷七《昭帝纪》。

② 《汉书》卷九六下《西域传》。

③ 黄文弼：《西北史地论丛》，上海人民出版社1981年版，第354页。

④ 向达译：《斯坦因西域考古记》，中华书局、上海书店联合出版1987年版，第126 - 127页。

⑤ 吴礽骧等：《敦煌汉简释文》，甘肃人民出版社1991年版，第355页。

⑥ 《史记》卷一一五《朝鲜列传》。

⑦ 《汉书》卷六九《赵充国传》。

二、 西汉长城的历史意义

著名汉简学家陈梦家先生在其大作《汉武边塞考略》结尾，寓意深刻地指出："汉武帝由于防御匈奴与羌，开发西域，在河套以西，用了短短 12 年时间，兴建了规模巨大的三四千里障塞亭燧，设置了组织严密的屯戍机构，新开辟了匈奴故地的河西四郡，在政治、军事、经济和交通诸方面都起了重要的作用。"①

陈先生之论，言简意赅。我们深受陈先生此语的启发，结合最新考古与文物成果（如西汉简牍等）及近来长城遗址（迹）调查报告，对西汉长城的历史意义，试演绎如下。

论西汉长城的历史意义，在很大程度上是论述以西汉长城为中心的西汉及西域、匈奴、羌、氐之关系，及其对以后的影响。长城联结的民族关系如下图所示。

```
              匈奴
               ↑
西域 ←— │长城│ —→ 西汉
               ↓
              羌、氐
```

（一）西汉长城的修缮，对抗击匈奴及防备羌、氐等的侵扰起了重要作用

西汉政府修缮长城的最初动机，就是抵抗当时中国北方的游牧民族如匈奴等族的侵扰。在这一点上，古伊朗（Iran）和突朗（Tūrān）之间的长墙以及罗马帝国（Roman Empire）和边境诸蛮族之间的长城无一不然。

秦汉之际，中原先是群雄并起反秦，后是楚汉相争，无暇顾及北边防务。而这时，北方匈奴在其杰出首领冒顿的领导下，不仅拥有"控弦之士三十余万"的强大军队②，而且，东灭东胡，西逐月氏，南取楼烦，北定丁零、浑庚、屈射、鬲昆、薪犁、乌孙、呼揭以及其旁的车师、且末、于阗、楼兰等西域诸国 26 个，匈奴处于有史以来最强大的时期。③ 匈奴不断南侵，给西汉政府造成了很大的危害。

从西汉武帝后，随着国力的增强，西汉政府逐渐展开了对匈奴的反击，如深入漠北、设置河西四郡、组织军民屯田、修缮河西长城等，对抵抗匈奴入侵起了

---

① 陈梦家：《汉简缀述》，中华书局 1980 年版，第 219 页。

② 《史记》卷一一〇《匈奴列传》。

③ 同上。

很大作用。当时河西走廊的北边为匈奴，南边是羌族聚居之处（稍后又有氐族）。匈奴贵族"西役大宛、康居之属，南与群羌通"①，匈奴与羌族贵族相互勾结以扰汉边，在匈奴远遁漠北后仍有发生②。而西汉政府进驻河西走廊，通过建四郡、筑长城，就隔绝了匈奴与南羌的联系，即所谓"隔绝羌胡，使南北不得交关"③。这就为孤立、打击匈奴创造了条件。此后西汉军队出击匈奴，就大多以河西长城军事地带为基地。譬如，武帝天汉二年（前99），"骑都尉李陵将步兵五千余人出居延北，与单于战"；天汉四年（前97），"强弩都尉路博德步兵万余人与二师会"④；都是如此。故著名史学家翦伯赞先生形象地指出，在敦煌地区，"驻扎着雄厚的边防军，屯积着如山的粮食，有巍然雄峙的堡垒，有大将军的行营，有太守和田官的官署，有各种商店"，总之是"汉军的根据地"⑤。

由于西汉长城及西汉在河西地区经营措施的展开，匈奴南下掠夺越来越困难，占据的地盘越来越小，这一点，正如《汉书》中所说的："孝武之世，图制匈奴，患其兼从西国，结党南羌，乃表河西，列四郡，开玉门，通西域，以断匈奴右臂，隔绝南羌、月氏。单于失援，由是远遁，而幕南无王庭。"⑥

（二）西汉长城的修缮，对西汉政权的巩固起到了重要作用

秦末以来，匈奴不断南侵，扩占秦朝领土。西汉初年，正值匈奴强大时期，匈奴"与汉关故河南塞，至朝那、肤施，遂侵燕、代"⑦，不断侵扰南边。文帝前元十四年（前166），"匈奴单于十四万骑入朝那、萧关，杀北地都尉卬，掳人民畜产甚多，遂至彭阳。使奇兵入烧回中宫，候骑至雍甘泉"⑧，使"京师大骇"，"数月乃罢"，⑨ 对西汉王朝造成了很大威胁。结合有关史籍，可知西汉初期到武帝即位之初，当时北部的陇西、北地、上郡、云中、上谷、辽东等郡（地约今甘肃河西西部、临洮，陕西榆林，内蒙古托克托，河北怀来，辽宁辽阳等地），常受匈奴侵扰，匈奴铁骑不仅毁坏庄稼、抢劫财物，而且强掠人口、贼杀吏民，给当地社会生产带来很大危害。当时西汉政府也被迫在长城沿线设置了许

---

① 〔西汉〕桓宽：《盐铁论·西域》，见王利器《盐铁论校注》下册，天津古籍出版社1983年版，第510页。

② 《汉书》卷六九《赵充国传》。

③ 《后汉书》卷八七《西羌传》。

④ 《汉书》卷六《武帝纪》。

⑤ 翦伯赞：《秦汉史》，北京大学出版社1983年版，第232页。

⑥ 《汉书》卷九六下《西域传》。

⑦ 《史记》卷一一〇《匈奴列传》。

⑧ 《史记》卷一一〇《匈奴列传》。

⑨ 《汉书》卷九四下《匈奴传》。

多烽火台，而且高后、文帝、景帝时多次在长安附近设置重兵，以加强对匈奴的防务。

随着西汉政府西征事业的进行，西汉长城一天天地向西延伸，匈奴占据的地盘日趋缩小。他们先是退出河套，后是让出河西，在西域的影响越来越小，"汉边郡烽火候望精明，匈奴为边寇者少利"①。这样，不仅解除了匈奴入侵对西汉政权的威胁，而且使匈奴扰边收获越来越小，以致在东汉时期受到打击而遁向中亚、欧洲。

之所以言西汉长城对西汉政权的巩固起了一定作用，与西汉长城阻止了汉地"犯法"的"盗贼"等辈出塞也有一定关系。这一点，正如西汉时期侯应所言，"往者以军多没不还者，子孙贫困，一旦亡出，从其亲戚（于匈奴一方）"；"又边人奴婢愁苦，欲亡者多，曰'闻匈奴中乐，无奈候望急何！'然时有亡出塞者"；又次，"盗贼桀黠，群辈犯法，如其窘急，亡走北出"②。因此，英国汉学家鲁惟一（M. Loewe）在论述西汉长城时指出，"阻止那些希望逃避法办或税役义务的人逃走"，是西汉长城的三大目的之一。③

（三）西汉长城的修缮，促进了长城沿线地区及西域诸国政治、经济、文化的发展

西汉时期，西北地区相较于中原是稍显落后的；这种情况在长城未修筑之前更加突出，史籍往往以"不毛之地""积阴之处"等词来表现这些地区的土地荒凉及人烟稀少。著名的例子，可举当时居延、敦煌地区的变化。

居延、敦煌一带，根据有关学者的考古调查及发掘，早在数千年前的新石器时代就有人类活动，其遗物今存者有石器、陶器（仅存残片）、骨器等，分析可知，当时原土著居民应与从事畜牧业、半农业的氏族部落有关。④ 战国中叶起，匈奴崛起，势力大张，遂南下并有居延及包括敦煌地区在内的河西走廊，匈奴于此筑城设官，如在居延地区弱水上游修筑觚得城等，在匈奴贵族的奴役及盘剥下，居延、敦煌地区发展得很缓慢。

武帝时，西汉政府奋力西进，经过元狩二年（前121）卫青的"逾居延，遂过小月氏，攻祁连山"⑤ 及稍后的军事进攻，汉军将势力分别推至居延、敦煌地

① 《汉书》卷九四上《匈奴传》。

② 《汉书》卷九四下《匈奴传》。

③ M. Loewe，*The Cambridge History of China*，Vol. 1，Cambridge University Press，1986.

④ 薛英群：《居延汉简通论》，甘肃教育出版社1991年版，第30、31、34页。

⑤ 《史记》卷一一一《卫将军骠骑列传》。

区，随着西汉政府在西北的移民与屯田①、修筑西汉长城等，居延、敦煌地区的政治及军事、经济、文化等各个方面均较以前有了显著的发展。下略作分析。

在政治及军事方面，西汉中央与居延、敦煌的联系空前频繁。根据居延汉简，可知当时居延地区实施了汉代社会基层行政组织制度——乡里制，有着系统的障燧管辖体系、完整的屯垦制度、一整套的邮传制度。关于西汉长城建立后长城沿线地区政治及军事领域的新发展，鲁惟一所著的《汉简中所见之边政》有比较详尽的议论。②

经济方面，西汉政府建立了系统的屯田制度，发展了长城沿线地区的生产。由于广泛屯田、兴修水利③，采用了先进的生产工具（如耕犁）及耕田法（如当时北边郡及居延城，其民皆使代田法④），兵农结合，持久地开发河西，使河西等地的经济获得了很大发展。从居延出土的一支汉元帝永光二年（前42）的木简上，甚至出现了大司农命令将居延所产的余谷钱物调运至内地以济民困的记载。所以，当时西北长城沿线地区经济的发展，已部分或全部解决了当地屯戍军民的供应问题。关于当时居延地区社会经济发展的状况，可参阅高敏先生的有关论文。⑤ 在这里尤值一提的是，敦煌马圈湾遗址出土了大量丝、毛、麻织物，这批织物，在织造方法、织物结构、色泽、品种、成品类型上都十分丰富。⑥ 在一个西汉长城附近遗址能出土如此琳琅满目的织物，一方面固然反映了当时兴盛的中西经济交流，另一方面则真实地说明了当时敦煌地区的经济情况。

科技与文化方面，从居延汉简可见，当时河西地区亦有与中原相同的年历、医药及医药制度，有着记时制度、占卜及民间社风俗，也有着中原儒学的流传等⑦，这些都是以前所没有的；而敦煌马圈湾遗址出土的毛笔、石砚、麻纸、蹴鞠、木板画及历书、占候书、卜筮书、算术书、方技书、字书⑧，也说明了中原地区的历法、算术、民间方技、民间信仰、文体艺术、文化教育之风也吹至敦煌边

① 关于西汉政府在西北的移民与屯田，可参阅孙会文《前汉在西北的移民与屯田》，载《台湾大学文史哲学报》1970 年第 19 期。

② M. Loewe. *The Cambridge History of China*，Vol. 1，Cambridge University Press，1986.

③ 孟池先生根据罗布泊北岸遗址附近的古渠、柳堤等汉代遗址，认为汉代罗布泊地区兴修水利、进行屯田是没有疑问的，只是史书上失载罢了。参阅孟池《从新疆历史文物看汉代在西域的政治措施和经济建设》，载《文物》1975 年第 7 期。

④ 《汉书》卷二四上《食货志》。

⑤ 高敏：《从居延汉简看内蒙额济纳旗的古代社会经济状况》，见《丝路访古》，甘肃人民出版社 1983 年版。

⑥ 吴礽骧等：《敦煌汉简释文》，甘肃人民出版社 1991 年版，第 358－399 页。

⑦ 参阅陈梦家《汉简年历表叙》，载《汉简缀述》，第 229－276 页；薛英群《居延汉简通论》，第 485－525 页。

⑧ 吴礽骧等：《敦煌汉简释文》，甘肃人民出版社 1991 年版，第 296－399 页。

地，这为西汉之际河西文化的发展提供了很好的前提条件。从这个视角出发，长城除是一条军事防御线外，亦是一条经济、文化的会聚线，由此长城沿线地区的经济、文化较以前十分迅速地发展。关于此点，日本东方学者松田寿男、法国学者谢和耐（J. Gernet）及我国著名学者金应熙先生皆有论述①，在此不赘言。

（四）西汉长城的修缮，有力地保护了丝绸之路的畅通，保证了中西交流的顺利进行

丝绸之路（Silk Road）指我国秦汉时期形成的中西陆路交通线。因为该交通线上的周边国家以中国的丝绸贸易为纽带往来不断（政治往来、经济交换、文化交流等），故19世纪70年代德国地质学家李希霍芬（F. von Richthofen）首次将之称为"丝绸之路"②，这个名称很快为学术界所接受。西汉政府之所以修缮长城，保护"丝绸之路"就是其中一个目的。

根据《史记》《汉书》的有关记载，当时"丝绸之路"分为南北二道，二道基本上就是长城或相关的亭障修筑处，如斯坦因在考察过酒泉至盐泽一段的西汉亭障后，推测西汉政府修筑这些亭障的用途就在于"保障政治使节以及商队的安全，和供给他们沿线的给养"③。在长城的保护下，通过丝绸之路，西汉王朝与西域之间的来往不断，西汉前往西域的使者、官吏、屯守士卒、商队、和亲公主等相望于道（参见表一）。这其中，仅是西汉使者，就"率一岁中使多者十余，少者五六辈"，"一辈大者数百，少者百余人"；④而从西域出发前往西汉王朝的各国国王、王子、王室子弟、使者、异人、商队亦络绎不绝（参见表二）。可见，西汉长城的修筑，不仅抵御了匈奴等的掠夺，而且为来往的使者、商人等提供了粮食和饮水的安全之处，为确保丝绸之路的正常运作起了重要作用。

---

① 见［日］松田寿男《古代天山历史地理学研究》，陈俊谋译，中央民族学院出版社1987年版，第26－28页；J. Gernet. *La Grande muraille*，Paris，1982. pp. 13－14；金应熙《作为军事防御线和文化会聚线的中国古代长城》，载《第十六届国际历史科学大会中国学者论文集》，中华书局1985年版。

② ［德］李希霍芬：《中国》第1卷第10章《中国和中亚南部西部诸民族交通往来的发展》，德文版，柏林，1877年版。

③ 向达译：《斯坦因西域考古记》，第126－127页。

④ 《史记》卷一二三《大宛列传》。

表一 典籍所载至西域的西汉使者、官吏及和亲公主

类别	姓名	事由	出处
使者	张骞	出使西域诸国	《史记》卷一一一《卫将军骠骑列传》
	赵德	出使罽宾	《汉书》卷九六下《西域传》
	常惠、季都	出使乌孙	同上
	夏侯藩	出使匈奴	《资治通鉴》第2册，第699页
	姚定汉	出使大宛	同上
	—	出使奄蔡、黎轩、条枝、身毒诸国	《史记》卷一二三《大宛列传》
官吏	傅介子	到大宛、楼兰	《汉书》卷九六下《西域传》
	冯奉世	到大宛	同上
	冯嫽	到乌孙	同上
	魏和意、任昌	同上	同上
	张遵	同上	同上
	罗候惠	同上	同上
	段会宗	三至乌孙	同上
和亲公主	细君公主	到乌孙	同上
	解忧公主	同上	同上

表二 西汉时期来到汉地的西域诸国使者、国王、王子、王室子弟、异人

类别	国别	简要说明	出处
使者	乌孙	使者数十人至长安	《汉书》卷六一《张骞李广利传》
	骊靬、大益、姑师、扜罙、苏薤等数十国	使者至长安	《史记》卷一二三《大宛列传》及《汉书》卷九六下《西域传》
	西域诸国	遣使献贡	《汉书》卷九六下《西域传》
国王	龟兹（绛宾及夫人）	数至长安朝贺	同上
	龟兹（承德）	同上	同上
	屠耆	至长安	同上

（续上表）

	楼兰	同上	同上
	大宛	同上	《史记》卷一二三《大宛列传》
	康居	同上	《汉书》卷九六下《西域传》
王子	匈奴（呼韩邪）、郅支（单于王子）	同上	《史记》卷一一〇《匈奴列传》
	扜弥	同上	《汉书》卷九六下《西域传》
	乌孙	同上	《汉书》卷七九《冯奉世传》
王室子弟	危须、尉犁等六国	同上	《汉书》卷九六下《西域传》
	大宛以东诸国	同上	《史记》卷一二三《大宛列传》
异人	犁靬幻人	同上	同上

（五）西汉长城对中国以后其他方面的影响

西汉长城对中国以后的其他方面也有一定的影响，本文仅以军事布局、建筑史两个方面为例作一论述。

首先，西汉时期，尤其是从武帝时期起，政府进一步发展和改进了以长城为中心的边防军事布局。

第一，政府在长城外的广大地区修建了许多亭障、列城，有机地构成了一道防御体系。这个体系，以长城为中心，由长城外成片的森林（如"树榆为塞"）、深浅不一的壕沟、一排排的木栅（"木柴僵落"）、候望亭障、列城、烽燧及长城内的亭障、烽燧及屯垦区组成，集军、农于一体，具有传递军事情报、抗击、固守、垦屯等多项功用。

第二，布局讲究各个防御设施之间的相互配合。这从相关的调查报告可以看出。如今河北承德境内的一段 125 公里的西汉长城的墩台遗址，就多设在河流交汇之外的三角地带或交通要冲的山口，一般居高临下，远近遥相呼应；每座墩台之间，基本可以联系得上①。内蒙古昭乌达盟西汉长城沿线，即使在山地，每一烽燧与其前后两燧之间都能互相呼应，使军事情报在漫长的长城防线上可以迅速传播。②

① 郑绍宗：《河北省战国、秦、汉时期古长城和城障遗址》，《文物》编辑委员会编《中国长城遗迹调查报告集》，文物出版社 1981 年版。

② 昭乌达盟文物工作站：《昭乌达盟汉代长城遗址调查报告》，载《文物》1985 年第 4 期。

第三，布局增强侦察、候望力量，进一步增强长城防线的备战、防御能力。这以昭帝、元帝诸朝最为突出。史载，昭帝元凤元年（前80），"匈奴发左右部二万骑，为四队，并入边为寇；汉兵追之，斩首获虏九千人，生得瓯脱王，汉无所失亡……（匈奴）西北远去……（西汉）发人民屯瓯脱"①。所谓"瓯脱"，就是边境屯戍或守望。元帝时，亦注重长城外地区的侦缉候望，前44年，御史大夫贡禹上书，要求将十余万官奴婢"免为庶人"以"代关东戍卒"及"乘北边亭塞候望"，②皆可以说明此点。

其次，西汉长城对中国以后的建筑的最大启示，就是其修筑时的"因地制宜"。

所谓修筑长城的"因地制宜"，首先是修筑长城时中国军民克服了人为及地理的许多困难（如地理形态上各不相同的大河深谷、崇山峻岭、沙漠戈壁、草原滩石等）。我们从现存的西汉长城遗址的有关调查中，可以看到长城的修筑是巧妙利用所在地形条件的：修筑在断崖地带的长城，往往利用河沟冲刷而形成的断壁作墙身；修筑在山坡或山巅上的长城，往往利用山坡地形，可谓"因险为固"；有土的地方，大多以土夯筑长城，无土有石的地方，则多以石砌墙。这一点，正如侯应所说，西汉长城"非皆以土垣也，或因山岩石，木柴僵落，溪谷水门，稍稍平之"③。具体而论，在敦煌等地区，都可以看到这种殚思竭虑、用尽天工的巧妙。④

所谓修筑长城时的"因地制宜"，其次指修筑长城时，根据当地的地方物产，选择适合的材质作为建筑材料，这种"土法"修筑的长城或长城防线中的烽燧等建筑，在经历了2000年的风雨后，不少仍雄立原地，显示出西汉时期我国建筑水平的高超。

敦煌马圈湾烽燧D21，结构为三层土墼，中夹一层芦苇垒砌，无黏结材料。墙壁涂以草泥，表面刷粉。由于多次涂草泥及粉刷，位于烽燧台阶东侧的墙壁草泥皮竟达28层之多。这种草泥使用的草屑，是将马粪中的未消化物晾干后所得，短小细碎，而拌合的草泥则黏结性强。这种土法建筑材料看上去平整、美观⑤，可说明实用性与艺术性的结合。

城障例子更多，如斯坦因在党河岸至西沙窝西北地区发现的城鄣T24⑥，其围墙亦为泥土夯击砌筑这一汉塞常用方法，土墼间以红柳枝砌筑。

---

① 〔宋〕司马光：《资治通鉴》第2册，中华书局1956年版，第766页。

② 《汉书》卷七二《贡禹传》。

③ 《汉书》卷九四下《匈奴传》。

④ 吴礽骧等：《敦煌汉简释文》，甘肃人民出版社1991年版，第271页。

⑤ 吴礽骧等：《敦煌汉简释文》，甘肃人民出版社1991年版，第274页。

⑥ A. Stein. Serindia, *Delailed Report of Explorations in Central Asia and Westernmost China*, Vol. 1，Chapter 1，Oxford，1921.

城墙尤以敦煌长城为突出。今残存的敦煌玉门关附近的西汉长城的最高一段在当谷燧东约 300 米处，现存的城墙高达 3.2 米，厚 2 米多，城墙系用流沙、散石、红柳或芦苇筑成。这完全与玉门关自然地理条件相应，因这一带没有黄土及石材，尽出流沙及小石子，于是西汉士卒们就地取材，以流沙、小石子及芦苇条、红柳条掺和着筑墙。这种层层上铺而成的城墙，可高达数米。从现存的遗迹来看，沙粒与石子已经被牢牢压实，与芦苇枝、红柳枝条黏结在一起，相当牢固，[①] 这些长城经过 2000 余年仍有数米之高就可说明这一点。

此文与王川合撰，原载中国长城学会编《长城国际学术研讨会论文集》，吉林人民出版社 1995 年版。

---

① 佟柱臣：《中国边疆民族物质文化史》，巴蜀书社 1991 年版，第 118 页。

文化采撷与民族振兴

——兼论秦汉时期匈奴族实力的盛衰与文化素质的关系

　　文化采撷是指一种文化对另一种文化的吸纳与借鉴。通过文化采撷及由此带来的多种交流，和一个民族实力的盛衰变化有一定的关系。秦汉时期匈奴族的情况就正好说明了这个问题。

　　匈奴族是中国古代活跃在北方的游牧民族，它兴起于公元前3世纪的战国时期，在秦末汉初强盛到了极点，对中国乃至世界的历史都有过较大的影响。

　　本文认为，匈奴在历经强盛期后，受到西汉王朝的打击及自然灾害等因素影响，约在西汉中期时步入衰落期，处于衰落状态的匈奴社会不甘沉沦，对汉族文化进行了大胆的吸纳。这种文化采撷虽是不彻底、不全面的，但它仍在一定程度上提高了匈奴社会的文明程度，提高了匈奴族的文化素质。这与两汉之际匈奴走出衰落期，再现相当程度的兴盛有重要的关系。

　　由秦汉时期匈奴实力的盛衰变化可知，不同民族的文化交流对双方文化素质的提高均有助益（对文化发展程度较低的一方尤显著），而文化素质的提高与民族实力的增强更有直接的关系。

　　这就是本文分析秦、西汉、东汉初期这一时期匈奴实力盛衰变化所得到的结论。

一、　秦汉时期匈奴族实力盛衰变化的分期

　　匈奴族，其前身为商代北方的"鬼方"及周朝时的"獯狁"（见《诗经》的《出车》篇及《采薇》篇），战国后期，《战国策》等书始称之为"匈奴"。公元前209年，匈奴太子冒顿杀其父头曼而自立为匈奴首领——单于，使奴隶制最终在匈奴得以确立。

　　匈奴实力在秦、西汉及东汉初年这一时期有着明显的变化。本文将之分为三个时期：强盛期，公元前209—前126年，为冒顿、老上、军臣单于在位时期；衰落期，公元前126—前31年，为伊稚斜、乌师庐儿等九位单于在位时期；复兴期，公元前31年—公元46年，始于匈奴复株累若鞮单于继位，到建武二十二年（46年）匈奴国乱止。学术界对这种分期，基本上是赞同的。[1]　上述三个时期

---

① 　陈序经：《匈奴史稿》，天津古籍出版社1989年版，第282、290页。

中，匈奴实力盛衰的变化是很明显的，试简述如下。

（一）强盛期

1. 军队的人数多

《史记》记载冒顿在位时，匈奴有"控弦之士三十余万"，但平城之围时，匈奴却出动了精兵 40 余万，并能够使"西方尽白马，东方尽青騂马，北方尽乌骊马，南方尽骍马"①，故应该能说，强盛时期的匈奴拥有 40 万人以上的庞大军队。

2. 控制的民族多

冒顿时代，匈奴东灭东胡，西逐月氏，南取楼烦，北定丁零、浑庾、屈射、鬲昆、薪犁，西北则征服乌孙、呼揭以及其旁的车师、且末、于阗、楼兰等西域诸国 26 个，成为"百蛮大国"。

3. 占据的地盘大

当时的匈奴，拥有东尽辽河、西逾葱岭、北抵北海（今俄罗斯贝加尔湖）、南界长城的广阔地域，就其面积而言，大于同时代的秦及西汉王朝初年的版图。

故，在以冒顿在位时期为顶点的匈奴强盛期，匈奴能够据有广阔地域，"尽服从北夷，而南与中国为敌国"，达到"匈奴最强大"的黄金时期。②

（二）衰落期

1. 不断的天灾使匈奴人畜损失惨重

军臣单于去世后，匈奴转入衰落期。匈奴族的骤兴骤衰，很大程度上与其经济的不稳定有关。而造成匈奴社会经济不稳定的一个重要因素便是气候。公元前 104、前 89、前 71、前 68 年等年份，匈奴地区连续发生雨雪等天灾，引发大饥荒，使"匈奴民众死伤而去者，及畜产远移死亡，不可胜数，于是匈奴遂衰耗"，"大虚弱"。③

2. 对民众、部族的统治大为削弱

在卫青、霍去病等西汉杰出的军事将领的接连打击下，匈奴日趋土崩瓦解，"民众困乏""百姓未附""多不安"。而原为匈奴控制的部族，如乌桓、丁令、乌孙、西羌及西域诸国纷纷起来反抗，所谓"丁令乘弱攻其北，乌桓入其东，乌孙击其西"，"诸国羁属者皆瓦解，攻盗不能理"，④ 就说明此点。

---

① 〔西汉〕司马迁：《史记》卷一一〇《匈奴列传》，中华书局 1959 年版，第 2894 页。

② 《史记》卷一一〇《匈奴列传》，第 2890 页。

③ 〔东汉〕班固：《汉书》卷九四上《匈奴传》，中华书局 1962 年版，第 3786 页。

④ 《汉书》卷九四上《匈奴传》，第 3787 页。

3. 控制的地盘大幅缩小

西汉王朝接连的军事打击，使匈奴被迫先后放弃了河套、河西走廊及祁连山、焉支山和阴山一带适于游牧的地区，生存空间日益缩小，生存条件日趋恶劣，匈奴社会动荡不安。

4. 匈奴上层内斗频仍

单于之位，作为匈奴政权的最高权力的象征，一直是匈奴贵族角逐的目标。公元前 85 年，为了单于王位问题，当时的匈奴单于、卢屠王与左贤王、右谷蠡王之间已有矛盾；公元前 60 年，匈奴上层的内斗更趋尖锐化；公元前 57 年，更出现了"五单于争位"的大规模火并，直接把久已颓势的匈奴推向了衰落的顶点。①

（三）复兴期

由衰落期到复兴期的转折人物为呼韩邪单于。虽然呼韩邪单于在位时，并没使匈奴迅速走向复兴，但他对汉文化的大胆吸纳，尽快地扭转了匈奴的颓势，为匈奴社会的向前发展做出了贡献。② 王莽时期，汉族与匈奴族的关系恶化，边战连绵。不久，王莽败灭，中原四处烽火，匈奴获此契机，转而复兴，先后服乌桓及西域诸国，结鲜卑，并于公元前 36 年重新统一起来。故"光武初，匈奴强盛"③，此时匈奴给中原地区造成了很大的危害④。

二、 衰落时期的匈奴对汉文化的大胆吸纳

匈奴实力的由衰转盛，固然受到诸多因素的影响，但与匈奴对汉文化的单向式采撷，亦有很大关系。因为通过文化采撷，匈奴从汉文化中吸取与借鉴了大量有益因素，从而使得匈奴的由衰转盛成为现实。

---

① 这种说法在学术界是由来已久的，如陈序经先生就认为，此时匈奴衰弱之甚，是匈奴历史上所没有过的，见《匈奴史稿》，第 257 页。

② 林幹：《试论呼韩邪单于稽侯珊在汉匈关系中的积极作用》，载《蒙古史文稿》1976 年第 1 期。

③ 参阅《后汉书·祭肜列传》及《后汉书·乌桓鲜卑列传》。

④ 匈奴的复兴期很短暂，之后又重回到衰落期，这与当时（东汉）政治、经济、军事诸形势有关：其一，南北匈奴的公开分化、互相攻杀，大大削弱了匈奴的势力；其二，乌桓、丁零等部落强大起来，攻匈奴而"破之"，匈奴转北徙数千里，漠南地空（《后汉书·乌桓列传》）；其三，随着东汉初年中原政局的安定，东汉政府有足够的力量来处理北方边务，解决匈奴问题；其四，匈奴本身游牧经济具有脆弱性，受天气等自然条件影响很大，故一旦出现天灾，匈奴会受到严重打击。这四个因素使东汉时期匈奴在经历短暂的复兴期后，基本处于衰落状态。

考稽史籍，辅以考古与文物的资料，我们可将匈奴对汉文化的吸纳分三个层次来加以论述。

（一）物质文化层次

物质文化层次是文化结构现象中的外部关系，属于文化的表层结构。当不同文化进行交流时，它会率先表现出来。当时匈奴族对汉代物质文化的吸收主要有两个方面。

1. 农业

匈奴地处北方沙漠地区，缺水，天气严寒；而且，匈奴是一个以畜牧业为主的游牧民族，但这并不是说匈奴就没有自己的农业。恩格斯曾指出，"在杜兰高原的气候条件下面，要是没有供长久而严寒的冬季用的秣草贮藏，那么，游牧生活是不可能的，因此，秣草栽培和谷物种植，在这里就成为必要的条件了。黑海以北的草原，也是如此。但谷物一旦作为家畜饲料而种植，便很快地成为人类的食物了"①，这对我们了解匈奴耕作的出现有启发作用。据考古材料，约公元前3世纪，匈奴地区就出现了农业。②

史籍亦间接反映了当时匈奴已有农业的事实。如公元前166年，老上单于请求汉朝"输匈奴缯絮米糵"，汉文帝遂下令向匈奴输出"秫糵"，③ 这其中，"糵"为发芽的谷物，能加工为曲以充当酿酒的酵母。匈奴地区没有这种酵母，只好向汉朝索取，而他们的索取，说明了他们能够以米酿酒，也证明了早在强盛期的匈奴已有粮食生产了。④

进入衰落期后，匈奴族的农业凭借对汉文化的借鉴，较前又有了较大发展。首先，这发展表现在农业面积扩大了很多。譬如公元前90年，匈奴所在的北方"连雨雪数月"，造成了大面积的"谷稼不熟"，⑤ 对匈奴的打击很大，可为一证。其次，这发展表现在农作物产量的增加上。譬如公元前119年，大将军卫青率军北击匈奴，至赵信城，"得匈奴积粟食军。军留一日而还，悉烧其城余粟以归"⑥。再如，壶衍鞮单于时期（前85—前68），在汉地长大的常水胡人卫律建议单于"治楼以藏谷"⑦。再如，汉使苏武出使匈奴，单于欲屈之，将之幽于大

---

① ［德］恩格斯：《家庭、私有制和国家的起源》，人民出版社1972年版，第154页。

② 参阅林幹《匈奴墓葬简介》一文，载林幹编《匈奴史论文选集》，中华书局1983年版，第375–412页。

③ 《汉书》卷九四上《匈奴传》，第3760页。

④ 陶克涛：《毡乡春秋——匈奴篇》，人民出版社1987年版，第225页。

⑤ 《汉书》卷九四上《匈奴传》，第3781页。

⑥ 《史记》卷一一一《卫将军骠骑列传》，第2935页。

⑦ 《汉书》卷九四上《匈奴传》，第3782页。

窖中，所谓"窖"，颜师古注称"旧米粟之窖而空者也"①。根据蒙古考古学家策·道尔吉苏荣的研究可知，当时匈奴人储藏谷物的方法，是把谷物装在一个下部有孔的大型陶器里，然后放进地下室或放在一个专用的房间中（相当于"窖"）②。最后，当时匈奴农业的发展还表现在农业技术的进步上。譬如始元四年（前83），"卫律为单于谋，穿井、筑城，治楼以藏谷……即穿井数百"③，说明卫律将穿井、引水灌溉等农业技术引入匈奴。

公元前2世纪—公元1世纪匈奴农业的发展，在匈奴墓葬的考古发掘中表现较为明显。策·道尔吉苏荣在论文《北匈奴的坟墓》中介绍了20世纪60年代以前的数十年间在蒙古境内发掘的多座匈奴墓，将之分为公元前7—前3世纪、公元前3—前2世纪、公元前1世纪—公元1世纪三部分。其中公元前1世纪—公元1世纪的匈奴墓正处于前文所述的匈奴的衰落期及复兴期，而在此时期匈奴墓葬出土的很多遗物中，均发现了黑色的农作物的种籽，这是以前时期匈奴墓葬中所没有的。④ 道尔吉苏荣据此推论，从该时期墓葬中发现的很多谷物、农具（铁铧、镰刀、石臼等）以及与农业有关的大型陶器来看，农业在当时匈奴社会生活中占有很重要的地位。

2．手工业

秦汉时期，匈奴已出现多种手工业，如铸铁业、铸铜业、制陶业、金银铸造业、木器业等。⑤ 本文仅从铸铁业、制陶业两个方面略谈匈奴受汉朝的影响。

铸铁业是当时匈奴社会中最为重要的手工业。从内蒙古、蒙古、俄罗斯西伯利亚等地出土的铁器看，约从公元前3世纪始，匈奴社会已经逐渐推广铁器的制造和使用。使用铁器的社会领域亦日渐广泛，生产、生活、军事等部门都先后使用铁器。这从匈奴故地出土的大量铁器如铁铧、镰、刀、马嚼、剑、镞等均可以看出。根据其铁器器形与汉文化式样十分相肖等情况，林幹先生认为，匈奴人的铁器文化受汉族文化的影响很大，甚至可以推断当时匈奴的铁匠也大多是来自中原的汉族。⑥

匈奴也有制陶业，这在考古资料与文献记载上皆可以找到根据。匈奴的陶器，自产生之初，就受汉文化的影响。而在衰落期，匈奴更是大胆吸纳汉文化的

---

① 《汉书》卷五四《苏武传》，第2463页。

② ［蒙古］策·道尔吉苏荣：《北匈奴》，乌兰巴托，1961年。转引自林幹《匈奴通史》第八章，人民出版社1986年版。

③ 《汉书》卷九四上《匈奴传》，第3782页。

④ ［蒙古］策·道尔吉苏荣：《北匈奴的坟墓》，载《科学院学术研究成就》第1期，乌兰巴托科学委员会，1956年版。转引自林幹《匈奴通史》第八章，人民出版社1986年版。

⑤ 林幹：《匈奴通史》，人民出版社1986年版，第140－145页。

⑥ 同上，第140页。

先进因素，使得匈奴制陶业更进一步。这在考古发掘中有较多的体现。1954—1957年，道尔吉苏荣在蒙古北部呼尼河畔诺音乌拉山匈奴墓的考古发掘中，发现普通墓及带墓道的墓中均有陶器随葬，其中不少带有明显的汉文化色彩。如第4号普通墓中，西北部放着一件被复土压碎的大陶壶，道尔吉苏荣认为，这件陶壶即使不是中国工匠制造的，亦是一件很好的中国器皿的复制品。这批墓的年代约为公元前1世纪和公元1世纪之间①，正为匈奴衰落—复兴期。

农业、手工业等社会生产部门的变化，直接引起了匈奴社会衣食住行等社会习俗的变化。如匈奴人原先衣皮毛，但从西汉初期，匈奴通过和亲、掠夺等途径，几乎每年都从汉朝获得大量的絮缯绵绣等纺织品，并且，越向后发展，数量越大。如，文帝时，西汉政府仅赐匈奴"绣袷绮衣、长襦、锦袍各一"，"绣二十匹、锦二十匹，赤绨、绿缯各四十匹"；武帝时，匈奴的需求量激增，竟欲向汉索"杂缯万匹"；宣帝黄龙年间，西汉政府赐给呼韩邪单于"锦绣绮杂帛八千匹，絮六千斤"；元帝时，西汉政府对呼韩邪单于的赏赐更"倍于黄龙时"；哀帝时，赏赐竟达"赐衣三百七十袭，锦绣缯帛三万匹，絮三万斤"的规模。② 这说明匈奴族越来越倚重于丝绵织品，他们的穿着日趋汉化，更加"嗜汉财物"，"变俗好汉物"了。③

衣食之俗改变，匈奴居住之俗亦变，开始了定居生活，主要表现是匈奴城市的出现。

关于匈奴最早筑城的时间问题，一般认为是西汉时随着汉匈关系的密切匈奴向汉族学会的。④ 之所以说匈奴是从汉族处学会的，是有历史记载的。根据《汉书》，知教匈奴筑城者，乃胡人卫律。卫律之父"本长水胡人。律生长汉"，"为胡骑而屯长水，故律生为汉人也"。⑤ 可知卫律是一个在汉朝居官多年、受汉族文化影响很深的胡人，是他将汉族的筑城技术转教给匈奴的。匈奴的城镇遗址，近来时有发现⑥，说明部分匈奴人已出现了定居生活。

---

① ［蒙古］策·道尔吉苏荣：《呼尼河畔诺音乌拉山匈奴墓发掘记》，原载《蒙古考古论文集》，莫斯科苏联科学院出版社1962年版，第36－44页。中译本译者为陈弘法，载内蒙古自治区文物工作队处编印《文物考古参考资料》第1期，1979年8月，第10－15页。

② 参阅《史记·匈奴列传》及《汉书·匈奴传》。

③ 《史记》卷一一〇《匈奴列传》，第2899页。

④ 至于《汉书·地理志》所称的五原郡稒阳县西北有"头曼城"，为匈奴第一代单于头曼之城，但在《史记》中则根本没有言及，治匈奴史的学者，如林幹先生等多不信之，参阅林幹《试论匈奴史中的若干问题——就拙著〈匈奴史〉一书答读者问》，载《社会科学战线》编辑部编《民族史论丛》，吉林人民出版社1980年版，第76页。

⑤ 《汉书》卷五四《李广传》，第2457页；〔清〕王先谦：《汉书补注·李广传》。

⑥ 林幹：《匈奴城镇和庙宇遗迹》，载林幹编《匈奴史论文集》，中华书局1983年版，第413－429页。

所以，随着匈奴对汉代物质文化的借鉴，匈奴社会的农业、手工业有了进步，衣食住行等风俗亦有所汉化。

（二）制度文化层次

这表现在匈奴积极向汉文化学习，努力改进自己的军事、官吏等制度。

军事制度的改进尤为明显。匈奴原为"轻疾悍亟之兵""居处无常"，"至如飙风，去如收电"，[①] 在战术、军事组织与结构、防御设施等方面很少讲究。在汉将卫青、霍去病等变化多端、灵活巧妙、攻其不备、出其不意等战术的打击下，匈奴或多或少地意识到了这个问题，因而任用汉朝降将，着手于军事制度的改进。

首先，听从卫律之计，开始筑城。匈奴城市作为定居之处，更作为军事堡垒，这对匈奴军事制度的改变有重要意义。如武帝元朔六年（前123），汉前将军"赵信军败，降匈奴"[②]，"匈奴筑城居之"[③]，是为赵信城；著名的又有范夫人城等。

匈奴筑城技术在军事上的表现以郅支城最为突出。元帝建昭三年（前36），西汉护西域骑都尉甘延寿等人"发屯田吏士及西域胡兵攻郅支单于"[④] 时，郅支单于凭着郅支城率领很少的匈奴人进行了极顽固的抵抗。据《汉书》，郅支城分为三层：内层为木城、外层为土城；城有城门、城楼；城外有护城的水沟（"堑"）等，[⑤] 故郅支单于能负隅顽抗多时。

其次，匈奴逐渐懂得了训练军队与讲习用兵。

匈奴屡受挫败，乃决定任用汉将，先后信用卫律、赵信、李绪、李陵、李广利等多名原汉军将领，开始讲习用兵。汉前将军赵信降匈奴，屡为"单于画计"，使得单于有了"悉远北其辎重，皆以精兵待幕北"的军事决策；[⑥] 汉塞外都尉李绪降匈奴，"单于客遇绪"，李绪乃"教单于为兵以备汉军"；[⑦] 汉将李陵乃"飞将军"李广之后，出身将门，是一位有过"横行匈奴"光荣业绩的名将，兵败降匈奴，对匈奴亦有帮助……[⑧] 所以，越来越重视"讲习用兵"的匈奴[⑨]，

---

① 《汉书》卷五二《韩安国传》，第2401页。
② 《汉书》卷六《武帝纪》，第172页。
③ 《汉书》卷五五《霍去病传》及颜注，第2485页。
④ 《汉书》卷九《元帝纪》，第295页。
⑤ 《汉书》卷七〇《陈汤传》。
⑥ 《史记》卷一一一《卫将军骠骑列传》。
⑦ 《汉书》卷五四《李广传》。
⑧ 《汉书》卷五四《李广传》，第2457页。
⑨ 《汉书》卷七〇《陈汤传》，第3013页。

其军事制度较以前更为完善。

最后，在对汉文化借鉴的同时，匈奴官吏、祭祀、音乐、礼仪等制度亦有所增益。

譬如，匈奴不仅从汉朝学会了玉玺制造技术，而且仿汉制设有"相邦"（相当于汉制丞相）等职①，并对代表地位、职官的印玺、章十分重视，祭祀上亦用汉制。如20世纪50年代在蒙古呼尼河流域高勒毛都第10号匈奴墓中，发现了中国汉代祭祀用的玻璃圆盘（今存晶为残品）②，可说明此点。所以，我们同意法国汉学家谢和耐（J. Gernet）的论点，"草原各帝国如果没有无数借自中国的事物，没有中国的谋臣策士、行政官员、工匠、农民的帮助，就不可能形成一套制度"③。

（三）观念文化层次

观念文化层次包括经济、政治、教育等较表层的观念和价值观、思维方式和社会心理等组成的深层文化心理状态，这是文化结构的较高层次。

首先，匈奴整个社会都或多或少地接受了汉族儒家学说的影响。

"孝"的观念是儒家学说的一个重要组成部分，受到了汉代整个社会的推崇。这一观念，也逐渐为匈奴社会上层所理解，并转而接受之、爱慕之。这在处于衰落期的匈奴社会中始有表现。《汉书》说，匈奴"自呼韩邪后，与汉亲密，见汉谥帝为'孝'，慕之"，而匈奴语中"谓孝为'若鞮'"，故呼韩邪以后的单于无不标榜"若鞮"。如天凤五年（18），单于咸死，其弟左贤王舆立，成为"呼都而尸道皋若鞮单于"④ 即为其表现之一。

除"孝"的观念外，汉文化推崇的其他伦理价值观，如温恭谦让，也为匈奴社会部分接受。这在衰落期与复兴期之际南匈奴单于的继位等问题上也有体现。

根据历史记载，呼韩邪单于死后，其子之间竟然出现了互相让位的现象，查《汉书·匈奴传》可知其详细过程。对照半个多世纪前匈奴上层为争夺继位权而展开的大规模血腥火并，我们认为这个不可多得的例子正好说明，当时儒家伦理价值观已对匈奴上层社会产生了一定的影响。

就更为广泛的社会阶层而言，汉文化的伦理价值观亦有其发挥作用之处。如

---

① 王国维：《观堂集林》卷一八《匈奴相邦印跋》，中华书局1959年版。

② ［蒙古］策·道尔吉苏荣：《呼尼河畔诺音乌拉山匈奴墓发掘记》，原载《蒙古考古论文集》，莫斯科苏联科学院出版社1962年版，第36－44页。中译本译者为陈弘法，载内蒙古自治区文物工作队处编印《文物考古参考资料》第1期，1979年8月，第10－15页。

③ ［法］谢和耐：《长城》，法文版，巴黎，1982年，第13－14页。

④ 《汉书》卷九四下《匈奴传》，第3828页。

王莽末年，中原大乱，匈奴复兴，南下扰边，曾经"寇其本县广武（指汉太原郡广武县，故城在今山西代州雁门）"，听说有一位"行修"的名人荀恁，从小即"修清节。资财千万，父越卒，悉散与九族，隐居山泽"，匈奴族知道荀恁有此"名节"，"相约不入荀氏闾"。① 这说明，整个匈奴社会均受到了汉文化精神的影响，虽然这种影响的持续力、深度均不够显著。

三、 匈奴实力盛衰与匈奴族文化素质之关系

在第二节中，我们讨论了衰落期匈奴对汉文化的借鉴吸纳，由此带动了匈奴实力的复兴。在本节中，我们将主要讨论一下这一时期中匈奴文化素质的提高与匈奴实力振兴的对应关系。

匈奴有自己的语言，这一点是可以肯定的；但是没有形成文字，这一点，正如《史记》所说的，匈奴"毋文书，以言语为约束"②。冒顿单于在位时，直接使用汉文与汉朝通信，开使用汉字之先河。以后匈奴诸单于皆仿之，如惠帝三年（前192）、文帝前元六年（前174），匈奴冒顿、老上单于先后"为书使遗高后"，"遗汉书"；③ 汉人中行说更"教单于左右疏记"④ 等，皆说明了此点。著名学者陈序经教授指出，西汉初期，匈奴受到了汉族文字及计数符号的影响⑤，这是十分符合史实的。

随着西汉时期匈奴对汉文化的吸纳，匈奴族的整体文化素质较以前渐有提高，表现在匈奴诗歌文学开始出现、地图文书日渐增多等方面。在秦、西汉及东汉初期匈奴的三个时期中，衰落期、复兴期的表现比较显著。

如伊稚斜单于在位时（前126—前114），匈奴已处于衰落期，为汉军大败，失去了水草丰茂而又气候宜人的河西地区（境内有祁连、焉支二山）。匈奴整个社会皆十分悲恸，民间为此歌云："亡我祁连山，使我六畜不蕃息；失我焉支山，使我妇女无颜色。"⑥ 匈奴民间能作出如此对仗较为工整，又有相当意境的民歌，说明当时匈奴民间文化素质有了提高，甚至可以说，这首民歌是匈奴文学之肇始。

除诗歌、文学外，匈奴的诏令、图书、地图也似乎日渐增多。

如元帝建昭五年（前34），甘延寿、陈汤等杀匈奴郅支单于后，汉元帝乃

---

① 〔南朝宋〕范晔：《后汉书》卷五三《周燮传》，中华书局1965年版，第1740页。
② 《史记》卷一一〇《匈奴列传》，第2879页。
③ 同上，第2895页。
④ 同上，第2899页。
⑤ 参阅《匈奴史稿》，第92页。
⑥ 《史记》卷一一〇《匈奴列传》，第2909页。

"告祠郊庙，赦天下。群臣上寿置酒，以其图书示后宫贵人"①。对这里的"图书"，东汉服虔曰"讨郅支之图书也。或曰单于土地山川之形书也"；唐颜师古说"或说非"。② 吕思勉先生认为，这些图书的发现，正为"匈奴用文字之铁证"③。

至迟在东汉光武帝时，匈奴甚至出现了地图。建武二十三年（47），匈奴日逐王比遣汉人郭衡"奉匈奴地图诣西河太守求内附"④。这是见诸记载的匈奴族最早的地图。

音乐，作为文化素质的重要体现方式，也开始出现在匈奴社会。而历史悠久、内涵丰富的汉族音乐，更以其魅力逐渐深入整个匈奴社会。

衰落期的末期，西汉王朝赐呼韩邪"竽、瑟、箜篌"等乐器，这些乐器渐得匈奴人的喜爱。以至东汉初年，北匈奴主动请求汉朝赐给音乐器具。虽此次为东汉拒绝⑤，但到了建武二十六年（50），东汉朝廷终于决定赏赐乐器。

读汉文书、书写汉字，是提高匈奴文化素质的重要途径之一，这在复兴期的匈奴上层已获共识。

光武帝中元元年（56），"初建三雍"，作为讲习儒家礼乐之所；58 年，明帝即位，"亲行其礼"，而"匈奴亦遣子入学"⑥。匈奴上层能做到此点，是难能可贵的。虽然此时匈奴在经历短暂的复兴期后，重新步入衰落期，但此举产生的社会效应是很深远的。

通过本节的论述可知，匈奴文化素质的改善与提高，多在衰落期。因为此时匈奴社会处于困境，亟欲寻找振兴之途，故大胆借鉴汉文化，终使本民族实力重聚，为两汉之际匈奴实力的复兴奠定了基础。

故，文化采撷有利于民族文化素质的提高，也有利于民族实力的增强。这就是我们研究秦汉时期匈奴实力盛衰变化得到的历史启示。

本文与王川合撰，为 1994 年 9 月提交中国广东珠海"民族文化素质与现代化国际学术讨论会"论文。

---

① 《汉书》卷九《元帝纪》，第 295 页。
② 同上。
③ 吕思勉：《匈奴文化索隐》，载《国学论衡》第 5 期上卷，1935 年 6 月。
④ 《后汉书》卷八九《南匈奴列传》，第 2942 页。
⑤ 同上，第 2947 页。
⑥ 《后汉书》卷七九上《儒林列传》上，第 2546 页；《资治通鉴》卷四五。

汉代货币文化的特征

关于汉代货币的情况，以前仅见于《史记》《汉书》《后汉书》《三国志》等传统史籍中的相关各篇。20 世纪以来，许多学者，如日本的加藤繁，中国的彭信威、王献唐、宋叙五、千家驹、萧清、傅筑夫、钱剑夫等先生也各有宏论；① 而近些年来，对汉代货币思想、货币理论、货币制度特征等论题，也时见新论。② 本文拟从五铢钱时代的确立，货币的中央铸造权的固定，货币艺术化的开始，中国货币文化对外输出的开始，汉代在金币、银币及皮币发行上的尝试等五个方面来谈谈汉代货币文化的特征。由于行文时间仓促，文中有不妥之处，欢迎指正。

一、 五铢钱时代的确立

五铢钱，是西汉武帝元鼎四年（前 113）始铸的一种货币。钱文精美、铸工细致。五铢钱为两汉 400 余年中最主要的货币，也是中国封建社会早期阶段中最主要的一种货币，在中国货币史上占有重要地位。

西汉建立之初，仍沿用秦制，商贸交易等支付，仍以黄金及"半两"铜钱为主。公元前 113 年，汉武帝诏令"悉禁郡国毋铸钱，专令上林三官铸。钱既多，而令天下非三官钱不得行"③，由此使汉初 80 年间先后进行的 11 次币制改革终于有了一个令人满意的结果④。

---

① 参阅［日］加藤繁《三铢钱铸造年份考》等文，见《中国经济史考证》中译本，商务印书馆 1959 年版；彭信威《中国货币史》，上海人民出版社 1958 年版；王献唐《中国古代货币通考》，齐鲁书社 1979 年版；宋叙五《西汉货币初稿》，台北文海出版社 1978 年版；千家驹、郭彦岗《中国货币发展简史和表解》，人民出版社 1982 年版；萧清《中国古代货币史》，人民出版社 1984 年版；傅筑夫《中国封建社会经济史》第 2 卷，中国社会科学出版社 1982 年版；钱剑夫《秦汉货币史稿》，湖北人民出版社 1986 年版。

② 参阅蔡永华《西汉币制更迭试析》，载《四川师院学报》1983 年第 1 期；李侠《两汉时期的货币理论》，载《中国钱币》1983 年第 2 期；余谦《试论西汉货币制度的两个特征》，载《江西社会科学》1985 年第 5 期；钱剑夫《两汉的货币政策与货币理论》，载《中国社会经济史研究》1987 年第 2 期。

③ 〔东汉〕班固：《汉书》卷二四《食货志》，中华书局 1962 年版，第 1169 页。

④ 谢天佑：《秦汉经济政策与经济思想史稿——兼评自然经济论》，华东师范大学出版社 1989 年版，第 80－81 页。

上林三官专铸的五铢钱，钱文为篆书"五铢"二字，右"五"左"铢"，钱径合今约 2.3～2.5 厘米，重 3.5 克左右（汉制五铢），形状、字体工整秀美。这在当时有着重要意义：不仅结束了汉初以来长期存在的币制混乱等问题，而且促进了大汉帝国经济的发展。五铢钱在中国货币史上的地位相当重要：它上承先秦及秦"两甾"钱、"半两"钱等圆钱形制，结束了先秦货币体制的混乱情况（如形状各异、轻重相差悬殊、钱文不统一、计重单位存在差异等），又下启唐"开元通宝"所开创的年号钱时代，对后世影响极为深远，可谓是连接先秦与唐宋的跨时代货币。

从西汉中期的公元前 113 年起，直到唐初武德四年（621）的 734 年中，都以五铢钱为主要货币。20 世纪上半叶中国著名的钱币学家郑家相先生指出，"自汉武以迄隋炀，其间垂七百三十九年，尽行五铢钱，故五铢钱制作繁矣"①，举其要者，就有更始五铢、公孙述铁五铢、董卓小五铢（即无文小钱）、蜀汉直百五铢（及犍为五铢和传形五铢）、曹魏五铢、萧齐五铢、萧梁五铢、陈五铢、太和五铢、永平五铢、永安五铢、隋文帝五铢、隋炀帝五铢等。无论时世如何变化，这 700 多年间五铢钱始终是中国历史上使用最久和最成功的钱。② 这种"长命钱"的产生，标志着中国货币史上"五铢钱时代"的到来。

而且，由于五铢钱的"轻重可法，得货之宜"，可以说"得中道，天下便下"。③ 故其重量、大小标准皆为后世所遵循，就是唐初新铸的"开元通宝"钱也以五铢钱为标准。这种"五铢"标准一直延续到 1920 年前后铜元完全取代铜钱在中国市场流通为止，五铢钱占支配地位的时间竟达 2040 年左右④，而在深受中国货币文化影响的越南货币史上，五铢钱则一直沿用至 20 世纪 40 年代安南末王保大时代。故清代学者王鸣盛说，"今钱（指清代钱币）即五铢钱也"，"自三代、秦、汉以下钱制，莫善于此"。⑤

关于五铢钱的重量问题，30 余年前彭信威先生就曾指出，"五铢"的定量标准不但适用于中国，同样也适用于外国，故古代希腊货币德拉克马（Drachma）及罗马的银币单位德拉留斯（Denaris）的重量亦为五铢上下。⑥ 由此可见五铢钱

---

① 郑家相先生认为五铢钱始铸于元狩五年（前 118），但根据近年出土文物及讨论，学术界普遍认为五铢钱始铸于元鼎四年（前 113），我们也赞同此说。郑语引自《古钱大辞典》下编，中华书局 1982 年影印版，第 153 页。

② 韩复智：《汉武帝时三官钱铸造年份和相关问题的探讨》，载《秦汉史论丛》第 5 辑，法律出版社 1992 年版，第 278 页。

③ 〔清〕王鸣盛：《十七史商榷》卷一二《钱制》，丛书集成初编，第 3516 册，第 102 页。

④ 马大英：《汉代财政史》，中国财政经济出版社 1983 年版，第 339、345 页。

⑤ 〔清〕王鸣盛：《十七史商榷》卷一二《钱制》，丛书集成初编，第 3516 册，第 102 页。

⑥ 彭信威：《中国货币史》，上海人民出版社 1958 年版，第 70 页。

的重量是恰到好处的，这也正是五铢钱能在较长一段时间内盛行不衰的重要原因之一。

二、 货币中央铸造权的固定

公元前 221 年，秦王嬴政统一六国，乃决定以"币为二等：黄金以溢为名；上币；铜钱质如周钱，文曰'半两'，重如其文。而珠玉龟贝银锡之属为器饰宝藏，不为币，然各随时而轻重无常"①。对于《汉书·食货志》的这一段记载，史学界一般都公认为秦王朝统一货币。但是货币统一到什么程度，也历来聚讼纷纭。早在 20 世纪 50 年代，彭信威先生就说，"秦始皇的统一币制，只是货币种类和货币单位的统一，而不是货币铸造发行权的统一。半两钱不由国家铸造，甚至政府是否铸造钱币，也无从知道"②；日本学者稻叶一郎在《关于秦始皇统一货币的问题》一文中认为，秦始皇虽然统一货币，发行了半两钱，但半两钱仅在秦王国的故地陕西省及附近的巴蜀地区流通，并未取得全国范围内的统治地位③；钱剑夫先生则根据云梦秦简《封诊式》④ 所举的刑事案例，来证明秦代已将钱币权集中于中央，由国家统一铸造货币，实行全国钱币形制、重量、铸造、钱币立法的"四个统一"⑤。对于钱先生此论，有人立文全面否定⑥，更有人认为，战国及秦并未统一货币铸行权⑦。吴镇烽先生则认为在秦惠文王二年（前336）"初行钱"时，已由秦国统一造币。⑧ 在这里，我们无意卷入这一场论战，但了解这些争论有助于我们理解汉武帝的巩固中央铸币权。

汉初，朝廷听任郡国吏民自由铸钱。《汉书》记载，"汉兴，以为秦钱重难用，更令民铸荚钱"⑨，文帝前元五年（前175），"除盗铸钱令，使民放铸"⑩，

① 《汉书》卷二四下《食货》，第 1152 页。

② 彭信威：《中国货币史》，上海人民出版社 1958 年版，第 60、70 页。

③ ［日］稻叶一郎：《关于秦始皇统一货币的问题》，王广琦、李应桦译，载《河北师范大学学报（哲学社会科学版）》1979 年第 4 期。

④ 睡虎地秦简整理小组：《睡虎地秦墓竹简》，文物出版社 1978 年版。

⑤ 钱剑夫：《秦汉货币史稿》，湖北人民出版社 1986 年版，第 28 - 33 页。

⑥ 参阅周昆宁《秦国货币有四个不统一》，载《陕西金融·半两钱币研究专辑》，1988 年版。

⑦ 刘森：《再论秦货币铸行权问题》，载《陕西金融·秦汉钱研究专辑》，1991 年版，第 78 - 81 页。

⑧ 参阅吴镇烽《澄城坡头西汉铸钱遗址之我见》，载《陕西金融·五铢钱研究专辑二》，1989 年版。

⑨ 《汉书》卷二四下《食货志》，第 1152 页。

⑩ 《汉书》卷二四下《食货志》，第 1153 页。

于是"盗铸如云而起，弃市之罪又不足以禁矣"①。这一方面造成了币制混乱，另一方面又使官僚、王侯操纵造币之权而威胁中央。如七国之乱时，吴王刘濞就说，"寡人金钱在天下者往往而有，非必取于吴，诸王日夜用之不能尽"②。景帝时，由于已有60余年的经验和教训，于中元六年（前144），毅然诏令"定铸钱伪黄金弃市律"③，禁止民间铸钱，并决定实行官铸，由国家掌握铸钱权。但这个时候官铸对国家掌握到什么程度的问题尚未彻底解决。

武帝始铸"五铢钱"后，由于允许郡国官铸，所以又有一次反复④，在元鼎四年（前113）前的七八年内，"赦吏民之坐盗铸金钱死者数十万人。其不发觉相杀者，不可胜计。赦自出者百余万人。然不能半自出，天下大抵无虑皆铸金钱矣"⑤。元鼎四年，武帝诏令专命上林三官铸钱，由于全国统一由中央机构铸钱，钱币划一，使得波动了90余年的西汉经济开始稳定。

汉武帝正式确定货币的中央铸造权，结束了汉初以来铸钱权多元化的混乱局面。这不但结束了汉初以来的经济混乱局面，而且对我国数千年的古代货币制度有着深刻的影响。这在以后大多数情况下，铸钱权皆由中央掌握，仅有少数非常态情况，铸钱权才会下放。因此可以说，西汉武帝正式确定货币的中央铸造权，是汉代货币文化的一个重要特征。

三、 货币艺术化的开始

货币艺术化指通过人为措施美化货币。中国货币文化，发展历史悠久、源远流长。先秦时的贝币、布币、刀币、圜钱等的铸造技术水平还比较低，多用单范法，后期也用合范法，铲磨加工工艺比较粗糙；货币的文字（钱文）或由制造工人的随意一"刀"划就，绝不改窜，或由于铸范技术限制而不能尽善尽美。所以，当时的风格大多是一气呵成、前后相贯、流畅隽秀、生动自然的。这是一种古朴之美。

入汉之世，货币艺术化逐渐出现。西汉初年的"榆荚钱""八铢半两""四铢半两""三铢"钱由于工艺粗糙、钱文急就，故仍带有战国货币之古风；到了汉武帝时期，由于铸币生产技术的改造，铸造工艺发展到了较高水平，武帝专令上林三官铸钱。除政治、经济意义外，由此尚可窥见当时中央政府的铸钱生产能

---

① 《汉书》卷二四下《食货志》，第1155页。
② 《汉书》卷三五《吴王濞传》，第1910页。
③ 《汉书》卷五《景帝纪》，第148页。
④ 马大英：《汉代财政史》，中国财政经济出版社1983年版，第339、345页。
⑤ 〔西汉〕司马迁：《史记》卷三〇《平准书》，中华书局1959年版，第1433页。

力已相当强大。① 所以，开始了对货币的艺术化处理。首先是铸钱的工艺过程允许美化货币本身；其次是当时讲究钱文，使货币艺术化锦上添花。若揣摩、观看"五铢钱"、新莽钱币，可以清晰看到这一点。

譬如王莽居摄，"变汉制，以周钱有子母相权，于是更造大钱"，"又造'契刀''错刀'"，"错刀，以黄金错其文，曰'一刀直五千'"。② 所谓"错"，《说文解字》云"金涂也"，段注"谓以金措其上也"。③ 即钱文"一刀"二字原为阴识，另以黄金嵌入而成"错刀"，这就是蜚声泉界的"金错刀"。

金错刀是汉代货币艺术化的典型代表，之所以然，一是由于王莽时代"钱的铸造技术比西汉还要精美"④；二是由于注重钱文的书法及排列。故古钱收藏家们集得莽钱"一刀平五千"后，往往如获至宝，或为诗歌以贺⑤，或宣言"古今来泉制之精，殆无过于新莽及宋徽宗二人，新莽所铸金错刀，为古泉中最可爱之品"⑥。因此，政治上屡改屡败的王莽终于意外地戴上了"古今第一铸钱手""泉绝"的帽子。⑦

传统货币中又有"布泉"钱，该钱大小、重量均等同于五铢钱，钱穿左为"布"，右则为"泉"字，皆篆书。关于此钱，《汉书》等史籍均无记载，但"布泉"二字系悬针篆体，结构严谨，书法秀美。而悬针篆体在中国货币史上仅见于新莽货币，钱币学家根据此点及布泉钱的形制特征、钱文结构等情况，考定其为天凤六年（19）王莽所铸的新莽钱币。⑧ 王莽所铸诸钱，虽然绝大多数为不足值货币，但却大多数精美异常，为汉代货币艺术化的典范。故钱币学界一致认为："新莽之刀布诸品，无一不精。"⑨

汉代货币始注重艺术化处理，在中国货币史上也有重要影响。其后历代诸钱大多仿效，使得中国古钱绚丽多彩，大大丰富了中国货币文化的内涵。在钱文艺术化方面而言，先后就有众多的书法家、文学家，甚至皇帝亲书钱文：初唐"开元通宝"为初唐书法名家欧阳询所书；北宋草书体"元丰通宝"为文学家苏东

---

① 上海钱币学会主编：《古钱的鉴定与保养》，上海翻译出版公司1985年版，第72页。

② 《汉书》卷二四下《食货志》，第1177页。

③ 〔东汉〕许慎撰，〔清〕段玉裁注：《说文解字注·金部·错》，上海古籍出版社1988年第2版，第705页。

④ 陈直：《关于两汉的手工业》，见陈直《两汉经济史料论丛》，陕西人民出版社1980年版，第122页。

⑤ 丁福保：《古钱大辞典》下编，中华书局1982年版，第70页。

⑥ 丁福保：《古钱大辞典》上编，引民国泉家张可中语，中华书局1982年版，第129页。

⑦ 丁福保：《古钱大辞典》下编，见《古泉丛话》；及上编总论，第37页，引《古泉丛话》，中华书局1982年版，第70页。

⑧ 袁林：《王莽布泉初探》，载《中国钱币》1983年第2期。

⑨ 丁福保：《古钱大辞典》上编，见《古泉丛话》，中华书局1982年版，第184页。

坡字迹；北宋"崇宁通宝""大观通宝"则是徽宗的御笔……；以字体而言，亦千姿百态，仅是篆体就有南北朝孝建五铢及"永光""景和"小钱之倒薤篆、北周"布泉"之玉筋篆、北宋"皇宋通宝"之九叠篆等；至于隶书，亦在汉后渐上钱文，蜀汉的直百五铢、孙吴的"大泉五百""大泉当千"、成汉的"汉兴"钱，后赵的"丰货"钱或尽为隶体，或隶篆相间。初唐欧阳询所书"开元通宝"，其字含八分及篆之体，但以隶书为主已渐露机芽，以后从南唐钱币起，更有真书跃上钱文。宋初，行、真、草三体同上钱文，篆体亦间或有之，更兼有宋徽宗独创的"瘦金体"，铁划银钩，称誉古今。南宋的宋体登上钱文之列，亦为后世所重。这以后，真书成为钱文主体。对此，钱币学家陈仁涛先生在半个世纪前已有宏论，"贝化刀布圜金，悉为大篆"，"秦半两至隋五铢，则以小篆为主，隶书为附"，"唐开元至十国诸品，以隶书为主，篆书为附"，北宋钱则"六体具备"，"元、明、清三朝，以真书为主，篆隶为附"。① 此言甚是。

四、 中国货币文化开始对周边国家及地区产生影响

李学勤先生认为，东周时期，中国已经形成了七个文化圈：黄河中游的中原文化圈、黄河下游的齐鲁文化圈、中原北面的北方文化圈、长江中游的楚文化圈、长江下游的吴越文化圈、关中的秦文化圈及西南的巴蜀滇文化圈。② 入秦之世，中原文化与齐鲁文化占了主体；汉代则主要继承楚文化与齐鲁文化，不仅完成了一个新的综合与创造，为中国文化发展奠定了基础，而且开辟了中西文化交流之端。③

李学勤等先生的这一论述，在汉代货币文化的对外交流等方面表现得尤其显著。

先秦时代，中国的中原王朝与周边许多国家已有了友好往来，邻近中国的朝鲜半岛的许多地方（如宁远郡、宁边郡、昌域郡、渭原郡、慈城郡、德川郡等）均出土了大量先秦货币，最多一次竟有1000多枚先秦燕"明"刀④，这种货币在日本的备前邑久郡和备后三原町也有出土⑤。但这个时期，中外双方仅处于物质文化交流的层次，至于制度文化的互相借鉴则未触及。

西汉武帝时丝绸之路的开通，使中西交流始得转盛。随着汉代丝绸为代表的

① 陈仁涛：《泉文书体变迁概述》，转引自《古钱大辞典》，中华书局1982年版，第132页。
② 参阅李学勤《东周与秦代文明》，文物出版社1984年版。
③ 韩养民：《秦汉文化史初探》，载《云南社会科学》1986年第4期；还可参阅韩著《秦汉文化史》，陕西人民教育出版社1986年版。
④ 参阅王毓铨《我国古代货币的起源和发展》，科学出版社1957年版。
⑤ 参阅朱云影《中国文化对日韩越的影响》，台北黎明文化事业出版公司1981年版。

手工业品的西运，中华文明亦得以向外传播。两汉王朝，为中国古代社会中极少的几个繁荣强大的时代之一，不仅经济繁荣发达、科学技术先进、文化兴隆昌盛，而且国际交往也是空前的。在这种空前的中外文化交流中，货币文化的对外输出是一项重要内容。大汉帝国强盛国势在钱币上的表征物——五铢钱，以其庄严典雅的钱文、精良工整的铸造、轻重适宜的分量、美观实用的造型，不仅在中国货币史上意义重大，而且通过中外交流，对世界文化也产生了一定的影响。这尤以汉龟二体五铢钱、汉佉二体钱最为典型。

汉龟二体钱是丝绸之路北线国家铸发的吸纳了汉代货币文化因素的货币，该钱因钱体铸有汉文"五铢"及龟兹文而名。龟兹为汉代丝路北线的绿洲国家，在《汉书·西域传》中有记载，位于今新疆库车一带。汉龟二体钱早在清朝道光年间就有发现①，但当时均无人认识此钱的重大价值。1982年经著名汉学家季羡林教授释读，世人方识此钱。该钱上的汉文"五铢"系承汉钱"五铢"无疑；圆形方孔的形制亦来自中原战国、秦汉货币；其钱多正面无内廓，为东汉五铢的一个典型特征。由此可见汉龟五铢钱为中国汉代货币文化对周边国家及地区产生影响的产物。

汉佉二体钱（Sino-Kharosthi coin）是丝绸之路南线国家铸发的吸纳了汉代货币文化因素的货币。该钱系英国探险家道·福赛斯（T. D. Forsyth）1874年在中国新疆首次发现，1962年夏鼐先生在论文《和阗马钱考》中将之命名为"汉佉二体钱"。该钱钱体上有汉文"六铢钱""重二十四铢铜钱"及佉卢文。对其铸造年代，虽有中、日、俄、英等国学者的众多讨论，但目前以英国学者吉·克力勃（J. Gribb）和中国学者林梅村的观点最有说服力。前者主张汉佉二体钱铸于1世纪的和阗②，后者则将之明确定为175—220年③。根据该钱的形制、钱文等因素综合分析，一方面可见该钱受当时希腊货币文化的影响（以贵霜王朝为中转站），一方面则可看到受汉代货币文化的影响。

所以，汉代实启中国货币文化对周边地区及国家产生影响之端。此后，中国古代货币文化开始有了比较频繁的对外交流。因此在唐初，中亚突骑施汗国等仿铸开元式钱币就显得十分自然了。

五、 汉代在金币、 银币、 皮币发行上的尝试

汉代在货币文化方面的一个重要成就，在于西汉武帝对发行金币、银币、皮

---

① 黄文弼：《塔里木盆地考古记》，图12，科学出版社1953年版，第106页。

② 参阅 J. Gribb, *The Sinoi-Kharosthi Coins of Khotan*, Ptl, NC. London, 1984, pp. 128 – 152. Ptll, 1985, pp. 136 – 148.

③ 林梅村：《再论汉佉二体钱》，载《中国钱币》1987年第4期。

币的尝试。

西汉武帝太始二年（前95），汉武帝下诏曰："往者朕郊见上帝，西登陇首，获白麟以馈宗庙，渥洼水出天马，泰山见黄金，宜改故名。今更黄金为麟趾马蹄以协瑞焉。"① 这种麟趾、马蹄金在唐朝时，"往往于地中得"，"金甚精好，而形制巧妙"；在宋朝时，"襄、随之间，故春陵、白水地，发土多得金麟趾、褭蹄"②。根据上述记载，可见麟趾、马蹄金为发行量不小、制作精好的纪念性金币，其实质为称量货币。但麟趾、马蹄金不是金铸币，也不进入流通过程。③

汉武帝元狩三年（前120），由于连年对外征战，国库空虚，"用度不足"，为了解决财政困难并打击拥有大量货币财富的商贾，武帝先后发行了"皮币"及"白金"。史称武帝"以白鹿皮方尺，缘以藻缋，为皮币，直四十万。王侯宗室朝觐聘享，必以皮币荐璧，然后得行"④，可知皮币实际为一方块鹿皮，其价格大大低于40万钱，但却在国家行政命令的保护下充值40万，可见它已成为一种货币符号，或说为一种信用货币。

武帝"又造银锡为白金。以为天用莫如龙，地用莫如马，人用莫如龟，故白金三品：其一曰重八两，圜之，其文龙，名曰'白选'，直三千；二曰以重差小，方之，其文马，直五百；三曰复小，椭之，其文龟，直三百"⑤。根据上文，可以确定"白金三品"为三种不同形式、价格的银锡合金，即银币。

汉武帝之所以发行皮币、白金，是为了"更钱造币以赡用，而摧浮淫并兼之徒"⑥，而皮币、白金等货币，完全凭借政府的行政命令强制发行，大大背离了银、铜的自然比价，也就违反了金属币要以其实际含金量进入流通渠道的经济规律，故其流通自然不畅，史称"白金起，民为奸，京师尤甚"⑦，即为其结果。

虽然白金、皮币发行与使用的时期很短，在实际社会流通上没有多大的影响⑧，但其意义却很重大：白金三品，可以说是"一种超越时代的货币制度"，在金币、银币的发行、制造等方面为后世提供了宝贵经验；皮币，按傅筑夫先生的论述，"含有不兑换纸币性质"⑨，"可视为后代各种形态的'钞'——纸币的

---

① 《汉书》卷六《武帝纪》，第 206 页。

② 〔北宋〕沈括：《梦溪笔谈》卷二一，四部丛刊本。

③ 《梦溪笔谈》卷二一，四部丛刊本。

④ 参阅宋治民《汉代货币的演变及其相关问题》，见《徐中舒先生九十寿辰纪念文集》，巴蜀书社 1990 年版。

⑤ 《史记》卷三〇《平准书》，第 1426 页。

⑥ 《史记》卷三〇《平准书》，第 1427 页。

⑦ 《史记》卷三〇《平准书》，第 1425 页。

⑧ 《史记》卷一二二《酷吏列传》，第 3146 页。

⑨ 傅筑夫：《中国经济史论丛》下册，生活·读书·新知三联书店 1980 年版，第 522 页。

最初萌芽"①，因此可说皮币为后世纸币的雏形。在当时的社会背景下，皮币与白金三品都"不可能不失败，但是在那样早的时代，能有这样一种设计和想法，则是很奇特的"②。汉代在皮币及金币、银币发行上的尝试，不仅是汉代货币文化的一个重要特征，还是中国货币史上的大事。它昙花一现式的经历的意义远不在它本身，而在它出现所代表的意义。

本文与王川合撰，原载《华夏文明与传世藏书——中国国际汉学研讨会论文集》，中国社会科学出版社 1996 年版。

---

① 傅筑夫：《中国封建社会经济史》第 2 卷，人民出版社 1982 年版，第 502 页。
② 傅筑夫、王毓瑚：《中国经济史资料》秦汉三国编，中国社会科学出版社 1982 年版，第 402 页。

论汉代太学的学风

汉代太学，是汉朝政府兴办的大学。从严格的意义上说，它不仅是我国历史上有文献记载的正式大学，而且还是世界教育史上有确切文字记载的由统一的中央政府设立的第一所官立大学。① 汉代太学为封建统治阶级培养了大批官吏和官吏的后备力量，并在促使儒学成为地主阶级的统治思想，从而巩固封建统治等方面起了重要作用。② 为什么能发挥这样的作用？这与太学里的学风是分不开的。所谓学风，就是学校里学习的风气、学术的风气，包括严选教师、尊师重道、教学原则、学术研究、考试制度等。本文就上述问题谈些不成熟意见，就教于方家。

一、 严格选择教师

汉代太学的教师叫博士。博士中的长官，西汉时称仆射，东汉时改称祭酒。西汉的博士多由名流充当，采用征拜或举荐的方式选拔。西汉选择博士是相当慎重和严格的。成帝阳朔二年（前23），诏曰：

> 古之立太学，将以传先王之业，流化于天下也。儒林之官，四海渊源，宜皆明于古今，温故知新，通达国体，故谓之博士。否则学者无述焉，为下所轻，非所以尊道德也。③

汉成帝的诏书明确指出博士必须德才兼备，要有"明于古今""通达国体"的广博学识，具有"温故知新"的治学能力，可以为人师表，可以尊为道德的风范。根据这一标准，各地向中央荐举博士。除荐举外，皇帝还亲自召请一些人任博士，如贾谊"颇通诸家之书，文帝召以为博士"④；"鲁人公孙臣上书，陈终始五德传。……文帝召公孙臣以为博士"⑤。有的是从贤良文学或明经拜选为博士的，

---

① 熊明安：《中国高等教育史》，重庆出版社1983年版，第71-72页。
② 参阅张荣芳《论两汉太学的历史作用》，载《中山大学学报》（社会科学版）1990年第2期。后收入张荣芳《秦汉史论集（外三篇）》，中山大学出版社1995年版。
③ 〔东汉〕班固：《汉书》，卷一〇《成帝纪》，中华书局1962年版。
④ 《汉书》卷四八《贾谊传》。
⑤ 《汉书》卷四二《张苍传》。

如公孙弘"年六十，以贤良征为博士"①，平当"以明经为博士"②。也有从其他官升迁为博士的，如晁错"为太子舍人，门大夫，迁博士"③，翟方进"举明经，迁议郎……河平中，方进转为博士"④。由于严格的挑选，西汉太学的博士一般说来都是德才兼备、学有专长的。

东汉时，选拔博士要经过考试。《文献通考》卷四〇《学校一》载："西京博士，但以名流为之，无选试之法。中兴以来，始试而后用，盖既欲其为人之师范，则不容不先试其能否也。"除考试之外还要举荐人写"保举状"。《通典》卷一三《选举一》载有一"保举状"：

> 生事爱敬，丧没如礼。通《易》《尚书》《孝经》《论语》，兼综载籍，穷微阐奥。师事某官，见授门徒五十人以上。隐居乐道，不求闻达。身无金痍、痼疾。三十六属，不与妖恶，交通王侯赏赐。行应四科（引注：指东汉选拔人才的淳厚、质朴、谦逊、节俭四项条件），经任博士。
>
> 下署某官某甲保举

这个"保举状"，同样体现了对博士的政治、道德、学术、身体等方面的严格要求。后来皇帝颁布的诏书又规定，任博士者须在50岁以上。⑤

由于经过严格的挑选，在汉代太学执教的博士一般来说质量较高，其中许多是一代儒宗和学者。例如辕固生、申培公、韩婴、欧阳高、夏侯胜、夏侯建、戴德、戴圣、梁丘、京房等人，都曾担任博士，他们的学问都博大精深，由他们执教，对教学质量的提高起了保证作用。

二、 尊师蔚然成风

汉代太学有尊师的风气。尊师表现在三个方面。

第一，博士享有较高的政治待遇。博士从先秦设置以来，其职掌是不断变化的。到汉武帝时博士已经具备了议政、制礼、藏书、教授、试策、出使六项

---

① 《汉书》卷五八《公孙弘传》。
② 《汉书》卷七《平当传》。
③ 《汉书》卷四九《晁错传》。
④ 《汉书》卷八四《翟方进传》。
⑤ 〔南朝宋〕范晔：《后汉书》卷七九下《儒林列传·杨仁》，中华书局1965年版，第2574页载："杨仁，建武中，诣师学习《韩诗》，数年归，静居教授。……太常上仁经中博士，仁自以年未五十，不应旧科（注曰：《汉官仪》曰：'博士限年五十以上。'），上府让选。……显宗特诏补北宫卫士令。"

论汉代太学的学风

87

职能。

（1）议政。《汉书·百官公卿表》载博士"掌通古今"，就是指议政和备顾问。总计两汉博士议政共有 43 例，议政的内容相当广泛，内外政策、刑法、教育、宗庙等，处罚大臣、废立诸侯王甚至废立皇帝等大事都参与。①

（2）制礼。制定礼仪是维护封建皇权的一项重要措施。自叔孙通为汉制定礼仪之后，博士在各个时期都负有制定、修改礼仪的职责。上述两汉博士议政43 例中，就有 12 例是宗庙礼仪之事。

（3）藏书。博士掌管国家藏书，《汉书·艺文志》注引刘歆《七略》，刘歆曰："外则有太常、太史、博士之藏，内则有延阁、广内、秘室之府。"博士掌管图书资料，与他的议政、制礼的职责是密不可分的。

（4）教授。教授弟子，甚至进宫教授皇帝或太子。例如韦贤以《诗》教授昭帝②，郑宽中、张禹同时分别以《尚书》和《论语》教授太子（成帝）③。

（5）试策。汉代选拔官吏，有两种方法：一种是试策，即地方察举到中央的各科人才，要经过试策之后才能任职。试策由博士主持。另一种是皇帝亲自出题阅卷，称为"对策"。对策也要先由博士、太常提出初审意见，再呈皇帝裁决。

（6）出使。自汉武帝建元间派博士公孙弘出使匈奴，以后相沿成例。武帝时五例，元帝时三例，成帝时四例。出使有两种方法：一种是为了某种专门的事情而出使；另一种是一般的出使，内容大体如《汉书·魏相传》所说"察风俗，举贤良，平冤狱"等。

从这些职能看，博士在社会上的地位是不低的。由于从皇帝到百官都尊重博士，社会上自然有一种尊师的风气，在太学中自然承传这种尊师的传统。

第二，博士享有较高的经济待遇。《汉书·百官公卿表》载，秦朝、西汉博士秩比六百石；《后汉书·舆服志》注引《东观书》云，东汉博士秩六百石。六百石秩是秦汉官吏级别高低的界线。《睡虎地秦墓竹简·法律答问》："六百石吏以上皆为显大夫。"据《汉书·惠帝纪》，"吏六百石以上"享有减刑减赋的优待。《史记·叔孙通列传》，通制朝仪，"吏六百石"以上方可朝驾。可见博士秩六百石或比六百石，属"高官厚禄"之列。太学还建有"博士舍"供博士们居住。《汉书·儒林传·王式》说王式"诏除下为博士。……既至，止舍中，会诸大夫博士"。说明王式到太学时，住在专为博士准备的宿舍中。至王莽时，太学扩充，增加数十倍，《汉书·王莽传》载"为学者筑舍万区"，王先谦《汉书补注》沈钦韩曰："王莽起国学于郭内之西南，为博士之官寺。门北出，北之外为

---

① 安作璋、熊铁基：《秦汉官制史稿》上册，齐鲁书社 1984 年版，第 432 页。

② 《汉书》卷七三《韦贤传》。

③ 《汉书》卷八一《张禹传》。

博士舍之中区，周环之。"《后汉书·翟酺传》载汉光武时，"起太学博士舍"。可见汉代的太学内是建有宿舍供博士们享用的。博士们有较优厚的经济待遇还表现在朝廷经常赏赐博士酒肉。①

第三，太学经学传授系统严格按照师法、家法。对师法、家法概念的解释，历来分歧很大。清人皮锡瑞在《经学历史》中说："前汉重师法，后汉重家法。先有师法，而后能成一家之言。师法者，溯其源；家法者，衍其流。"这一论述为近世大多数学者所认同。家法、师法虽有不同，但都是以先师传下来的经文和经说作为尊奉的楷模，从宗师的立场说，二者在性质上是相同的。严格的师法、家法，使师生之间紧密地联系起来，开创了学生求师问学和尊师重道的学风。教师的学术被视为弟子学术的渊源，弟子的学术被视为教师学术的延伸。这种学术继承关系颇类似血缘继承的父子关系。太学经师去世，弟子门生不论处何方、居何职，均有奔丧服丧的义务。如乐恢、楼望、郑玄等去世时，会葬者达数百数千人。《后汉书·独行列传·戴封》记载戴封送丧的事迹：

> 戴封字平仲，济北刚人也。年十五，诣太学，师事鄮令东海申君。申君卒，送丧到东海，道当经其家，父母以封当还，豫为取妻。封暂过拜亲，不宿而去。还京师卒业。

太学生戴封的教师申君，东海人，病逝于太学，戴封亲自送丧到东海。途经其家，父母准备为他娶妻，戴封因师丧在身，只"暂过拜亲，不宿而去"。这种远赴师丧的风气，影响后世甚深。汉代尊师蔚然成风，与恪守师法、家法有着逻辑上的必然联系。

三、 学以致用的教学原则

"通经致用"是汉代太学教育的一条重要原则。教育的内容就是儒家的五经。"通经"是为了"致用"，把培养人才和选拔任用人才结合起来，通过培养具有儒家思想修养的人才来为封建统治服务。公孙弘拟订了从太学选拔官吏的方案，《汉书·儒林传》载：

> 以治礼掌故以文学礼义为官，迁留滞。请选择其秩比二百石以上及吏百石通一艺以上补左右内史、大行卒史，比百石以下补郡太守卒史，皆各二

---

① 〔东汉〕刘珍等：《东观汉记·甄宇传》："每腊，诏书赐博士羊，人一头。"参阅吴树平《东观汉记校注》下册，中州古籍出版社 1987 年版，第 807 页。

人，边郡一人。先用诵多者，不足，择掌故以补中二千石属，文学掌故补郡属，备员。

此后，"文学礼义""通一艺以上"都被列为补官、晋级的条件，而且优先使用"诵多者"。

事实上，自汉武帝以后，"三公"多是精通儒经的。如韦贤，号称"邹鲁大儒"，本始三年（前71）为丞相；① 匡衡因专长于鲁诗，元帝时位至丞相；② 贡禹由于通经，征召做博士，官至御史大夫；③ 薛广德以经行位至三公④。所以，《汉书·匡张孔马传》赞曰："自孝武兴学，公孙弘以儒相，其后蔡义、韦贤、玄成、匡衡、张禹、翟方进、孔光、平当、马宫及当子晏咸以儒宗居宰相位，服儒衣冠，传先王语。"当时社会上有谚语曰"遗子黄金满籝，不如一经"⑤。太学的教师和社会上的父兄们都是以做官来鼓励学生努力求学，《汉书·夏侯胜传》载"（夏侯）胜每讲授，常谓诸生曰：士病不明经术；经术苟明，其取青紫如俯拾地芥耳。学经不明，不如归耕"。这生动地反映了人们通经术可以飞黄腾达的情况。东汉的情况也是如此。最著名的事例是桓荣以研究《欧阳尚书》而世代为高官，富贵荣华，致使以前曾讥笑其读经无用的同族桓元卿叹曰："我农家子，岂意学之为利乃若是哉！"⑥

"通经"可以做官，是"致用"的一个方面。做官之后，又可利用经学的知识，为统治者制定各种政策提供理论依据。当时人们不论干什么事情都要到经书中去找依据，上自朝廷的封禅、巡狩、郊祀、宗庙一类大事，下至庶民的"冠婚吉凶，终始制度"，都以儒家经典为准绳。官僚上朝言事、礼仪外宾，缙绅大夫待人接物、举措应对，都必须引经据典。就连皇帝的诏书也引用经典。吏员们则用经书来代替法律，"以《春秋》决狱"就是典型事例。

儒学与仕途结合，使太学的教育滋生了一批阿世取荣的章句小儒。但太学也培养造就了不少忠义之士，他们敢于为民请命、直言极谏，又以儒学律己，修身砺志，保持高尚的道德操行。这是太学通经致用教育的又一重要表现。《汉书·鲍宣传》载鲍宣"下廷尉狱，博士弟子济南王咸举幡太学下，曰：'欲救鲍司隶者会此下。'诸生会者千余人"。这是学以致用的显例。至东汉桓帝、灵帝时，政治腐败，宦官专权，鱼肉人民，百姓怨恨。这种现象在太学生和知识分子中引

---

① 《汉书》卷七三《韦贤传》。
② 《汉书》卷八一《匡衡传》。
③ 《汉书》卷七二《贡禹传》。
④ 《汉书》卷七一《薛广德传》。
⑤ 《汉书》卷七三《韦贤传》。
⑥ 《后汉书》卷三七《桓荣传》。

起强烈反响，他们和社会上正直派名士结合与宦官们进行了英勇的斗争。从桓帝时开始，就不断有太学生上书请愿的事。第一次发生在建和元年（147），由于李固、杜乔下狱，他们的门生王调、赵承等几十人上书请愿。① 第二次是永兴元年（153），因朱穆不畏权贵，得罪宦官而入狱，太学生刘陶等几千人上书请愿，在群众的压力下，朱穆被赦免。② 第三次是延熹二年（159），发生了杜众上书请求和李云同死的事迹。③ 第四次是延熹四年（161），皇甫规拒绝向宦官行贿而被捕入狱，太学生张风等300多人请愿为他辩护，后被赦免。④ 太学生和知识分子反宦官斗争的高潮集中表现在所谓的党锢之祸，即两次大搜捕党人事件中，这是人所共知的事实，在此不赘。

太学通经致用的教学原则，曾经起过积极的作用，它使教育与政治的关系密切，培养了一批具有儒家思想观念和道德修养的知识分子，这些人是维护封建大一统的中坚力量。但是将经义附会于政治，造成了经学教育的庸俗化，这又是太学通经致用的严重缺陷。

四、 学生勤奋学习与问难辩论之风气

太学的学生称作"博士弟子"或简称"弟子"，东汉时常称"诸生"或称"太学生"。由于太学实行考试制度及通经入仕等原因，太学生是十分勤奋学习的。

东汉大学者王充，"少孤，乡里称孝，后到京师受业太学"。他"好博览而不守章句。家贫无书，常游洛阳市肆，阅所卖书，一见辄能诵记，遂博通众流百家之言"。后来，王充成为著名的学者、思想家，并"著《论衡》八十五篇，二十余万言"。⑤ 太学生的勤奋好学，还表现在他们能够克服生活的困难，坚持学习。西汉太学生倪宽，家贫无资用，靠替同学烧饭以自给。⑥ 翟方进"家世微贱"，"西至京师受经，母怜其幼，随之长安，织履以给方进读"。⑦ 东汉太学生公沙穆家贫，"无资粮，乃变服客佣"，为别人"赁舂"。⑧ 有些太学生能够排除外界干扰，专心苦读。《后汉书·循吏传·仇览》记载仇览专心学习的故事：

---

① 《后汉书》卷六三《李固传》。
② 《后汉书》卷四三《朱穆传》。
③ 《后汉书》卷五七《李云传》。
④ 《后汉书》卷六五《皇甫规传》。
⑤ 《后汉书》卷四九《王充传》。
⑥ 《后汉书》卷五八《倪宽传》。
⑦ 《汉书》卷八四《翟方进传》。
⑧ 《后汉书》卷六四《吴祐传》。

（仇）览入太学，时诸生同郡符融有高名，与览比宇，宾客盈室。览常自守，不与融言。融观其容止，心独奇之，乃谓曰："与先生同郡壤，邻房牖，今京师英雄四集，志士交结之秋，虽务经学，守之何固？"览乃正色曰："天子修设太学，岂但使人游谈其中！"高揖而去，不复与言。

像仇览这样的太学生还不乏其人，如魏应"建武初诣博士受业，习《鲁诗》，闭门诵习，不交僚党，京师称之"①；鲁恭"年十五，与母及丕俱居太学，习《鲁诗》，闭户讲诵，绝人间事，兄弟俱为诸儒所称，学士争归之"②。这种闭门读书，"不交僚党"即不拉帮结派的风气是值得称道的。

太学生中互相问难辩论也是很好的风气。汉代太学中互相问难辩论之风首先在博士中进行。博士在讲经时，互相诘难、讨论经义是必经过程，可以说是太学教育的一个重要方法。朝廷征试博士经常采用辩难的办法。《汉书·朱云传》载，朱云由于能够驳难治《梁丘易》的少府五鹿充宗，而被任命为博士。这种风气的盛行，与皇帝的提倡是分不开的。《后汉书·儒林列传》载，汉光武帝"令群臣能说经者更相诘难，义有不通，辄夺其席以益通者"。他曾多次主持各派经师公开辩论，甚至在朝会上建立了按"讲诵经义"来排座次的礼仪。侍中戴凭因为善于讲辩，"重座五十余席"，并获得"解经不穷戴侍中"的评语。建武十九年（43），光武帝亲临太学，"会诸博士论难于前"，名儒桓荣"被服儒衣，温恭有蕴藉，辩明经义，每以礼让相猒，不以辞长胜人"，这种既在学术上针锋相对，又在态度上谦让有礼的儒雅风度，为当时诸儒之最，受到光武帝的赏赐。③ 和帝时期，兼通五经的名儒鲁丕甚至认为经师讲经"传先师之言，非从己出，不得相让；相让则道不明，若规矩权衡之不可枉也。难者必明其据，说者务立其义，浮华无用之言不陈于前，故精思不劳而道术愈章。法异者，各令自说师法，博观其义"④。可见辩难的目的是使经义愈明。太学博士们的辩难风气也传给了太学的学生。《后汉书·逸民列传·井大春》载井大春"少受业太学，通五经，善谈论，故京师为之语曰：'五经纷论井大春。'"丁鸿在太学从桓荣受《欧阳尚书》，也以"善论难"而著称，时人叹曰"殿中无双丁孝公"⑤。太学辩难的精神，是研究和发展学术所必需的，为当时培养了不少人才。

汉代太学生除跟随博士学习之外，还可以向校外专家学习，例如郑玄在太学

---

① 《后汉书》卷七九下《儒林列传》下。
② 《后汉书》卷二五《鲁恭传》。
③ 《后汉书》卷三七《桓荣传》。
④ 《后汉书》卷二五《鲁丕传》。
⑤ 《后汉书》卷三七《丁鸿传》。

受业的同时师事京兆第五元先，王充师事班彪，符融师事李膺。① 太学生中的优秀者于《五经》之外，还研究天文、数学等自然科学。例如张衡"入京师，观太学，遂通五经，贯六艺。……衡善机巧，尤致思于天文、阴阳、历算等。……作浑天仪。……阳嘉元年，复造候风地动仪"②。崔瑗至京师，"因留游学，遂明天官、历数、《京房易传》、六日七分。诸儒宗之"③。郑玄"通《京氏易》《公羊春秋》《三统历》《九章算术》"④。可见太学鼓励根据个人兴趣自由研究，因此太学出了不少学问家和大科学家。

五、 严格的考试制度

汉代太学有严格的考试制度。考试有两种作用：一是作为选才手段，二是作为督促、检查学生学习的管理手段。关于考试年限、考试科目和录取人数，汉代400多年有一个变化过程。西汉时一年一试，《汉书·儒林传·赞》说"一岁皆辄课"。根据难易分为甲、乙两科，"能通一艺以上，补文学掌故缺；其高第可以为郎中"。到王莽时，仍是每岁一试，增加了录取人数，改为甲、乙、丙三科。《文献通考》卷四〇《学校一》载："岁课，甲科四十人为郎中；乙科二十人为太子舍人；丙科四十人为文学掌故。"东汉初年又恢复了甲、乙二科。从质帝起，不分甲、乙科，只取高第。后来又增加了补官的名额。到桓帝时，太学生增加到三万多人，旧的考试办法已不能适应当时的要求，改为每两年考一次，并废止人数的限制，而以通经多少为衡量标准。《文献通考》卷四〇《学校一》有详细记载：

> 永寿二年，诏复课试诸生，补郎舍人。其后复制，学生满二岁试，通二经者，补文学掌故。其不能通二经者，须后试，复随辈试之，通二经者亦得为文学掌故。其已为文学掌故者满二岁试，能通三经者擢其高第为太子舍人。其不得第者后试，复随辈试，第复高者亦得为太子舍人。已为太子舍人，满二岁试，能通四经者，推其高第为郎中。其不得第者后试，复随辈试，第复高者亦为郎中。满二岁试，能通五经者，推其高第补吏，随才而用。其不得第者后试，复随辈试，第复高者亦得补吏。

从这个规定看，由一年一试改为两年一试，是适应当时需要的。两年一试，不及

---

① 分别见《后汉书》的《郑玄传》《王充传》《符融传》。
② 《后汉书》卷五九《张衡传》。
③ 《后汉书》卷五二《崔瑗传》。
④ 《后汉书》卷三五《郑玄传》。

格者可以留校再考；及格且被委任官职的仍可以留校，满两年后参加高一级的考试。这样可使太学生参加多次考试，直到通五经为止。这有利于把太学生培养成通才。

关于考试的方法，主要是射策和对策两种。所谓"射策"，颜师古在《汉书·萧望之传·注》中曾作如下解释：

> 射策者，谓为难问疑义书之于策，量为大小署为甲乙之科，列而置之，不使彰显，有欲射者，随其所取得而释之，以知优劣。射之，言投射也。

这就是说博士先将儒经中"难问疑义书之于策"，加以密封（"不使彰显"），由学生投射抽取，进行解答。根据难易程度分为甲、乙两科，每科规定录取名额。所谓对策，"对策者，显问以政事经义，令各对之，而观其（人）〔文〕辞定高下也"①。这就是说，根据皇帝或学官提出的重大政治理论问题，撰文以对。例如董仲舒以贤良文学科被荐举，经过汉武帝亲自考问对策，三问三对，才被任命为江都相。射策多用于太学内的考试，对策多用于朝廷的荐举。太学内实行严格的考试制度，对督促学生勤奋学习及选拔官吏都起过积极的作用。

汉代太学严格选择博士、尊师重道、推行学以致用的教学原则、鼓励学生勤奋学习、提倡自由研讨、实行严格的考试制度等，积累了丰富的经验。汉代太学这种优良的学风，熏陶了一代代学子，为统治阶级培养了大批人才。今天发展社会主义高等教育，我们研究汉代太学的学风有借鉴作用。

原载《中山大学学报（社会科学版）》1998 年第 1 期；又载《南开大学历史系建系七十五周年纪念文集》，南开大学出版社 1998 年版。

---

① 《汉书》卷七八《萧望之传·注》。

论刘秀的人才观

刘秀的人才观，指东汉光武帝刘秀在从南阳起兵、征战河北、一统天下到治理国家的过程中，所体现出来的关于发现人才、招揽人才、识别人才、使用人才等的思想认识，是他政治思想的重要组成部分。

在两汉社会更替之际，刘秀能广揽人才，最终拥有忠于自己的以云台二十八将为核心的武官集团，及以"习儒术、重节行"为特征的文官集团，终建大业，中兴汉室。对于刘秀如何招揽人才，其人才观、人才政策怎样等问题，中外学界已有论及。我国学界认为刘秀"善于用人""知人善任，扬长避短"；① 西方汉学界亦然，如《剑桥中国秦汉史》说刘秀"善于识人"等②。本文拟以刘秀的人才观为重点做一论述。

（一）无论贵贱，择贤唯才

为建立帝业，刘秀热切地渴望人才的归顺，用他的话来说，就是"梦想贤士，共成功业，岂有二哉"③。因此，无论出身贵贱，不管投奔他自己之前是做什么的，只要是人才，他都一律任用。

京兆杜陵人杜笃，"少博学"，但"不修小节，不为乡人所礼"，又与美阳县令"不谐，颇相恨"，后因事入狱，被收拿送至京师。会大司马吴汉薨，刘秀诏诸儒议谥，杜笃乃"于狱中为诔，辞最高，帝美之，赐帛免刑"④，以后又被任为郡掾。

除罪囚出身的杜笃外，刘秀部属中臧宫、吴汉系亭长出身，王霸原为狱吏，马成原为县吏，岑彭、万修原为县令（长），陈俊、任光、盖延、王梁、寇恂、冯异原为郡吏，夏恭原为经师……

刘秀择贤，其衡量标准前后是有变化的。征战年代，刘秀主要以才能为衡量

---

① 刘修明：《从崩溃到中兴——两汉的历史转折》，上海古籍出版社 1989 年版，第 278 页；亦可参阅刘著《汉光武帝刘秀》一书，上海人民出版社 1987 年版；安作璋、孟祥才《汉光武帝大传》，河南人民出版社 1999 年版，第 445 页；其他可参阅马植杰《刘秀论》第二节，载《兰州大学学报（社会科学版）》1985 年第 4 期。

② ［英］崔瑞德、鲁惟一：《剑桥中国秦汉史》，中国社会科学出版社 1992 年版，第 268 页。

③ 〔南宋〕范晔：《后汉书》卷二〇《铫期王霸祭遵列传》，中华书局 1982 年版，第 734 页。

④ 《后汉书》卷八〇上《文苑列传》，第 2595 页。

指标。因此，只要是有才干之贤能，就予以任用。随着中国的统一及正常统治秩序的恢复，曾受儒学教育的刘秀的择贤标准有所变化；在强调才干的同时，他也注重对德性的要求。这在他称帝后发布的一道诏书中表示得最为明确，在诏书中，他说，"丞相故事，四利取士，一曰德行高妙，志节清白；二曰学通行修，经中博士；三曰明达法令，足以决疑，能案章覆问，文中御史；四曰刚毅多略，遭事不惑，明足以决，才任三辅令"，并明示上述四科所取之士，须"皆有孝悌廉公之行"。① 可见他对德性的重视。

（二）纳才有方，求才有道

为了招揽各方人才，刘秀可谓殚思竭虑，想尽办法。晋代史家袁宏在赞扬刘秀善求人才时，曾论云，"夫帝王之道，莫大于举贤，举贤之义，各有其方"，而刘秀求才有道，纳才有方，"所以宜为君也"。② 纵观史册，知刘秀求才主要是通过六个途径。

1. 诚聘名士，产生了"死千里马效应"

战国时期，燕昭王为了复国，听从郭隗提出的以重金购"死千里马"而引出活千里马之寓言，厚待郭隗以广招天下贤才，结果出现了"乐毅自魏往，邹衍自齐往，剧辛自赵往，士争趋燕"的局面③，取得了"千金买马骨效应"。而刘秀的求才，曾与此类似。他诚聘卓茂、伏湛，就可以说是运用此法。卓茂，"性宽仁恭爱"又精通经传，为"乡党故旧""爱慕"，后渐有"名冠天下"之誉。④刘秀一即位，就"先访求茂"，优礼有加，司马光认为刘秀能这样做，"宜其光复旧物，享祚久长"⑤。刘秀首宠卓茂之举，获得了很好的效果，一时贤杰，云集刘秀麾下。

此外，对名士伏湛的特别聘命，对名吏谯玄的诏令赞扬，都取得了同样的效果，使不少人才前往投奔刘秀。

2. 暗自结交敌方人才，以为己用

刘秀曾习儒家经传，比较平易近人，又有丰富的社会经验，因而与社会各阶层人士都有联系。征战年代，他也能够抓住时机，暗自结交敌方人才，使己方处于有利位置。

名将马武，本为更始政权的振威将军。刘秀讨河北，拔邯郸时始与武相识，

---

① 《后汉书》志第二四《百官志》（一）注引应劭《汉官仪》，第 3559 页。

② 〔东晋〕袁宏：《后汉纪》卷三，中华书局 2002 年版，第 48 – 49 页。

③ 《史记》卷三四《燕召公世家》，中华书局 1982 年版，第 1558 页；《战国策》卷 29《郭隗说燕王》，上海古籍出版社 1985 年版，第 1065 页。

④ 《后汉书》卷二五《卓茂传》，第 869 – 871 页。

⑤ 〔北宋〕司马光：《资治通鉴》卷四〇，中华书局 1982 年版，第 1284 – 1285 页。

在一次有政敌谢躬等人参加的酒会后，刘秀"独与武登丛台，从容谓武曰：'吾得渔阳、上谷突骑，欲令将军将之，何如？'马武答曰："驽怯无方略。"刘秀复曰："将军久将，习兵，岂与我掾史同哉!"刘秀表示出对马武的信任，马武很受感动，"由是归心"，不久即"驰至射犬降"，"世祖见之甚悦"。① 以后，马武果然为刘秀的帝业前后驱驰，立下了功勋。

耿纯，原亦为更始政权的骑都尉，但对更始政权并不抱很大希望。刘秀至邯郸时，耿纯前往"谒见，世祖深接之。纯退，见官属将兵法度不与它将同，遂求自结纳"，不久耿纯即与"从昆弟䜣、宿、植共率宗族宾客二千余人"投靠了刘秀。②

再如马援，本为隗嚣部属。建武四年（28）冬，奉嚣书入洛阳见刘秀，即为刘秀吸引，两人一见如故，"开心见诚，无所隐伏"③。其实，马援之所以能与刘秀一见如故，畅所欲言，一方面固然是刘秀"阔达多大节"，另一方面应与刘秀的"引见数十，每接宴语，自夕至旦"的极力结纳有关。这以后，马援果然归心于刘秀，并为破隗嚣立下了功劳。

3. 对于投降的人才，刘秀一般予以任用

战争年代，人才的争夺显得比和平时代更为重要。一方吸纳人才，不仅增加了己方的力量，而且相对削弱了敌方的力量。故在这种情况下，对于能为己用的人才一定不能放弃。正是在这种思想的指导下，"梦想贤士"的刘秀对向自己投降的人才，大胆予以任用。

苏竟，原是王莽政权的代郡中尉，光武即位，竟降，刘秀即拜之为太守；④田邑"遣使诣洛阳献璧马，即拜为上党太守"，以后还历任渔阳太守等职；⑤ 冯衍、鲍永、鲍升，原为更始政权的忠臣，"审知更始已殁"，乃降于刘秀，刘秀对他们也先后有任用。任用投降己方的人才并寄以信赖，确为刘秀的一着妙棋。降敌也受到感动，全心为刘秀卖力，以至立下战功。如冯异，本为王莽政权颍川郡掾，在父城巾车乡为刘秀所俘，刘秀释之。后冯异遂为刘秀所用，立下战功而成为云台二十八将之一员。之所以然，用冯异自己的话来说，就是"不敢忘巾车之恩"也。⑥

此外，秦丰政权的丞相赵京，王莽政权的和成卒正邳彤、叛将庆吾、彭宠奴子密、张步，更始政权的重要军事将领王常，隗嚣政权的中坚名将王元、有"勇

① 《后汉书》卷二二《马武传》，第 784 页。
② 《后汉书》卷二一《耿纯传》，第 762 页。
③ 《后汉书》卷二四《马援列传》，第 831 页。
④ 《后汉书》卷三〇上《苏竟传》，第 1041 页。
⑤ 《后汉书》卷二八上《田邑传》，第 969 页。
⑥ 《后汉书》卷一七《冯异传》，第 649 页。

力才气雄于边垂"之称的牛邯①，公孙述政权的勇将程乌、李育等，先后向刘秀投降，刘秀亦用之，以至《后汉书》中竟有"更始败，诸将悉归光武"② 之类的记载。任用投降自己的敌方人才，起到了多方面的良好效果：不仅扩大了自己的阵营，而且广获了人心，如公孙述政权的名将程乌、李育被刘秀任用后，就出现了"西土咸悦，莫不归心"③ 的形势，可为一证。

4. 对于部属所推荐的人才，也大多任用

由于刘秀"推诚接士，总揽英雄"④，部属也尽心为刘秀搜寻人才。如阴兴"好施接宾"，对于与自己不相好的人，"知其有用，犹称所长而达之"⑤；郭伋亦"聘求耆德雄俊"⑥；杜诗"雅好推贤，数进知名士"⑦；马援对"奇异于众者，虽在少贱，必异待之"⑧ 皆然。对于部属所推荐的人才，刘秀一般也予以任用。

刘秀讨河北时，"或荐（坚）镡者，因得召见"⑨，刘秀于是任用坚镡。而镡亦不负人望，以赫赫战功跻身云台二十八将之列。

耿纯进攻河北王郎，战斗中受伤，刘秀乃询何人可代，纯乃举从弟植，刘秀"于是使植将纯营"⑩。此外，岑彭之荐韩歆，邓禹等人之荐吴汉，刘嘉之荐陈俊，宋弘之荐桓谭及贤士冯翊、桓梁等 30 余人，弓里戍之荐温序，钟离意之荐李善，杜林之荐郑兴、申屠刚，阴兴之荐席广、阴嵩，寇恂之荐闵业，来歙之荐张堪、段襄，桓荣之荐彭闳、皋弘，杜诗之荐伏湛及名士清河刘统及鲁阳长董崇等人，皆为刘秀所任用。

部属所荐的人才，为刘秀任用后，不仅自己克尽职守，而且向刘秀推荐其他人才，从而形成了一个发现人才、推荐人才的网络。如冯异这员名将，本为冯孝、丁綝、吕宴所荐；冯异被任用后，又推荐了铫期、叔寿、段建、左隆等人才予刘秀，刘秀均以任用；铫期是位武可克敌、文可治邦的全才，他又向刘秀推荐冯勤；冯勤是位审计专家，他对战时刘秀后勤供应及分封时各封邑的地理分布、土地肥瘠的方案设计，无不受到包括刘秀在内的众人称赞。

5. 刘秀亲自考核与选拔人才

作为以治理天下为乐的开国之君，刘秀也尽可能通过亲自观察与考核来选拔

---

① 《后汉书》卷一三《牛邯传》，第 531 页。
② 《后汉书》卷二七《郭丹传》，第 940 页。
③ 《后汉书》卷一三《公孙述传》，第 544 页。
④ 《后汉纪》卷一，第 13 页。
⑤ 《后汉书》卷三二《阴兴传》，第 1131 页。
⑥ 《后汉书》卷三一《郭伋传》，第 1093 页。
⑦ 《后汉书》卷三一《杜诗传》，第 1096 页。
⑧ 《后汉纪》卷八，第 141 页。
⑨ 《后汉书》卷二二《坚镡传》，第 783 页。
⑩ 《后汉书》卷二一《耿植传》，第 761 页。

人才。

汝南汝阳人钟兴，师从精通《严氏春秋》的经师丁恭，"学行高明"。丁恭于是将钟兴上荐给光武帝，帝乃"召见，问以经义，应对善明"，光武"善之，拜郎中"，后又迁左中郎将，为太子师，受封关内侯。① 又如周防，本为汝南掾史，刘秀巡狩汝南，"召掾史试经，防尤能诵读，拜为守丞"②。

刘秀在朝廷中亦实行此法。"时内外群官，多帝自选举"，刘秀"加以法理严察"，以其政绩来留优汰劣。③ 这一切，正如《后汉纪》所云，光武"黜虚华，进淳朴，听言观行，明试以功，名实不相冒，而能否彰矣"④。

地方官吏进京，有时也会得到刘秀的面试。如建武二十九年（53），第五伦入京，"帝问以政事，伦因此酬对政道，帝大悦。明日，复特召入，与语至夕"，后遂拔擢第五伦。⑤ 此可为一例。

6. 直接征辟

称帝后，刘秀沿用西汉的征辟制度，并将之发展。他首创亲自下诏以高规格的礼仪征召贤才。

如前所述，卓茂等人就系特征而接纳的；此外，刘秀先后征召的贤才还有侯霸、赵熹、宋弘、王良、杜林、申屠刚、郅恽、冯鲂、范升、樊晔、郭宪、高翊、包咸、薛汉、周党、王霸等人。

刘秀还允许公卿大臣及地方封疆大吏自行辟引人才。建武六年（30）十月，刘秀诏复贤良方正科，令公卿每人荐贤良、方正各一人⑥；次年四月，再次诏令京城及各地举贤良、方正各一人⑦。建武十二年（36）八月，诏复茂才诸科，令"三公举茂才各一人，廉吏各二人；光禄岁举茂才四行各一人，察廉吏三人；中二千石岁察廉吏各一人，廷尉、大司农各二人；将兵将军岁察廉吏各二人；监察御史、司隶、州牧岁举茂才各一人"⑧。当然，刘秀也要公卿大臣注意考核所选拔的人才是否合格，即"务尽实核"，"务授试以职"，倘若"有非其人，临计过署，不便习官事，书疏不端正，不如诏书，有司奏罪名，并正举者"⑨。

---

① 《后汉书》卷七九下《儒林列传》下，第 2579 页。
② 《后汉书》卷七九上《儒林列传》上，第 2560 页。
③ 《后汉书》卷二九《申屠刚传》，第 1017 页。
④ 《后汉纪》卷六，第 98 页。
⑤ 《后汉书》卷四一《第五伦传》，第 1396 页。
⑥ 《后汉书》卷一《光武帝纪》下，第 50 页。
⑦ 同上，第 52 页。
⑧ 《后汉书》志第二四《百官志》（一）注引《汉官目录》，第 3559 页。
⑨ 《后汉书》志第二四《百官志》（一）注引应劭《汉官仪》，第 3559 页。

（三）明察部属，识才善任

晋袁宏曾云："夫世之所患，患时之无才也；虽有其才，患主之不知也；主既知之，患任之不尽也。"① 由于两汉之际造英雄的时势及刘秀较为开明的举措，此三患在刘秀阵营一方似乎得到了较好的解决，下分四点论之。

1. 了解部属，信笃任专

刘秀有识人之智，故一旦认定，他能力排别人异议，对部属示以深信。

冯异受命进攻关中，因久攻不下，就有人向刘秀进谗，说冯异"专制关中，斩长安令，威权至重，百姓归心，号为'咸阳王'"。冯异因带重兵在外已久，亦"不自安"，刘秀却力排异议，他叫人把进谗之奏章给冯异，并诏示："将军之于国家，义为君臣，恩犹父子，何嫌何疑，而有惧意？"② 这使冯异在前线专心战事。此外，耿弇奉诏进攻渔阳，心中"自疑，不敢独进"，刘秀诏示不必多虑，专心"勉思方略"③。窦融"兄弟并受爵位，久专方面"，正心不自安时，刘秀亦诏书示以深信。④ 皆为其证。因为刘秀能信任部属，部属"进退用而上无猜情"，故范晔叹道"君臣之美，后世莫窥其间，不亦君子之致为乎"⑤。

2. 了解部属，使人尽其才

刘秀善于知人，因而能依部属的特点，扬长避短，人尽其才。

刘秀"察（杜）林材堪任宰相，会司空缺，乃以林为司空"，杜林不负帝望，不仅敢于坚持己见，"不苟随于众"，而且"虽在公卿，讲授不倦，学者朝夕满堂，士以此慕之"，"上亦雅善之"。⑥ "世祖微时"，见张堪"志操"，常嘉而善之，后加以重用。⑦ 再如建武八年（52），"东郡、济阴盗贼起"，刘秀经分析，认为"耿纯威信著于卫地，即拜纯为太中大夫，与兵会于东郡。东郡闻纯入界，盗贼九千余人降，兵不战而还"⑧。

此外，刘秀认为吴汉"习用步骑，不晓水战"⑨；数以书劝诫盖延勿"轻敌深入"⑩；敕令冯异西征时应严守军令，"无为郡县所苦"⑪ 等，都证明了刘秀是

---

① 《后汉纪》卷六，第 108 页。

② 《后汉书》卷一七《冯异传》，第 648 – 649 页。

③ 《后汉书》卷一九《耿弇列传》，第 707 页。

④ 《后汉纪》卷六，第 113 页。

⑤ 《后汉书》卷一六《邓寇列传》，第 607 页。

⑥ 《后汉纪》卷七，第 128 页。

⑦ 《后汉书》卷三一《张堪传》，第 1100 页。

⑧ 《后汉纪》卷六，第 104 – 105 页。

⑨ 《后汉书》卷一七《冯岑贾列传》，第 661 页。

⑩ 《后汉书》卷一八《盖延传》，第 688 页。

⑪ 《后汉书》卷一七《冯异传》，第 645 页。

有识才用才之明的。

3．了解部属，有所抑扬

云台二十八将之一的贾复，勇猛善战，全身伤痕累累，"诸将每论功自伐，复未尝有言。帝辄曰：'贾君之功，我自知之。'"① 以示褒扬。将军冯异，朴实少华，建武七年（51），隗嚣进攻三辅，直到栒邑，为冯异计败，"于是北地诸豪帅相率而降"，战毕，"诸将多有言功者，异独默然"。刘秀却深知冯异的为人，他玺书劳异曰："栒邑孤危，亡在旦夕。诸将狐疑，莫有先发，将军独决奇算。摧敌殄寇，功如丘山，犹若不足。"② 以示圣明。这种褒扬，对朱祐、耿弇等人亦有表现。

刘秀亦知，仅褒扬是易使部属骄傲的，对出现重大失误者，他也毫不含糊地予以惩罚。例如邓禹，与刘秀"游学京师"，得到刘秀重用，被任命为大司徒。但当他在对赤眉军的战斗中连连失利后，刘秀解除了他的大司徒官职。③

4．了解部属，调解其矛盾

刘秀深深了解部属，因而当部属之间出现了矛盾时，他能巧妙地穿针引线，调解其矛盾，以使他们更好地为自己卖力。建武二年（26），执金吾贾复在汝南，其部将于颍川杀人，为寇恂捕以正法，贾复得知，"以为耻"，"谓左右曰：'吾与寇恂并列将帅，而今为其所陷，大丈夫岂有怀侵怨而不决之者乎？今见恂，必手剑之！'"寇恂知之，常避开贾复。刘秀知之，召二人曰，"天下未定，两虎安得私斗？今日朕分之"，"于是并坐极欢，遂共车同出，结友而去"。④ 由于刘秀的英明，在他的阵营中，"将帅和睦，士卒凫藻"⑤。

刘秀明察部属，识才善任，对众人均示以信任，令部属更加忠心。邓禹就这样说过："公推诚接士，总揽英雄，天下之人皆乐为驱驰。"⑥ 故刘秀甚得部属死力，为汉之中兴创造了条件。

（四）恢廓大度，用才不疑

刘秀为人，"乐施爱人"⑦，宽宏大度，这一点为时人公认，如建武四年（28），马援始见刘秀，就认为其"恢廓大度""阔达多大节"。⑧ 刘秀的宽仁大

---

① 《后汉书》卷一七《贾复传》，第 666 页。
② 《后汉纪》卷六，第 101 页。
③ 《后汉书》卷一六《邓寇列传》，第 604 页。
④ 同上，第 623 页。
⑤ 《后汉书》卷三一《杜诗传》，第 1095 页。
⑥ 《后汉纪》卷一，第 13 页。
⑦ 《后汉纪》卷一，第 1 页。
⑧ 《后汉书》卷二四《马援列传》，第 830 – 831 页。

度，首先体现在他善待人才，如对不愿为官的士人，刘秀能宽容大度地对待他们，严光、牛牢、周党、冯萌、王霸、井丹等人即然；郑敬等人征召不至，他也不怪罪。较之同时代公孙述等人招纳人才时威胁说不从征则"诛灭其家"的做法，刘秀的宽宏是很突出的。另外，刘秀的宽仁大度，也体现在他用才不疑，这主要表现在三方面。

1. 信用未完全降服者

这主要表现在两件事。

刘秀讨河北，于蒲阳将铜马、高湖、重连等义军"悉破降之，封其渠帅为列侯"，但此时投降的义军将卒并不完全心定，"犹不自安"，"光武知其意"，"敕令各归营勒兵，乃自乘轻骑按行部陈。降者更相语曰：'萧王推赤心置人腹中，安得不投死乎！'由是皆服"。刘秀于是把这些义军"分配诸将，众遂数十万"，壮大自己的队伍。①

更始二年（24）五月，刘秀破王郎，攻占邯郸，"收文书，得吏人与郎交关谤毁者数千章"，刘秀不但"不省"，反而"会诸将军烧之，曰：'令反侧子自安。'"② 刘秀这一招，是极为明智大度、充满胆略的。他宽恕了一些没有远见的部下在特殊情况下犯错误，使他们在自我反省后能安心跟随自己。因而，刘秀不仅得到了人心，而且争取到了一批人③，为统一河北奠定了基础。

2. 任用敢于异议者

有"三辅""仪表"之称的张湛，长于治民，敢于犯颜直谏。刘秀"每有异政"，辄言："白马生（指张湛）且复谏矣。"④ 名将铫期，勇冠三军，"及在朝廷，忧国爱主，其有不得于心，必犯颜谏诤"，亦数为刘秀所吸纳。⑤ 郅恽敢抗诏，将光武帝拒之门外，竟使"上重之"⑥。

此外，周党、戴凭、董宣、"二鲍"（鲍永、鲍恢）、宋弘等人敢于提出异议，亦无不受到刘秀的任用。

3. 任用杀害过自己亲人者

刘秀认为，"夫建大事者，不忌小怨"⑦，因此当有杀害过自己亲人的敌方文武者诚心前来投降，他也能大度宽容，化敌为友，为自己所用。

刘秀率部进攻洛阳，时洛阳守将为更始政权的朱鲔。岑彭往劝降，朱鲔以自

---

① 《后汉书》卷一上《光武帝纪》上，第 17 页。
② 同上，第 14 - 15 页。
③ 刘修明：《从崩溃到中兴——两汉的历史转折》，第 268 页。
④ 《后汉纪》卷七，第 128 页。
⑤ 《后汉书》卷二〇《铫期传》，第 733 页。
⑥ 《后汉纪》卷七，第 133 页。
⑦ 《后汉书》卷一七《冯岑贾列传》，第 655 页。

己参与杀害刘縯之谋及谏更始勿遣刘秀徇河北等事，心存疑虑。刘秀乃以黄河为誓，云鲔若降，官爵可保，于是鲔降。刘秀即"拜鲔为平狄将军，封扶沟侯"，"后为少府，传封累代"。① 对于刘秀这种不以私怨而废天下之公的举动②，有的史家认为，创业中兴之主，以忠厚待敌人者，其唯光武帝。

（五）鼓励自荐，效果昭著

刘秀鼓励部属毛遂自荐，为不少人才的脱颖而出及建功立业创造了很好的条件。在这种政策的激励下，一批隐人才成为了显人才。

南阳西鄂人陈俊，很有军事才干，"既遇世祖，调补曲阳长"。陈俊认为自己大材小用，于是言于刘秀，"欲与君为左右，小县长何足以留之！"刘秀从其请，擢之为强弩将军，统领中军坚锐之兵，后来，"俊教习进退，皆应旗鼓，临敌奋击，所向皆破"，果然不差。刘秀乃言："诸将皆如此，复何忧哉！"③

耿纯，名将也，亦很有文治之才。刘秀称帝后，纯自荐于帝，"愿试治一郡，尽力自效"，刘秀从之，拜为东郡太守，"时东郡未平，纯视事数月，盗贼清宁"，"吏民悦服"；数年后，刘秀道过东郡，"百姓老小数千随车驾啼泣曰：'愿得耿君。'"④ 可见耿纯治理效果不俗。

（六）爱才惜贤，多赏少罚

1．爱惜人才

刘秀重视人才，故处处表现出对人才的爱护。

名将马武，"为人嗜酒，阔达敢言"，常"醉在御前面折同列，言其短长，无所避忌，帝故纵之，以为笑乐"。⑤ 贾复亦为勇将，刘秀常护之，如"官属以复后来而好陵折等辈，调补鄗尉，光武曰：'贾督有折冲千里之威，方任以职，勿得擅除。'"。后来贾复在战场上受伤，"伤创甚"，"上大惊曰：'我所以不令贾复别将者，为其轻敌也。'"听说贾复妻孕，上曰："生女邪，我子娶之；生男邪，我女嫁之，不令其忧妻子。"⑥ 如此爱护，贾复能不尽死力？

刘秀称帝后，"远方贡珍甘，必先遍赐列侯，而太官无余"⑦。刘秀如此爱才

---

① 《后汉书》卷一七《冯岑贾列传》，第 655 页。
② 〔清〕王夫之：《读通鉴论》卷六《光武》第四条，中华书局 1975 年版，第 151 页。
③ 《后汉纪》卷一，第 15 页。
④ 《后汉书》卷二一《耿纯传》，第 764 – 765 页。
⑤ 《后汉书》卷二二《马武传》，第 785 页。
⑥ 《后汉书》卷一七《贾复传》，第 665 页。
⑦ 《后汉书》卷二二《马武传》，第 785 页。

惜贤，王夫之论道："光武之于功臣，恩至渥也，位以崇，身以安，名以不损。"① 当为公允之言。

2．宽宥忠臣

即使忠心而有才能的部属犯了一些错误，刘秀亦从爱才角度出发，尽量予以宽宥，这一点，恰如《后汉书》所称的"帝虽制御功臣，而每能回容，宥其小失"②。

渔阳太守彭宠、涿郡太守张丰反，刘秀仅以大将军幽州牧朱浮往征，但朱浮败绩，本来"罪当伏诛。帝不忍，以浮代贾复为执金吾，徙封父城侯"③。即为一例。

某些时候，部属违命而举，擅作主张，刘秀对此也能宽容。

建武五年（29），秦丰降，刘秀下诏诛之，朱祜受丰降，"不即斩戮以示四方，而废诏命"，大司马吴汉"劾奏祜废诏受降，违将帅之任"，但刘秀却对祜"不加罪"。④ 又如建武二年（26），大司空王梁与大司马吴汉等俱击檀乡，光武帝诏令"军事一属大司马"，但王梁却多次自作主张，"不奉诏"，光武帝大怒，令"尚书宋广持节收斩梁"，宋广倒是一位了解刘秀爱才性格的大臣，他变通圣旨，将王梁"槛车送京师"，果然，光武帝"赦之"。⑤

3．显扬功勋

有功则赏赐，这是激励人才的一种重要手段。刘秀深明此点，故不惜以优爵厚禄赐予功臣，鼓励他们再建功立业。

更始初立时，李忠等人同奉刘秀，刘秀"自解所佩绶以带忠"。不久，攻城至苦陉时，李忠立下战功，"世祖会诸将，问所得财物，唯忠独无所掠"，刘秀"即以所乘大骊马及绣被衣物赐之"；⑥ 又如岑彭率军征讨秦丰部将田戎，大破之，"帝幸黎丘劳军，封彭吏士有功者百余人"，将卒上下深受鼓舞。⑦

至建武十三年（37）四月，吴汉平定巴蜀公孙述后，光武帝更举行了一次大规模的"大飨将士，班劳策勋"仪式。在这次赏封活动中，"功臣增邑更封，凡三百六十五人。其外戚恩泽封者四十五人"⑧。

除封赏外，刘秀还经常公开赞扬部属，使他们从对往日功勋的回味中激发出

---

① 《读通鉴论》卷六《光武》第三十四条，第 178 页。
② 同上。
③ 《后汉书》卷三三《朱浮传》，第 1141 页。
④ 《后汉书》卷二二《朱祜传》，第 770 页。
⑤ 《后汉纪》卷四，第 59 页。
⑥ 《后汉书》卷二一《李忠传》，第 755 页。
⑦ 《后汉书》卷一七《岑彭传》，第 658 页。
⑧ 《后汉书》卷一下《光武帝纪》，第 62 页。

再建新功的豪情。

王常，下江军中的名将，建武二年（26）投刘秀后屡立战功。刘秀乃对群臣言，"常以匹夫兴义兵，明于知天命"，"与吾相遇兵中，尤相厚善"；后刘秀于大会时复指王常谓群臣曰："此家率下江诸将辅翼汉室，心如金石，真忠臣也。"① 又如，建武六年（30）春，冯异班师，帝谓公卿曰，"是我起兵时主薄也。为吾披荆棘，定关中"②；还在群臣前公开表扬，说冯异是位能干的官吏。

功臣患病，刘秀亦予以关心，常加慰问。如建武八年（32）秋名将祭遵有疾，刘秀乃"诏赐重茵，覆以御盖"③，以示存问与恩宠。

若功臣逝去，刘秀更是哀恸形外，赏赐甚丰，既为安抚死者在天之灵，又可激励生者上进之志。

如邓晨逝，"上与皇后亲临送葬，赏赐甚厚"；④ 李通逝，"上及皇后亲吊送葬"，"赐甚盛"；⑤ 来歙被刺身亡，"上闻之，悼痛无已，赠中郎将印绶，谥曰节侯。丧还洛阳，车驾临吊送葬，哀恸歔欷，所褒显赏赐甚厚"；⑥ 祭遵逝，送丧至河南，光武"素服临之，望城举音哀动"，"左右涕泣不能已"，既葬，"车驾复亲临坟墓，问其室家"；⑦ 等等，不胜枚举。

4．严惩叛逆

刘秀对反复无常的叛徒，坚决予以严惩，决不姑息养奸。

李轶，本是刘缤、刘秀的心腹，刘秀与之亦"相亲爱"⑧，后"谄事"更始政权诸政要，潜杀刘缤；及至更始败灭，又欲复降刘秀，对此卖友求荣、反复无常的小人，刘秀坚决予以回绝。⑨ 王夫之对刘秀杀李轶之举给予高度赞扬，认为"事有宁劳而不贪近功以申大义者，此是也"⑩。

刘秀的爱才惜贤，使他与部属文武建立了较为密切的关系。如刘秀与李通

① 《后汉书》卷一五《王常传》，第 580－581 页。
② 《后汉书》卷一七《冯异传》，第 649 页。
③ 《后汉书》卷二〇《祭遵传》，第 741 页。
④ 《后汉纪》卷八，第 146 页。
⑤ 《后汉纪》卷七，第 130 页。
⑥ 《后汉纪》卷六，第 109 页。
⑦ 《后汉纪》卷六，第 105 页。
⑧ 《后汉书》卷一七《冯岑贾列传》，第 643 页。
⑨ 《后汉纪》卷三，第 36 页。
⑩ 《读通鉴论》卷六《光武》第四条，第 150 页。

"极欢"①；与王常"甚欢"②；与邓晨"甚相亲爱"③；与来歙"甚亲敬"④；与朱祐"亲爱"⑤；与邓禹"甚欢"，"相见亲附"，⑥ 与贾复"相见甚欢"⑦；与臧宫"甚亲纳"⑧；与阴兴"甚见亲信"⑨；与伏隆"甚亲接"⑩；与杜林"甚悦"⑪；等等。称帝后，刘秀亦常常"或与群臣论政事，或说古今言行，乡党旧故，语及忠臣孝子义夫节妇，侍对之臣，莫不凄怆激扬，欣然自得"⑫。由此可见，刘秀与部属关系之融洽，故"三代以下，君臣交尽其美，唯东汉为盛焉"⑬。

刘秀在其思贤若渴的思想指引下，在南北征战、治理天下的过程中，建立了独具特色的人才政策，具有广泛的号召力，因而招揽了一大批人才。他们之中既有"摧坚陷敌之人"，又有"权略诡辩之士"；既有"忠厚之臣"，又有"循良之吏"（司马光语）。⑭ 这些人才获得了时人如潮的好评⑮，可见刘秀属下"人才之盛"。今天，研究刘秀的人才思想及其用人之道，对我国人才学、管理科学的探索与深化很有助益，也对管理层提供了可资借鉴的成例。

原载《揖芬集——张政烺先生九十华诞纪念文集》，社会科学文献出版社 2002 年版。

---

① 《后汉书》卷一五《李通传》，第 574 页。
② 《后汉书》卷一五《王常传》，第 580 页。
③ 《后汉书》卷一五《邓晨传》，第 582 页。
④ 《后汉书》卷一五《来歙传》，第 585 页。
⑤ 《后汉书》卷二二《朱祐传》，第 769 页。
⑥ 《后汉书》卷一六《邓禹传》，第 599 页。
⑦ 《后汉书》卷一七《贾复传》，第 665 – 666 页。
⑧ 《后汉书》卷一八《臧宫传》，第 692 页。
⑨ 《后汉书》卷三二《阴兴传》，第 1130 页。
⑩ 《后汉书》卷二六《伏隆传》，第 898 页。
⑪ 《后汉书》卷二七《杜林传》，第 936 页。
⑫ 《后汉纪》卷八，第 148 页。
⑬ 《读通鉴论》卷六《光武》第 23 条，第 168 页。
⑭ 《资治通鉴》卷四〇，第 1285 页。
⑮ 如寇恂在投降刘秀前与门下掾闳业议曰，今大司马刘秀"尊贤下士，所至见悦，可归附也"（《后汉纪》卷二）；冯异劝降李轶书中称刘秀属下"英俊云集"（《后汉书》卷一七）；岑彭劝降朱鲔书中称己方"百姓归心，贤俊云集"（《后汉书》卷一七）；吴汉劝降陈康书称"萧王兵强士附"（《后汉书》卷一八）；等等，均可为证。

秦汉时期岭南地区社会发展的划时代意义

　　封建时代岭南地区属于边疆地区，文人墨客多以"南蛮之地"称之。有关这个地区的秦汉时代的历史，文献记载十分贫乏，光凭文献材料，不足以认识这个地区的历史。新中国成立后，两广地区的考古工作者进行了大量的科学发掘工作，不但发掘了一些重要的遗址，而且发掘和清理了数以万计的墓葬。如广州秦代造船工场遗址、广州南越国宫署遗址、广州象岗第二代南越王墓、广西贵县罗泊湾汉墓、两广的汉代墓群等，都是十分重要的发现，出土了大量珍贵的历史文物。把这些文物结合历史文献记载进行研究，可以比较清晰地勾画出秦汉时代岭南地区的历史发展面貌。秦汉时代的岭南，社会经济文化获得了长足的发展，许多方面在岭南地区的历史上都具有划时代的意义。

　　第一，秦始皇统一岭南之前，聚居于岭南的南越族各部落、支族互不统属，"各有君长"，处于散乱无序的原始社会末期。秦始皇统一六国之后不久，即派50万大军，分兵五路进攻岭南，于秦王政三十三年（前214）统一岭南。秦朝实行郡县制，在岭南设置桂林、南海、象郡三郡，郡下设若干县，将岭南纳入秦王朝封建大帝国的版图。这使岭南各族结束了原始社会末期的部落酋长制阶段，踏进了封建社会阶段。秦末汉初，赵佗建立南越国，在国内实行郡县制与分封制并行的制度。西汉元鼎六年（前111），汉武帝灭南越国，依中原建制，将岭南划分为南海、苍梧、郁林、合浦、交趾、九真、日南、儋耳、珠崖九个郡。所辖范围包括现在的广东、海南、广西的大部及越南北部。汉武帝时，中央统辖郡国数达百余，为了加强统治，建立监察郡国的制度，把全国分为13个监察区域，即十三州部，每州部设刺史一人。根据《汉书·地理志》和《后汉书·郡国志》的记载，其中交州刺史部所监察的范围，就是上述的郡县。东汉时州部长官权力渐重，监察区逐步变成了行政区。所以，原来地方的郡、县两级，变成了州、郡、县三级。岭南地区九郡的开设使岭南郡县制终于稳定下来。这个行政制度在岭南实行2000多年，功始于秦而成于汉。这个政治制度使岭南的封建社会保持了相对稳定，为岭南经济发展，中原文化与岭南文化进一步融合提供了政治保证。

　　第二，大量中原人南迁，"与越杂处"，他们带来了铁制农具、生产技术和文化科学知识，为岭南地区的开发起了关键性的作用。考古资料表明，铁器已在当时岭南的农业、手工业等重要生产部门较为普遍地使用，牛耕在汉武帝以后也逐渐推广。这标志着岭南地区生产力水平发展到了一个新的阶段，跨进了铁器时代。例如农业，农作物种类繁多、园圃业发达。耕地面积日益扩大，粮食产量不断提高。所生产的粮食除自给外，还有余粮储备。生产的水果蔬菜，还源源北上。手工业生产，比起先秦时期有了突破性的发展。青铜铸造业已达到很高的水平，有铸造和锻造两种，而以铸造为主，并且懂得了先进的"失蜡铸造法"。关于冶铁业，《史记》《汉书》记载，由于吕后时期中央政府不向岭南输出"金田铁器"，赵佗大为恼火，因此或以为汉代岭南没有冶铁业。近年来的考古，发现几批具有岭南特色的越式铁器，说明汉代岭南已有冶铁业。秦汉时期岭南地区继承和发展了新石器时代几何印纹陶的旧制陶工艺，出现了该地区古代陶瓷业发展的第一个高峰。纺织业也有长足的发展，西汉南越王墓出土一套铜制印花凸板，被认为是到目前为止世界纺织史上最早的一套彩色套印工具。岭南出土的丝织品，种类繁多，工艺精湛。丝织物的原料、色泽、图案和工艺技术等，有很大一部分与中原地区同期织物十分相似，说明岭南的丝织物基本上赶上了中原地区的水平。岭南的漆器制造业达到了相当成熟的程度，从出土的漆器铭文来看，南越国都番禺和桂林郡治布山两地都设有市府作坊制造漆器，成为岭南漆器制造中心。近年发掘的广东、广西两汉墓葬出土大量玻璃。尤其是广州西汉南越王墓出土22块平板玻璃，为我国汉代墓葬中首次发现，是目前为止发现的时代最早的平板玻璃，弥足珍贵。经专家们鉴定，这些玻璃中的一部分是岭南地区制造的。玉石制造业也得到一定程度的发展。南越王墓出土玉器244件（套），随葬玉器数量之多、品种之繁和保存之好，是全国汉墓所仅见。这些精致美丽、造型和设计风格与中原地区无多大区别的玉器，大部分是南越国宫廷作坊所制。岭南地区濒临南海，海岸线长，造船业发达。广州发现秦代造船工场遗址，这个造船工场主要生产平底船，吃水较浅，适合在内河和沿海岸航行，建造的船只可载重30～60吨。从文献记载看，当时可以制造多种功能的"楼船"。总之，无论农业，还是手工业，都获得了长足的发展。经过秦汉400年的开发，岭南地区的经济实力大大增强，并逐渐接近或赶上中原地区的发展水平，为以后中国经济重心的南移奠定了坚实的基础。当然，岭南地区经济的发展是不平衡的。在上述地区农业、手工业发展的同时，一些地区至东汉时仍"以射猎为业，不知牛耕"。

第三，秦汉时期是儒家文化在岭南地区传播、灌输、发展的时期，岭南的道德伦理深深打上了儒家的烙印。汉武帝"独尊儒术"以后，儒家学说成为正宗的封建意识形态。封建统治者通过建立学校，用儒家思想去教化人民，以期达到统一思想、巩固统治的目的。秦汉时期的岭南地区，积极兴办公私学校。办学者多为从北方南下的士人，甚至是著名的经学家。例如汉末北海郡人刘熙，建安中期，"荐辟不就，往来苍梧南海，客授生徒数百人"。再如汉末、三国时期的虞翻，因触犯孙权，被徙交州，"虽处罪放，而讲学不倦，门徒常数百人"。岭南籍的士人亦积极办学，如南海郡人黄豪，"通论语、毛诗，弱冠诣交趾部，刺史举茂才，因寓广信，教授生徒"。学校教育以儒家学说为主，因此涌现出许多符合儒家伦理道德的孝子、忠烈之士以及政治、军事、学术等领域的人才，特别是出现了陈钦、陈元、陈坚卿祖孙三代经学家和士燮、士壹、士䵋、士武兄弟四人都从政之例，说明儒家文化在岭南文化中的地位和作用。儒家文化在岭南的传播和灌输，有效地改变了岭南"风俗脆薄""不识礼义，不闲典训"的落后状况，不但提高了岭南人的文化素质，而且加强了岭南人的凝聚力和对中原的向心力。

第四，南海"丝绸之路"形成于秦汉时代。岭南依山面海的地理环境，成为大陆与海外进行交通和文化交流的有利条件。在海滨和岛屿生活的越人，在先秦时期就开发了海上的航路。秦汉时代这条航路向远洋发展，因以贸易中国的丝绸而著称，故称为南海"丝绸之路"。当时的番禺（今广东广州）是岭南的政治、经济、文化中心，《汉书》说"番禺其一都会也"，"处近海，多犀象、毒冒（瑇瑁）、珠玑、银铜、果、布之凑，中国往商贾者多取富焉"。南海"丝绸之路"始于广州。据《汉书·地理志》记载，汉武帝平南越相吕嘉叛乱之后，即派遣黄门使者携带黄金、丝绸等物品，从广州出发，到雷州半岛，途经今越南、泰国、马来西亚、缅甸，远航到印度洋的印度半岛南部黄支国，换取上述国家的物产，如玻璃器具、象牙、犀角、银器、琥珀、玛瑙、瑇瑁、果、布等珍品，然后，从斯里兰卡途经今新加坡返航。这是我国丝绸作为商品外传到上述这些国家的最早记录。这条南海"丝绸之路"形成之后，1000多年来长盛不衰。它虽以丝绸贸易为开端，但其意义却远远超过丝绸贸易。它把世界各地的文明和中国文明连接在一起，形成了一条连接亚、非、欧、美的海上大动脉，使这些古代文明通过这条路线互相交流而大放异彩，对世界各国人民的文化产生巨大的影响。

第五，大量中原人移居岭南，"与越杂处"，促进了各族人民大融合，使岭南逐渐变成了以汉族为主体的地区。秦朝时，南迁的中原人共有三批：第一批是秦始皇派50万大军进攻岭南，胜利后在岭南设三郡，这些人都留居岭南。第二批是"适治狱吏不直者，筑长城及南越地"。第三批是赵佗"求女无夫家者三万人，以为士卒衣补，秦皇帝可其万五千人"。这批女子同留守岭南的秦军官员结合成个体小家族。秦始皇的"徙民实边"政策，使岭南成为一个民族融合的地区。两汉时期，也有过三次较大规模的中原人迁徙岭南的行动。一次是汉武帝平定南越，大批汉军南迁。一次是西汉末年，中原战火纷飞，为了逃避战乱，一批中原人被迫迁往岭南。一次是东汉末年，北方的农民战争及军阀混战，也使大批中原人迁居岭南。秦汉统治者在岭南设置郡县，南迁的中原人"与越杂处"，他们都成为封建郡县的"编户齐民"。南越族逐渐融合在汉族里，原来不是汉族的地区，变成了以汉族为主体的地区。当然，这个过程是渐进的。一般说来，平原地区或受汉文化影响较深的地区，被融合的程度高些，越人消失的时间也快些；山区、海岛地区则相对慢些。而在汉族统治力量较薄弱的地区，越族则可能保存下来，这就是现在岭南地区少数民族的来源。民族是历史上形成的稳定的人们共同体，古代越人不论演变成为汉族，或者发展成为现在的少数民族，都有一段历史发展变化过程，而这一过程是从秦汉时期开始的。秦汉以后的史书，不再言"百越"之事，而出现"山越"一词，唐代以后，正史中不再见山越的记载，大约至唐代，"越人"这名称已基本消失。因此，从民族的发展变化来看，秦汉时期也是一个划时代的时期。

总之，在岭南地区的历史上，秦汉时期是一个辉煌发展的时期，许多方面都具有划时代的意义。在庆祝广州建城 2210 年的时候，加强对这一地区秦汉时期历史的研究，是广大史学工作者义不容辞的责任。

原载《秦汉史论丛》第 7 辑，中国社会科学出版社 1998 年版。

西汉蜀枸酱入番禺路线初探

一

《史记·西南夷列传》载：

> 建元六年（前135），大行王恢击东越，东越杀王郢以报。恢因兵威使番阳令唐蒙风指晓南越。南越食蒙蜀枸酱。蒙问所从来，曰："道西北牂柯，牂柯江广数里，出番禺城下。"蒙归至长安，问蜀贾人，贾人曰："独蜀出枸酱，多持窃出市夜郎。夜郎者，临牂柯江，江广百余步，足以行船。南越以财物役属夜郎，西至同师，然亦不能臣使也。"蒙乃上书说上曰："南越王黄屋左纛，地东西万余里，名为外臣，实一州主也。今以长沙、豫章往，水道多绝，难行。窃闻夜郎所有精兵，可得十余万，浮船牂柯江，出其不意，此制越一奇也。诚以汉之强，巴蜀之饶，通夜郎道，为置吏，易甚。"上许之。乃拜蒙为郎中将，将千余人，食重万余人，从巴蜀笮关入，遂见夜郎侯多同。蒙厚赐，喻以威德，约为置吏，使其子为令。夜郎旁小邑皆贪汉缯帛，以为汉道险，终不能有也，乃且听蒙约。还报，乃以为犍为郡。发巴蜀卒治道，自僰道指牂柯江。

这是蜀地枸酱经过夜郎远销至番禺的最原始的资料。《汉书·西南夷传》照录此段文字，只是大同小异。这段文字说明牂柯江是沟通夜郎与番禺的水路通道。在番禺一段，江面宽阔，"广数里"；在夜郎境内一段，只"江广百余步"，但亦"足以行船"。《史记·南越列传》载，元鼎五年（前112）南越反，汉武帝"使驰义侯因巴蜀罪人，发夜郎兵，下牂柯江，咸会番禺"，也说明了这一点。

牂柯一名的字义是什么？牂柯江演变为后代的什么水道？历代考证者不乏其人，但歧说纷纭。

对牂柯的考证，清莫与俦《贞定遗集·群柯考》搜集的材料最全，涉及"牂柯"两字的典籍几乎网罗无遗，然后循名责实，追根到底。该文详列牂字有牂、牁二异体，柯字有牁、牁、牁、牁、牁五异体，都属讹衍，自然应以牂柯为准①。牂柯的意义，历代学者对它的解释有两种。一种说牂柯为系船杙。《华阳国志》卷四《南中志》云："南中在昔，盖夷越之地，滇、濮、句町、夜郎、叶榆、桐师、嶲唐，侯王国以十数。……王遣将军庄蹻诉沅水，出且兰，以伐夜郎，植牂柯系船。于是且兰既克，夜郎又降，而秦夺楚黔中地，无路得反，遂留王滇池。蹻，楚庄王苗裔也。以牂柯系船，因名且兰为牂柯国。"《汉书·地理志》说："牂柯，系船杙也。"另一种说法，认为牂柯为江中山名。《水经注》云，牂柯，亦江中两山名也。引左思《吴都赋》云，吐浪牂柯者（今左赋无此文）。《资治通鉴》注引《后汉志》注亦云，牂柯，江中名山（今《后汉志》注无）。《北堂书钞》引《异物志》云："牂柯者系船杙物也。其山在海中，小而高，可以系船，俗人谓之越王牂柯。远望甚小，石高不似山，望之似为一株树在水中也。"（《御览》卷七七一引文略同）。这是第一、第二说的混杂。清《贵阳府志》说："盖牂柯者，本系船之两种橛，牂似羊头，柯如斧柄。故《异物志》云：'牂柯，系船杙也。'《汉书》注亦同。"这种解释是可取的。至于读音，民族学家徐松石认为是古代越语。今天的壮族是古代南越的后裔，壮人亦称壮牯佬，或壮古佬。"壮古佬三字，乃是牂柯僚三字的转译而已。字书说'牂'音藏（与西藏的藏字同音）或音撞，Tsong，'牁'或'柯'音歌Ko，'僚'音佬Lao。壮古佬三字之为牂柯僚，昭然可见。"②

　　汉代的牂柯江是后世的什么水道？据王燕玉《牂柯沿革考》的统计，有都江说、潕（一作舞、无）水说、乌江说、濛江说、泗城江说、西洋江说、盘江说7种，凡29家。③ 在七种说法中，盘江说最为合理可取。主张盘江说的有明罗汝为《广舆图》和郑曼《牂柯解》、明末清初顾祖禹《读史方舆纪要》、清许缵曾《滇行纪程》、清陈澧《西南水道考》、清汪士铎《水经注图》附《汉志释地略》和《汉志志疑》、清《大定府志》、清赵我轩《滇南水道提纲》、民国任可澄《且同亭集·牂柯江考正》、民国《贵州通志·舆地志二》等。王燕玉在上述论文中，根据各家说法并结合实地考察，提出牂柯江有精义、泛义两说，我参考谭其骧主编的《中国历史地图集》第二册，认为此说是可取的，今摘录如下：

　　从精义说，专指今南、北盘江在望谟境内会合后，自西向东流于黔、桂界上的盘江，一名红水河，独称牂柯江，即所谓"夜郎者，临牂柯江，江广百余步，足以行船"与"发巴、蜀卒治道，自僰道指牂柯江"里所说的牂

　　① 〔清〕莫与俦：《贞定遗集·牂柯考》，转引自任乃强《华阳国志校补图注》，上海古籍出版社1987年版，附录二《莫与俦著作两篇》之一《牂柯考》。

　　② 徐松石：《民族学研究著作五种》上册，广东人民出版社1993年版，第105页。

　　③ 参阅王燕玉《贵州史专题考》，贵州人民出版社1980年版。

柯江。这是原始的牂柯江，古牂柯国即因最初兴起于这个流域而得名，江名在先，国名在后。从泛义说，包括：今南盘江和北盘江，即发源于云南沾益北部，南流经曲靖、陆良、宜良、澄江东、开远北，折而东北名八达江（俗称混水河），至罗平东南转东流，过贵州兴义、安龙、册亨南境的，叫南盘江（汉代名桥水、温水），发源于贵州威宁草海西，流经云南宣威东北、贵州六枝西南、晴隆、关岭间、贞丰东、册亨、望谟间的，叫北盘江（汉代名豚水、存水），南、北盘江会合于望谟南境后叫盘江，又名红水河；它流经黔、桂界上，入广西至武宣北部会东北来的柳江合名黔江，至桂平东北会西南来的郁江合名浔江，至梧州会北来的桂江入广东名西江，至三水西侧与东北来的北江、东来的东江会合，又分两流，正流过广州城南的番禺江，经番禺（《史记》《汉书》说："道西北牂柯，牂柯江广数里，出番禺城下。"即此）入海。首尾二千余里，全流共经四省，古总称牂柯江，即所谓"窃闻夜郎所有精兵，可得十余万，浮船牂柯江，出其不意，此制越一奇也"与"发夜郎兵，下牂柯江，咸会番禺"里所指的牂柯江。①

这样，今天的云南、贵州、广西、广东四省区通过牂柯江沟通起来。精义的牂柯江在清代还可行船通番禺。清《大定府志》说："《史记》曰，'夜郎者，临牂柯江，江广百余步，足以行船'，今红水江在册亨地可以行船通番禺，是其证矣。"这段话相当重要，它说明了古牂柯江即今红水江，特别指明在册亨地可以行船通番禺。汉代的牂柯江就是今天的珠江（粤江）。明清以来称珠江（粤江）为牂柯江还是很普遍的。明朝汪广洋《岭南杂咏》说："牂柯流水碧潺潺，潮落潮生草木间，一片海云吹不起，粤人遥指是崖山。"这里的"牂柯流水"就是指粤江。清广东顺德大诗人陈恭尹《端州阅江楼诗》云："牂柯之江千里来，羚羊峡口一线开。长波鼓荡气不泄，沙边怒吼成风雷。"清初屈大均《广东新语》卷四《水语》"西江"条云："大川郁水，亦曰牂柯江，予以其源远委长，经流四省，可为一大渎。""三水"条云："自肇庆而来者曰牂柯江。"可见明清以来，呼珠江（粤江）为牂柯江者不乏其人。

汉代时通过牂柯江把番禺与夜郎沟通起来，从夜郎可以顺流直下番禺。两地的经济、文化交流借此可以进行。蜀地的枸酱即通过夜郎，顺牂柯江而进入番禺。

二

蜀地的枸酱从什么路线进入夜郎？上引《史记·西南夷列传》唐蒙在长安

① 参阅王燕玉《贵州史专题考》，贵州人民出版社1980年版，第42页。

听商人说："独蜀出枸酱，多持窃出市夜郎。"蜀地商人走私特产卖给夜郎的商人，说明两地有一条民间的交通要道。上引文说汉武帝派唐蒙通夜郎，是"从巴蜀筰关入，遂见夜郎侯多同"。对"巴蜀筰关"几字，日人泷川资言在《史记会注考证》中作了考证。首先补《正义》《地理志》犍为郡有符离县。按符关在符县。犍为郡，今戎州也。（按：此条黄本、殿本及中华书局标点本均无，是《史记会注考证》本补。）《考证》：巴下无蜀字。王念孙曰："巴筰关本作巴符关。《水经》云：'江水东过符县，北邪东南，鳛部水从符关东北注之。'注云：'县故巴夷之地，汉武建元六年，以唐蒙为中郎将，从万人出巴符关者也。'是符关即在符县，而县为故巴夷之地，故曰巴符关也。汉之符县在今泸州合江县西，今合江县南有符关，仍汉旧名也；若筰地，则在蜀之西，不与巴相接，不得言巴符关矣。《史记》作'巴蜀筰关'，多一'蜀'字，旧本《北堂书钞·政术部》引《汉书》作'巴符关'。"愚按：《正义》依《幻云抄》所引补，张氏本亦作符，不作筰。按照泷川资言的考证，唐蒙入夜郎经过巴符县的符关，符关在今四川合江南。说明巴与夜郎的陆路民间的道路是相通的。但可能此路不是很理想，故有唐蒙修"南夷道"之事。

《华阳国志》卷三《蜀志》载：

> 武帝初欲开南中，令蜀通僰、青衣道。［建元中］僰道令通之，费功无成，百姓愁怨。……使者唐蒙将南入，以道不通，执令。……蒙即令送成都市而杀之。蒙乃斩石通阁道。故世为谚曰"思都邮，斩令头"云。后蒙为都尉，治南夷道。

这段话说明汉武帝为开通南中地，曾命令蜀郡官吏修筑僰道、青衣的道路。但"费功无成，百姓愁怨"，久而不成，及"唐蒙将南人，以道不通"，命令将主持修道的官吏斩首。唐蒙亲自主持"斩石通阁道"，经过一番努力，终于将道路修通，使从青衣县到僰道的道路畅通，故谚曰："思都邮，斩令头。"这里的"邮"就是驿站，是道路畅通的象征。

这里需要把青衣县和僰道的地理方位搞清楚，就可以说明这条道路（或水道）的走向。

青衣县，西汉置，按《汉书·地理志》属蜀郡。东汉改名汉嘉，故城即今四川芦山县治。《汉书·地理志》"青衣"云："禹贡蒙山溪大渡水东南至南安入渽。"青衣县因青衣水而得名。而青衣水是指今天的什么河流？《华阳国志》卷三《蜀志》："时青衣有沫水出蒙山下，伏行地中，会江南安。"沫水古有二说：一指今大渡河，一指今宝兴河。《水经注·沫水》："沫水出广柔徼外，东南过旄牛县（今四川汉源县南），又东至越巂灵道县（今四川甘洛县），出蒙山南，东北与青衣水合，东入于江。"此分明是指今大渡河，即《汉志》之渽水。此《华阳国志》之沫水则指宝兴河。《续汉志》蜀郡属国汉嘉县下刘昭注引《华阳国志》佚文云："有沫水从西来，出岷江，又从岷山西来入江，合郡下青衣江，入大江。"又《水经注·沫水》引《华阳国志》佚文："二水（指沫水与青衣水）于汉嘉青衣县东合为一川，自下亦谓之青衣水。"此谓沫水、青衣水会于青衣县下，其意甚明。青衣水即今流经芦山县东的芦山河（《汉志》谓之大渡水，又称蒙溪、濛水），则沫水即宝兴河。《水经注·沫水》："沫水出岷山西，东流过汉嘉郡，南流冲一高山，山上合下开，水径其间。山，即蒙山也。"此亦指宝兴河。宝兴河发源于四川宝兴县北，南流经县城西，又东南流，经四川芦山县西，至县南与芦山河合，是为青衣江。又东南流至乐山市西会大渡河，东入岷江。以上二说唯源头所指不同，而下游实为一水。故合流之后，或称沫水，或称青衣水，或称大渡水，名异而实同。① 按《汉志》在青衣县通过青衣水进入南安县。按《汉志》，南安属犍为郡。南安县治即今四川乐山市治。《华阳国志》卷三《蜀志》："僰道县，在南安东四百里。"这里通过青衣江就沟通了汉代青衣县、南安县、僰道县，即今天四川的宝兴县、芦山县、乐山市、宜宾市。

《史记·西南夷列传》说，汉武帝听取唐蒙的建议设立犍为郡之后，"发巴蜀卒治道，自僰道指牂柯江"。就是征发巴蜀的士卒，修筑从僰道至牂柯江的道路。《汉书·武帝纪》载这件事发生于元光五年（前130），"夏，发巴蜀治南夷道"，也就是上引《华阳国志·蜀志》所说的"后蒙为都尉，治南夷道"。那么，"南夷道"是指什么？司马迁写《史记》时，把位于巴蜀西南地区的少数族称为西南夷，为他们写了《西南夷列传》。而司马迁把西南夷又分为西夷和南夷。从《史记》的记载看，凡称"西南夷"，均指整个地区，包括"西夷"和"南夷"。"西夷"和"南夷"都是专用语，各指西南夷地区某一特定区域。② 那么，司马迁的"南夷"是指什么地区呢？

《史记·西南夷列传》开头一句是"西南夷君长以什数，夜郎最大"。在《汉书·西南夷传》中，这句话作"西夷君长以什数"。王先谦《汉书补注》曰："钱大昭曰：'西当作南，南监本、闽本不误。'先谦曰：'官本作南。'"杨树达《汉书窥管》案："景祐本作南。"中华书局标点本从此说，改作："南夷君长以什数，夜郎最大。"因此《史记》中的"西南夷君长以什数"，应是"南夷君长以什数"。这里的南夷就是指夜郎地区，因为《史记》凡说到南夷皆指夜郎而言。例如《西南夷列传》说南夷的地方有六处：

① 参阅〔东晋〕常璩著，刘琳校注《华阳国志校注》，巴蜀书社1984年版，第208页。

② 祁庆富：《西南夷》，吉林教育出版社1990年，第143页；童恩正：《古代的巴蜀》，四川人民出版社1979年版，第87页。

唐蒙通夜郎，设犍为郡。蜀人司马相如亦言西夷邛、筰可置郡。使相如以郎中将往喻，皆如南夷，为置一都尉，十余县，属蜀。

上罢西夷，独置南夷夜郎两县一都尉。

上使驰义侯因犍为发南夷兵。

已平头兰，遂平南夷为牂柯郡。夜郎侯始倚南越，南越已灭，会还诛反者，夜郎遂入朝。上以为夜郎王。

上使王然于以越破及诛南夷兵威风喻滇王入朝。

然南夷之端，见枸酱番禺，大夏杖、邛竹。

《史记》除《西南夷列传》之外的其他篇章，凡记载南夷的，无一例外均指夜郎地区。

《司马相如列传》：

邛、筰、冉、駹近蜀，道亦易通，秦时尝通为郡县，至汉兴而罢。今诚复通，为置郡县，愈于南夷。

当时邛、筰之君长闻南夷与汉通，得赏赐多，多欲愿为内臣妾，请吏，比南夷。

《平准书》：

乃募豪民田南夷，入粟县官，而内受钱于都内。

《平津侯主父列传》：

今欲招南夷，朝夜郎，降羌僰。

通过上述内容明确了南夷指夜郎地区，唐蒙修筑"南夷道"就是修筑通往夜郎的道路。

据《汉书·武帝纪》载，唐蒙修筑"南夷道"是在元光五年（前130），"夏，发巴蜀治南夷道"。由于工程艰巨，主要是征发巴蜀的士卒和民众，使人民苦不堪言，于是引起人民的反抗。《史记·西南夷列传》云：

当是时，巴蜀四郡通西南夷道，戍转相饷。数岁，道不通，士罢饿离湿，死者甚众；西南夷又数反，发兵兴击，耗费无功。上患之，使公孙弘往视问焉。还对，言其不便。及弘为御史大夫，是时方筑朔方以据河逐胡，弘

因数言西南夷害，可且罢，专力事匈奴。上罢西夷，独置南夷夜郎两县一都尉，稍令犍为自葆就。（《汉书·西南夷传》大同小异）

尽管有各种挫折，但这条"南夷道"终究修成了。《史记·汉兴以来将相名臣年表》和《史记·集解》引徐广曰："元光六年（前129），南夷始置邮亭。"《正义》曰："令犍为自葆守，而渐修成其郡县也。"设置邮亭和修成郡县，说明"南夷道"已畅通，且有各种驿站为商旅提供食宿的方便。

关于这条"南夷道"，《汉书》说："自僰道指牂柯江。"《华阳国志》卷四《南中志》载："南秦县自僰道、南广有八亭道通平夷。"要探讨这条道路的走向，研究僰道、南广、平夷等几个县的地理位置就十分重要。

僰道县，据《汉书·地理志》属犍为郡（汉武帝建元六年设郡）。《华阳国志》卷三《蜀志》："僰道县在南安东四百里，距郡百里，高后六年城之。治马湖江会，水通越嶲。"据《舆地广记》卷三一谓秦置县，可信。吕后六年筑城，则原应已有县。辖今宜宾、屏山、长宁、南溪等县市地及高县之一部。《水经·江水》："（江水）又东南过僰道县北，若水（鸦砻江）、淹水（金沙江）合从西来注之。"与《蜀志》云"治马湖江会"合，证明汉晋时期僰道故城即今四川宜宾市。谭其骧主编《中国历史地图集》也把僰道县故址定在今宜宾市。僰道乃巴蜀通夜郎的必经之地。

南广县，据《汉书·地理志》也属犍为郡。《华阳国志》卷四《南中志》："南广县，郡治。汉武帝太初元年置。"但是该书卷三《蜀志》"犍为郡"云："元光五年，郡移治南广。"应当以元光五年（前130）为是，因此年唐蒙发巴蜀卒治南夷道，即经由此地。此地为蜀中入黔、滇的孔道，故当时必设县作为犍为郡治。此地为僰道通朱提、通平夷的交通枢纽。[1]《汉书·地理志》"南广县"云："汾关山，符黑水所出，北至僰道入江。又有大涉水，北至符入江，过郡三，行八百四十里。"《水经·延江水》："延江水出犍为南广县。"可见符黑水（今南广河）、大涉水（今赤水河）、延江水（今乌江北源六冲河）俱发源于南广县境。以今地度之，南广河、赤水河源出云南威信县界，六冲河源出云南镇雄县界。则汉之南广县应包括今四川高县、珙县、筠连县、兴文县等及云南盐、威信、镇雄等县。《元丰九域志》载，戎州南溪郡治僰道，其地界"东南至南广蛮百八十里"，亦指今高、珙等县地。《汉志·地理志》南广县下先叙符黑水，次言大涉水，则其县治应较靠近南广河，当定于今高县、筠连县一带。在珙县西南37公里南广河岸的沐滩及邻近的孝儿、合作等地的汉墓出土许多半两钱、铜洗、带

---

① 参阅刘琳《华阳国志校注》，巴蜀书社1984年版，第273页。

钩、纺锤、陶罐等文物，这是汉南广县治地就在附近的物证。①

平夷县，据《汉书·地理志》属牂柯郡，西汉置，东汉、蜀、晋因之。县治所在地，《遵义府志》《贵阳府志》《安顺府志》《大定县志》、民国时的《贵州通志》以及谭其骧主编的《中国历史地图集》等均定于今贵州毕节或毕节一带。这是正确的。因为《华阳国志》卷四《南中志》说："平夷县，郡治。有硃津、安乐水。"此处云县有"安乐水"，《华阳国志》卷三《蜀志》云："符县，郡东二百里，元鼎二年置，治安乐水会。"此符县，即今合江县治，因此知安乐水，即今赤水河。此河发源于云南威信县南界山中，东流过贵州毕节、仁怀等县界，北流经赤水县（今赤水市），又东北合习水河（古鳛部水），又数里，至合江县城东入长江。《汉书·地理志》称大涉水。平夷（今贵州毕节）是控制牂柯郡、益州郡的要冲。《读史方舆纪要》卷一二三云，毕节"为川、贵藩篱，自四川之镇雄、乌撒、永宁以迄云南沾益，其安危之故系于毕节而已"。

从平夷向南可到汉阳（今贵州赫章）连接牂柯江（今北盘江上游），再顺牂柯江直下番禺。

所谓"南夷道"就是从僰道经南广、平夷、汉阳与牂柯江连接。既有水路段，亦有陆路段。具体路线，以今天的地望度之，自四川宜宾溯南广河，经高县、珙县、筠连县，入云南威信县、镇雄县，再入贵州赫章、六枝，与北盘江相接。

综上所述，西汉时代蜀地的枸酱进入番禺（今广东广州）是经过蜀地商人和夜郎商人，水陆兼程，经过许多艰险的道路辗转进入番禺的。具体路线就是：通过青衣江沟通青衣县（今四川芦山县）、南安县（今四川乐山市）、僰道县（今四川宜宾市），进入唐蒙主持修筑的"南夷道"，即从僰道经南广县（今四川高县、筠连县一带）、汾关山（今云南威信县）、平夷县（今贵州毕节市）、汉阳（今贵州赫章、六枝），连接牂柯江（今北盘江上游），顺牂柯江而下番禺。当然，"南夷道"的修筑（汉武帝元光五年即公元前130年）是在唐蒙在南越吃到蜀枸酱（汉武帝建元六年即公元前135年）之后，那么唐蒙修"南夷道"之前的蜀枸酱如何进入番禺呢？我们认为唐蒙修"南夷道"选择的一定是最有利的自然条件和地理形势，在修筑之前一定有民间通道，官方的通道是在民间通道的基础上修筑的。唐蒙在南越吃到的蜀枸酱也应该是从上述通道进入番禺的。

原载《镇海楼论稿》，岭南美术出版社1999年版，又载《秦汉史论丛》第8辑，云南大学出版社2001年版。

① 蓝勇：《南方丝绸之路》，重庆大学出版社1992年版，第23页。

汉朝治理南越国模式探源

　　西汉初年的行政制度实行郡国并行制，即郡县制与封国制并行存在。随着政治形势的发展，刘邦在消灭七个异姓王的同时，又分封了九个同姓诸侯国，加上因势力小而得以自保的异姓长沙王吴芮，合计十个诸侯国。此外，在岭南越族聚居之地有一个南越国。它与上述异姓王、同姓王诸侯都有所不同。它是秦统一岭南时的功臣赵佗利用秦末汉初天下大乱的形势，据岭南而称王，自己建立了南越国。《史记·南越列传》对赵佗建立南越国有较详记载：

　　　　南越王尉佗者，真定人也，姓赵氏。秦时已并天下，略定杨越，置桂林、南海、象郡，以谪徙民，与越杂处十三岁。佗，秦时用为南海龙川令。至二世时，南海尉任嚣病且死，召龙川令赵佗语曰："闻陈胜等作乱，秦为无道，天下苦之，项羽、刘季、陈胜、吴广等州郡各共兴军聚众，虎争天下，中国扰乱，未知所安，豪杰畔秦相立。南海僻远，吾恐盗兵侵地至此，吾欲兴兵绝新道，自备，待诸侯变，会病甚。且番禺负山险，阻南海，东西数千里，颇有中国人相辅，此亦一州之主也，可以立国。郡中长吏无足与言者，故召公告之。"即被佗书，行南海尉事。嚣死，佗即移檄告横浦、阳山、湟谿关曰："盗兵且至，急绝道聚兵自守。"因稍以法诛秦所置长吏，以其党为假守。秦已破灭，佗即击并桂林、象郡，自立为南越武王。高帝已定天下，为中国劳苦，故释佗弗诛。汉十一年，遣陆贾因立佗为南越王，与剖符通使，和集百越，毋为南边患害，与长沙接境。①

《汉书·南粤传》记载大体相同。根据《史记》《汉书》的记载，赵佗立国，建都于番禺，传5世93年而国亡，立国将近一个世纪。其疆域，向东与闽越相接，抵今福建西部的安定、平和、漳浦；向北主要以五岭为界，与长沙国相接；向西到达今之广西百色、德保、巴马、东兰、河池、环江一带，与夜郎、句町等国相毗邻；其南则抵达越南北部，南濒南海。② 在如此广阔的土地上，实行了将近一个世纪统治的南越国，在岭南地区的历史上，乃至中国的历史上都有其独特的重

---

　　① 〔西汉〕司马迁：《史记》卷一一三《南越列传》，中华书局1959年版，第2967页。本文以下引用《史记》，均据此本。

　　② 参阅张荣芳、黄淼章《南越国史》，广东人民出版社1995年版，第68－86页。

要的地位。汉朝中央政府是怎样治理南越国呢？

一、 汉朝治理南越国模式

南越国与西汉初年所封的其他诸侯国相比，有其相当的特殊性：一方面，赵佗虽自立为王，但后来刘邦派陆贾出使，赵佗接受了汉王朝的册封，成了汉朝的诸侯王国，隶属于中央王朝；另一方面，赵佗虽受册封，不仅"入贡中原"，而且"遣使入朝请"，但在国内仍然"称制与中国侔"，独立性很大。这一特点决定了南越国政治制度的特征。一方面，南越国是沿袭秦在岭南设的三郡旧地而建，其开国之君赵佗原亦为秦南海郡尉。汉朝建立后不久，南越国又臣属于汉朝。因此，其政治制度必然承袭秦汉而来。另一方面，南越国内聚居着百越民族，民族关系十分复杂，汉文帝曾经致书赵佗，表示赞成"服领（岭）以南，王自治之"①。这就决定了南越国可以根据不同情况，自行决定一些制度或措施，故其有一定的独特性。

就其承袭秦汉制度而言，举其荦荦大者有如下数端。

郡国并行制。汉初实行郡国并行制。赵佗仿汉制，在南越国内亦实行郡国并行制。根据文献记载和考古材料可知，南越国所设的郡是秦始皇三十三年（前214）"略取陆梁地，为桂林、象郡、南海"② 三郡的继续，仍设南海郡、桂林郡，取消象郡，而于其地设交趾、九真二郡。③ 南海郡下设的县，可考者有番禺、龙川、博罗、揭阳、浈阳、含洭等数县。桂林郡下设的县，可考者有布山、四会等。交趾、九真二郡下设的县，除象林县之外，其余的不见于记载。南越国除行郡县制之外，还仿汉朝，分封几个王、侯，据文献记载有苍梧王赵光、西于王、高昌侯赵建德。此外，根据考古材料，南越国内还封有下列王侯：1979 年 4月，广西贵县罗泊湾二号汉墓中，出土了"夫人"玉印及"家啬夫印"封泥，根据出土文物推测墓主生前可能是南越国分封于桂林郡的相当于侯一级的官员的配偶；④ 1980 年，在广西贺县（今属贺州市）金钟一号汉墓中，出土有"左夫人印"玉印，从墓葬的规模推测，等级类似于侯王，该墓的男主人可能是南越国分封于当地的相当于王侯一级的官员；⑤ 至于广西贵县罗泊湾一号汉墓的墓主身

① 〔东汉〕班固：《汉书》卷九五《两粤传》，中华书局 1962 年版，第 3850 页。本文以下引用《汉书》均据此本。

② 《史记》卷六《秦始皇本纪》，第 253 页。

③ 《史记》卷一一三《南越列传》索隐引《广州记》。

④ 兰日勇、覃义生：《广西贵县罗泊湾二号汉墓》，载《考古》1982 年第 4 期。

⑤ 兰日勇、覃义生、覃光荣：《广西贺县金钟一号汉墓》，载《考古》1986 年第 3 期。

份，学术界还存在争议，或以为是中原南下的将领，是桂林郡的郡守、尉①，或以为是南越国册封为王侯的骆越族首领②。所以，根据文献和考古资料，南越国分封的王侯至少有五个。郡县制和分封制并行，是西汉统治者针对汉初形势而首创的制度，它在汉初对安定社会、发展经济是起了一定作用的。南越国仿此，在岭南也实行这一制度，也起到相同的作用。

职官制度。南越国仿照汉朝建立起一套从王国中央到地方王侯的体系庞大的官制系统。南越国中央设有丞相、内史、御史、中尉、太傅等类重臣，也设有郎、中大夫、将、将军、左将、校尉、食官、景巷令、私府、私官、乐府、泰官、居室、长秋居室、大厨、厨官、厨丞、常御、少内等文武百官。南越国地方王侯官职中可考者有假守、郡监、使者、县（令）长、啬夫等。南越国的官制以仿中原汉制为主，同时又根据实际情况，设置一些特别的官署。这一特点与南越国政治制度的总体特征是一致的。③

汉初统治者在要求南越国实行与汉王朝大体相同的政治制度的前提下，根据南越国是多民族聚居之地的特点，可以依据实际情况而实行一些相对独立的制度和民族政策。

第一，南越国拥有一支包括步兵、舟兵、骑兵在内的军队。关于这支军队的数量，赵佗自夸"带甲百万有余"④，虽然不一定有那么多，但从汉武帝平南越时，共发"南方楼船卒二十余万人击南越"⑤ 的记载来看，南越国的军队应有数十万之众。而广州象岗南越文王墓出土错金铭文"王命命车徒"虎节，证明南越王可以自行调遣这支军队。南越国不用汉朝纪年，而用南越王纪年，南越文王墓出土一套勾鑃，皆阴刻有篆书"文帝九年乐府工造"及第一到第八的序号。⑥据查，南越文王九年为汉武帝元光六年（前129），表明南越国不用汉纪年，而用南越王的纪年。这是南越国"自治"的一个证明。

第二，南越国实行以"故俗"治国的特殊政策。汉朝给南越国以免征赋税的优待，汉武帝初年，仍然是"以其故俗治，毋赋税"⑦。第二代南越王赵眜（胡）墓中殉葬者15人，第三代南越王婴齐则"尚乐擅杀生自恣"，"惧用汉法"；直到第四代王兴时，才"除其故黥、劓刑，用汉法"⑧。此表明了南越国保

---

① 蒋廷瑜：《贵县罗泊湾汉墓墓主族属的再分析》，载《学术论坛》1987年第1期。
② 蓝日勇：《试论罗泊湾一号墓墓主身份及族属》，载《广西民族研究》1986年第2期。
③ 《南越国史》，第112－130页。
④ 《汉书》卷九五《两粤传》，第3852页。
⑤ 《史记》卷三○《平准书》，第1438页。
⑥ 广州文物管理委员会等：《西汉南越王墓》上册，文物出版社1991年版，第40－42页。
⑦ 《汉书》卷二四下《食货志》，第1174页。
⑧ 《汉书》卷九五《两粤传》，第3854页。

留了许多越人的"故俗",这是南越"自治"的特色。

第三,根据民族众多的特点,南越国采取了许多特殊的民族政策。

在南越国境内生活的民族,除数十万中原移民之外,主要是土著居民越族。但越族"各有种姓"①,支系众多,所以文献中的记载不尽相同。见诸史书的有"百越""扬越""外越""陆梁"。这四个词在史籍中皆有岭南越族或岭南地区的含义,是泛指。至于汉代岭南地区的越族有哪几个具体的部落,著名民族学家林惠祥早在 20 世纪 30 年代就指出:"越以百称,明其种类之多",而"汉有瓯越、闽越、南越、骆越"。② 明确指出汉代生活在岭南的越族部落有上述四个,除闽越之外,其余三个都生活在南越国境内。大体说来,南越族聚居于今广东北、中部一带,今广西东部地区也有一些。西瓯族主要生活在今广西西江中游及灵渠以南的桂江流域。越南史学家陶维英认为,除上述地区外,今越南的泸江、锦江、求江、商江上游地区,也有西瓯族居住。③ 骆越族分布于西瓯族的西部和南部,即今天广西的左、右江流域,越南的红河三角洲及贵州省的西南部。南越国境内的民族众多,所以实行符合实际情况的民族政策是十分重要的。赵佗在吸取秦朝屠睢和任嚣在越统治的经验和教训,制定了比较切合实际的制度和民族政策,获得了极大的成功。这些民族政策具体可以概括为四项。

(1)吸收越人进入政权,以达以越制越之目的。

赵佗建立南越国时,以中原汉人为主要依靠力量,即"有中国人相辅"。但要使南越国能长治久安,必须取得土著居民越人的认同。因此,赵佗第一步就要争取越人上层的承认,吸收其参加南越国政权,使其利益与南越国统治集团的利益相一致。在这种思想指导下,许多越人被吸收到南越国政权中来,如吕嘉。清屈大均在《广东新语》中说:"嘉本越人之雄,尉佗得之,因越人之所服而相之,而南越以治。"④ 赵佗拜吕嘉为丞相,并以其弟为将军,吕氏家族中许多人得以担任官职。以吕嘉任丞相为契机,越人上层统治者纷纷表示对南越国的支持,一些部族的领袖相继被吸收到南越国政权中来,或被册封为王侯,如西于王;或被任命为文武官员,如瓯骆左将军黄同、桂林监居翁、越郎都稽等。南越国这一政策,使越人上层集团的利益与南越国统治集团的利益相一致,消除了他们的疑虑,使他们对南越国政权产生认同感,获得成功的统治效果,达到了以越制越的目的。

(2)遵从越人风俗习惯,入境随俗,使汉越人民和睦相处。

越族在其历史发展过程中,逐渐形成了自己独特的文化体系和风俗习惯,如

① 《汉书》卷二八下《地理志》,第 1669 页。
② 林惠祥:《中国民族史》上册,上海文艺出版社 1990 年影印本,第 111 页。
③ 陶维英:《越南历代疆域》,中译本,商务印书馆 1973 年版,第 45 页。
④ 〔清〕屈大均著,李育中等注:《广东新语注》,广东人民出版社 1991 年版,第 418 页。

喜食蛇蚌、断发文身、魋结箕倨、干栏而居、水处舟行、巫祝盛行、使用鸡卜等。风俗习惯属于一个民族共同的心理因素，注入强烈的民族感情。对于越族的风俗习惯，如果不加以尊重而轻蔑地否定，必然会伤害越族人民的民族感情。如果遵从之，则会使汉越人民互相了解、和睦相处。赵佗居粤多年，对此很有体会。他入境随俗，按越族的风俗习惯生活，俨然以"蛮夷大长老夫"自居。① 当他第一次接见汉使陆贾时，"弃冠带"，即不用汉朝的"冠带之制"，而用越族的"魋结箕倨"之俗见陆贾。据《史记·陆贾列传》索隐曰：魋结，"谓为髻一撮似椎而结之"，"谓夷人本被发左衽，今他（佗）同其风俗，但魋其发而结之。""箕倨"，就是席地交股而坐，也是越族的习惯。赵佗也自称"居蛮夷中久，殊失礼义"②。说明赵佗实际上是一个越化的汉人或汉裔越人。在赵佗的带动和提倡下，居住南越国的中原汉人遵从越人风俗习惯，入境随俗，蔚然成风，大大消除了民族间的隔阂，有利于统治。

（3）大力提倡汉越通婚，促进民族融合。

自古以来，民族间通过重要联姻而消除隔阂，建立和睦关系，这是一条重要的历史经验。赵佗吸取这一历史经验，在南越国大力提倡汉越通婚。吕嘉家族中"男尽尚王女，女尽嫁王子弟宗室"③。吕氏家族与苍梧秦王赵光也有姻婚。第三代南越王婴齐也娶有越女为妻，并生有子赵建德。南越国的中下级官吏、兵卒及其他中原汉人与越族的通婚应更为普遍，尤其是南下的数十万秦兵，除了极小部分与中原派来的15000名女子结成家庭，大部分士卒当主要与土著越族通婚。汉越通婚，大大地促进了民族的融合。

（4）因地制宜，让部分越人"自治"。

越族支系众多，各部越人社会经济发展极不平衡，其势力亦参差不齐。针对这些不同情况，赵氏政权因地制宜，采取一些灵活、变通的政策，让一部分人"自治"。赵佗兼并象郡之后，取消象郡之名，于其地置九真、交趾二郡。交趾一带，越族部落势力十分强大，有严密的部落组织，赵佗仅派二使者前往"典主"④；同时又在交趾地区分封了一位"西于王"。这位"西于王"，正是杀死秦

① 《史记》卷一一三《南越列传》，第2970页。
② 《史记》卷九七《陆贾列传》，第2698页。
③ 《汉书》卷九五《两粤传》，第3855页。
④ 《史记》卷一一三《南越列传》索隐引《广州记》，第2970页。

将屠睢的原西瓯君译吁宋的后裔①，在西瓯族中有着崇高的声望及广泛影响，赵氏政权封之为王，以安抚之策让其"自治"，以加强对西瓯地区的控制。

由此可见，西汉中央王朝治理南越国的模式，就是考虑到南越国境内民族众多的特点，要求其臣属中央王朝的同时，保持其相对独立性，正如汉文帝致赵佗书中所说的"服领（岭）以南，王自治之"。赵佗在南越国的统治，也仿照西汉王朝对其治理的模式，在境内的一些民族复杂的地区，封少数民族的首领为王、侯，让其"自治"。这种治理模式，稳定了岭南的政治局面，不仅"和辑百越"，使得岭南"粤人相攻击之俗益止"，同时，也使"中县人以故不耗减"②。这为岭南地区经济的发展、文化的交流、民族的融合奠定了基础。

二、　汉朝治理南越国模式探源

中国疆域辽阔，民族众多，从夏、商、周开始，就存在一个中原王朝的政治实体，在这个政治实体的周围分布着许多少数民族。关于怎样治理这些地区，中国古代形成了一套完整的思想和政策。《尚书·禹贡》说夏朝王室统治的中心称为王畿，以王畿为中心，根据距王畿近远而分为"五服"：

> 五百里甸服，百里赋纳总，二百里纳铚，三百里纳秸服，四百里粟，五百里米。五百里侯服，百里采，二百里男邦，三百里诸侯。五百里绥服，三百里揆文教，二百里奋武卫。五百里要服，三百里夷，二百里蔡。五百里荒服，三百里蛮，二百里流。③

《国语·周语上》记载周穆王将伐犬戎，大臣祭公谋父进谏：

> 夫先王之制：邦内甸服，邦外侯服，侯卫宾服，蛮夷要服，戎狄荒服。甸服者祭，侯服者祀，宾服者享，要服者贡，荒服者王。日祭，月祀，时

---

① 王先谦在《汉书补注·两粤传》中认为："《淮南子·人间训》载有西瓯君，《汉书·闽粤传》斩西于王，即西瓯也。"又据罗香林《古代百越分布考》："瓯雒之瓯，亦似为于越之于所转"，瓯读 ou 于读 u，且"瓯""于"二字，"求之宁古，本同部也。"（见罗香林《中夏系统之百越》，独立出版社1943年版）可见古代瓯、于二字可通，因此，"西于"即是"西瓯"，"西于王"也就是"西瓯王"。

② 《汉书》卷一下《高帝纪下》，第73页。

③ 〔清〕阮元：《十三经注疏》上册，中华书局1980年版。

享，岁贡，终王。①

这两书对"五服"的记载，尽管略有不同，但"五百里要服""五百里荒服""蛮夷要服""戎狄荒服"，都是指东南夷蛮之族和西北戎狄之族所居的地区。祭公谋父所说的"甸服者祭，侯服者祀，宾服者享，要服者贡，荒服者王"，是指"五服"对周王有不同的职贡。荒服的少数民族首领，必须向周王进献。根据"荒服"的制度，所有居住在"荒服"地区的大小部落首领，都必须终身"来王"。所谓"来王"，就是来到王的居处，朝见周王而推尊以为王；接受分封低下爵位而服事周王。② 楚被周人看作蛮夷，《史记·楚世家》说："周文王之时，季连之苗裔曰鬻熊，鬻熊子事文王。"所谓"子事文王"，就是接受低下的"子"爵，从而服事于周王。

对于《禹贡》的"五服"说，司马迁和班固是全盘接受了的。《史记》卷二《夏本纪》和《汉书》卷二八《地理志》关于"五服"的论述，除改个别字之外，几乎全文照抄《禹贡》。此外，还多次提到"水土既平，更制九州，列五服，任土作贡"③，"圣王分九州，制五服"④ 等。当然，"五服"说是儒家理想化的东西，不能完全相信当时的统治是这样规范的。但它说的以王畿为中心，由近及远地将统治推向四方，而统治也由近及远地逐渐减弱，却是事实。对于"服"字，郑玄《周礼注》解释说："服，服事天子也。"程大中《四书逸笺》卷一引《丛说》："《禹贡》五服之内所封诸侯，朝贡皆有时，各依服数以事天子，故曰服事。"⑤ 对于"荒服"，《史记·夏本纪·集解》引马融曰："政教荒忽，因其故俗而治之。"《汉书·地理志》师古注曰："此五服之最在外者也。荒，言其荒忽，各因本俗。"对于"五服"，南宋蔡沈《书集传》解释："甸服，畿内之地也。甸，田服事也"；"侯服者，侯国之服"；绥服者，"绥，安也。谓之绥者，渐远王畿而取抚安之义"；"要服，去王畿已远，皆夷狄之地，其文法略于中国。谓之要者，取要约之义，特羁縻而已"；"荒服，去王畿益远，而经略之者视要服为尤略也"⑥ 在这里，蔡沈认为中原王朝统治者对"要服"的治

———————

① 参阅〔战国〕左丘明《国语·周语上·穆王将征犬戎》，见徐元诰《国语集解》，中华书局2002年版。

② 参阅杨宽《西周史》第三编第七章《西周王朝统治所属少数部族的"荒服"制度》，上海人民出版社1999年版。

③ 《汉书》卷二八上《地理志上》，第1523页；《汉书》卷九四下《匈奴传下》，第3833页。

④ 《汉书》卷九六上《西域传上·罽宾国》，第3887页。

⑤ 文渊阁四库全书台湾影印本。

⑥ 同上。

理，因为"去王畿已远，皆夷狄之地，其文法略于中国"，所以"取要约之义，特羁縻而已"。而对"荒服"的治理，比"要服为尤略"，即更为松弛。对"要服""荒服"的治理是"羁縻"而治。这是夏、商、周时代的情况。在战国时代封建兼并战争中，秦对一些少数民族也采用羁縻政策。秦兼并巴、蜀之后，因为少数民族的统治者在当时还有一定的号召力，采用了羁縻政策。①

既然《史记》《汉书》全盘接受了"五服说"，汉代的政治家在讨论边疆问题时，也以"五服说"为立论基础。如《汉书》卷六四上《严助传》记载淮南王刘安上书谏闽越用兵一事："自三代之盛，胡越不与受正朔，非强弗能服，威弗能制也，以为不居之地，不牧之民，不足以烦中国也。故古者封内甸服，封外侯服，侯卫宾服，蛮夷要服，戎狄荒服，远近势异也。"据《汉书》卷九四下《匈奴传》，在讨论怎样处理匈奴问题时，萧望之说："戎狄荒服，言其来服荒忽无常，时至时去，宜待以客礼，让而不臣。"（《萧望之传》也有类似记载）《匈奴传·赞》中班固总结对边疆的治理时说：

> 故先王度土，中立封畿，分九州，列五服，物土贡，制外内，或修刑政，或昭文德，远近之势异也。……夷狄之人……其慕义而贡献，则接之以礼让，羁縻不绝，使曲在彼，盖圣王制御蛮夷之常道也。

班固认为，先王"分九州，列五服"，对于"荒服"，用羁縻之治，乃"圣王制御蛮夷之常道"。

"羁縻"一词，在《史记》中凡五见，在《汉书》中凡八见。其意义有三种。一种是泛指一种统治方式，如《史记》卷二五《律书》："会高祖厌苦军事，亦有萧、张之谋，故偃武一休息，羁縻不备。"一种是对方士而言，如《史记》卷二八《封禅书》（《史记·武帝纪》《汉书·郊祀志》同）载"而方士之候祠神人，入海求蓬莱，终无有验。而公孙卿之候神者，犹以大人之迹为解，无有效。天子益怠厌方士之怪迂语矣，然羁縻不绝，冀遇其真"。这是指与方士保持联系，控制方士的活动。此外，更多的是指对边疆戎狄的一种统治方式，如《史记》卷一一七《司马相如列传》："盖闻天子之于夷狄也，其义羁縻勿绝而已。"《索隐》对"羁縻"的解释："羁，马络头也。縻，牛缰也。《汉官仪》：'马云羁，牛云縻。'言制四夷如牛马之受羁縻也。"这是对边疆少数民族的一种贬义，但它说出了对边疆的一种统治方式。又如《史记》卷一二三《大宛列传》载："宛以西，皆自以远，尚骄恣晏然，未可诎以礼羁縻而使也。"《汉书》卷七○《陈汤传》载："中国与夷狄有羁縻不绝之义。"《汉书》卷九六上《西域传》说康居国"汉为其

____

① 杨宽：《战国史》，上海人民出版社 1980 年版，第 325 页。

新通，重致远人，终羁縻而未绝"。凡此种种，都是指对戎狄"羁縻"而治。

诚如班固在《匈奴传·赞》中所总结的，"羁縻"而治，乃"圣王制御蛮夷之常道"。这种思想在汉代政治家、军事家的头脑里是根深蒂固的。而这种思想是将王畿之外分为"五服"，而最外的是戎狄聚居的"荒服"，因而用"羁縻"而治。汉代中央统治者总结和吸收先秦时代对边疆戎狄"羁縻"而治的经验教训，制定了因时、因地、因人而异的汉代的"羁縻"政策。汉代中央对"南越国"的治理，正是这种"羁縻"而治的具体表现。赵佗也是一位杰出的政治家、军事家，他对"南越国"的治理，对境内少数民族势力强的地区，也用"羁縻"而治。汉代这种羁縻思想，包括以下内容：第一，反对放弃边疆地区，必须坚持中国与其周边民族之间的政治联系，即所谓"中国与夷狄有羁縻不绝之义"。第二，进行适度而治，即羁縻而治，有限度地加以控制，名义上保持统治与隶属的关系，而不进行直接统治，由其首领"自治"，对南越国的统治即是此种形式。第三，羁縻而治的最终目的还是要实现更高层次的"治"，达到完全的统一。①如汉武帝元鼎六年（前111）平定南越国，即是更高层次上的统一。

因此，我们认为汉中央王朝对南越国的治理模式，渊源于先秦时代在王畿之外分为"五服"，而最外地区是"荒服"，对"荒服"实行"羁縻"而治。"南越国"统治之地，正属"荒服"之地，因而用"羁縻"而治。这是汉王朝中央继承和发展先秦时代治理边疆的经验教训的结果。而这一做法是成功的。

2003年11月参加"广州考古发现的南越国遗迹学术研讨会"论文。

① 参阅刘逖《我国古代传统治边思想初探》，见马大正主编《中国古代边疆政策研究》，中国社会科学出版社1990年版。

西汉初期岭南越人的宗教观念及活动

宗教学者认为，人类最早的宗教观念和宗教崇拜活动，在原始社会就已产生，但是严格意义上的宗教，必须具有内在因素（宗教的观念或思想、感情或体验）和外在因素（宗教的行动和活动、组织和制度）两个部分。① 显然，西汉初期岭南地区的越人社会发展状况，尚不具备宗教产生的条件，当时岭南地区越人中出现的图腾崇拜、祭祀、占卜、厌诅之术等，亦不具备上述的宗教的内在、外在因素，故不能被称作真正的宗教，只能视之为早期的宗教观念及行为。

一　图腾崇拜

图腾（totem）一词源于美洲印第安部落鄂吉布瓦人的方言，图腾崇拜指原始社会中的氏族认为自然界的某一种动植物、非生物或自然现象是自己的祖先。根据历史学、民族学、考古学等方面的资料，西汉初期岭南越人社会中，曾流行过蛇图腾崇拜和鸟图腾崇拜。

（一）蛇图腾崇拜

岭南越人属于百越民族。在封建社会中被视为"蛮"族。蛮，按文字学家的解释，从虫，而虫即是蛇也。如《说文》："蛮，南蛮蛇种，从虫，䜌声。"段注云："《说文》从'虫'之所由，以其蛇种也。蛇者，虫也。"②

记载先秦历史的典籍，如《国语》《吴越春秋》等有不少关于越人崇敬蛇的记载。如《吴越春秋》，"（吴王阖闾）东并大越，越在东南，故立蛇门"；"越在巳地，其位蛇也，故南大门上有木蛇，北向首内，示越属于吴也"。③ 这表明了"大越"的象征、标志就是蛇④，这也是越人蛇图腾崇拜的一个证明。

我们知道，越人有文身的习俗，越人为什么要文身？越人自称"处海垂之

---

① 吕大吉主编：《宗教学通论》，中国社会科学出版社 1989 年版，第 342、69 页。

② 〔东汉〕许慎撰，〔清〕段玉裁注：《说文解字注·虫部·蛮》，上海古籍出版社 1988 年第 2 版，第 673 页。

③ 参阅〔东汉〕赵晔《吴越春秋》卷四《阖闾内传》，四部丛刊本，上海涵芬楼影印明弘治邝璠刻本。

④ 蒋炳钊、吴绵吉、辛土成：《百越民族文化》，学林出版社 1988 年版，第 306 页。

际"，"而蛟龙又与我争焉，是以剪发文身，灿然成章，以像龙子者，将避水神也"。① 西汉成书的《淮南子》曰："被发文身，以像鳞虫"；高诱注曰："文身，刻画其体，内墨其中，为蛟龙之状，以入水，蛇龙不害也，故曰以像鳞虫也。"② 东汉应劭亦说越人"常在水中，故断其发，文其身，以像龙子，故不伤害也"③。类似的文献记载还不少。我们通过分析可知，越人通过文身，刻画"像鳞虫"和"如蛟龙之状"的花纹，是为了"像龙子"（即蛇），使它们认为越人是同类而不伤害，越人视蛇为图腾的含义明显可见。从汉以后历代越人后裔的社会生活中，亦可见越人的蛇图腾崇拜，这方面的民族学资料很多，在此不赘述。

关于越人的蛇图腾崇拜，从考古学方面也可以找到痕迹。譬如岭南地区发现的青铜器时代陶器上有多种几何形纹饰，其中的漩涡纹、水波纹、曲折纹、云雾纹、叶脉纹等极类似蛇，如漩涡纹很像盘曲状的蛇，水波纹极似爬行状的蛇，故学术界有观点认为这些纹饰是对"蛇状"及"蛇的斑纹"的摹拟及演变，原因即在于越人对蛇图腾的崇拜。④

（二）鸟图腾崇拜

越人的鸟图腾崇拜，可以上溯到 7000 多年前的新石器时代。在浙江余姚的原始社会遗址中，出土的器物上有很多鸟的雕像图案，而这些鸟被看作是原始图腾崇拜的某种标志。⑤《越绝书》等文献也记载了先秦越人流行鸟田的传说⑥，绍兴 306 号墓出土的鸟图腾柱更是越人鸟图腾崇拜的证明⑦。

在岭南地区出土的文物上，也常见鸟的图形或雕像，其中以羽人最为常见。如西汉南越王墓出土的青铜提筒（B59），筒上就有羽人、羽冠等图形⑧，这些图形与鸟密切相关，反映了越人对鸟的崇拜；又如在 1979 年广西田东县锅盖岭出土的一面铜鼓（土 3269 号，藏广西壮族自治区博物馆）上，也有四只翔鹭的纹

---

① 〔西汉〕刘向撰，向宗鲁校证：《说苑校证》卷十二《奉使》，中华书局 1987 年版，第 302 页。

② 何宁：《淮南子集释》卷一《原道训》，中华书局 1998 年版，第 38 页。

③ 〔东汉〕班固：《汉书》卷二八下《地理志》颜注引应劭语，中华书局 1962 年版，第 1670 页。

④ 陈文华：《几何印纹陶与古越族的蛇图腾崇拜——试论几何印纹陶纹饰的起源》，载《考古与文物》1981 年第 2 期。

⑤ 吴玉贤：《河姆渡的原始艺术》，载《文物》1982 年第 7 期。

⑥ 参阅〔东汉〕袁康撰，吴平辑录《越绝书》卷八《越绝外传记地传》，上海古籍出版社 1985 年版。

⑦ 牟永抗：《绍兴 306 号越墓刍议》，载《文物》1984 年第 1 期。

⑧ 广州市文物管理委员会等：《西汉南越王墓》上册，文物出版社 1991 年版，第 50 页。

饰①，这是铜鼓上常见的纹饰；广西贵县罗泊湾一号汉墓出土的铜鼓上更有"鹭舞"纹饰②，即以二三名越人为一组，摹拟鹭鸟而舞，起舞的越人的上部有飞翔的鹭鸟，舞人与鹭鸟的动作很相似，越人对鹭鸟的崇敬显然可见③，亦是岭南越人鸟图腾崇拜的反映。

学术界还有意见认为越人除蛇、鸟图腾崇拜之外，还有龙图腾、鳄鱼图腾，但其说法均缺乏有力的证据。④

二、祭祀活动

祭祀活动是祭祀者与所献祭的超自然存在物进行交流的方式，表现了祭祀者对神的虔诚态度及感情。岭南越人因崇信鬼神上帝而进行祭祀活动。

越族是一个崇信鬼神的民族。《吕氏春秋》卷十《异宝》篇称"越人信禨"⑤，先秦典籍《列子》、西汉成书的《淮南子》均有相同的记载⑥。这个"禨"字，或作"禨"，或作"鬾"，《说文》示部无"禨"字，《玉篇》云："鬾，亦作禨"，则禨即鬾之或体。《汉书·郊祀志下》载："粤人勇之乃言粤人俗鬼。"师古曰："俗鬼，言其土俗尚鬼神之事。"王先谦补注引叶德辉曰："《说文》云，鬾，鬼俗也，从鬼，幾声。淮南传曰：吴人鬼，越人鬾。"⑦ 先秦越人崇信鬼神，甚至把它视为国家的一项重要政策，如越大臣文种向勾践献的"伐吴九术"，即以"尊天地，事鬼神，为第一术"⑧。绍兴306号墓出土的铜屋，更是形象地表现了越人祭祀时的某些场景。⑨

西汉初期岭南越人的祭祀活动更为考古文物的新发现所证实。1983年发掘的广州西汉南越王墓，东耳室出土了一件铜提筒（B59），筒上的花纹给我们展现了当时越人祭祀时的一个场景。该提筒中部的一组为主景，饰羽人船四艘，形象基本相同。船的首尾各竖立了两根祭仪用的羽旌，羽旌下各有一只水鸟。每艘船

① 中国古代铜鼓研究会编：《中国古代铜鼓》，文物出版社1988年版，第37、260页。

② 张荣芳、黄淼章：《南越国史》，广东人民出版社1995年版，第312页。

③ 广西壮族自治区博物馆：《广西贵县罗泊湾汉墓》，文物出版社1988年版，第26－29页。

④ 主张龙图腾崇拜的，如王卫平《试论古代越族的"文身断发"与图腾崇拜》，《东南文化》第3辑，江苏古籍出版社1988年版。主张鳄鱼图腾崇拜的，如余天炽等《古南越国史》，广西人民出版社1988年版，第187页。甚至有人考证，认为龙的原形就是鳄鱼，如王朝达《也谈我国神话中龙形象的产生》，载《思想战线》1981年第3期。

⑤ 陈奇猷：《吕氏春秋校释》上册，上海学林出版社1984年版，第551页。

⑥ 参阅〔西汉〕刘安等《淮南子》卷一八《人间训》，四部丛刊本。

⑦ 参阅〔清〕王先谦《汉书补注·郊祀志下》，中华书局1983年版。

⑧ 参阅〔明〕欧大任《百越先贤志》卷一《大夫种》。

⑨ 牟永抗：《绍兴306号越墓刍议》，载《文物》1984年第1期。

上有羽人五人，大多饰长羽冠，其中一人左手持靴形钺，右手执一披发首级，似为主持祭祀的首领。船台前的第三人左手执一长发裸体俘虏，右手持短剑。船尾一人划桨。这个场面正是岭南越人杀俘虏、祭水神的写照。①

岭南越人迷信、崇敬、祭祀鬼神，在《汉书》中也有明确的记载。《汉书·郊祀志下》记载汉武帝"既灭两粤，粤人勇之乃言'粤人俗鬼，而其祠皆见鬼，数有效。昔东瓯王敬鬼，寿百六十岁，后世怠慢，故衰耗'"。极想长命百岁的汉武帝于是"命粤巫立粤祝祠，安台无坛，亦祠天神帝百鬼"。罗香林教授认为："汉武帝平定南越，因接受南越祀鬼之宗教，因命越巫立越祝祠以示文化之汇合也。"② 又查《汉书·地理志》，知西汉中后期关中左冯翊之云阳县还有"越巫䢕鄹祠三所"，其中"䢕"即"越人祠也"，"鄹"即"禳"③。上述的一些记载及论述，也表明了岭南越人不但崇信、祭礼频繁，而且祭祀范围、对象也比较广泛，上帝百鬼天神无不包容。

此外，历来研究铜鼓的中外学者，无论是奥人黑格尔（F. Heger）、德人夏德博士（Dr. F. Hirth）、荷兰人狄葛乐（J. J. M. de Groot），还是罗香林、石钟健诸教授，皆认为铜鼓与越人的祈雨仪式有关。如罗香林教授在1930年曾撰《骆越铜鼓考》一文，"于铜鼓与祈雨祈雷之关系，颇有阐述"，并认为这一论点有坚实的客观依据——"鼓面常铸立体蛙蛤或蟾蜍"④。我们认为，古越人在长期的生活实践中，总结出不少物候与气象的经验，蟾蜍、青蛙等异常地大量出现，表明天气的沉闷，不久即会下雨，蛙蛤便被视为雨使者。按照民族史上各地原始初民们所信重的交感巫术原理，则铸造蛙蛤形象而祈祭之，必致大雨，故铜鼓也就成为与古越人社会生活密切相关的宗教用物，这也是越人重祭祀的反映。

总之，文献、考古资料均可证明越人"信鬼神，重淫祀"⑤。这种对象广泛、活动频繁的祭祀，是岭南地区早期宗教活动的一个重要组成部分。这对东汉末年道教的产生、魏晋道教在岭南的流行均有一定的影响。

三、占卜

占卜是巫术（magic）的一种，是一种广泛存在于世界各地区、各个民族的

---

① 广州市文物管理委员会等：《西汉南越王墓》上册，文物出版社1991年版，第50页。

② 罗香林：《古代越族文化考》，《百越源流与文化》，台北"国立"编译馆中华丛书编审委员会1978年版，第157页。

③ 〔东汉〕班固：《汉书》卷二八《地理志》颜注引孟康语，中华书局1962年版，第1545页。

④ 罗香林：《古代越族文化考》，《百越源流与文化》上册，台北"国立"编译馆中华丛书编审委员会1978年版，第145页。

⑤ 〔唐〕房玄龄：《隋书》卷三一《地理志下》，中华书局1973年版，第886页。

宗教现象。它在以往的各个历史阶段均有出现。占卜是通过特定的形式来祈祷某种超人般的神秘力量，给予占卜者以某种预示，按照某些宗教学研究者的意见，它是由前兆迷信发展而来的。① 一般来说，由原始前兆迷信转化为占卜的种类很多。《周礼·大卜》有云："（大卜）掌三兆之法，一曰玉兆，二曰瓦兆，三曰原兆。其经兆之体，皆百有二十，其颂皆千有二百。"对此，李学勤先生认为"三兆之法"就是三种占卜方法②，可见先秦中原占卜方法之多。

中原占卜方法虽多，但主要却是骨卜类的龟卜，即灼烧乌龟甲及牛、羊等动物的肩胛骨（还有少量的鹿、虎骨乃至人骨），据裂痕以定吉凶。《史记》记载："蛮夷氐羌虽无君臣之序，亦有决疑之卜。或以金石，或以草木，国不同俗。然皆可以战伐攻击，推兵求胜，各信其神，以知来事。"③ 可见，汉初包括岭南越人在内的各少数民族占卜的种类是十分丰富的。

汉初岭南越人的最主要占卜方法，是骨卜类中的鸡卜。越人之所以用鸡卜，是有其特殊条件的：其一，先秦时期，鸡已在全国各地普遍饲养。根据中国农业考古中心的不完全统计，截至1985年，在我国境内发现的与鸡、鸡蛋的有关遗迹及文物，处于新石器时代的有18项，广布于今河北、湖北、陕西、河南、江苏等地。④ 鸡在原始社会的普遍饲养，为鸡卜的产生创造了条件。其二，越人在生产、生活实践中，观察到鸡、鸟一类的动物对自然变化比较敏感，因而以鸡骨而卜，以定吉凶。⑤

《史记》首先记载了岭南地区越人社会中流行的鸡卜，武帝既灭南越，越人勇之言越人俗信鬼，武帝"乃令越巫立越祝祠，安台无坛，亦祠天神上帝百鬼，而以鸡卜。上信之，越祠鸡卜始用焉"⑥；此事复见载于《史记·封禅书》，《汉书·郊祀志》亦作了相同的转载。可见，至少在西汉早期，岭南越人就盛行鸡卜了，其由来定可上溯至先秦。⑦

关于鸡卜的有关情况，南朝刘宋裴骃云："《汉书音义》曰：'持鸡骨卜，如

① 朱天顺：《中国古代宗教初探》，上海人民出版社1982年版，第119－136页。
② 李学勤：《西周甲骨探论》序，见王宇信《西周甲骨探论》，中国社会科学出版社1984年版。
③ 〔西汉〕司马迁：《史记》卷一二八《龟策列传》，中华书局1959年版，第3223页。
④ 陈文华、张宽忠：《中国古代农业考古资料索引》，载《农业考古》1985年第2期。
⑤ 史廷庭：《论吴文化中的鸟崇拜习俗》，载《中国史研究》1992年第3期。
⑥ 〔西汉〕司马迁：《史记》卷一二《孝武本纪》，中华书局1959年版，第478页。
⑦ 李仰松先生认为鸡骨卜在原始社会晚期的军事民主制阶段就出现了，见《云南省西盟佤族的"鸡骨卜"》，载《民族学研究》1982年第3辑；而莫俊卿先生则把鸡骨卜产生的时间前移得更早，认为在原始社会的母系氏族末期就出现了，以后一直延续到父系氏族时期及阶级社会中，见莫俊卿《越巫鸡卜源流考》，载《中南民族学院学报（社会科学版）》1986年增刊，总第23期。

鼠卜。'"① 唐张守节则记载了鸡卜的具体操作过程及判断吉凶的方法："鸡卜法用鸡一，狗一，生，祝愿讫，即杀鸡狗煮熟，又祭，独取鸡两眼，骨上自有孔裂，似人物形则吉，不足则凶。今岭南犹此法也。"② 可知，岭南越人在汉代流行的鸡卜之法，到了唐朝仍盛行不衰，这亦见载于曾到过岭南的唐代文学家柳宗元的诗文中，如《柳州复大云寺记》中有"越人信祥而易杀……用鸡卜"之语，《柳州峒氓》诗有"鸡骨占年拜水神"之句。③ 这以后，宋、元、明、清历代关于岭南乃至南方少数民族用鸡卜的记载不绝于史。④ 鸡卜流行的时间持久，与汉武帝下令实行的国家扶持分不开。

鸡卜不仅在历史上流行，在近代乃至当今社会，作为越人后裔的黎、壮、水、侗、布依等族中仍然盛行；并且在漫长的历史发展中，以鸡骨卜为源，南方少数民族还衍化、发展出鸡卵卜、鸡血卜、鸡头卜、鸡舌卜、鸡肝卜等更细的占卜种类。⑤

岭南越人之所以流行鸡卜，与越人的鸟图腾崇拜密切相关。

越人的鸟图腾崇拜，已如前文所述，表达了越人对鸟的崇敬。随着历史的发展，进入阶级社会后，图腾崇拜对社会生活的影响逐渐减弱。但是，曾经作为越人顶礼膜拜的图腾的神禽——鸟，并不会迅速从越人的生活中消失，而会以其他形式表现出来（越人后裔高山族至今仍流行鸟占即为一证⑥），这正如越人有过蛇图腾崇拜而文身一样，鸡卜亦是类似的一种形式。

再者，越人从迷信鸟转化为迷信鸡，与它们在外形上相似有密切关系。首先，家鸡即由禽类中的野雉驯化而来；其次，越鸡的体形比中原鸡小，因而与鸟更为接近。如《庄子》载："越鸡不能伏鹄卵，鲁鸡固能焉也"，越鸡即其小者，又名蜀鸡。⑦ 甚至在南朝初期，岭南地区的"卢水合武水"处，有一庙，当地人"放鸡散米以祈福"，仍视鸡为有灵验之禽。⑧

越人从迷信鸟，转而迷信鸡，转而迷信鸡的某些部分，如鸡的头、骨骼、卵、舌、肝等，认为亦能够兆吉凶、示祸福，这正是人类学家弗雷泽

---

① 〔西汉〕司马迁：《史记》卷一二《孝武本纪》集解，中华书局1959年版，第478页。

② 〔西汉〕司马迁：《史记》卷一二《孝武本纪》正义，中华书局1959年版，第478页。

③ 参阅〔唐〕柳宗元《柳宗元集》卷二八、四〇，中华书局1979年版。

④ 参阅〔唐〕段公路《北户录》卷二，〔北宋〕周去非《岭外代答》卷十，〔明〕邝露《赤雅》卷下，〔清〕汪森《粤西丛载》卷一八等。此外，历代不少笔记、类书、通志等也有记载。

⑤ 莫俊卿：《越巫鸡卜源流考》，载《中南民族学院学报（社会科学版）》1986年增刊，总第23期。

⑥ 朱天顺：《中国古代宗教初探》，上海人民出版社1982年版，第129页。

⑦ 参阅〔北宋〕李昉等《太平御览》卷九一八，中华书局1960年版。

⑧ 参阅《太平御览》卷五六引〔南朝·刘宋〕王韶之《始兴记》，中华书局1960年版。

（J. C. Frazer）提出的"接触法则"（law of contact）类的巫术。可见，正如同护身符（amulet）的起源之一为祖先身上的某部分（如骨骼、头发等）一样（由此可以追溯到祖先崇拜），鸡卜的起源就是鸟图腾崇拜。

除鸡卜之外，根据史籍的有关记载推测，西汉初期的岭南越人可能还流行蛇卜、梦占。

南越人的蛇占，在春秋以前的史籍中均未见，考虑到汉及汉代以后越人及其后裔的喜蛇风俗及拜蛇遗俗，如清李调元称"南越人好巫"，并在《南越笔记》中记载广东"乡人有斗争，多向三界神乞蛇以决曲直，蛇所向作咬人势则曲，背则直。或以秀花钱米迎蛇至家，囊蛇而探之，曲则蛇咬其指，直则已"①，故我们推测汉初岭南越人也迷信蛇卜。

南越人亦可能相信梦占，因为越人早在先秦时期就有梦占的传统。梦占系由梦兆迷信转化而成②，《周礼》有"占六梦"③；商人的梦占，屡见于甲骨卜辞；汉代作为一个"非常迷信"的时代④，更是盛行梦占，如《汉书》即收录了两种关于占梦的专著——《黄帝长柳占梦》和《甘德长柳占梦》。⑤ 先秦的越人亦热衷于梦占，譬如《越绝书》中即辟专章《越绝外传记吴王占梦》以记述之，吴绵吉先生即据此认为东南地区越族流行"占梦之俗"⑥。作为百越民族的一支，岭南人也应有此俗。

越人可能还有龟卜，或至少受过龟卜的影响，如"越王（勾践）又有客秦伊，善灼龟，战必得龟食乃阵民，山西大冢，为秦伊山善灼龟者冢也"⑦。可见，春秋战国之世，越人就受到过龟卜的影响。龟卜、鸡卜同为骨卜，龟卜对鸡卜有什么影响，阙于史料，今无法考证。

四、 厌诅之术

厌诅之术，也是巫术的一种。它是通过一定的仪式，利用祈请的祝福或恶毒的诅咒来实现某一美好的意愿（如驱鬼避邪、被除不祥）或移害于他人。按照文化人类学的理论，可将这两种分别以害人、行善为目的的巫术分为黑巫术（black magic）和白巫术（white magic）。

① 参阅〔清〕李调元辑《南越笔记》卷四《南越人好巫》，上海商务印书馆 1936 年版。
② 参阅朱天顺《中国古代宗教初探》，上海人民出版社 1982 年版，第 137 页。
③ 《周礼》卷六《春官宗伯下》，四部丛刊本。
④ 田宗尧：《王充对汉代迷信思想的驳斥》，载台北《书目季刊》1981 年第 15 卷第 1 期。
⑤ 参阅〔东汉〕班固《汉书》卷三十《艺文志》，中华书局 1962 年版。
⑥ 蒋炳钊、吴绵吉、辛土成：《百越民族文化》，学林出版社 1988 年版，第 332 页。
⑦ 参阅欧大任《百越先贤志》卷一《陈音》，上海商务印书馆 1937 年版。

中原汉族地区早有厌诅之术（在中国史籍中又称为"厌胜之术""巫蛊"等），如现存中国最古老的民歌《伊耆氏蜡辞》即被视为一种原始的诅咒之辞。[①]此外，《尚书》《诗经》《左传》《素问》等书均有关于当时厌诅之术的记载。

　　西汉初年岭南越人亦流行厌诅之术。《史记》《汉书》均记载"越人相攻击"[②]，证明越人有好斗之陋习。其后裔僚人"俗好相杀，多构仇怨"[③]。自然，相斗必有败者，败而不服输，就很可能要借助于厌诅之术了，故越人中厌诅之术极为流行。由于秦汉时期岭南与中原地区之间新的陆路通道的大开辟，双边的交流比以前大为加强，所以，西汉之中原地区亦盛行越人的厌诅之术。

　　由于中原地区越人不常见，兼之越人的厌诅之术被视为神奇，如《博物志》甚至记载了一种被越人视为越祝之祖的异鸟[④]，故此越人的厌诅之术在中原受到重视，被认为更有神奇之效。

　　在汉武帝平定南越国前十年左右，江都王刘建因"专为淫虐，自知罪多，国中多欲告言者"而"恐诛，心内不安"，于是与王后成光"共使越婢下神，祝诅上。与郎中令等语怨望：'汉廷使者即复来覆我，我决不独死。'"[⑤]可见，汉代诸侯王相信越人行厌诅之术更为灵验，这从一个侧面说明越人厌诅之术的流行。正由于这个原因，有的学者甚至认为，南越文王眜用假名赵胡上书汉廷，以防备汉廷使人进行厌诅。[⑥]

　　当时，在中原地区流行的，除中原汉人、岭南越人的厌诅之术外，还有代表北方匈奴的"胡巫"及来自楚文化区域的"楚巫"[⑦]。这其中，富于巫觋传统的楚文化对岭南越人的影响很大。

　　《楚辞》中宋玉《招魂》，句尾皆有一个"些"字，十分特殊。对此，沈括认为，"《楚辞·招魂》尾句皆曰'些'（苏个反），今夔峡湖湘及南北江僚人凡禁咒句尾皆称'些'，此乃楚人旧俗。"[⑧]戴裔煊教授亦认为："招魂尾句之有'些'字，乃宋玉用禁咒之体以为文。文中用巫阳语气，在'乃下招曰'以下始

---

　　① 葛兆光：《道教与中国文化》，上海人民出版社1987年版，第91页。

　　② 参阅〔东汉〕班固《汉书》卷九五《南粤传》，中华书局1962年版。

　　③ 〔唐〕房玄龄：《隋书》卷三一《地理志》，中华书局1973年版，第888页。

　　④ 参阅〔晋〕张华撰，范宁校证《博物志校证》卷三《异鸟》，中华书局1980年版。

　　⑤ 〔东汉〕班固：《汉书》卷五三《景十三王传·江都易王传》，中华书局1962年版，第2416页。

　　⑥ 黄鸿兴：《广州象岗大墓"赵眜"印释》，载《学术研究》1984年第5期。

　　⑦ 楚巫，武帝之子刘胥因"迎女巫李女须，使下神祝诅""复令女须祝诅如前"等，"祝诅事发觉"，而自杀，此处的女巫李女须即楚巫，事见《汉书·武五子传》；胡巫，即匈奴巫，《史记·惠景间侯者年表》记载了附汉的匈奴人遒侯隆强之子因"坐使巫齐少君祠祝诅"而国除。此类例甚多。

　　⑧ 参阅〔宋〕沈括《梦溪笔谈》卷三，四部丛刊本。

有'些'字，盖可见宋玉乃仿效巫语。"① 越人的后裔僚人至北宋之时仍有楚巫禁咒语之用，可以推想秦汉时期越巫与楚巫肯定存在着交流关系。

越巫、楚巫、胡巫等传入汉朝，在中原与汉巫交织在一起，正所谓"各地方之迷信，皆集于京都"②，在西汉前期的中原掀起了一股强大的厌诅之风，使得本来神鬼迷信就非常流行的汉代③，更充满了巫觋之气，并对当时的政治生活产生了相当大的影响。戾太子巫蛊案，导致了约万人被杀。这以后，亦有多起政治大事直接与厌诅之术相关，如西汉的广陵厉王、中山孝王太后、名臣息夫躬，东汉阴皇后、光武帝子阜陵质王刘延、和帝幸人吉成、灵帝宋皇后，三国吴之孙亮等无不然。可见，"巫术多端，诒害最甚者，莫如厌诅"④。这其中，曾受过汉武帝大力扶持的越巫——越人的厌诅之术所起的推波助澜作用不可低估。

已如前述，厌诅之术除以害人为目的的黑巫术外，还有以祈福为目的的白巫术。如汉武帝时，越人勇之说："越俗有火灾，复起屋必以大，用胜服之。"这实际上是一种厌胜之法，其巫术寓意同于避邪镜、厌胜钱、避兵符之类。汉武帝采纳该做法，"于是作建章宫，度为千门万户。前殿度高未央"⑤。这种厌诅之术，在邻近岭南地区的楚地越族中保持得很久。如1979年湖南省资兴县旧市的一座东汉墓中出土了一件陶屋，在陶屋的墙壁上，数处刻有"大""又大"等汉字⑥，实际上就是汉代越人厌胜法的反映。

越人的这种白巫术类的厌诅之术，也被用于治病。如东汉东阳人赵炳，"能为越方"，李贤云"越方，善禁咒也"，赵炳以越方而"行禁咒，所疗皆除"⑦，说明赵炳用越人的巫术而治病。此事在葛洪《抱朴子》中亦有记载，葛洪亦认为"吴越有禁咒之法"⑧。越人的后裔中亦不乏实行白巫术者，如在赛会上，以击铜鼓而娱神、驱疾、逐鬼、祈福。

综上所述，岭南地区在汉初已流行图腾崇拜，占卜、祭祀、厌诅之术等早期宗教观念及行动，为岭南地区宗教的出现及盛行提供了前提条件。

这些宗教观念及活动不仅对汉初岭南社会产生了广泛的影响，如祭祀、手工

---

① 参阅戴裔煊《僚族研究》，第三节，中央民族学院重印本，1981年版。

② 吕思勉：《秦汉史》上册，上海古籍出版社1983年版，第134页。

③ 田宗尧：《王充对汉代迷信思想的驳斥》，载台北《书目季刊》，1981年第15卷第1期。

④ 吕思勉：《秦汉史》下册，上海古籍出版社1983年版，第811页。

⑤ 〔西汉〕司马迁：《史记》卷十二《孝武本纪》，中华书局1959年版，第482页。

⑥ 参阅傅举有《古越族在湖南活动的历史和遗迹》，见《百越民族史论丛》，广西人民出版社1985年版。

⑦ 〔南朝宋〕范晔：《后汉书》卷八二《方术列传·徐登传》，中华书局1965年版，第2741页。

⑧ 王明校释：《抱朴子内篇校释》卷五《至理》，中华书局1980年版，第103页。

业、民间风俗等，对道教的产生及魏晋时期道教在岭南的流行有一定作用；而且对汉以后历代南方地区少数民族（尤其是越人后裔）有着深远的影响。

再者，随着西汉武帝时岭南地区的归汉（元鼎六年，前 111 年），这些岭南地区越人的早期宗教观念和活动也对汉朝中原地区产生了一定影响，甚至与汉朝的宫廷事变密切相关。

原载《安作璋先生从教 50 周年纪念文集》，泰山出版社 2001 年版。

汉代始安县治所之我见

一、 汉代始安县治所——今桂林

《汉书·地理志》载汉武帝元鼎六年（前111）平定南越国之后，设零陵郡，隶属荆州。零陵郡领县十，其中有始安县，这是始安设县之始。《后汉书·郡国四》载，零陵郡所属的始安，改为始安侯国。《三国志·吴书·三嗣主传》载"以零陵南部为始安郡"。《晋书·地理志》《南齐书·州郡下》都记三国吴时置始安郡。从这些文献记载看，汉武帝元鼎六年设始安县，三国孙皓甘露元年（265）设始安郡，是十分清楚的。问题是汉始安县治所和吴时始安郡治所在哪里？《汉书》《后汉书》《三国志》失载，给后人留下了难题。

《新唐书·地理志上》载：桂州始安郡，领县十一，其首县为临桂，"临桂，上，本始安，武德四年置福禄县，贞观八年省入焉，更名"。《元和郡县志》卷三六和《太平寰宇记》卷一六二均云：始安，"至德二年改为临桂"。按《新唐书》四三卷下"灵川县"云"龙朔二年析始安置"，龙朔在贞观之后，知始安改名临桂必不在"贞观"时，应以《元和郡县志》记载为准，即唐肃宗至德二年（757）始安县改名临桂县。《旧唐书·地理四》卷四一载："桂州下都督府，隋始安郡"，"临桂，州所治。汉始安县地，属零陵郡。吴分置始安郡，宋改为始建国，南齐始安郡，梁置桂州。隋末，复为始安郡"。即桂州、始安郡、临桂县的治所是重叠的，都在临桂县。《大清一统志》卷三五六下的"桂林府"条载："始安故城，今（广西桂林）府治。"清雍正时金鉷纂《广西通志》卷四四载："临桂县：始安故城，汉置县，吴为郡，梁后皆曰桂州，宋南渡为静江，明为桂林。"之后清代修的《临桂县志》的"始安故城"条，完全袭用《广西通志》的记载。从这些记载可以很清楚地看到，汉始安县治、三国时始安郡治，唐桂州州治、临桂县治，都在今天的桂林。

这些记载是否准确？我们只能从现有材料进行分析。唐杜佑《通典》卷一八四《州郡十四》载："桂州，今理临桂县。战国时楚国及越之交。秦为桂林郡地。二汉属零陵、苍梧二郡。吴分置始安郡，晋因之。宋改始安为始建国。齐复为始安郡。梁置桂州。隋平陈，置总管府；炀帝初府废，复置始安郡。大唐为桂州，或为始安郡。领县十。"并在叙述首县临桂时说："汉始安县。有漓水，一名桂江。又有荔水，亦曰荔江。其源多桂，不生杂树。"在叙述永福县和理定县时，说"汉始安县地"。临桂，"汉始安县"和永福、理定，"汉始安县地"，两种表述是不同的，其含义分别是临桂县即汉始安县，而永福、理定县是从汉始安县所辖地分置的。

唐李吉甫《元和郡县图志》卷三六《岭南道二》载，桂州，"汉元鼎六年置零陵郡，今州即零陵郡之始安县也，吴归命侯甘露元年，于此置始安郡，属荆州。……管县十"。并在叙述首县临桂时说："本汉始安县，属零陵郡，至德二年改为临桂。"《元和郡县图志》的记载说明：第一，唐代桂州州治临桂县，而临桂县即汉代始安县，甘露元年（前53）"于此置始安郡"，说明此郡并非从其他地方迁来，即是在汉代始安县置始安郡；第二，在叙述全义县、阳朔县时，记"本汉始安县之地"，记理定时说"隋仁寿初分始安县置兴安县，至德二年改为理定县"，记慕化县时说"武德四年析始安县置"。这些记述与"临桂县，本汉始安县"的含义是不同的。这与上述《通典》的含义是一样的，临桂县即汉始安县，全义县、阳朔县、理定县、慕化县都是从汉始安县所辖之地分置的。

从上述历代地理书记载看，我们同意吴晋、汤铭等同志的观点①，认为汉代始安县治所就是唐代的临桂县，即今天的桂林。按汉制，县城应筑有城墙，始安县亦不应例外。明代《寰宇通志》《大明一统志》及黄佐的《（嘉靖）广西通志》都记载："汉城，在临桂县，遗址尚存。"从汉武帝元鼎六年（前111）设始安县至今，桂林建城已有2100多年历史了。在没有确凿证据推翻上述记载之前，我们不宜怀疑其可靠性，这是可以作为立论的根据的。

二、关于"秦城"遗址的性质

有一种观点认为，桂林没有发现汉代遗物和故城，也没有发现两汉墓葬，因而汉代始安治所不在桂林；而在史籍上记载的"秦城"遗址发现大量汉代陶片、瓦片，周围也发现汉代墓葬，因而"推论""秦城"遗址为汉代始安故城。因此关于"秦城"是什么性质的遗址，是应该被考察清楚的。

关于"秦城"，较早的记载见《资治通鉴》。该书卷二六二《唐纪七八》，昭宗光化三年（900），胡三省给"秦城"作注曰：

> 范成大《桂海虞衡志》曰：秦城在桂林城北八十里，相传以为始皇发戍五岭之地。城在湘水之南，漓、漓二水之间，遗址尚存，石磴亦无恙。城北二十里有严关，群山环之，鸟道不可方轨。秦取百粤，以其地为桂林、象

---

① 吴晋：《始安县治考》，载《桂林文化研究》1992年第4期；汤铭：《汉始安城应在今桂林》《今桂林的汉唐城池考索》等文。

郡，而戍兵乃止湘南。盖岭有喉衿在是，稍南又不可以宿兵也。

这段记载，与杨守敬《水经注疏》卷三八《湘水》引范成大《桂海虞衡志》亦同。

宋周去非著《岭外代答》卷十《古迹门》"秦城"条曰：

> 湘水之南，灵渠之口，大融江、小融江之间，有遗堞存焉，名曰秦城，实始皇发谪戍五岭之地。秦城去静江城北八十里，有驿在其旁。张安国纪之诗曰："南防五岭北防胡，犹复称兵事远图。桂海冰天尘不动，谁知垅上两耕夫。"北二十里有险曰严关，群山环之，鸟道微通，不可方轨。此秦城之遗迹也。形势之险，襟喉之会，水草之美，风气之佳，真宿兵之地。据此要地以临南方，水已出渠，自是可以方舟而下陆。苟出关，自是可以成列而驰。进有建瓴之利势，退有重险之可蟠，宜百粤之君，委命下吏也。

宋代以后的地理书和方志，如《读史方舆纪要》《续通志》等，有关"秦城"的记载，大多出自上述记载，或概括叙述，或择其部分词句，没有增加什么新的内容。就这些文献资料，结合考古资料，我们对"秦城"遗址的性质提出三点意见。

第一，上述文献说"秦城，相传秦戍五岭时筑"，"实始皇发谪戍五岭之地"，宋代的范成大、周去非还目睹其"遗址尚存，石甃亦无恙"。现代考古工作者又在"秦城"发现大量汉代陶片、瓦片，周围还发现汉墓。结合岭南秦汉历史考察，"秦城"乃秦汉时代的遗址当是可信的。

第二，我们目前找不到文献材料说明它是始安县故城；而考古材料中也没有直接说明它是县城址或始安故城的证据。就现有的材料"推论"它是始安故城，论据是不充分的。

第三，"秦城"所处的地理位置，是一个军事要地，北面有险峻的"严关"，南"出零陵，下漓水"，直抵南越。诚如顾祖禹所说："实为楚粤之咽喉。"① 秦始皇统一岭南，汉武帝平定南越，马援征交趾，此地都是重要的军事路线。诚如周去非所云："形势之险，襟喉之会，水草之美，风气之佳，真宿兵之地"，"据此要地以临南方"，"进有建瓴之利势，退有重险之可蟠"。② 因此，秦代、汉代在此修筑城堡作为军事防御之地是完全可能的。

---

① 参阅〔清〕顾祖禹《读史方舆纪要》卷一〇六《广西一》"严关"条。

② 〔南宋〕周去非：《岭外代答》卷十，见杨武泉《岭外代答校注》，中华书局1999年版，第400页。

按秦汉制度，在长城险要地段或边境重要的军事要地修建小城，用作士卒驻守戍边的地方。这种小城在文献中称为亭鄣、鄣城、坞、坞壁、壁、壁堡等。它们有大小之别，但都是具有围墙的防御建筑。这几种称谓，在文献中是互相为训的。《史记·白起列传》"取二鄣四尉"，《索隐》曰"鄣，堡城，尉，官也"；《正义》引"括地志云赵鄣故城，一名都尉城……"《文选·北征赋》注引《苍颉篇》曰："障，小城也。"《史记·匈奴列传·正义》引："顾胤云鄣，山中小城。"《汉书·武帝纪》师古注曰"汉制每塞要处别筑为城，置人镇守，谓之候城，此即鄣也"；《张汤传》注略同；《李陵传》师古注曰："障者，塞上险要之处，往往修筑，别置候望之人，所以自障蔽而伺敌也。"为小城，亦即候城；障也称为坞。坞，《说文》云："小鄣也，一曰庳城也。"《后汉书·马援传》李贤注："字林曰坞，小障也，一曰小城，字或作隖。"这种小城，亦称为堡壁、壁。《后汉书·西域传·序》曰，"居车师前部高昌壁"，《西域传》曰，"司马丞韩玄领诸壁"。《后汉书·马成传》："成拜扬武将军……又代骠骑大将军杜茂缮治鄣塞，自西河至渭桥，河上至安邑，太原至井陉，中山至邺，皆筑堡壁，起烽燧，十里一候。"[1] 这种壁起源甚早，在军事上的运用，描述得最淋漓尽致的是《史记·白起列传》：

> （秦）攻赵，赵使廉颇将。……六月，陷赵军，取二鄣四尉。七月，赵军筑垒壁而守之。秦又攻其垒，取二尉，败其阵，夺西垒壁。廉颇坚壁以待秦……。赵括至，则出兵击秦军。……赵军逐胜，追造秦壁。壁坚拒不得入。……赵战不利，因筑壁坚守，以待救至。

从这段记载看，赵国和秦国均筑壁作为防守，进攻时也以夺取对方的壁为目标。秦汉时在长城和军事险要地方筑小城，以作士卒驻守戍边之处所，不但有大量文献记载，而且在考古上也找到了不少实例。在汉代长城沿线已发现的鄣城和烽燧遗址达数百处之多。每一鄣城都筑有围墙，平面成方形。肩水都尉所在的大湾鄣城面积较大，约为 250 米×250 米。甲渠候官治所，其城堡由鄣和坞两部分组成，其建筑都略近方形。[2]

这种制度历代相沿。《三国志》卷三二《蜀书·先主传》载，建安二十四年

① 参阅陈梦家《汉武边塞考略》，见《汉简缀述》，中华书局 1980 年版；吴礽骧《汉代蓬火制度探索》，见甘肃省文物工作队、甘肃省博物馆编《汉简研究文集》，甘肃人民出版社 1984 年版；贺昌群《烽燧考》，见《贺昌群史学论著选》，中国社会科学出版社 1985 年版；程喜霖《汉唐烽燧堠制度研究》，第三、四章，三秦出版社 1990 年版。

② 参阅《中国大百科全书·考古学卷》"秦汉长城遗址"条、"居延烽燧遗址"条，中国大百科全书出版社 1986 年版。

（219）秋，刘备自立为汉中王：

> 于是还治成都，拔魏延为都督，镇汉中。裴注引鱼豢《典略》云："备于是起馆舍，筑亭障，从成都至白水关，四百余区。"

从汉中到白水关是蜀与魏的边境区，刘备在此"筑亭障"以作防守之用。

在唐代这种制度更加完备。《册府元龟》卷九九〇《外臣部·备御三》载：

> 武德七年（602 年）六月，遣边州修堡城，警烽候，以备胡。
>
> 武德九月（引注：因为年之误，626 年）正月辛亥，突厥声言入寇，敕州县修城堡，谨烽候。

《唐六典》卷五"兵部职方郎中员外郎"条：

> 凡烽堠所置，大率相去三十里。若有山冈隔绝，须逐便安置，得相望见，不必要限三十里。其逼边境者，筑城以置之。

《武经总要》前集卷五"唐兵部有烽式"云：

> 唐法：……若临边界，则烽火外周筑城障。

以上的材料说明：从战国时起，历秦汉，经魏晋南北朝到隋唐，历代在长城沿线及边境军事险要处，修筑有用于防御的障城，这种小城或称壁、坞壁等。"秦城"就是这种性质的障城，而且从秦汉一直使用到唐代。《资治通鉴》卷二六二《唐纪七八》昭宗光化三年（900）的一段记载正是这种性质的"秦城"形象描述：

> 静江节度使刘士政闻马殷悉平岭北，大惧，遣副使陈可璠屯全义岭以备之。殷遣使修好于士政，可璠拒之；殷遣其将秦彦晖、李琼等将兵七千击士政。湖南军至全义，士政又遣指挥使王建武屯秦城。可璠掠县民耕牛以犒军，县民怨之，请为湖南向导，曰："此西南有小径，距秦城才五十里，仅通单骑。"彦晖遣李琼将骑六十、步兵三百袭秦城，中宵，逾垣而入，擒王建武，比明，复还，绁之以练，造可璠壁下示之，可璠犹未之信；斩其首，投壁中，桂人震恐。琼因勒兵击之，擒可璠，降其将士二千，皆杀之。引兵趣桂州，自秦城以南二十余壁皆望风奔溃，遂围桂州；数日，士政出降，

桂、宜、岩、柳、象五州皆降于湖南。

"秦城"就是"壁",而且,在秦城以南,这种壁有20余处。

综上所述,我的意见是:历代文献记载,证明汉代始安县即唐代的临桂县,其治所就是今天的桂林。在没有确凿证据推翻这些记载之前,我们不宜怀疑其可靠性,这是可以作为立论的根据的。从汉武帝元鼎六年(前111)设始安县至今天,桂林建城已有2100多年的历史;文献中记载的"秦城"遗址,没有证据证明它是汉始安故城,它的性质似是军事上的障城,从秦汉一直使用至隋唐。

1998年8月参加"桂林建城时间问题论证会"论文。

两汉时期雷州半岛及其在中国历史上的地位

两汉时期（前 206—220）是岭南文明迅猛跃进的时期，也是雷州半岛社会经济文化全面发展的时期。汉代的雷州半岛在岭南社会发展史上，乃至中国历史上都扮演了重要的角色。

一

岭南在先秦时期主要是越人的活动区域。"自交趾至会稽七八千里，百越杂处，各有种姓。"① 雷州半岛居民的主体是百越的一支"西瓯"。秦始皇统一中国后，在岭南设桂林、南海、象郡三郡，雷州半岛由桂林郡管辖。② 秦末，南海尉赵佗逐渐控制了岭南三郡的军政大权，并在此基础上建立了南越国。前 111 年，汉武帝遣兵灭亡了南越国，在岭南设南海、苍梧、郁林、合浦、交趾、九真、日南、珠崖、儋耳九郡进行管理（海南岛上的儋耳、珠崖二郡后来先后被罢弃）。在此后的 300 多年时间里，整个雷州半岛一直属于汉代的合浦郡徐闻县管辖。汉代的合浦郡下辖五县：徐闻、合浦、高凉、临允、朱卢。管辖范围除雷州半岛外，还包括海南岛北部，广西的邕宁、横州、玉林，广东的高州、新兴等地。在西汉徐闻是合浦郡的首县，即郡治所在地。到了东汉，合浦成为合浦郡的首县。

"移民实边"几乎是历代王朝巩固政权的一项重要措施。早在始皇三十三年（前 214），秦王朝就曾"发诸尝逋亡人、赘婿、贾人略取陆梁地，为桂林、象郡、南海，以适遣戍"③。这就是历史上著名的"五十万人守五岭"事件。④ 据统计，秦向岭南的移民，较大规模的就有四次之多。⑤ 汉武帝遣五路大军将十余万罪人平定岭南，实际上也是一次大规模的移民活动。在汉代人的心目中，岭南的合浦、九真、日南是一个十分荒凉的地方。在西汉末，合浦郡几乎是失势朝臣

---

① 〔东汉〕班固：《汉书》卷二八下《地理志》引颜师古注，中华书局 1962 年版，第 1669 页。

② 此处采用蒙文通先生观点，参阅蒙文通《越史丛考》，人民出版社 1983 年版，第 84 页；谭其骧先生认为雷州半岛属秦象郡管辖，见谭其骧主编《中国历史地图集》第 2 册，北京中华地图学社 1975 年版，第 7、8 页。

③ 〔西汉〕司马迁：《史记》卷六《秦始皇本纪》，中华书局 1959 年版，第 253 页。

④ 《史记》卷六《秦始皇本纪》，裴骃《集解》引徐广语，第 253 页。

⑤ 参阅张荣芳、黄淼章《南越国史》，广东人民出版社 1995 年版，第 40、41 页。

唯一的流放场所，是令朝臣胆颤心惊的地方。而到了东汉，流放合浦者逐渐减少，更多的则被贬到九真和日南。据统计，《汉书》中提到的西汉本人及家属获罪被迁徙岭南的共计有 15 人次，全部被徙至合浦；《后汉书》记载的东汉朝臣及家属获罪迁徙岭南的多达 17 人次，其中徙合浦的 4 人次，徙九真的 3 人次，徙日南的 10 人次。正如学者所言："西汉末，外戚用事，互相倾轧，失势者合浦常为其归宿地……东汉又将徙所集中于更遥远的九真、日南了。"① 这种现象正是合浦郡社会经济发展的一种表现。两汉朝臣获罪流放合浦，实开唐宋名贤谪迁雷州半岛之先河。

汉代的合浦郡境内，居住着大量的少数民族。在西汉这些少数民族主要是西瓯、骆越，到了东汉，又增加了里（俚）人和乌浒。张华《博物志》言："交州夷名俚子。"俚人自东汉之初已居交州。据蒙文通先生的考证，认为中南半岛上林邑、扶南的崛起导致了俚人的北迁。② 这些少数民族在当时仍然处于原始社会后期阶段，保留了许多野蛮落后的习俗。《后汉书·任延传》云："骆越之民无嫁娶礼法，各因淫好，无适对匹，不识父子之性，夫妇之道。"《后汉书·南蛮传》亦云："其俗男女同川而浴，故曰交阯。其西有啖人国，生首子辄解而食之，谓之宜弟。味旨，则以遗其君，君喜而赏其父。取美妻，则让其兄。今为乌浒人是也……虽置郡县，而言语各异，重译乃通。人如禽兽，长幼无别。"这些记载虽不免夹杂封建史官的偏见和污蔑，但也基本反映了雷州半岛当时的社会发展状况。据学者研究，汉代岭南越人的婚姻形态，仍然属于族外群婚阶段。③ 劳榦先生也认为"合浦到晋时尚在半开化之状况"④，这是有一定道理的。

《后汉书·贾琮传》曰："旧交阯土多珍产……前后刺史率多无清行，上承权贵，下积私赂，财计盈给，辄复求见迁代，故吏民怨叛。"由于汉族官吏的残暴统治，合浦郡的民族冲突和社会动荡时有发生。据正史记载，东汉合浦郡的蛮夷反叛就有三次：

> （40 年）交阯女子征侧及其妹征贰反，攻郡……九真、日南、合浦蛮里皆应之，凡略六十五城。⑤
>
> （116 年）苍梧、郁林、合浦蛮夷反叛。⑥

① 胡守为：《岭南古史》，广东人民出版社 1999 年版，第 223 页。

② 蒙文通：《越史丛考》，第 49 - 57 页。

③ 参阅卢云《汉晋文化地理》，陕西人民教育出版社 1991 年版，第 346 - 348 页。

④ 劳榦：《劳榦学术论文集·甲编》上册，台北艺文印书馆 1976 年版，第 36 页。

⑤ 〔南朝·宋〕范晔：《后汉书》卷八六《南蛮传》，中华书局 1965 年版，第 2834、2836 页。

⑥ 《后汉书》卷五《安帝纪》，第 225 页。

（178 年）合浦、交趾乌浒蛮叛，招引九真、日南民攻没郡县。①

终汉之世，合浦郡的社会稳定不时受到威胁。直到三国东吴统治时期，薛综在上疏孙权时还提到了合浦等地多寇盗的问题。"今日交州虽名粗定，尚有高凉宿贼；其南海、苍梧、郁林、珠官（即原合浦）四郡界未妥，依作寇盗，专为亡叛逋逃之薮。"② 流放的汉人带来了中原地区先进的文化，他们和当地人民和睦相处、互相学习，为雷州半岛的开发做出了巨大的贡献。"颇徙中国罪人，使杂居其间，乃稍知语言，渐见礼化。"③ 应当指出的是，失势朝臣及家属不同于一般的罪犯，他们大多出身名门望族，文化素质相对较高，他们的到来，对较为落后的雷州半岛的社会经济文化事业的发展无疑起了很大的促进作用。

二

珍珠在中国人心目中自古以来就是财富的象征，它和黄金、玉器一样，在古代社会政治经济生活等诸多领域中扮演着十分重要的角色。秦始皇经略岭南的一个重要原因是"利越之犀角、象齿、翡翠、珠玑"④。先秦以来，岭南就是著名的珍珠产地，番禺则是《史记》唯一提到的珍珠汇聚的都市。⑤ 汉代雷州半岛所在的合浦郡，虽然被视为蛮荒之地，却是闻名全国的珍珠生产基地，采珠业十分发达。《汉书·王章传》云："王章……为（王）凤所陷，罪至大逆……死。妻子皆徙合浦……凤薨后，弟成都侯（王）商复为大将军辅政，白上还章妻子故郡。其家属皆完具，采珠致产数百万。"查《汉书·百官公卿表》，王章下狱死于成帝阳朔元年（前 24），王商任大将军是在永始二年（前 15）。王章家属就是在这九年间靠采珠致产数百万的。而主章家属只是众多靠经营采珠业致富中的一个。秦始皇向岭南"移民实边"的 50 万人中就有许多是商人，这些商人到岭南后，一定有许多人从事采珠业，并因此而发财致富。徐闻在西汉是合浦郡的郡治所在，当时采珠业和商业的繁荣可想而知。合浦人还有一套采珠的绝技："合浦民善游采珠，儿年十余岁，便教入水，官禁民采珠，巧盗者蹲水底，刮蚌得好珠，吞而出。"⑥ 这里的"合浦民"自然包括汉人和少数民族。而汉人的采珠技术无疑是从当地少数民族那里学来的。分布于雷州半岛等地的乌浒人就是一个善

---

① 《后汉书》卷八《灵帝纪》，第 340 页。

② 〔晋〕陈寿：《三国志》卷五三《薛综传》，中华书局 1982 年版，第 1253 页。

③ 《后汉书》卷八六《南蛮传》，第 2836 页。

④ 〔西汉〕刘安：《淮南子·人间训》，吉林文史出版社 1990 年版，第 885 页。

⑤ 《史记》卷一二九《货殖列传》，第 3268 页。

⑥ 参阅〔唐〕欧阳询《艺文类聚》卷八四引〔三国吴〕万震《南州异物志》。

于采珠，并以之为业的民族。汉晋时期的《异物志》中就有"乌浒取翠羽、采珠为产"的记载。① 到了唐代，还出现了"珠户"的称谓。唐刘恂亦云："廉州边海中有洲岛，岛上有大池，谓之珠池。每年刺史修贡，自监珠户入池，采以充贡……耆旧传云：太守贪，珠即逃去。"②

由于经营采珠业有着巨大的利益，早在武帝统一岭南之前，西汉政府就曾颁布禁令，禁止官吏参与民间采珠。汉景帝在后元三年（前141）颁布了一份著名的诏书，诏书道："吏发民若取庸采黄金珠玉者，坐赃为盗。二千石听者，与同罪。"③ 为满足皇室贵族的需要，西汉政府设立了专门的机构——珠官，负责珍珠的生产和加工。元帝时期，御史大夫贡禹曾经上书建议"罢采珠玉金银铸钱之官，亡复以为币"④。但结果不得而知，似乎未被元帝采纳。由于史料阙如，我们尚不清楚汉代设立了几处珠官。但有一点可以肯定，在合浦郡必定设立有珠官，而且是全国最重要的珠官。《三国志·孙权传》云："黄武七年（228）……改合浦为珠官郡。"说明合浦郡原来就有珠官，而且到了汉末三国时期珠官的作用比以前更为重要了。

合浦郡发达的采珠业及其所带来的巨大利益，刺激了地方官员贪婪的欲望，也引发了与邻郡交趾郡的竞争。大约在汉顺帝统治时期（126—144），循吏孟尝担任合浦太守。

> （合浦）郡不产谷实，而海出珠宝，与交趾比境，常通商贩，贸籴粮食。先时宰守并多贪秽，诡人采求，不知纪极，珠遂渐徙于交趾郡界。于是行旅不至，人物无资，贫者饿死于道。（孟）尝到官，革易前敝，求民病利。曾未逾岁，去珠复还，百姓皆反其业，商货流通，称为神明。⑤

贪婪的地方官员强迫百姓过度采集珍珠，导致合浦的采珠业迅速萎缩。孟尝出任合浦郡太守后，采取一系列措施，终于使"去珠复还"，恢复了往日的繁荣局面。孟尝为保证郡内采珠业和商业贸易的健康发展，做出了巨大贡献，理所当然受到百姓的怀念和爱戴，也因此名垂青史，成为东汉历史上著名的12位"循吏"之一。

由于珍珠贸易的繁荣，雷州半岛所在的徐闻县在汉代富甲一方，闻名天下。

---

① 〔宋〕李昉：《太平御览》卷七八六引《异物志》。汉晋时期撰《异物志》者有杨孚、谯周、薛翊、陈祁畅、续咸等，引文未著撰人，不知孰是。

② 〔唐〕刘恂：《岭表录异》，广东人民出版社1983年版，第4页。

③ 《汉书》卷五《景帝纪》，第153页。

④ 《汉书》卷七二《贡禹传》，第3076页。

⑤ 《后汉书》卷七六《循吏列传》，第2473页。

唐李吉甫《元和郡县志》云："雷州徐闻县，本汉旧县……汉置左右候官，在徐闻县南七里，积货物于此，备其所求，与交易有利。故谚曰：欲拔贫，诣徐闻。"① 这充分反映出雷州半岛在汉代的繁华景象。

东汉末年黄巾起义爆发后，大批士人南逃交趾。交趾地区不仅云集了躲避战乱的中原人士，也吸引了许多胡商。《高僧传》中的中亚名僧康僧会的父亲就是这时"因商贾移于交趾"的。当时的岭南由担任交趾太守的士燮家族统治。士燮的弟弟士壹任合浦太守，其他两个弟弟分别领九真太守和南海太守。"燮兄弟并为列郡，雄长一州，偏在万里，威尊无上。出入鸣钟磬，备具威仪，笳箫鼓吹，车骑满道，胡人夹毂焚香者常有数十……震服百蛮，尉他不足逾也。"② 这里的"胡人"许多是来自印度、东南亚等地的商人或传教者。在士燮家族统治的 40 多年时间里，岭南的社会经济呈现出前所未有的繁荣局面，与兵荒马乱的中原地区形成鲜明的对比。士燮的声望甚至超过了当年南越国的创立者赵佗。当时的雷州半岛自然也是一派盛世景象。

三

采珠业的发达带动了合浦郡商业贸易的繁荣，也加强了雷州半岛与各地的频繁交往。汉末士壹任合浦太守时为了讨好吴王孙权，"时贡马凡数百匹"③。这条史料特别值得注意。合浦郡的农牧业并不发达，这数百匹马应该是通过贸易获取的，很可能是通过珍珠贸易获取的。正如陈寅恪先生所言，"骑马之技术本由胡人发明。其在军队中有侦察敌情及冲陷敌阵两种最大功用。实兼今日飞机、坦克二者之效力，不仅骑兵运动迅速灵便，远胜于步卒也"④。马匹作为古代冷兵器时代重要的战略物资，在战争中的作用威力无比，在以农业为主的汉族地区，特别是江南地区，马匹资源相对缺乏，因此备受青睐。笔者以为，合浦郡的这些马匹是从西南夷地区获取的。孙权为加强军队战斗力，曾"市马辽东"⑤。孙休时

---

① 缪荃孙校辑：《元和郡县志阙卷逸文》卷三；〔唐〕李吉甫，贺次君点校：《元和郡县图志》，中华书局 1983 年版，第 1087 页。有学者认为合浦的候官是中国最早的海外贸易管理官员，见王杰《中国最早的海外贸易管理官员创置于汉代》，载《海交史研究》1993 年第 2 期。笔者不以为然。候官是都尉属下的一级军事组织，利用候官的仓库，堆积货物，进行贸易，只是其军事职能的延伸，与海外贸易管理无关。

② 《三国志》卷四九《士燮传》，第 1192 页。

③ 同上，第 1193 页。

④ 陈寅恪：《金明馆丛稿初编》，生活·读书·新知三联书店 2001 年版，第 301 - 302 页。

⑤ 《三国志》卷二五《辛毗传》，第 698 页。

期，也曾派人"至蜀求马"①。西南夷中有许多游牧民族，马匹资源丰富。就连以农业为主的"滇人"，也不缺少战马，云南晋宁石寨山古墓群中出土的许多镂花铜饰物中就有许多骑士和战马形象。② 早在西汉初期，"僰僮"和"笮马"就是西南夷地区非常有名的特产和商品，《史记》和《汉书》中都曾经提到过这两种著名商品。"笮"在汉代的蜀郡南部和越嶲郡境内，即今四川雅安、西昌、攀枝花一带；"僰"属于汉代的犍为郡，在今四川宜宾一带。巴蜀与岭南的交通早在汉武帝平定南越之前就已有相当发展。"建元六年（前135）……番阳令唐蒙风晓南越。南越食蒙蜀枸酱……蒙归至长安，问蜀贾人，贾人曰：'独蜀出枸酱，多持窃出市夜郎。夜郎者，临牂柯江，江广百余步，足以行船。南越以财物役属夜郎，西至同师，然亦不能臣使也。'"③ 巴蜀的走私商人，活动能量十分惊人，他们的行迹甚至远达南亚的印度。司马迁曾经把"巴蜀殷富"的原因归结为"巴蜀民或窃出商贾，取其笮马、僰僮、牦牛"④，其见解是非常精辟的。僰僮、笮马与枸酱一起，在南越国时期就已被蜀商贩至岭南地区。到了东汉三国时期，巴蜀与岭南的交通更为频繁，蜀国名儒许慈"与许靖等俱自交州入蜀"⑤。曾任蜀国尚书令的刘巴起初因"与交趾太守士燮计议不合，乃由牂柯道"入蜀。⑥ 因此，合浦郡的马匹很可能来自西南夷地区。士壹向孙吴政权一次就能供奉数百匹马，充分反映出汉代雷州半岛与西南地区有着密切的交往。

由于合浦郡境内没有大的河流，它的内河航运交通远不如南海郡发达，但其陆路交通和海上交通是相当发达的。合浦郡与京师和内地的交通以陆路为主，被流放到合浦郡的朝臣及家属，大都走的是陆路。上文提到的东汉著名循吏合浦太守孟尝在离任时，"被征当还，吏民攀车请之。尝既不得进，乃载乡民船夜遁去"⑦。说明合浦郡与京师的人员往来以陆路为首选，但也有水路存在。

雷州半岛与北方的近海交通由来已久。1973年至1974年清理的徐闻东汉晚期墓葬中，出土了较为先进的铁器，有锻銎铁斧5件、凿2件。⑧ 类似的锻銎铁

---

① 《三国志》卷五三《薛综传》注引《汉晋春秋》，第1255页。

② 云南省博物馆：《云南晋宁石寨山古墓群发掘报告》，文物出版社1959年版，第79 - 83页。

③ 《史记》卷一一六《西南夷列传》，第2993、2994页。关于西汉蜀枸酱传入番禺的具体路线，请详见张荣芳《西汉蜀枸酱传入番禺路线初探》，广州博物馆《镇海楼论稿》，广州岭南美术出版社1999年版，第67 - 71页。

④ 《史记》卷一一六《西南夷列传》，第2993页。

⑤ 《三国志》卷四二《许慈传》，第1023页。

⑥ 《三国志》卷三九《刘巴传》注引《零陵先贤传》，第981页。

⑦ 《后汉书》卷七六《循吏传》，第2473页。

⑧ 广东省博物馆：《广东徐闻东汉墓——兼论汉代徐闻的地理位置和海上交通》，载《考古》1977年第4期。

器，在西汉前期的广州南越王墓中曾出土了 7 件，在福建崇安西汉城址，以及中原许多地方也有出土。同一时期日本弥生时代也出现了锻銎铁器，这些锻銎铁器无疑是从中国流传过去的。有学者指出秦汉时期的锻銎铁器在东南沿海出土得相对较多，因此，中国东南沿海同日本列岛之间的文化联系不可忽视。① 自然界的季风，客观上也加强了岭南与日本的交往。到唐代，日本许多遣唐使的船只就曾被风刮到海南岛、越南等地。鉴真东渡，也有一次被海风刮到了海南岛。徐闻东汉晚期墓葬中和同一时期日本弥生时代的墓葬中都有锻銎铁器的出土是很自然的。到了东汉灵帝以后，随着大批中原士人浮海交趾，以及东吴政权的兴起，这条近海航线不但没有衰落，反而更加繁荣。

雷州半岛与东南亚、南亚的海上交通更为引人注目。汉武帝元鼎六年（前111）平定南越设立九郡，为海外交通创造了条件。汉朝在陆上"丝绸之路"开通后，又开辟了海上"丝绸之路"。《汉书·地理志》云：

> 自日南障塞、徐闻、合浦船行可五月，有都元国；又船行可四月，有邑卢没国；又船行可二十余日，有谌离国；步行可十余日，有夫甘都卢国。自夫甘都卢国船行可二月余，有黄支国……有译长属黄门，与应募者俱入海市明珠、璧流离、奇石异物，赍黄金杂缯而往……自黄支船行可八月，到皮宗；船行可（八）［二］月，到日南、象林界云。黄支之南有已程不国，汉之译使自此还矣。

早已有学者指出，这是中国丝绸经过南海出口的最早记录。② 徐闻在西汉成为汉使"入海市明珠、碧流离、奇石异物，赍黄金杂缯而往"的三大始发港之一，成为海上"丝绸之路"的起点之一。汉使所到的"都元国""邑卢没国""谌离国""夫甘都卢国""黄支国""已程不国""皮宗"等地的地理位置，学术界至今尚有分歧，但都认为不出南亚、东南亚地区。③ 从西汉末年开始，到东汉末的 200 多年时间中，南亚、东南亚等地甚至罗马帝国的使者或者假冒使者名义的商人，纷纷前来朝贡或贸易，在交趾、合浦、徐闻等地弃舟登岸。根据文献记载，1 世纪至 2 世纪，通过南海来汉朝朝贡的外国使者或商人达 12 人次。这些使者或商人分别来自越裳氏、黄支国、究不是、叶调国、掸国、天竺、大秦。特别值得注意的是，其中的"天竺国……和帝时，数遣使（经西域）贡献，后西

① 云翔：《战国秦汉和日本弥生时代的锻銎铁器》，载《考古》1993 年第 5 期。

② Yu Ying-shih. *Trade and Expansion in Han China*, Berkeley and Los Angeles. 1967, p. 175.

③ 史学界关于汉使所至地区和国家的争论，详见张荣芳《秦汉史论集（外三篇）》，中山大学出版社 1995 年版，第 106 页。

域反畔，乃绝。至桓帝延熹二年、四年，频从日南徼外来献"①。由于西域交通在东汉中期以后受到阻塞，天竺国与我国的交往被迫从走西域道而改为走南海道。2 世纪中叶以后，海上"丝绸之路"在中外关系史上扮演了极为重要的角色。166 年大秦王安敦遣使自日南徼外贡献，这是公认的有史以来中西方首次直接通使。大秦使者（或假冒使者名义的商人）第一次来华沿海上"丝绸之路"，而不是陆上"丝绸之路"，绝非偶然，其原因令人深思。

与官方的朝贡贸易相比，民间贸易历史更为悠久，对两汉社会经济产生的影响更大、更为深远。正如吕思勉先生云："以海道论，《史记·货殖列传》谓南海为珠玑、犀、玳瑁、果、布之凑，即后世西、南洋物也，则秦汉未并南越时，中国与西、南洋久相往来矣。是知民间之交通，必先于政府。"② 许云樵先生亦云："按中国与南洋之交通也，官民异趣：官方虽出政治作用，民间则受经济支配。"③ 1973—1974 年在徐闻发掘的 51 座东汉墓，虽然多属小型墓葬，墓主的社会地位不高，但也出土了珠饰 308 粒，其中琥珀 1 粒、玛瑙 25 粒、水晶 3 粒、紫晶 2 粒、玻璃珠 127 粒，这其中有不少应是由海路输入的。④ 印度尼西亚加里曼丹岛出土的一件 1 世纪的薄绿釉陶魁，器形不仅与广州汉墓出土的同类器物极为相似⑤，而且与比邻徐闻的合浦西汉木椁墓出土的陶魁极为相似⑥。在印度尼西亚、马来西亚等地出土了大量汉代陶器和陶片，器形和纹饰图案风格与广东沿海汉墓出土的陶器完全一致。⑦ 这些都是民间南海海外贸易的历史见证。南海航线在东汉后期以后继续呈现繁荣的局面，而不像有的学者所言的"逐渐衰落"。⑧

马雍先生曾这样评价交趾郡在中外交往中的重要作用："交趾在东汉时为南方对外通商一大口岸，其地位与敦煌相等，不过一在陆路，一在海路而已。"⑨ 与交趾比邻且隔海相望的合浦郡和雷州半岛在海外贸易中的重要地位也是显而易见的。

①　《后汉书》卷八八《西域传》，第 2922 页。

②　吕思勉：《吕思勉读史札记》，上海古籍出版社 1982 年版，第 630 页。

③　许云樵：《南洋史》上卷，新加坡星洲世界书局 1961 年版，第 13 页。

④　广东省博物馆：《广东徐闻东汉墓——兼论汉代徐闻的地理位置和海上交通》，载《考古》1977 年第 4 期。

⑤　广州市文物管理委员会等：《广州汉墓》，文物出版社 1981 年版，第 324 页。

⑥　广西壮族自治区文物考古写作小组：《广西合浦西汉木椁墓》，载《考古》1972 年第 5 期。

⑦　唐星煌：《汉晋间中国陶瓷的外传》，载《厦门大学学报（哲学社会科学版）》1988 年第 3 期。

⑧　有学者认为"东汉末年中国人对入海求仙逐渐厌倦，因而使这条航线逐渐衰落。中世纪阿拉伯人以商业为目的的海上交通的兴起才使这条航线再度复兴"。见林梅村《汉唐西域与中国文明》，文物出版社 1998 年版，第 319 页。

⑨　马雍：《西域史地文物丛考》，文物出版社 1990 年版，第 46 - 59 页。

四

雷州半岛扼琼州海峡的咽喉,不仅是汉朝控制海南岛的关键所在,而且是汉朝对交趾、九真、日南等地实施有效管辖的关键所在,其战略地位十分重要。《汉书·地理志》曰:"自合浦徐闻南入海,得大州,东西南北方千里。"可见汉人是以雷州半岛为出入海南岛的门户,对海南岛的地理位置是很清楚的。每当海南岛和交趾等地发生动荡,汉朝大都以徐闻、合浦作为用兵的大本营和军事基地。建武十六年(40)交趾女子征侧、征贰起义,"光武乃诏长沙、合浦、交趾具车船,修道桥,通障溪,储粮谷"①。建武十八年(42),拜马援为伏波将军,前去平息。"军至合浦而(段)志病卒,诏(马)援将其兵。遂缘海而进,随山刊道千余里。"② 马援以雷州半岛为基地,很快镇压了这次起义。今日雷州城中的伏波祠、马跑泉等古迹,都与马援的这次军事行动有关。③ 关于汉代的合浦郡朱卢县的地望,徐松石先生认为朱卢在海南岛北端,与徐闻隔海相望。④ 1983 年在海南乐东县出土了一枚西汉银印,印面篆体"朱庐执圭"四字。⑤ 这枚印章的发现,证明朱卢就在海南岛,也证明了徐松石先生的看法是正确的。⑥ 公元前111 年设置的儋耳郡、珠崖郡,由于当地人民的反抗,先后于公元前 82 年、前46 年罢弃。但朝廷已经认识到海南岛和琼州海峡的重要性,仍然在与雷州半岛隔海相望的朱卢保留县治,并把合浦都尉设在那里,保留一定数量的军队。到东汉朱卢改名朱崖,不再是都尉治所,但县治不变。在海南岛上设立一县,归琼州

---

① 《后汉书》卷八六《南蛮传》,第 2836 页。

② 《后汉书》卷二四《马援传》,第 836 页。

③ 吴建华:《雷州传统文化初探》,天津古籍出版社 2000 年版,第 115 – 125 页。

④ 徐松石:《徐松石民族学研究著作五种》下册,广东人民出版社 1993 年版,第 944 页附图。

⑤ 文物编辑委员会编:《文物考古工作十年(1979—1989)》,文物出版社 1991 年版,第 246 页。

⑥ 关于朱卢的地望,陈高卫、杨武泉、王克荣等认为在海南岛,详见陈高卫《西汉"朱庐执圭"银印小考》,载《人民日报》1985 年 6 月 10 日;杨武泉《西汉晚期至萧齐海南岛不在大陆王朝版图之外——与谭其骧先生商榷》,载《历史研究》1989 年第 6 期;王克荣《海南岛的考古发现与文物保护》,《文物考古工作十年》,文物出版社 1991 年,第 246 页。谭其骧认为在今广西博白至玉林一带,黄展岳亦持此说,详见谭其骧《自汉至唐海南岛历史政治地理——附论隋梁间高凉冼夫人功业及隋唐冯氏地方势力》,载《历史研究》1988 年第 5 期;谭其骧《再论海南岛建制沿革——答杨武泉同志驳难》,载《历史研究》1989 年第 6 期;黄展岳《"朱庐执刲"到"劳邑执刲"印——兼论南越国自镌官印》,载《考古》1993 年第11 期。

海峡对岸的合浦郡管辖，是很值得注意的。此举的目的，就是要保证琼州海峡的安全和畅通，充分说明了汉朝政府对雷州半岛和琼州海峡的重要性有足够的认识。这种做法也为三国时期统治岭南的吴国所效仿。"珠崖在大海中，南极之外。吴时复置太守，住徐闻县遥抚之。"① 在海南岛上设立的珠崖郡，其太守却要驻扎在大陆的徐闻，雷州半岛的重要性可想而知。

总之，汉代的雷州半岛是获罪朝臣及家属的流放之地，是汉族和少数民族的聚居之地，是当时闻名全国的采珠业和商贸业十分发达的地方，也是海外交通和对外交往十分频繁的地方，其经济地位和战略地位非常重要，在中国历史上具有相当重要的地位。

本文与周永卫合撰，原载《湛江师范学院学报（哲学社会科学)》第23卷第2期，2002年4月。

---

① 〔唐〕徐坚：《初学记》卷八引《交广二州记》。

汉代徐闻与海上交通

汉代是南海交通形成的时期。徐闻在西汉是南海交通的重要港口之一，在东汉仍然是海上交通的重要港口，在中外交通史上占有十分重要的地位。本文试图对汉代徐闻的战略地位，汉代徐闻与东海和南海的交通贸易等问题作一些粗浅的论述和分析，进而阐明其在中外关系史上的地位和作用。

一

秦始皇统一中国后，在岭南设桂林、南海、象郡三郡，雷州半岛属于桂林郡管辖①。秦末，南海尉赵佗逐渐控制了岭南三郡的军政大权，并在此基础上建立了南越国。公元前 111 年，汉武帝遣兵灭亡了南越国后，在岭南设南海、苍梧、郁林、合浦、交趾、九真、日南、珠崖、儋耳九郡进行管理（海南岛上的儋耳、珠崖二郡后来先后罢弃）。在此后的 300 多年时间里，整个雷州半岛一直属于汉代的合浦郡徐闻县管辖。公元前 106 年，武帝分全国为 13 州，各州置刺史一人行使监察职能，岭南九郡归交趾刺史部。汉代的合浦郡下辖五县：徐闻、合浦、高凉、临允（东汉改称临元）、朱卢（东汉改称朱崖）。管辖范围除雷州半岛外，还包括今天广西的邕宁、横县、玉林，广东的高州、新兴等地。徐闻在西汉是合浦郡的首县，即郡治所在地。到了东汉，合浦成为合浦郡的首县。

徐闻位于雷州半岛的南端，扼琼州海峡的咽喉，不仅是汉朝控制海南岛的关键所在，而且是汉朝对交趾、九真、日南等地实施有效管辖的关键所在，其战略地位十分重要。《汉书·地理志》："自合浦徐闻南入海，得大州，东西南北方千里。"可见西汉人是以徐闻为出入海南岛的门户，对海南岛的地理位置是很清楚的。每当海南岛和交趾等地发生动荡，汉朝大都以徐闻、合浦作为用兵的大本营和军事基地。建武十六年（40）交趾女子征侧、征贰起义，"光武乃诏长沙、合浦、交趾具车船，修道桥，通部溪，储粮谷"②。建武十八年（42），拜马援为伏波将军，刘隆为副，督楼船将军段志等前去平息。"军至合浦而（段）志病卒，

① 此处采用蒙文通先生观点，参阅蒙文通《越史丛考》，人民出版社 1983 年版，第 84 页；谭其骧先生认为雷州半岛属秦象郡管辖，见谭其骧主编《中国历史地图集》第 2 册，中华地图学社 1975 年版，第 7 - 8 页。《盐铁论·力耕》篇云："美玉珊瑚出于昆山，珠玑犀象出于桂林，此距汉万有余里。"此足以证明雷州半岛在秦朝时属桂林郡。

② 〔南朝·宋〕范晔：《后汉书》卷八六《南蛮传》，中华书局 1965 年版，第 2836 页。

诏（马）援将其兵。遂缘海而进，随山刊道千余里。"① 很快镇压了这次起义。陈玉龙先生认为"合浦是当时两粤通交趾之咽喉……马援入交，主要靠的是海路"②，所言极是。而这里的合浦指的是合浦郡，包括徐闻在内。

公元前 111 年设置的朱崖郡、儋耳郡，由于当地人民的反抗，先后分别于公元前 82 年、前 46 年罢弃。但朝廷认识到海南岛和琼州海峡的重要性，仍然在与徐闻隔海相望的朱卢保留县治，并把合浦都尉设立在那里，保留一定数量的军队。③ 到东汉，朱卢改名朱崖，不再是都尉治所，但县治不变，仍隶属于合浦郡。在海南岛上设立一县，归琼州海峡对岸的合浦郡管辖，是很值得注意的。此举的目的，就是要保证琼州海峡的安全和畅通，充分说明了汉朝政府对雷州半岛和琼州海峡的重要性有足够的认识。这种做法也为三国时期统治岭南的吴国所效仿。"珠崖在大海中，南极之外。吴时复置太守，住徐闻县遥抚之。"④

二

珍珠在中国人心目中自古以来就是财富的象征，在古代社会政治经济生活等诸多领域中扮演着十分重要的角色。上至帝王将相，下到平民百姓，无不以珍珠作为喜爱和追求的对象。到了汉代更是如此。秦始皇经略岭南的一个重要原因是"利越之犀角、象齿、翡翠、珠玑"⑤。东汉安帝元初五年（118）的诏书中提到京师甚至出现"至有走卒奴婢被绮縠，著珠玑"的现象。⑥ 张衡、繁钦、曹植等

---

① 《后汉书》卷二四《马援列传》，第 836 页。

② 陈玉龙：《历代中越交通道里考》，见《东南亚史论文集》，河南人民出版社 1987 年版，第 97 页。

③ 关于朱卢的地望，徐松石先生最早提出朱卢在海南岛北端，见《徐松石民族学研究著作五种》下册，广东人民出版社 1993 年版，第 944 页附图。谭其骧先生主编的《中国历史地图集》言其不详，待考。1983 年在海南岛乐东县出土了一枚西汉银印，印面篆体"朱庐执圭"四字。陈高卫（《西汉"朱庐执圭"银印小考》，载《人民日报》1985 年 6 月 10 日）、杨武泉（《西汉晚期至萧齐海南岛不在大陆王朝版图之外——与谭其骧先生商榷》，载《历史研究》1989 年 6 期）、王克荣（《海南省的考古发现与文物保护》，《文物考古工作十年》，文物出版社 1991 年版，第 246 页）、杨式挺（《"朱庐执圭"银印考释——兼说朱庐朱崖问题》，《海南民族研究论集》，中山大学出版社 1992 年版）等据此印均认为朱卢在海南岛。谭其骧先生（《自汉至唐海南岛历史政治地理——附论梁隋间高凉洗夫人功业及隋唐高凉冯氏地方势力》，载《历史研究》1985 年 5 期；《再论海南岛建置沿革——答杨武泉同志驳难》，载《历史研究》1989 年 6 期）则认为朱卢在今广西博白至玉林一带。黄展岳（《"朱庐执圭"印和"劳邑执圭"印——兼论南越国自镌官印》，载《考古》1993 年 11 期）倾向于后一种观点。

④ 〔唐〕徐坚：《初学记》卷八引《交广二州记》。

⑤ 〔西汉〕刘安：《淮南子·人间训》，吉林文史出版社 1990 年版，第 885 页。

⑥ 《后汉书》卷五《安帝纪》，第 228 页。

诗人的作品中，以及大量汉魏乐府诗歌中都有对珍珠的描写。先秦以来，岭南就是著名的珍珠产地，番禺则是《史记》唯一提到的珍珠汇聚的都市。① 汉代徐闻所在的合浦郡，是岭南最主要的珍珠产地，也是闻名全国的珍珠生产基地，采珠业和商业贸易十分活跃。《汉书·王章传》云："王章……为京兆尹……为（王）凤所陷，罪至大逆……死。妻子皆徙合浦……凤薨后，弟成都侯（王）商复为大将军辅政，白上还章妻子故郡。其家属皆完具，采珠致产数百万。"查《汉书·百官公卿表》王章下狱死于成帝阳朔元年（前 24），王商任大将军是在永始二年（前 15）。王章家属就是在这九年间靠采珠致产百万的。徐闻在西汉是合浦郡的郡治所在，当时采珠业和商业的繁荣可想而知。合浦人还有一套采珠的绝技。《艺文类聚》卷八四引万震《南州异物志》载："合浦民善游采珠，儿年十余岁，便教入水，官禁民采珠，巧盗者蹲水底，刮蚌得好珠，吞而出。"合浦的珍珠，自古以来一直是当地向朝廷进贡的贡品，也成为地方官员搜刮掠取的对象。《后汉书·贾琮传》曰："旧交趾土多珍产，明珠、翠羽、犀、象、玳瑁、异香、美木之属，莫不自出。前后刺史率多无清行，上承权贵，下积私赂，财计盈给，辄复求见迁代，故吏民怨叛。"合浦发达的采珠业还面临着邻郡交趾郡的竞争。大约在汉顺帝统治时期（126—144），循吏孟尝担任合浦太守。《后汉书·循吏列传》：

> （合浦）郡不产谷实，而海出珠宝，与交趾比境，常通商贩，贸籴粮食。先时宰守并多贪秽，诡人采求，不知纪极，珠遂渐徙于交趾郡界。于是行旅不至，人物无资，贫者饿死于道。（孟）尝到官，革易前敝，求民病利。曾未逾岁，去珠复还，百姓皆反其业，商货流通，称为神明。

贪婪的地方官员强迫过度采集珍珠，导致合浦的采珠业迅速萎缩，"珠遂渐徙交趾郡界"。孟尝出任合浦郡太守后，采取一系列措施，终于使"去珠复还"，恢复了往日的繁荣局面。孟尝为保证郡内采珠业和商业贸易的健康发展，做出了巨大贡献，理所当然受到百姓的怀念和爱戴，也因此名垂青史，成为东汉历史上著名的 12 位"循吏"之一。

从西汉后期开始到整个东汉，岭南的合浦、九真、日南三郡就逐渐成为犯罪朝臣家属的流放之地。东汉末年黄巾起义爆发后，更有大批士人南逃交趾。交趾地区不仅云集了大量躲避战乱的中原人士，也吸引了许多外国胡商。《高僧传》中的中亚名僧康僧会的父亲就是这时"因商贾移于交趾"的。当时的岭南由担任交趾太守的士燮家族统治。士燮的弟弟士壹任合浦太守，其他两个弟弟分别领

---

① 〔西汉〕司马迁：《史记》卷一二九《货殖列传》，第 3268 页，中华书局 1959 年版。

九真太守和南海太守。"燮兄弟并为列郡，雄长一州，偏在万里，威尊无上。出入鸣钟磬，备具威仪，笳箫鼓吹，车骑满道，胡人夹毂焚香者常有数十。妻妾乘辎軿，子弟从兵骑，当时贵重，震服百蛮，尉他不足逾也。"① 这里的"胡人"许多是来自印度、东南亚等地的商人或传教者。在士燮家族统治的40多年时间里，岭南的社会经济呈现出前所未有的繁荣局面，与兵荒马乱的中原地区形成鲜明的对比。士燮的声望甚至超过了当年南越国的创立者赵佗。徐闻及其合浦郡自然也是一派盛世景象。合浦太守士壹为了讨好吴王孙权"时贡马凡数百匹"②。合浦郡的农牧业并不发达，这数百匹马可能是通过贸易获取的，很可能是通过珍珠贸易获取的。到3世纪以后，合浦的采珠业仍然十分发达。《晋书·陶璜传》："合浦郡土地硗确，无有田农，百姓惟以采珠为业，商贾去来，以珠贸米。"唐刘恂《岭表录异》云："廉州边海中有洲岛，岛上有大池，谓之珠池。每年刺史修贡，自监珠户入池，采以充贡。池虽在海上，而人疑其底与海通。池水乃淡，此不可测也。耆旧传云：太守贪，珠即逃去。"

唐李吉甫《元和郡县志》云，"雷州徐闻县，本汉旧县……汉置左右候官，在徐闻县南七里，积货物于此，备其所求，与交易有利。故谚曰：欲拔贫，诣徐闻"③。这充分反映出徐闻在汉代的繁华景象。有的学者依据这段材料，撰文认为在徐闻设立的左右候官"很可能即为见于史载的我国最早海外贸易管理专职官员"，进而得出"中国最早的海外贸易管理官员创置于汉代"的结论。④ 实际上，这里的"官"是官署的意思，而不是官员的意思。从上下文来看，"积货于此"的"此"正是指候官官署。如果理解为官员，就无法解释这句话了。类似的例子不胜枚举，汉代"工官""铁官""盐官"中的"官"字都是官署的意思，而非官员之意。⑤ 无论是两汉的史书中，还是出土的大批汉简中，"候官"只有两个含义：其一指郡都尉府所属的下一级组织；其二指候官官署，也就是候官治所。汉代郡太守以下的军事组织，有都尉、候、候长、燧长四级官吏，其治所分别称府、候官、部、署。每个都尉府一般下属大约五个候官，候官的长官称"候"，秩为比六百石。关于这些，陈梦家先生在其《汉简缀述》中已有精辟详尽的论述。虽然陈先生所探讨的是西北边郡的情况，但基本上也同样适用于其他地方。陈梦家先生归纳的张掖部都尉系统包括五个：①候望系统，②屯兵系统，

---

① 〔晋〕陈寿：《三国志》卷四九《士燮传》，中华书局1982年版，第1192页。

② 同上。

③ 缪荃孙校辑：《元和郡县志阙卷逸文》卷三，贺次君点校《元和郡县志》，中华书局1983年版，第1087页。

④ 王杰：《中国最早的海外贸易管理官员创置于汉代》，载《海交史研究》1993年第2期。

⑤ 参阅《中国大百科全书·中国历史》（缩印本），中国大百科全书出版社1997年版，第163、508、509页。

③屯田系统，④军需系统，⑤交通系统。其中军需系统就包括仓、库。再来看汉代的合浦郡，《汉书·地理志》记载朱卢为都尉治所，应该下属若干个候官，应该具有候望、屯兵、军需、交通等系统的职能，与西北边郡相比，可能只是没有屯田系统。《元和郡县志》中的这段记载，完全符合陈梦家先生的论述。徐闻的左右两个候官，堆积了许多货物，进行商贸活动，正是其军需职能的延伸。这里的军事形势远远没有西北边郡那样紧张，候官的设置数量也较西北为少，利用候官的仓库囤积货物，进行贸易，是完全可能的。

三

汉代徐闻县城的地理位置，从《汉书·地理志》看，应是一个港口。广东省博物馆考古发掘调查后认为，应位于雷州半岛南端，琼州海峡中部偏西的海边。① 汉代交趾—徐闻—番禺之间的水上交通十分频繁，堪称一条"黄金水道"。在这条繁忙的航线上，官船、战船、商船络绎不绝。形形色色的人物，官员、将士、商人、僧人、逃难者、罪犯家属在徐闻港出入。《初学记》卷六引谢承《后汉书》云："交趾七郡贡献，皆从涨海（即南海）出入。"这七郡之中，郁林、苍梧两郡的贡物是沿西江而下，经南海郡的番禺，再沿海东上。其余四郡交趾、合浦、九真、日南的贡物，都要经过徐闻，或从徐闻出发。汉武帝时设立的珠崖郡（前110—前46）和儋耳郡（前110—前82）在废弃前贡献的船只，可能也要经过徐闻港。古代的船只，沿海航行时，要不断靠岸，补充淡水和食物。这些郡县贡献的主要物品有四类。

1. 广幅布

《后汉书·南蛮传》曰："武帝末，珠崖太守会稽孙幸调广幅布献之，蛮不堪役，遂攻郡杀幸。"关于"广幅布"究竟是什么？学术界意见不一，有的认为是棉布②，有的认为是木棉织品③。有的认为东汉以前我国还不知道棉花和棉布，木棉织布可能是一种讹传。④

2. 珍禽异兽

珍禽异兽历来是各地向皇帝进献的重要物品，汉朝也不例外。《汉书·南粤传》记载赵佗献文帝的礼物有"献白璧一双，翠鸟千，犀角十，紫贝五百，桂蠹一器，生翠四十双，孔雀二双"。武帝元狩二年（前121）"南越献驯象、能言

---

① 广东省博物馆：《广东徐闻东汉墓——兼论汉代徐闻的地理位置和海上交通》，载《考古》1977年第4期。

② 钟遐：《从兰溪出土的棉毯谈到我国南方棉纺织的历史》，载《文物》1976年第1期。

③ 参阅容观琼《关于我国南方棉纺织历史研究的一些问题》，载《文物》1979年第8期。

④ 孙毓棠：《孙毓棠学术论文集》，中华书局1995年版，第175页。

鸟"。颜师古注曰能言鸟即是鹦鹉。① 宣帝元康四年（前62）"九真献奇兽"。古人也不清楚这里的"奇兽"到底为何物，有的说是白象，有的只说是"驹形［麟］色，牛角"②。

3. 明珠、翡翠、玳瑁、犀角、象牙等珍宝

"旧交趾土多珍产，明玑、翠羽、犀、象、玳瑁、异香、美木之属，莫不自出。"③ 岭南的珍宝特产是朝廷喜爱的贡品。

4. 水果

《后汉书·和帝纪》，"旧南海献龙眼、荔支"，同卷注引谢承书曰"交趾七郡献生龙眼等"。橘子也是岭南的贡品。《太平御览》卷六二六引杨孚《异物志》云："交趾有橘官长一人，秩三百石。主岁贡御橘。"

东汉末年，士燮家族控制交趾，"燮每遣使诣（孙）权，致杂香细葛，辄以千数，明珠、大贝、流离、翡翠、玳瑁、犀、象之珍，奇物异果，蕉、邪、龙眼之属，无岁不至"④。这段材料正好概括了岭南向朝廷贡献物品的主要内容。这里要指出的是，以上这四类贡品之中，前三类一般要走海路，第四类贡品为了减少运送时间，保证水果的新鲜，而改走陆路，由驿马转送。杜牧所谓"一骑红尘妃子笑，无人知是荔枝来"的描写，在汉代就已如此。《后汉书·郑弘传》云：

> 建初八年（83），（郑弘）代郑众为大司农。旧交趾七郡贡献转运，皆从东冶泛海而至，风波艰阻，沉溺相系。弘奏开零陵、桂阳峤道，于是夷通，至今遂为常路。

据此，一些学者认为，在83年后岭南与北方的交通主要是经零陵、桂阳沿陆路北上而不是沿海路，因为陆路要比海路安全得多。⑤ 笔者不以为然。事实上，郑弘所奏开的零陵、桂阳峤道在83年以后，并未像人们想的那样发挥如此巨大的作用。《后汉书·和帝纪》注引谢承书：

> （和帝时期，89—105）唐羌字伯游，辟公府，补（桂阳郡）临武长。县接交州，旧献龙眼、荔支及生鲜，献之，驿马昼夜传送之，至有遭虎狼毒害，顿仆死亡不绝。道经临武，羌乃上书谏曰"……伏见交趾七郡献生龙眼

---

① 〔东汉〕班固：《汉书》卷六《武帝纪》及颜师古注，第176页。

② 《汉书》卷八《宣帝纪》及颜师古注，第259页。

③ 《后汉书》卷三一《贾琮传》，第1111页。

④ 《三国志》卷四九《士燮传》，第1192、1193页。

⑤ 吴焯：《佛教东传与中国佛教艺术》，浙江人民出版社1991年版，第124－128页；阮荣春：《佛教南传之路》，湖南美术出版社2000年版，第60－61页。

等，鸟惊风发。南州土地，恶虫猛兽不绝于路，至于触犯死亡之害。死者不可复生，来者犹可救也。此二物升殿，未必延年益寿。"（和）帝从之。

可见，这条陆路也并非坦途。直到汉灵帝熹平三年（174），桂阳太守周憬疏浚六泷，夷高填下，截弯取直，整修的似乎也与这条大道有关。① 正如吕思勉先生所言："即峤道开后，海运亦未必能废，此不过盛夸郑弘之功耳。"② 即使在83年郑弘奏开零陵、桂阳峤道以后，岭南交趾、徐闻、番禺至北方的近海交通仍然占有十分重要的地位。东汉灵帝以后，随着大批中原士人浮海交趾，以及东吴政权的兴起，这条近海航线不但没有衰落，反而更加繁荣。

四

徐闻与北方的近海航线由来已久。岭南在先秦时期主要是越人的活动区域。"自交趾至会稽七八千里，百越杂处，各有种姓。"③《越绝书·记地传》言越人"以舟为车，以楫为马，往若飘风，去则难从"，自古以善于造舟，习于水上活动而著称，从而形成了一条东起会稽、南至交趾的，以越人为主体的近海航线。这条航线甚至延伸至中国台湾和日本。越人与倭人的关系极为密切。倭人与越人一样，善于水上活动。先秦时期，倭人的分布非常广泛。"周时天下太平，越裳献白雉，倭人贡鬯草。"④ 许慎《说文》第五篇下指出，"郁鬯，百草之华，远方郁人所贡芳草，合酿之以降神。郁，即今郁林郡也"。这里的倭人就是指居住在汉代郁林郡的郁人。在汉人的心目中，日本在浙江、福建以东的大海中，离海南岛很近，风俗也相同。"倭，在韩东南大海中，依山岛为居，凡百余国……其地大较在会稽东冶之东，与朱崖、儋耳相近，故其法俗多同。"⑤ 徐闻所在的合浦郡，正处在郁林郡与海南岛之间，当然会有倭人的足迹。徐松石先生认为"粤语倭、郁两音很近"，日本民族的文化起源与越人有关，⑥ 这是很有见地的。1973年至1974年清理的徐闻东汉晚期墓葬中，出土了较为先进的铁器，有锻銎铁斧5

① 《隶释》卷四。东汉桂阳郡治在今湖南郴州。从郴州入粤可越骑田岭或都庞岭，再沿武水或连江南下至广州。连江绕道而武水捷径，故商旅往来多沿武水。但武水穿越崇山峻岭，水流湍急，坪石至乐昌一段，号称六泷，最为险恶。参阅李绪柏《两汉时期的巴蜀文化与岭南文化》，载《学术研究》，1997年第3期。

② 吕思勉：《秦汉史》下册，台北开明书店1969年版，第602页。

③ 《汉书》卷二八下《地理志》引颜师古注，第1669页。

④ 〔东汉〕王充：《论衡·儒增》篇，中华书局1990年版，第375页。

⑤ 《后汉书》卷八五《东夷传》，第2820页。

⑥ 徐松石：《徐松石民族学研究著作五种》下册，广东人民出版社1993年版，第669页。

件、凿2件。① 类似的锻錾铁器在西汉前期的广州南越王墓出土了7件，在福建崇安西汉城址，以及中原许多地方也有出土。同一时期日本弥生时代也出现了锻錾铁器，无疑是从中国大陆流传过去的。有学者指出秦汉时期的锻錾铁器在东南沿海的出土相对较多，因此，中国东南沿海同日本列岛之间的文化联系不可忽视。② 自然界的季风，客观上也加强了岭南与日本的交往。直到7世纪至9世纪的唐代，日本许多遣唐使的船只就曾被风刮到海南岛、越南等地。鉴真东渡，船只也有一次被海风刮到了海南岛。徐闻东汉晚期墓葬中和同一时期日本弥生时代的墓葬中都有锻錾铁器的出土是很自然的。

与北方的近海航线相比，徐闻与东南亚、南亚的海上交通更为重要，也更为引人注目。汉武帝元鼎六年（前111）平定南越后，在其地设九郡进行管理，为海外交通创造了条件。汉朝在陆上"丝绸之路"开通后，又开辟了南海交通。《汉书·地理志》载：

> 自日南障塞、徐闻、合浦船行可五月，有都元国；又船行可四月，有邑卢没国；又船行可二十余日，有谌离国；步行可十余日，有夫甘都卢国。自夫甘都卢国船行可二月余，有黄支国……有译长属黄门，与应募者俱入海市明珠、璧流离、奇石异物，赍黄金杂缯而往。所至国皆禀食为藕，蛮夷贾船转送致之。亦利交易，剽杀人。又苦逢风波溺死，不者数年来还。大珠至围二寸以下……自黄支船行可八月，到皮宗；船行可（八）〔二〕月，到日南、象林界云。黄支之南有已程不国，汉之译使自此还矣。

早已有学者指出，这是中国丝绸经过南海出口的最早记录。徐闻成为汉使"入海市明珠、碧流离、奇石异物，赍黄金杂缯而往"的三大港口之一。汉使所到的"都元国""邑卢没国""谌离国""夫甘都卢国""黄支国""皮宗""已程不国"等地的地理位置，至今学术界尚有分歧，但都认为不出南亚、东南亚地区。③ 从西汉末年开始，到东汉末的近200年时间里，南亚、东南亚等地甚至罗马帝国的使者或者假冒使者名义的商人，纷纷前来朝贡或贸易，在合浦、徐闻等地弃舟登岸。根据文献记载，1世纪至2世纪，外国使者或商人通过南海来汉朝

---

① 广东省博物馆：《广东徐闻东汉墓——兼论汉代徐闻的地理位置和海上交通》，载《考古》1977年第4期。

② 云翔：《战国秦汉和日本弥生时代的锻錾铁器》，载《考古》1993年第5期。

③ 学术界关于汉使所至国家地区的分歧和争论，请详见周连宽、张荣芳《汉代我国与东南亚国家的海上交通和贸易关系》，见张荣芳《秦汉史论集（外三篇）》，中山大学出版社1995年版，第100－124页。

朝贡达 12 次。这些使者或商人分别来自越裳氏（今越南境内）、黄支国（今印度东海岸，一说在今印尼苏门答腊岛）、究不是（今柬埔寨境内）、叶调国（今印度尼西亚爪哇岛或苏门答腊岛）、掸国（今缅甸境内）、天竺（今印度境内）、大秦（罗马帝国）。

特别值得注意的是，其中的"天竺国……和帝时，数遣使（经西域）贡献，后西域反畔，乃绝。至桓帝延熹二年、四年（159、161），频从日南徼外来献"①。由于西域交通在东汉中期以后受到阻塞，天竺国与我国的交往被迫从走西域道而改为走南海道。2 世纪中叶以后，南海交通在中外关系史上的地位十分重要。166 年大秦（罗马帝国）国王安敦遣使自日南徼外贡献，这是公认的有史以来中西方首次直接通使。大秦使者（或假冒使者名义的商人）第一次来华是沿南海道，而不是沿陆上"丝绸之路"，绝非偶然，其原因令人深思。②

与官方的朝贡贸易相比，民间贸易历史更为悠久，对两汉社会经济产生的影响更大、更为深远。正如吕思勉先生云："以海道论，《史记·货殖列传》谓南海为珠玑、犀、玳瑁、果、布之凑，即后世西、南洋物也，则秦汉未并南越时，中国与西、南洋久相往来矣。是知民间之交通，必先于政府。"③ 许云樵先生亦云："按中国与南洋之交通也，官民异趣：官方虽出政治作用，民间则受经济支配。"④ 1973—1974 年在徐闻发掘的 51 座东汉墓，虽然多属小型墓葬，墓主的社会地位不高，但也出土了珠饰 308 粒，其中琥珀 1 粒、玛瑙 25 粒、水晶 3 粒、紫晶 2 粒、玻璃珠 127 粒，其中有不少应是由海路输入的。印度尼西亚加里曼丹岛出土的一件 1 世纪的薄绿釉陶魁，器形不仅与广州汉墓出土的同类器物极为相似⑤，而且与比邻徐闻的合浦的西汉木椁墓出土的陶魁极为相似⑥。在印度尼西亚、马来西亚等地出土了大量汉代陶器和陶片，器形和纹饰图案风格与广东沿海汉墓出土的陶器完全一致。⑦ 这些都是民间南海海外贸易的历史见证。

马雍先生曾这样评价交趾郡在中外交往中的重要作用："交趾在东汉时为南

① 《后汉书》卷八八《西域传》，第 2922 页。

② 只有日本学者藤田丰八认为大秦使者是由缅甸沿伊洛瓦底江溯流而上，经云南来华的。见藤田丰八《中国古代南海交通丛考》，何健民译，商务印书馆 1936 年版，第 539 页。

③ 吕思勉：《吕思勉读史札记》，上海古籍出版社 1982 年版，第 630 页。

④ 许云樵：《南洋史》（上卷），新加坡星洲世界书局 1961 年版，第 13 页。

⑤ 广州市文物管理委员会等：《广州汉墓》，文物出版社 1981 年版，第 324 页。

⑥ 广西壮族自治区文物考古写作小组：《广西合浦西汉木椁墓》，载《考古》1972 年第 5 期。

⑦ 唐星煌：《汉晋间中国陶瓷的外传》，载《厦门大学学报（哲学社会科学版）》1988 年第 3 期。

方对外通商一大口岸，其地位与敦煌相等，不过一在陆路，一在海路而已。"①
与交趾比邻且隔海相望的合浦、徐闻在海外贸易中的重要地位也是显而易见的。
汉代徐闻在军事战略、海上交通和对外贸易等方面的地位十分重要，值得进一步
研究。

本文与周永卫合撰，原载《中山大学学报（社会科学版)》，2002 年第 3 期。

---

① 马雍：《西域史地文物丛考》，文物出版社 1990 年版，第 46 - 59 页。

汉至六朝时期南方农业经济发展的文化阐释

一、 汉至六朝南方农业经济的发展

中国幅员辽阔，人口众多，经济文化发展很不平衡。中国历代史学家都注意到经济发展不平衡的现象，而产生划分经济区域的看法。例如汉代的司马迁在《史记·货殖列传》中就把汉朝统治的地方划分为四个大的经济区域：山西地区，即关中地区；山东地区，即崤山或华山以东直至沿海的广大地区；江南地区，即长江以南直至沿海的广大地区；龙门（在今山西省河津西北）、碣石（在今河北省昌黎县北）以北地区，即今山西北部至河北北部一线以北直到汉朝北境的广大地区。司马迁对经济区域的划分，主要是从地理条件来考虑的。本文所说的"南方"，就是司马迁所说的"江南"。"江南"就是泛指长江流域及其以南的广大地区。

长江流域及其以南的广大地区，像黄河中下游地区一样，也是我国古代人类的发祥地之一。而且，在原始社会末期，这里进入农业定居的时期，又稍早于黄河中下游地区。这里的人们披荆斩棘，相继创造了光辉灿烂的巴蜀文化、荆楚文化和吴越文化。这些文化是我们伟大祖国优秀文化遗产的重要组成部分。

然而，不可否认，自我国进入阶级社会以后，直至封建社会前期，中原地区始终是我国经济文化的中心。其发达程度，远远超过长江流域及其以南地区。司马迁在《史记·货殖列传》中的叙述就是最好的明证。他叙述关中及中原时说："故关中之地，于天下三分之一，而人众不过什三；然量其富，什居其六。……夫三河在天下之中，若鼎足，王者所更居也，建国各数百千岁，土地小狭，民人众，都国诸侯所聚会……"当叙述南方时则说："江南卑湿，丈夫早夭。……总之，楚越之地，地广人稀，饭稻羹鱼，或火耕而水耨，果隋蠃蛤，不待贾而足，地执饶食，无饥馑之患，以故呰窳偷生，无积聚而多贫。是故江、淮以南，无冻饿之人，亦无千金之家。"司马迁在这里所说的是西汉及其以前的情况。经过东汉、六朝长达几百年的时间，江南地区的经济，尤其是农业经济有了长足的发展。这种发展主要表现在两个大方面。

（一）人口增加，人口密度提高，新增郡县，出现大型经济区

据学者研究，这个时期在长江流域形成了巴蜀、江汉、三吴大型经济区；而

豫章、岭南、闽江流域新经济区亦初具规模。① 这些地区之所以能发展成为经济区，首先是因为人口增加，人口密度提高，新设许多郡县。

巴蜀经济区，主要指长江上游。汉武帝之前设巴、蜀、汉中、广汉、犍为五郡。汉武帝开西南夷后，经东汉至蜀汉，随着这一地区经济的开发与发展，由蜀郡中分出越巂、汶山、汉嘉三郡；巴郡中分出巴东、巴西、涪陵、宕渠四郡；广汉郡中分出武都、阴平、梓橦三郡；汉中郡中分出魏兴、上庸、新城三郡；由犍为郡中分出江阳、朱提、南广三郡。蜀汉时新开南中五郡，即建宁、越巂、云南、牂牁、兴古。以上共26郡，其中不少是东汉至蜀汉时期增设的。蜀汉灭亡之后，巴蜀地区数易其主，但大部分时间属东晋、南朝统治。据左思《蜀都赋》的描述，这个地区的农业、手工业、商业都是十分繁盛的。

江汉经济区，主要指长江中游地区。实际上包括今湖北、湖南的大部分地区，主要有江陵、襄阳、夏口以及洞庭、湘水流域。促成江汉形成新经济区的因素是：北方人口大量南迁，定居于此，据谭其骧等的研究，此时流寓湖北的北方流民约有9万人。② 淝水之战后，流亡至襄阳、夏口的流民日益增多，"于是旧民甚少，新民稍多"③，侨寓户超过了土著户，在当地设置侨郡。④ 另一因素是大量蛮族由山上移迁平川，促进了蛮汉人民的联系与融合。

三吴经济区，主要指长江下游地区。实际范围除三吴（即今江苏南部和浙东）地区外，还包括以广陵为中心的淮南地区。随着人口的增加和土地的开发，汉时扬州的会稽郡，至东晋时，析为会稽、吴、吴兴、临海、建安、东阳、晋安七郡；汉时的丹阳郡，东晋时发展为丹阳、新都、宣城、毗陵四郡。这是三吴地区经济得到发展的明证。在以广陵为中心的淮南地区，由于晋永嘉丧乱北方人民大批南下，并在此定居下来，东晋、南朝侨立郡县以管理之。东晋安帝时，广陵郡发展为广陵、海陵、山阳三郡，宋时三郡有户14180，在150年的时间里，户数增加了60%。

豫章经济区。豫章在秦时，仅是九江郡的一部分，尚未成为独立的行政单位。西汉初，刘邦分九江置豫章郡，治南昌，领县18个，有67462户，351956人，基本上包括了今江西全境。东汉时领县增至21个，户口增加更快，计406496户，1668960人。东吴时，豫章一郡之地，相继被划分为豫章、庐陵、鄱阳、临川、安成、庐陵南部都尉（晋初更名南康郡）6个郡级行政区域，县邑扩

① 许辉、蒋福亚主编：《六朝经济史》，江苏古籍出版社1993年版，第66－92页。

② 谭其骧：《晋永嘉乱后之民族迁徙》，载《燕京学报》第15期；许辉、蒋福亚主编：《六朝经济史》，江苏古籍出版社1993年版，第66－92页。

③〔南朝·梁〕萧子显：《南齐书》卷七《州郡志下》，中华书局1972年版，第282页。

④ 夏日新：《东晋南朝长江中游地区侨州郡县考》，见《古代长江中游的经济开发》，武汉出版社1988年版。

大至58个，初步奠定了现今江西省行政区域的基础。西晋末，这一地区和原属荆州的武昌、桂阳、安成等十郡，置江州，治豫章（今江西南昌市）。从此这里成为直属中央的行政单位，一跃而成为长江中下游之间的新兴经济区。东晋南朝时期，也有部分北方人民流寓于此，因而这里的侨郡县也为数不少。南北方人民的辛勤合作，加速了这一地区经济开发的进程。

岭南经济区，包括五岭之南的交、广地区。秦始皇三十三年（前214）统一岭南，设桂林、南海、象郡三郡。汉初赵佗据岭南，建立"南越国"。汉武帝元鼎六年（前111），平定"南越国"，于其地置南海、合浦、苍梧、郁林、交趾、九真、日南七郡。后又增设儋耳、珠崖郡。秦汉时期，岭南地区的经济得到一定的开发与发展，六朝时期发展成一个新的经济区。汉末三国以来，岭北人民在吴初、东晋和梁末曾掀起三次越岭南迁的高潮，南徙的总人数，有的学者推算，约为250万。[①] 在岭南也增设新郡县以安置南迁的流民。《宋书·州郡志》"广州、新会郡"载："文帝元嘉九年（432），割南海、新会、新宁三郡界上新民立宋安、新熙、永昌、始成、招集五县。"又"宋熙郡"载："文帝元嘉十八年（441），以交州流寓立昌国、义怀、绥宁、新建四县为宋熙郡。"文中的"新民"，显然指流寓岭南的流民。岭南地区的少数民族比较多，六朝统治者对他们除征讨之外，更重要的是对少数族酋帅实行羁縻政策，而且收到比较好的效果。《宋书·州郡志》记载有少数民族归化而设立的郡县，如广州、新会郡的封乐县："文帝元嘉十二年（435），以盆允、新夷二县界归化民立。""交州、武平郡"："吴孙皓建衡三年（271）讨扶严夷，以其地立。"文中据以建立郡县的"归化民"，指通过招抚或征讨后编入户籍的蛮、俚、僚等少数民族。他们为岭南新经济区的开发也做出了贡献。

闽江经济区，指闽江流域一带。闽江经济区所以在六朝时初具雏形，首先与中原士族和人民的入闽定居分不开。宋陈振孙《直斋书录解题》引唐林谞《闽中记》，永嘉之乱，中原士族，林、黄、陈、郑四姓，先入闽。明何乔远《闽书》卷一五二也载，晋永嘉二年（308），中州板荡，衣冠始入闽者八族，所谓林、黄、陈、郑、詹、丘、何、胡是也。这些衣冠士族必然带来许多流民入闽。同时六朝的统治者，也不断征服闽地的山越人，设置新的郡县。自东吴、晋、宋至齐、梁，闽中初属扬州，继属江州，最后一度属于东扬州。陈永定（557—559）时，置闽州，废后又置丰州[②]，州治设在晋安。这是闽中自成一州之始，闽中作为一个独立的行政和经济区域已初步形成。但这一区域的经济开发和发展，仍落后于豫章和岭南。

---

① 刘希为、刘盘修：《六朝时期岭南地区的开发》，载《中国史研究》1991年第1期。

② 参阅〔唐〕魏徵《隋书》卷三一《地理志》，中华书局1973年版。

上述经济区的形成，说明当时我国南方的经济在飞速发展，改变过去"地广人稀"的状态。

（二）农业生产力水平的提高和农业结构的合理化

（1）对"火耕水耨"的新认识和秧苗移栽技术的推广。

长江流域及其以南地区历来以耕作水田为主。最早记载南方水田耕作方式的是司马迁的《史记·货殖列传》："楚越之地，地广人稀，饭稻羹鱼，或火耕而水耨。"《史记·平准书》和《汉书》的《武帝纪》《地理志》及《盐铁论·通有篇》，乃至《隋书·地理志》及六朝诸多诗文，都用"火耕水耨"来概括这一时期的南方水田耕作，但由于《史记》《汉书》等文献的记载过于简略，而汉唐诸儒对它的注释又不一，因此，对"火耕水耨"这一耕作方式的内涵有多种不同的解释。历来研究者甚众，见仁见智，莫衷一是。① 我们今天综合各家的说法并结合近几十年来考古资料，关于"火耕水耨"可以得出以下的认识："火耕"和"水耨"是南方土地开发和水稻生产过程中内容不同、可以单独进行的两项农活。"火耕"就是在播种之前放火焚烧树木杂草和干枯的稻秆。火耕烧田的作用，一般认为是除草、施肥和防治稻田病虫害。虽然文献中均无烧田过程的记载，但一些出土文物却为我们提供认识这一疑难的线索。四川成都市郊东汉墓出土的"弋射收获"画像砖，在下半部的劳动场面中，六个农夫在田间收割水稻，左边三人用短镰割取稻穗，身后一人将收割下来穗头挑走，右边二人用拨镰芟除已经收掉穗头的稻秆。德阳市出土的一方东汉画像砖，画面中有四个农夫在挥动拨镰芟割稻田中的稻秆和枯草。有学者认为，这些芟倒的稻秆和枯草是农民收割时有意留下的，晒干后点燃烧田。② "水耨"，就是水田除草。"耨，除草也。"③传统的观点认为水耨是以水淹草，并借助镰割。经研究认为，水耨，是在水中耨，即在稻田有水的情况下中耕除草，亦即《齐民要术·水稻》中所称的"薅"，现代通常称"薅秧"。水耨，除用手拔草外，还有用足踩者，称为足耨。虽然文献没有记载水耨的操作过程，但近几十年的出土文物，却给我们提供了"水耨"的劳动场面。如四川峨眉县东汉墓出土的石雕水田模型，田模内有两个农夫匍匐弯腰，上身赤裸，裤管上挽，用双手进行稻田拔草的形象。④ 新都区出

① 许辉、蒋福亚主编：《六朝经济史》，江苏古籍出版社 1993 年版，第 255 - 264 页。

② 陈文华：《论农业考古》，江西教育出版社 1990 年版，第 178、184 页。

③ 〔西汉〕司马迁：《史记》卷一二八《龟策列传》裴骃《集解》引徐广曰，中华书局 1959 年版，第 3232 页。

④ 沈仲常：《东汉石刻水塘水田图像略说——兼谈我国古代中耕积肥的历史》，载《农业考古》1981 年第 1 期。

土的汉代"薅秧农作"画像砖，图中两农夫正拄着长棍在田中用足薅秧。①

据此，东汉及六朝的"火耕水耨"并不是一种通常意义上的原始粗放的耕作方式，而是一种适合于水田稻作的耕作方式。六朝以后，火耕在南方广大地区逐步消失，其根本原因是耕作制度的变化。水稻本为一年一熟制，到六朝后期部分地区逐渐出现一年二熟制以及隋唐以降在同一田里实行水旱轮作制以后，留下稻秆杂草待来年烧田已不可行，所以火耕才逐渐消失。

反映这个时期水稻种植先进水平的是实行秧苗移栽。因为秧苗移栽，有利于水稻根系的发育，促进稻株分蘖，便于中耕除草，是提高产量的重要途径，也是稻作历史上的飞跃。对于六朝南方水稻种植是否已经实行秧苗移栽法，至今在学术界仍是一个有争议的问题。一般认为，移栽稻秧始于汉代。东汉崔寔《四民月令》中说："五月，可别稻及蓝，尽夏至后二十日止。""三月可种粳稻。稻，美田欲稀，薄田欲稠。"所谓"别稻"就是移栽。然而，这是指北方黄河流域，南方是否同时出现这一先进技术呢？目前尚不能从文献中得到证实。因此，或以为这一时期南方水稻种植处于"直播列条法，尚未实行插秧"②。或以为汉六朝时，水稻移栽尚处在酝酿之中。③ 梁家勉认为，至迟从东汉开始，我国南方和北方的主要稻区都已实行了秧苗移栽法，且很可能已有了育秧田。④ 目前越来越多的出土文物证实了梁家勉的论点。广东佛山澜石东汉墓出土的陶水田模型，反映了水稻抢收种的场面，"第五方地上有表示秧苗的篦点纹和一个直腰休息的插秧俑"⑤。篦点一组一排，相当整齐。这一水田模型反映的稻夏收夏种的劳动场面，收获、田耙和插秧在不同的田块中同时进行，这里的秧苗不可能是在本田生长的，必然另有秧田。四川新津县出土的一件汉代陶水田模型，中间为一灌渠，两边稻田塍围绕的稻田，稻田中有排列整齐、行距间距几乎相等的篦点纹，这显然是表示秧窝。⑥ 既然汉代南方部分地区出现移栽法，那么六朝时期，这种先进的农业技术就应该得到了进一步的推广。《全梁诗》卷六范云《治西湖》诗中称："已集故池鹜，行莳新田苗。何吁畲筑苦，方欢鱼稻饶。""莳"，就是移栽。《说文·艸部》："莳，更别种。"段玉裁注："今江苏人移秧插田中曰莳秧。""行莳

① 余德章、刘文杰：《记四川有关农业方面的汉代画像砖》，载《农业考古》1981 年第 1 期。

② 〔日〕西嶋定生：《中国经济史研究》，农业出版社 1984 年版，第 139、147、164 页。

③ 〔北魏〕贾思勰撰，缪启愉校释：《齐民要术校释》，农业出版社 1982 年版。牟发松：《火耕水耨与南方稻作农业的发展》，载《古代长江中游的经济开发》，武汉出版社 1988 年版。

④ 梁家勉主编：《中国农业科学技术史稿》，农业出版社 1989 年版，第 205 页。

⑤ 广东省文物管理委员会：《广东佛山市郊澜石东汉墓发掘报告》，载《考古》1964 年第 9 期。

⑥ 刘志远：《考古材料所见汉代的四川农业》，载《文物》1979 年第 12 期。

新田苗"亦即插秧。这说明水稻移栽法是广泛实行的。当然，直播法在一些地区仍然存在。但移栽法是先进的耕作技术，其发展结果必然是取代直播法。

（2）耕作技术的提高。

生产的发展是与生产工具和生产技术的改进联系在一起的。就南方水田耕作而言，首要的生产工具是犁和耙。这两种农具在六朝均有显著的进步。

犁在牛耕农具中最为重要。人们从春秋战国开始使用铁犁铧，经西汉不断完善，到东汉时，犁铧上不仅装置了犁箭以控制犁铧入土的深浅，而且安装了翻土用的犁壁。在北方一直是二牛抬扛式的单长辕犁，后来发展为一牛牵引的双长辕犁。贾思勰《齐民要术·耕田》说："长辕，耕平地尚可，于山涧之间则不任用，且回转至难，费力。"汉六朝时期，大量山间丘陵地开垦成耕地，劳动人民根据南方的地形及耕作特点，创造了单牛短辕的牛耕方式。广东佛山出土的东汉水田模型中的牛耕形象，即为一牛牵引的短辕犁。1963 年底，广东连县一座西晋永嘉年间的墓葬中出土了黑色陶质犁田耙田模型一方，一丘水田中一人驾牛犁田，另一丘水田中一人驾牛耙田，都是单牛牵引①，农夫与耕牛靠得很近，显然是一架短辕犁。单牛短辕犁对后世的牛耕方式产生了极大的影响。唐代江东曲辕犁的出现应该是南方地区单牛短辕犁发展的结果。

耙是一种整地农具，具有碎土、平地、除草等功用。汉代的耙，有三齿形②和八齿形③两种，皆为人力耙。从考古资料看，牛拉耙的产生不会晚于三国时期。牛拉耙产生后，因使用地区的不同，有旱地耙和水田耙两个分支。水田耙主要适用于南方水田区。上述广东连县出土的西晋犁耙水田耕作模型就是明证。耙下有六根长齿，上有横把，以牲畜牵引。广西梧州倒水的南朝墓中，也出土了耙田模型，耙也是六齿，耙齿疏而尖锐，安装在横木上，横木上有扶手把，使用一牛牵引。④《太平寰宇记》卷一六九《岭南道》载，南朝萧齐时在今广东雷州半岛有"铁耙县"，当地有"铁耙溪"，溪中有石似铁耙。这些都说明六朝时期南方水田耕作利用铁耙是比较普遍的了。

（3）农作物结构趋于合理和几项具有划时代意义的进步。

自古以来，我国形成了黄河流域和长江流域两大典型的农业区。以黄河中下游为中心的北方农业区，发展了以菽、麦、黍、稷为主的旱地作物；而长江流域及其以南地区则形成了以水稻为主的水田农业区。至六朝时，随着社会条件和自然条件不同程度的变化，江南农作物结构也发生了变化：在充分发展水稻生产的同时，引进和播种北方旱地作物，即由原先比较单一的水田农业，逐渐向水旱并

---

① 徐恒彬：《简谈广东连县出土的西晋犁田耙田模型》，载《文物》1976 年第 3 期。
② 黄展岳：《近年出土的战国两汉铁器》，载《考古学报》1973 年第 3 期。
③ 山东省博物馆：《山东莱芜西汉农具铁范》，载《文物》1977 年第 7 期。
④ 李乃贤：《浅谈广西倒水出土的耙田模型》，载《农业考古》1982 年第 2 期。

重的农业嬗变。由于开垦日增，生产技术趋于精良，产量不断提高，形成了许多著名的稻作区。如江南地区、淮南地区、江汉地区、湘江流域、赣江流域、岭南地区、巴蜀地区等，有些地区出现了"再熟之稻""三熟之稻"。水稻在江南得到普及推广。

与此同时，移植麦、粟、菽等北方耐旱、耐寒作物获得了很大的成功。据学者研究，江南在汉代已有麦类种植，但可以肯定的是在魏晋以前麦类在江南种植远未普及。大规模地在南方推广麦类等旱地作物，是在六朝中后期。西晋时，杜预就曾提议在南方要推广"陆种"，"大种五谷"，但由于传统观念认为"此土不可陆种"，因而收效甚微。① 晋元帝渡江后，晋政权南移，开始运用政权力量推广种麦。元帝太兴元年（318）下诏："徐、扬二州土宜三麦，可督令熯地，投秋下种，至夏而熟，继新故之交，于以周济，所益甚大。"② 这是第一次明令在江南推广种麦，所谓"三麦"，即大麦、小麦和元麦。诏文所提的徐州，地处长江以北；扬州，辖今江苏、安徽、浙江、江西、福建等省，即东南大部分地区。此后麦类在徐扬地区大规模地种植。以后历朝时有要求在江南种麦的诏书，如刘宋元嘉二十一年（444）③，宋孝武帝大明七年（463）④ 等。由于东晋南朝大力提倡并推广麦类作物种植，所以史籍中有关遇灾荒而影响"麦禾"收成的记载不少。可知当时"麦禾"在南方农业生产中已占有重要地位，它的丰歉直接关系到民众生活。除麦类在南方大面积种植外，粟、菽等北方旱田作物也随之南移。见于文献记载的，如《宋书·周朗传》说，孝武帝即位，周朗上书："田非畴水，皆种麦菽。"《宋书·谢灵运传》说谢灵运在会稽的始宁庄园，广种"麻麦粟菽"。《陈书·世祖纪》记载天嘉元年（560）八月，官府曾下令天下播种菽粟，"守宰亲临劝课，务使及时，其有尤贫，量给种子"。从这些零星材料中，我们可以窥见当时江南地区种植粟菽的情况。

北方旱田作物的向南推广，在我国农业发展史上具有重要意义：第一，它使江南地区的农业结构从原来比较单一的水田农业，向水旱兼营、稻麦兼济的方向转变。这一转变对于促进粮食生产有显著作用。这不仅可以充分利用土地，而且可以充分利用季节，达到发展经济的目的。第二，从根本上改变了南方农业在全国经济中的低下地位。至迟在晋宋之际，南方的农业生产总量超过了北方，而恰恰在这一时期，北方旱田作物在南方推广，说明两者是密切相关的。这不仅保证了官府和广大民众日常生活的需要，而且推动了经济重心的南移。

此外，在经济作物方面，也取得几项划时代意义的成就。例如蔬菜的栽培，

① 〔唐〕房玄龄：《晋书》卷二六《食货志》，中华书局 1974 年版，第 788 页。
② 同上，第 791 页。
③ 〔南朝·梁〕沈约：《宋书》卷五《文帝纪》，中华书局 1974 年版。
④ 〔南朝·梁〕沈约：《宋书》卷六《孝武帝纪》，中华书局 1974 年版。

晋嵇含的《南方草木状》载："蕹，叶如落葵而小，性冷味甘。南方编苇为筏，作小孔，浮于水上，种子于中，则如萍根浮水面，及长，茎叶皆出苇筏孔中，随水上下。今南方之奇蔬也。"这种利用水面种植蕹菜的无土栽培技术，是南方人民的创造，是蔬菜栽培技术的一个重大突破。又如种植果树，利用天敌防治果树的害虫，《南方草木状》载："交趾人以席囊贮蚁鬻于市者，其窠如薄絮囊，皆连枝叶，蚁在其中，并窠而卖。蚁赤黄色，大于常蚁。南方柑树，若无此蚁，则其实皆为群蠹所伤，无复一完者矣。"这一生物防治技术，很可能是我国南方少数民族发明的，并且在岭南柑桔生产中一直被采用。唐代刘恂《岭表录异》和清代屈大均《广东新语》中亦有相同记载。这种大蚁，学名黄猄蚁，又叫黄柑蚁，它能捕食棱蝽等20多种柑桔害虫，目前仍在闽粤等地的桔园中应用。这是中国也是世界上应用生物防治的创举。①

我们从经济区域的形成、农业生产力水平的提高和农业结构的合理化两个方面阐述了这个时期南方农业经济的发展。这个时期是中国历史上的一个重要时期。研究这段历史的专家韩国磐以深厚的感情、执著的爱好、精练的语言采取赋的形式歌咏"六朝之盛"②，是很有道理的。高敏则用战略性的眼光评论，南方新经济区的形成，"使长期以来的南北经济发展的不平衡性与悬殊性缩小了，甚至萌发了全国经济重心逐步向江南地区转移的幼芽"③。

二、 南方农业经济发展的文化阐释

原来农业经济比中原落后的南方，经过东汉至六朝几百年间的开发，农业经济获得长足的发展，开始了中国经济重心的南移。为什么这个时期南方农业经济得到发展？它与文化是什么关系？我们研究文化与经济的关系，是以文化与经济作为两个不同的概念为出发点的。对"文化"概念的界定，就我们所知，有200来种不同的说法。我们这里所说的文化，是一种广义的文化，就是人类在实践活动中创造的物质财富和精神财富的总和。既有经济基础反映的文化，也有寓于经济基础之中的文化。按照这种界定来理解的文化，可以分为三种形态，即物质文化、行为（制度）文化和精神文化。文化有其社会功能，而经济功能是它的基本功能，在人类社会发展中起着巨大的作用。④ 下面就这个时期的文化对经济发展的作用谈一下我们的理解。

（一）作为物质文化的生产力决定对自然条件的利用程度

社会经济的发展取决于自然条件和社会条件。自然条件是人类历史发展的基础，也是社会经济关系赖以发展的必要因素之一。所谓自然条件，主要是气候、地形、土壤、水文、矿藏、植被等。南方的自然条件是优越的：气候温暖、土地肥沃、雨量充沛、物产丰富。但为什么农业起源还早于北方的南方，在一段时间里却落后于北方呢？这就与文化因素有关。因为南方沼泽遍地、山地丘陵地多、草木繁茂、榛莽丛生，大地被原始森林覆盖，毒蛇猛兽出没无常，许多地区不适于人类生息。

人类对其开发的艰难程度要超过北方的黄河流域。只有作为物质基础的生产力水平提高以后，如铁工具的普遍使用、灌钢法的发展及大量生产等，区域的开发和发展才能迅速起来。而且在这些地区生产力水平与经济发展的速度是成正比的。生产力水平越高，经济发展的速度越快，汉至六朝南方农业经济发展的历史证明了这一点。

（二）北方人口的南迁对南方农业经济发展的影响

不同人群创造的文化存在差异，不同地域的文化风貌也不尽相同。人口的流动，实质上也就是他们所负载的文化流动。所以说，人口流动在本质上是一种文化迁移。汉至六朝时期，北方人口大量南迁，对南方经济、文化的发展产生了巨大的影响。

我们知道，人口密度的高低是一个地区经济开发和发展程度的标志。所以人口分布的多寡是直接影响和制约经济开发和发展的重要因素。西汉以前，江南地广人稀，人口密度远远低于中原地区。据统计，西汉时人口密度最高的是函谷关以东的黄河以南地区，其中济阴郡人口密度每平方公里达 261.95 人，居西汉郡国之首。而江淮以南的广陵，每平方公里 22.11 人。会稽北部每平方公里 14.28 人，会稽南部每平方公里 0.32 人，丹阳每平方公里 7.71 人，豫章每平方公里 2.12 人，郁林每平方公里 0.56 人，巴郡每平方公里 5.63 人。[1] 而东汉六朝时期，北方人口大量南迁，主要出现了两次南迁高潮。第一次高潮发生在东汉末三国初。当时大小军阀割据、兼并战争连年不断，在人口集中的黄河流域，"名都空而不居，百里绝而无民者，不可胜数"[2]，造成"百姓死亡，暴骨如莽"[3] 的

---

① 葛剑雄：《西汉人口地理》，人民出版社 1986 年版，第 96 - 104 页。

② 〔东汉〕仲长统：《昌言·理乱》，见〔清〕严可均校辑《全上古三代秦汉三国六朝文》，中华书局 1958 年版，第 949 页。

③ 〔晋〕陈寿：《三国志》卷二《魏书·文帝纪》注引《典论》，中华书局 1959 年版，第 89 页。

悲惨景象。经历了饥饿、疾疫和战争的幸存者，纷纷逃走四方，其中绝大多数迁徙到南方。这里所说的南方包括蜀国和吴国。据《三国志》记载，迁入蜀国的主要是今河北、河南、关中的人民，迁入吴国的主要是今河南、山东、安徽和江苏北部的人民。第二次高潮开始于西晋末年的"永嘉之乱"，直到南朝刘宋元嘉年间。据谭其骧的研究，自永嘉至刘宋之季，南渡至长江流域的侨人总数在70万人以上，还有大约20万南迁人口没有到达长江流域，聚居在今山东境内。南迁人口中也有一部分越过长江以后，继续南进，深入皖南山区，甚至闽、广一带。总数为90万的南迁人口占当时南方官府领有人口540万的1/6。又据《晋书·地理志》，北方诸州及徐州之淮北共有户约140万，以一户5口计，共有人口700余万，南渡人口90万占其1/8强。也就是说，晋永嘉以来，北方平均8人中，就有1人南渡；南方平均6人中，就有1人为北方迁来之侨民。① 这个数字是侨州郡控制的人口，并不包括被士族及富豪们隐匿的人口。事实上，被士族及富豪隐匿的人口是相当多的。还有大量人口沦为奴婢。所以，南下侨民的真实数字，还大大超过上述数字。

北方人口的南迁，对南方农业经济发展的作用，主要表现在三个方面。

（1）促使人口分布合理，更好地利用自然资源。

上文说过，西汉末，人口分布非常不平衡，密度相差悬殊。密度最高的济阴郡（约今山东菏泽、定陶、东明等县市）高达每平方公里262人，而最低的郁林郡（约今广西西部）每平方公里仅0.56人，相差468倍。60%的人口集中在面积仅占11%的关东。长江以南大部分地区却人口稀少，尤其在今浙江南部、福建、广东、广西，大多地区还榛莽未辟，密度很低。北方和南方的人口比超过8：2。以后，随着人口的不断南迁，南方的人口以较高的速度增长，南方人口在总人口中的比重也逐渐上升。隋朝北南户口比是7：3，唐朝前期大致是6：5，到北宋初已经为4：6，南方的户口数超过了北方。② 人口分布合理，有利于合理利用资源，更好地发展经济。

（2）提高南方的人口素质。

北方人口大量南迁，不但增加了南方的劳动人手，而且提高了南方的人口素质。人口素质包括身体素质和文化素质。移民无疑利于避免近亲、同族间的通婚，或仅在很小的地域内通婚，这对于防止人口身体素质的退化、提高身体素质都是有益的。移民有利于文化素质的提高的例子是不少的。例如东汉末年北方战乱，三国时期，北人南迁进入吴地的很多，一时东吴人才济济。左思赞江东"冠

① 谭其骧：《晋永嘉乱后之民族迁徙》，载《燕京学报》1934年第15期。
② 葛剑雄等：《简明中国移民史》，福建人民出版社1993年版，第656页。

盖云荫"①，陆机则感叹"江东盖多士矣"②。《三国志·吴书》所载有原籍可考的北方移民，有60人来自黄河流域和江淮之间，而南方人口占少数。《三国志·蜀书》的列传人物中，土著仅16人，而客籍达40人，占总数的70%。蜀汉政权治蜀，曾致力于办学兴教，移民士人功不可没。谭其骧在《晋永嘉丧乱后之民族迁徙》一文中，尤重南徐州（治今镇江）的北方侨民素质，他说："南徐州所接受之移民最杂、最多，而其后南朝杰出人才，亦多产于是区，则品质又最精。刘裕家在京口（镇江），萧道成、萧衍家在武进之南兰陵（武进）。……南徐州之人才又多聚于京口。今试于列传中查之，则祖逖范阳遒人，刘穆之东莞莒人，檀道济高平金乡人，刘粹沛郡萧人，孟怀玉平昌安丘人，向靖河内山阳人，诸葛璩琅邪阳都人，关康之河东杨人，皆侨居京口。"东晋以前默默无闻的镇江地区，移民之后，一跃而成为最重要的文化区。无论原来的文化程度高低，为了要在迁入地求得生存和发展，移民不仅要保持和发挥原有的文化优势，还必须吸收当地文化中先进的或有利的因素。因此，移民的文化水准、生产技能一般都比较高。经常迁移的人较少有狭隘的地域观念、乡土观念和保守思想，容易接受新思想、新观念和新技术，很多新作物、新工具、新方法的传播和推广就是由移民在迁移和定居的过程中实现的。移民大多有开拓意识和冒险精神，并且有机会接受多种文化的影响，因此移民和移民后裔中出现更多的人才并不是偶然。

（3）移民带来北方较先进的生产工具和生产技术。

北方较先进的生产工具和技术使南方的生产向深度和广度迅速发展。《晋书·郭文传》载，郭文"河内轵人也……洛阳陷，乃步担入吴兴余杭大辟山中穷谷无人之地，倚木于树，苫覆其上而居焉……区种菽麦，采竹叶木实，贸盐以自供"。这说明：第一，北方精耕细作的区种法随着流民的南迁而传播到吴兴余杭地区；第二，南渡的人民有的深入到南方的山林地区，对南方山林川泽的垦辟开发做出了巨大的贡献。可见北方移民促使南方开发和经济向纵深方面迅速发展。

（三）南方民族的融合促进农业经济的发展

两个以上的民族在长期密切的经济联系和文化交流或战争的进程中，比较落后的民族（或其一部分）受周围比较先进的民族的影响，自然地失去了自己的民族特点，与比较先进的民族融为一体。这种民族融合的过程，也是文化融合的过程。这种融合对该地区的经济发展是起积极作用的；该地区经济的发展也促进了民族的融合。两者是相辅相成、互相促进的。

---

① 〔西晋〕左思：《吴都赋》，见高步瀛《文选李注义疏》第3册，中华书局1985年版，第1141页。

② 参阅〔西晋〕陆机《辨亡论》，《西晋文纪》卷一五，四库全书本。

汉至六朝南方的民族除汉族之外，有南越、骆越、东瓯、蛮族、僚族、俚族、奚族等名目繁多的少数民族。这些民族多居住在深山老林之中，或经济较为落后之地。汉至六朝的统治者都根据不同情况对他们采取不同政策。归纳起来有三种政策：第一，战争征服，这是各朝统治者常用的办法。第二，设置地方官吏，直接管理少数民族地区，如南朝时期设南蛮校尉和宁蛮校尉，分治长江南北的蛮人。此外，还在少数民族聚居的地区设置左郡左县，集中治理归降的少数民族。左郡左县的官吏由中央王朝直接任命，该地的少数民族人民则转变为官府直接控制下的郡县的编户齐民。第三，采取"以夷治夷"的方针，对少数民族首领施以笼络和利用，敕封他们以官职，依靠他们对少数民族实行统治。这些政策促进了民族的融合。当然在漫长的融合过程中，包含了痛苦、流血和牺牲。

这些少数民族与汉族逐渐融合，对南方地区农业经济发展的促进作用主要表现为三方面：第一，少数民族由山区逐渐"徙出外县"①，在平地居住，变成封建官府的编户齐民，增加了劳动人手，各族人民共同开发，发展经济。第二，仍然在山区住的少数民族，由于与汉族的经济联系和文化交流，不断吸收汉族先进的生产技术和生产工具，开垦山区，扩大了耕地面积，使经济向纵深发展。第三，有利于少数民族地区的封建化。

（四）作为制度（行为）文化的封建统治者的政策促进了农业经济的发展

相比战乱的北方来说，南方相对安定，这对农业经济发展是十分有利的。封建官府采取的一些措施促进了经济的发展。

（1）东吴实行的屯田政策。

东吴像曹魏一样，在其统治辖区内，广泛推行屯田制度。东吴的屯田亦分为军屯、民屯两种类型。军屯分布的地域相当广泛，主要集中在长江两岸宜耕地区以及内地州郡驻军营地附近。民屯区域也很广泛，甚至在少数民族地区也实行民屯。东吴实施屯田制，有力地推动了江南地区的土地开发和经济的发展。比如荆、扬二州是东吴屯田的主要分布区，许多新增的郡县就是在这个时期增设的。如扬州，东汉时统会稽、丹阳、吴、豫章、九江、庐江6郡。至东吴时，统14郡，增加了8郡。各郡都增加新县，少者一二，多者八九。② 这是南方土地开发和经济发展的明证。

---

① 〔晋〕陈寿：《三国志》卷六四《诸葛恪传》，中华书局1959年版，第1431页。

② 参阅〔唐〕房玄龄《晋书》卷一五《地理志下》，中华书局1974年版。

汉至六朝时期南方农业经济发展的文化阐释

（2）东晋实行"清静为政，抚绥新旧"①的经济政策。

所谓"清静为政"，其实质就是"无为而治"；"抚绥新旧"的"新"是指南下的北方士族及流民，"旧"是指较早南渡的侨姓士族、民众及南方土著居民。抚绥新旧这两部分人包括两点内容：①设置侨州郡，实行"土断"。北来人民籍注侨州郡后，可以享受复除赋役的优惠。元帝还下令开放山林川泽，让侨人借此自谋生计。到刘宋大明年间政府还公布了"占山法"，这是我国历史上第一次从法律上确认山林川泽可以为私人占有。这些政策对吸引北方人民的南下起到积极作用。②减轻人民的赋役负担，使人民安心生产。这些对鼓励人民生产、发展经济是有积极作用的。

（3）南朝各代都实行鼓励生产、劝督农桑的政策。

刘宋王朝多次下令劝督农桑，要求各级官吏督责"游食之徒，咸令附业"，务使"地无遗利，耕蚕树艺，各尽其力"②。文帝时还出现我国历史上政治相对安定、经济向上发展的"元嘉之治"。以后齐、梁、陈三代都曾为招集流亡、兴修水利、劝督农桑、开禁山泽等采取许多措施。这些措施对南朝农业经济的发展是有积极作用的。

综上所述，东吴实施的屯田政策，东晋实施的"清静为政，抚绥新旧"的政策，南朝实施的鼓励生产、劝督农桑的政策，都不同程度地促进了南方经济的开发和发展。这些政策是当时制度（行为）文化的一个组成部分。制度文化处于物质文化与精神文化之间，既反映物质文化，又是精神文化的外在表现，同时对两者产生强烈的影响。六朝经济政策促进南方经济的发展，正反映了制度文化与物质文化之间的关系。

（五）精神文化对农业经济发展的影响

这里所说的精神文化也就是狭义的文化，即社会意识的理论化、系统化的形式，如政治、法律、道德、艺术、宗教、科学、哲学等。这个时期的精神文化也异常丰富多彩，鲜明地表现出它的时代性与地域性的特点。③

（1）汉末以来封建专制主义统治严重削弱，儒家独尊的地位日益衰微，这给文化思想的新变化以极大的影响。

长期以来人们被束缚、被禁锢的思想获得自由发展的机会，各种学说形成一种兼容并蓄、多元发展的格局。这一点集中表现在儒、佛、道三者同时并存及相互影响。

---

① 〔北宋〕司马光：《资治通鉴》卷八六《晋纪八》，中华书局 1956 年版，第 2731 页。

② 〔南朝·梁〕沈约：《宋书》卷五《文帝纪》，中华书局 1974 年版，第 80 页。

③ 简修炜等：《六朝史稿》，华东师范大学出版社 1994 年版，第 365 页。

（2）多种文化的互相冲撞与融汇，迸发出许多新思想的光辉。

这时期既有南北文化的并立与交融，又有汉民族文化与少数民族文化的交流与促进，还有中外文化的冲撞与汇合。多种文化的相互冲撞与吸收，产生许多新的思想。哲学上杨泉、鲍敬言、范缜的唯物论、无神论；文学上陶渊明、谢灵运等著名作家的新内容、新形式、新体裁的作品不断出现；宗教上东晋葛洪创立金丹派道教，以南朝陆修静为代表的灵宝派道教产生；王羲之的书法和顾恺之的绘画艺术的创新令人耳目一新；科技领域的成果也层出不穷。凡此种种，都说明这一时期文化思想领域形成一种变古创新的生动活泼的局面。

任何一个社会的物质文化、行为（制度）文化和精神文化都不是孤立的，它们相互渗透而形成一个"文化圈"。它们的关系是辩证的。精神文化既受物质文化的制约，又受行为（制度）文化的规定。但是，精神文化又给物质文化、行为文化以巨大的影响。这个时期的精神文化促进这个时期农业经济的发展是不言而喻的。

三、　几点启示

通过对汉至六朝南方农业经济发展及其原因的文化阐释，我们从中可以得到三点有益的启示。

（1）各民族、各地区、各国之间进行经济联系与文化交流，对发展该民族、该地区、该国家的经济和文化都是十分重要的。通过联系和交流可以互通有无、取长补短、共同发展，对人类历史发展做出贡献。

（2）民族、地区、国家要获得发展，社会的稳定是一个重要的因素。只有在稳定的社会环境中，才能最大限度地让人民去创造物质文化和精神文化。

（3）人们要正确处理物质文化与精神文化的关系。社会的真正繁荣，必须是物质文化与精神文化统一地、协调地繁荣发展。单强调某一方面，都会导致社会的畸形发展，而不是真正的繁荣。

原载《高敏先生七十华诞纪念文集》，中州古籍出版社2001年版。

略谈新时期的中国秦汉史研究

——答《历史教学》杂志社编辑问

问：近年来秦汉史研究有什么新进展？

答： 秦汉 400 多年的历史，在漫长的中国历史上占有特别重要的地位，因为在这个时期形成并确立的封建土地所有制、封建专制主义政治制度和统一的封建思想文化，对此后 2000 多年的封建社会历史产生过深远的影响。许多学者对这段历史进行研究，名家辈出，著作林立，几乎每个领域都已有学者涉足，而且对文献材料的整理爬梳已相当深入细致。因此，要在这些领域取得新的成就是很艰难的。不过由于学者的努力、新材料的发现，就我观察，近年来秦汉史研究还是有新的进展，而且有的成就是相当可观的。主要表现在三个方面。

第一，利用考古资料，把考古资料与文献资料紧密结合，进行研究，许多领域都取得了突破性进展。1925 年，王国维发表题为《最近二三十年中中国新发见之学问》（收入《静庵文集续编》），文中说："古来新学问起，大都由于新发见。有孔子壁中书出，而后有汉以来古文家之学；有赵宋古器出，而后有宋以来古器物、古文字之学。惟晋时汲冢竹简出土后，即继以永嘉之乱，故其结果不甚著。然同时杜元凯注《左传》，稍后郭璞注《山海经》，已用其说；而《纪年》所记禹、益、伊尹事，至今成为历史上之问题。然则中国纸上之学问赖于地下之学问者，固不自今日始矣。"随后王国维介绍了当时二三十年间发现的材料，认为"今日之时代可谓之'发见时代'，自来未有能比者也"。王国维说这些话，距今已 70 多年了，最近的十几年，中国考古学的发展十分迅速，新发现层出不穷。李学勤先生说："如果说王国维那时是'发现时代'，我们今天真是处于一个'大发现时代'了。"（《大发现时代的史学》，载萧黎主编《我的史学观》，广东人民出版社 1997 年版）在这个"大发现时代"，秦汉时代遗物的发现最令世人瞩目。对秦都咸阳宫殿遗址和东海碣石行宫的发掘，揭示了秦宫殿建筑形式；对秦始皇陵园的勘查以及兵马俑坑、铜车马坑和一部分马厩坑等的先后发掘，尤其是被中外学者誉为"世界八大奇迹"之一的兵马俑坑的发掘，揭开了秦史研究新的一页；对秦汉长城的勘查及沿线城障烽塞的发掘，把对秦汉边防制度的研究推向了新的阶段；对汉代帝陵的勘查、对汉代部分诸侯王列侯墓的发掘，为汉代陵寝制度、诸侯王列侯制度的研究提供了大量的资料；全国各省都发现有秦汉墓葬，总数有四五万座，已发掘的有一万座以上，分布密集的地方是秦汉都城和当时的郡县所在地。各地的学者都在利用这些实物资料，勾画出当时当地的文化特征。汉代少数民族地区，如北方地区的匈奴、鲜卑，新疆地区的于阗、楼兰、姑师、乌孙，川西云贵地区的以滇、夜郎为代表的西南夷等，都有大量考古挖掘，为研究这些民族的历史，提供了可靠资料。所有的这些研究的成果，是以前单凭文献资料研究而得出的结论所不能比拟的。

尤其值得提出的是，秦汉简牍、帛书的大量发现，推动了秦汉史研究的发展。汉简帛书的发现，在古代尚属凤毛麟角，20 世纪 30 年代发现的居延汉简则更为世人瞩目。自 70 年代以降，汉简帛书的发现层出不穷，如甘肃、内蒙古等地汉晋遗址居延新简、敦煌汉简，甘肃武威古墓的汉简，湖南长沙马王堆汉墓的帛书、简牍，湖北云梦睡虎地秦简、龙岗秦简，江陵凤凰山及张家山汉简，山东临沂银雀山汉简，安徽阜阳汉简，河北定县汉简，甘肃天水放马滩秦简，甘肃敦煌悬泉置汉简，江苏连云港尹湾汉墓简牍，等等。到目前为止，据不完全统计，已出土秦汉简帛 6 万余件。新出简帛的研究，业已从多方面推动了秦汉史研究的深入和发展。例如，1972 年至 1974 年发现的居延新简与 1930 年发现的居延汉简结合起来，比较全面地反映了汉代西北边郡的状况和有关制度。对这些简牍的研究全面推动了秦汉西北边郡历史的研究工作。马王堆三号汉墓出土的帛书，现已判明共有 28 种，计 12 万余字。若依《汉书·艺文志》归类，这些帛书有六艺类、诸子类、兵书类、数术类、方术类和地图六类，内容多属珍秘佚籍，涉及战国至西汉初年政治、军事、思想、文化以及科学等各个方面，对这些帛书的研究，推动了西汉初期历史的研究。对云梦睡虎地秦简的研究，从根本上改变了秦史研究的面貌。把江陵张家山汉墓出土的汉律竹简与睡虎地出土秦简对比研究，使对这个时期历史的研究进入了新的阶段。对尹湾汉墓简牍的研究，大大地推动了秦汉地方行政制度和官吏等级制度的研究。

岭南地区秦汉考古的发现，改变了岭南地区历史研究的面貌。有关秦汉时代岭南地区的历史，文献记载十分贫乏，光凭文献资料，不足以认识这个地区的历史。封建时代的文人墨客，多以"南蛮之地"称之。但是，近年来岭南地区的考古发现，如广州秦代造船工场遗址、广州象岗第二代南越王墓、广州南越国宫署遗址和御苑遗址、两广的汉墓群等的发现，以其大量珍贵的历史文物，证明秦汉时期岭南地区有光辉灿烂的文化，在许多方面具有划时代的意义，从根本上改变了关于秦汉时期岭南为"南蛮之地"的传统看法。

第二，研究领域在不断扩大和深入，对秦汉史的编写有新的突破。白寿彝先生任总主编的《中国通史》的第四卷《中古时代·秦汉时期》（上、下册，上海人民出版社 1995 年版）从内容到编纂体裁都很有特色。该书对秦汉社会经济形态的分析，比以往的同类著作要深入得多。例如，对秦汉时期农民身份地位的考察，对阶级结构和土地所有制等级特点的分析，把科学技术的发明与生产力发展联系起来说明当时生产力的发展水平，都是全书的精彩部分，也是秦汉史领域研究的新突破。该书在编纂体例方面也有新的突破，它不同于近代以来流行的以年代先后为序，分别叙述政治、经济和思想文化的章节体，而是把全书分为"序说""综述""典志""传记"四篇，每篇又分章节。"序说"论述秦汉史料和研究现状，"综述"论述秦汉历史的基本概况，"典志"论述各种制度，"传记"是重要历史人物的群像。这种体裁既可以反映历史发展的规律性，又可以多层次地表现历史发展的进程，把一幅丰富多彩的历史画卷展现在读者面前。

近年来出版的一些专史著作，如经济史、政治制度史、文化史、社会史、宗教史、移民史等，都有新的突破。如林甘泉先生主编的《封建土地制度史》第一卷（中国社会科学出版社 1990 年版）把马克思主义理论与中国历史实际相结合，阐明秦汉土地制度的特点，有相当的理论深度和独到的学术见解。白钢先生主编的多卷本《中国政治制度通史》（人民出版社 1996 年版）的秦汉部分，摆脱了以往以官制史代替政治制度史的窠臼，不但在理论上突破将政治制度仅仅看作阶级压迫工具的成见，指出在阶级社会，它除作为阶级压迫的工具之外，还始终存在着管理公共事务的职能；而且在资料的占有上也后来居上，除充分运用文献资料之外，也广征博引考古发掘资料。因而，它的许多概括和结论是平实可靠的。葛剑雄先生主编的多卷本《中国移民史》（福建人民出版社 1997 年版）是迄今国内外最完整、最系统的中国移民史，其中的秦汉部分，无论是观点的说明，还是材料的搜集，都有许多超越前人之处。

还有一个可喜的现象，就是各省市编写的地方通史，如《北京通史》《山东通史》《陕西通史》《广东通史》等，在爬梳整理史料方面都相当深入细致。各地史志的编写推动了断代史的研究，研究领域在不断扩大，秦汉史研究的发展也得益于此。

对秦汉史籍的研究，也出现了一些值得注意的成果，如王子今先生的《〈史记〉的文化发掘——中国早期史学的人类学探索》（湖北人民出版社 1997 年版）借用近世文化人类学的原理和方法，发现《史记》内在精神基柱的文化遗存，重视跨文化的比较分析，从而发掘未曾被前人充分注意的文化内涵，对深化司马迁及其《史记》的研究有积极意义。

第三，研究走向世界。随着国家改革开放事业的发展，学术界对外的交流也频繁起来。秦汉史研究走向世界主要表现在两方面：一方面，中国秦汉史研究学者，应邀到国外讲学或从事研究，或参加学术会议；另一方面，中国的学术机构或者高等学校，邀请国外的秦汉史研究学者到中国来进行学术交流。中国秦汉史研究会每届年会，除邀请中国大陆、台湾、香港、澳门学者之外，还邀请日本、美国、韩国等国的学者参加，而且与会的国外学者越来越多。由中国社会科学院简帛研究中心编辑、李学勤主编的《简帛研究》《简帛研究译丛》，每辑都收入国内外学者的论文。设于兰州的甘肃文物考古研究所的"国际简牍学会"出版了会刊。国外有影响的学术著作，如英国《剑桥中国秦汉史》、日本西嶋定生的《二十等爵制》等，已在国内翻译出版，国内学人的著作也被介绍到国外。这些都说明秦汉史研究在走向世界，世界范围内的学者在为提高秦汉史研究的学术水平而共同努力，这都是秦汉史研究进步的表现。

问：你对 21 世纪的秦汉史研究有何展望？

答：再过两年，人类社会将进入 21 世纪。我对 21 世纪的秦汉史研究可以作一些展望。

第一，上面我说过，近年来秦汉史研究之所以取得新的进展，与秦汉考古取得的重大成果是分不开的。也就是说，历史学与现代考古学要密切结合，互相交流沟通。这不但是因为秦汉时期的文献资料较少，对文献解释容易产生分歧，而且 21 世纪，将是中国考古学突飞猛进的时代，新的发现必然层出不穷。秦汉史研究者利用秦汉考古地下发现的新资料，结合地上的文献资料进行研究，也就是运用王国维创立的"二重证据法"，必然开创新的局面。

第二，我们要理直气壮地坚持用马克思主义的唯物史观为指导，进行秦汉史研究。要在秦汉史领域取得一定成果，仅仅靠文献资料和考古资料是不够的，还需要有一定的理论。下一世纪必然有各种思潮、理论在进行激烈的竞争，也有人运用各种理论来研究秦汉史，但我坚信，以唯物史观为指导进行研究仍然是主流。马克思主义关于社会形态学说，近十几年来学术界谈得不多，或把社会划分为"传统""现代""后现代"，但何为"传统"，何为"现代"，何为"后现代"，仍然争论不休。我认为，到目前为止，还不能否认社会分阶段发展的理论，所以，马克思主义社会形态学说的研究，依然有重大意义。中国古代史分期问题的讨论、秦汉社会性质的讨论，都是非常重要的课题。随着考古材料的发现、研究的不断深入，上述问题必然会呈现出异彩。只要我们坚持马克思主义理论与秦汉时期的历史实际相结合，许多悬而未决的问题，必然会取得圆满的结果，得出科学的结论。

第三，秦汉史研究一定要走多学科相结合的道路。前面说过，由于秦汉史料较少，人、事、物、典章制度等秦汉史的主要内容，前人已经做了大量的研究，有些问题很难有什么新的突破。但如果开展多学科相结合研究，寻找结合点和突破口，一定使我们的视野开阔，思路拓展。这里所说的多学科结合，并非狭义的与人类学、考古学、社会学、哲学、政治学、经济学、文学、艺术学等人文社会科学相结合，而是指文、理、工科的结合，即自然科学与人文社会科学相结合。现代科学技术的发展为我们的研究工作提供了很多新的手段，我们必须掌握，但更重要的是，将社会科学与自然科学紧密结合起来。如长沙马王堆汉墓除出土一具保存完好的女尸外，还有各种实物 3000 余件和大量竹简帛书，它们是汉初物质文明和精神文明的缩影。20 多年来参加研究人员之广，涉及学科之多，是学术史上所罕见的。从这个例子我们可看出多学科结合研究的重要性。

有人说 21 世纪是个信息时代，世界各国的文化学术交流必然更加频繁。秦汉史研究必然在这个学术交流频繁的大环境中，充分吸收和借鉴国外学者的研究成果和研究方法，开创秦汉史研究的新局面。

问： 可否谈谈你个人的研究情况及当前的研究课题？

答： 我近年来的研究集中在秦汉时期的区域史，主要是河西地区和岭南地区。这两个地区，一个是西方边郡，一个是南方边郡，都是秦汉时期新开辟的边境地区，后来又各自成为中外陆路和水路交通的咽喉，是秦汉时期十分重要的地区。我的研究一般都注意运用文献资料和考古资料、民族学资料相结合的方法。最近我在从事"汉至六朝时期南方经济发展的文化阐释"课题的研究。但是我的研究成果不多，有些课题还有待深入。

原载《历史教学》1998 年第 9 期。

秦史研究的新成果

——评介《秦史稿》

林剑鸣所著《秦史稿》已于 1981 年 2 月由上海人民出版社出版。这是新中国成立 32 年来第一部比较系统、全面、深入研究秦史的著作，是秦史研究的最新成果。它的出版，为从事秦汉史研究和教学工作的同志提供了一部重要的、有较高学术价值的参考书。

全书分 14 章，近 35 万字，附有图片多幅，书后附有秦世系表和秦大事年表。全书叙述秦人早期的历史，秦国的建立及由弱到强、最后统一中国，秦王朝的建立及其灭亡。因此，它既不同于一般的断代史，也不同于一般的民族史、地域史，而是循着"秦"这一条线索，研究由氏族部落到诸侯国，至一个朝代的建立和灭亡的整个历史过程。全书资料丰富，内容充实，结构严谨。由于作者对秦史研究有素，许多真知灼见跃然纸上；必要的考证，附于注释之中，所以文字通俗流畅，行文从容而富有情趣，读之兴味盎然，耐人沉思。

对于秦国建立以前的秦人早期历史，历来有不同的看法：或因后来的秦人居于周人之西而认为系西方的氏族部落，乃羌人的一部分；或以为秦原系西方戎族。作者根据马克思主义观点，通过分析神话、传说，结合考古资料进行研究，得出了"秦人来自东方"（该书第 14 页）的结论。其理由是殷人来自我国东海之滨，已成为学术界公认的不疑之论，而秦人和殷人有共同的"图腾崇拜"，以玄鸟为祖先；两者有共同的经济生产方式，以狩猎畜牧为主；考古的墓葬材料，也证明两者的关系十分密切。因此，"秦人的祖先和殷人的祖先，最早可能同属一个氏族部落或部落联盟"（第 19 页）。秦人同殷人一样，都来自我国东海之滨。那么生活在东海之滨的秦人，后来怎么跑到了西方呢？作者认为在舜时，秦人被赐"姓嬴氏"。在夏代的时侯，秦人已经同夏奴隶制政权发生了联系。在商代，由于秦人的祖先同商人的祖先为近族，故关系非常密切，秦人的祖先是殷商奴隶主统治下的一个氏族部落。周人灭殷以后，原来顺服于殷的各族都成了周人的奴隶，这样，秦人的祖先全族皆变为周人的氏族奴隶。周初，商纣的儿子武庚在东方发动反周的叛乱，秦人的祖先嬴姓氏族也参加了叛乱。周公旦举行东征，平定了叛乱，把一部分参与叛乱的嬴姓氏族迁往西方。这样，从东方迁来的部分嬴姓氏族和原来居住在西方的嬴姓氏族结合在一起，成为最大一股嬴姓氏族，他们被西周统治者赶往西方边陲。这些人就是秦人的直接祖先。作者的"秦人来自东方"的论点是对传统的"秦人来自西方说"的否定，有论有据，言之成理，自成一家之言。

西周灭亡，秦跨入了奴隶社会的大门。公元前770年，平王东迁，秦襄公派兵参加护送平王迁都洛阳有功，被封为"诸侯"，才正式立国。自此以后，到秦穆公时代，只经过120年的时间，秦由一个后起的奴隶制小国一跃而成为奴隶制的强国。当春秋时代，各国的奴隶制已处于风雨飘摇之中，逐渐走向崩溃，而秦国的奴隶制却欣欣向荣。为什么会这样呢？作者认为，春秋时期各国奴隶和国人反抗奴隶制的斗争风起云涌，而在这一历史潮流下建立的秦国奴隶制政权，不能不受到这股伟大历史潮流的影响和制约。因而秦国的各种制度、统治阶级的统治政策和意识形态，明显地反映出时代的烙印，使秦国的奴隶制具有自身的特点，主要表现在三方面。

第一，在土地制度方面，秦国不实行井田制，而是实行爰田制。作者对井田制和爰田制都有自己的解释，认为井田和爰田都是奴隶社会土地国有的性质，但两者又有不同：一方面表现在剥削方法上，井田用"助"法，即剥削劳役；爰田用"彻"法，即"使自赋"的"赋"，按土地亩数来收税。"彻"相比于"助"，向封建制方向迈进了一步。另一方面表现在劳动者上——奴隶的社会地位有了一些变化。实行"助"法的奴隶是不能参加军队作战的；实行"彻"法的奴隶，则可以参加军队作战的。秦国在西周井田制崩溃的"丰岐之地"建国，统治者吸取井田崩溃的教训，而实行对他们剥削更有利的爰田制。这就是秦国土地制度的时代烙印。

第二，秦国缺乏严格的宗法制度。宗法制度是西周奴隶社会的重要制度，宗法制度的主要内容是实行嫡长子继承制。春秋时代各国奴隶制崩溃，"礼崩乐坏"，宗法制也不能按原样维持下去。春秋时代立国的秦国，就不可能像其他各国一样实行严格的宗法制。因此，秦国选拔人才的标准，就能突破"亲""贵"的界限，而以是否能够维护奴隶制的统治为"贤"与"不贤"的标准。这显然是较为进步的。

第三，秦国没有实行分封制。秦一建立奴隶制国家，就实行中央集权的统治，国君通过军队控制各地，使秦国奴隶制国家的统治形式，具有军事中央集权的特点。

这样把秦国的奴隶制放在当时整个历史潮流中加以考察，既看到了一般奴隶制度的共性，又突出了秦国奴隶制的个性。而这种个性的形成，又是时代使然。这种叙述、分析的方法，既是作者对秦史有深刻研究的表现，又是使该书脱俗的特点之一。

秦国的封建制度是怎样产生、发展和壮大的？最后秦国又怎样消灭六国、完成统一中国的事业的？作者把读者引入更加广阔的领域，纵横驰骋，高潮迭起，引人入胜。

作者首先指出，上述秦国奴隶制的特点，即秦国奴隶制独特的经济结构和政权形式，对于封建因素的产生和发展，比起一般的奴隶制诸侯国的那种经济结构和政权形式来，所起的阻碍作用要大得多。但是，封建制取代奴隶制是历史发展的必然，秦国不得不另辟一条过渡到封建制的途径。尽管秦国的封建制姗姗来迟，但至迟在战国初年已显出曙光。这就是秦简公七年（前408）的"初租禾"和秦简公六年（前409）的"令吏初带剑"，两者都是封建制出现的标志。但是，由于政权仍然操纵在旧贵族手中，封建制不能顺利发展，因此秦国处于被动挨打的局面。到秦献公（前424—前362）即位，意味着新兴地主阶级取得政权。从秦献公开始改革，到秦孝公（前381—前338）用商鞅变法，前后共40余年，完成了从奴隶制到封建制的转变。作者叙述秦献公改革和商鞅变法时，在前人研究的基础上，对许多问题都提出了自己新颖的看法。比如商鞅是否废井田、商鞅实行的"爰田制"有什么意义等，作者都提出了与传统说法不同的解释。而这些观点，又有论有据，使读者感到并不是为了"标新立异"而提出的。

由于商鞅变法的成功，地主阶级政权在秦国确立并巩固起来。作者对秦国的封建政治、经济、文化方面的各项制度、措施，条分缕析，眉目清楚。由于秦国封建的政治、经济、文化都得到迅速发展，秦国由弱国变成了强国。最后作者以"秦国的飞速发展"（第十章）和"统一中国的最后胜利"（第十二章）为题，把读者引入秦国进行激烈的统一战争的画面。在叙述战争时，作者也能从纷杂的历史现象中，整理出清晰的线索，因而读来并不感到紊乱和乏味。

最后两章叙述秦王朝的建立及其灭亡。值得注意的是，作者既指出了秦王朝出现的历史必然性，又强调了秦王朝迅速灭亡的深刻的社会历史根源及秦始皇应负的责任。

该书在评价历史人物时，能够把历史人物放在特定的历史环境中考察，正确地指出他们的是非功过。例如对商鞅，指出他是秦国封建制改革运动的政治代表，由于他善于组织运动和领导运动，使封建制度终于在秦国取得胜利，他不愧为当时地主阶级的杰出人物，应该肯定其历史功绩。同时又指出，商鞅站在地主阶级的立场上，视人民群众如草芥，鼓吹愚民政策，主张用最残暴的方法进行统治，这又暴露了他反动的一面。更重要的是，作者没有把秦国变法成功的原因，完全归结于商鞅个人。首先是战国以来各国的变法运动，为秦国的变法提供了丰富的经验和教训；而秦国生产力的发展形成了秦国的历史特点，这些特点为商鞅准备了变法的有利条件。因此，秦国变法的成功是有其必然因素的。这是前提，没有这一前提，任何人也不可能取得成功。这种评价历史人物的原则，是符合历史唯物主义原理的。正如马克思所说："如爱尔维修所说的，每一个社会时代都需要有自己的伟大人物，如果没有这样的人物，它就要创造出这样的人物来。"①
是时代创造了英雄，该书在评价秦史上几个重要人物如秦穆公、秦始皇等，都采
取这一原则，因而评价是比较公允的、合乎历史实际的。

还有一点需要指出的是，该书充分利用考古资料，把考古资料与文献资料结
合起来研究，因而得出许多新的结论。利用新出土的考古资料，或者推翻传统的
说法，或者订正史实，或者补充文献对典章制度的记载。例如秦文公死后，即位
者是谁？《史记·秦本纪》作"宁公"，而《史记·秦始皇本纪》作"宪公"。
传统的观点认为"宁公"是正确的，"宪公"是错误的。1978 年 1 月，在陕西宝
鸡杨家沟公社太公庙大队发现秦公钟五件、铸三件，均有铭文。这些铭文的出
土，证明"宁公"是错误的，"宪公"是正确的。这些铭文不但订正了文献的错
误，而且还提供了不少史料。该书都充分利用了这些资料。这种例子比比皆是，
各章注释中尤多。总之，作者在利用考古资料为历史研究服务方面是做得比较
好的。

我们在肯定该书所取得的成就的同时，指出其中的一些不足之处也是必要
的。如果把秦王朝的建立作为一条分界线的话，在此之前的部分，写得具有较大
的特色；在此以后的部分则写得流于一般。另外，一些否定传统观点的立论，论
据尚显单薄。例如铁工具的使用问题，传统观点认为楚国最早使用铁工具，此为
出土实物所证明。而作者认为秦国最早使用铁工具，论据尚不充分。对一些史实
的解释，尚有牵强之嫌。例如秦"令吏初带剑"，解释为"奴隶制日益土崩瓦
解，封建制开始建立"的反映，这种解释是不能令人心悦诚服的。另外，某些史
实考订有误。例如秦统一东南和南方的问题，作者把秦始皇派屠睢率 50 万大军
分五路进攻百越，误认为包括进攻东瓯和闽越，并认为置闽中郡与这五路大军的
一路有关。其实，公元前 223 年，秦灭楚后，接着就统一了东瓯和闽越，并在那
里设置了会稽郡和闽中郡。五路大军进攻百越，是在此以后的事。

但是，瑕不掩瑜，该书虽有以上可商榷之处，但仍不失为一部有价值的学术
著作。读完该书，使我们丰富了中国古代史知识，加深了对古代社会的认识，从
中悟出许多历史唯物主义的道理，得到有益的营养。因此，很值得一读。

原载《光明日报》1981 年 12 月 28 日第 3 版。

---

① 中共中央马克思恩格斯列宁斯大林著作编译局编译：《马克思恩格斯选集》第 1 卷，
人民出版社 1972 年版，第 450 页。

一本富有特色的论文集
——读高敏著《秦汉史论集》

最近中州书画社出版高敏著的《秦汉史论集》，内收 13 篇文章，涉及秦汉经济制度、政治制度、阶级关系等方面，内容十分丰富，这是作者继《云梦秦简初探》之后的又一部富有特色的论文集。因为作者不但治秦汉史，而且治魏晋南北朝隋唐史，不但注重史料的搜集，而且注意理论分析，因此在分析许多问题时能融会贯通，真知灼见跃然纸上。读后除在具体问题上获得收益之外，读者在治学方法上也会得到有益的启迪。该书有四个特点。

第一，作者把历史作为一个过程来分析、考察，特别是研究政治制度、经济制度时，把这些制度看作人类社会由低级到高级的无穷发展过程中的一些暂时的制度。它们有自己存在的条件和理由，但随着时代的发展必然走向衰落和灭亡。例如作者在研究秦汉赐爵制度时，指出它萌芽于春秋时代，在秦、西汉形成一套完整的制度，在东汉走向衰落。作者认为，赐爵制度是一定社会形态的上层建筑，它的产生、发展和衰亡都是社会经济基础的需要。赐爵制度的确立，恰与封建制取代奴隶制这一历史演变过程相适应，它是适应新兴地主阶级的政治需要，作为否定奴隶制的封爵制而出现的新的上层建筑，具有一定的先进性。到西汉时，由于地主阶级本身地位的变化以及发展封建经济基础的需要，它逐步丧失了先进性，渐渐变成了维护和扩大地主阶级特权阶层既得利益的手段和欺骗小农的工具。东汉时，它完全变成欺骗小农从事农业生产和引诱流民重新登记户口的手段，其原有的特征和性质已不复存在，作为一种传统制度，已是名存而实亡了。作者这样分析历史上的一种制度，是遵循着历史唯物主义的基本原理的。恩格斯说："在它（指辩证法——引者）面前，不存在任何最终的、绝对的、神圣的东西；它指出所有一切事物的暂时性；在它面前；除了发生和消失、无止境地由低级上升至高级的不断的过程，什么都不存在。"（《费尔巴哈与法国古典哲学的终结》，《马克思恩格斯选集》第四卷，第 213 页。）该书的许多文章都用这种辩证的方法去分析、考察历史上的制度、事件、思想等，指出它存在的必然性，并阐明产生这种必然性的原因。因此，作者的许多观点是令人折服的。

第二，该书考察秦汉历史的异同。通常说"汉承秦制"，但人们过去往往局限于政治制度方面的郡县制，对于其他制度，汉怎样继承秦，却不十分清楚。该书有几篇文章考察了秦汉制度的异同，如赐爵制度、赋税制度、任子制度等。对于赋税制度，作者以秦汉时期存在的不同赋税名目为纲，逐条按时间先后进行考释，溯其源，追其流，阐明秦汉各种赋税制度的变化、发展，并力图说明这种变化、发展的原因。新中国成立以后秦汉赋税制度的研究，从未有如此详实者。又如汉代的"任子"制度，是汉代地主阶级国家选拔和任用官吏的一项重要制度。作者考其创立年代始于秦，在汉代几经兴废与变化，最后还说明这种制度的实质与作用。作者考秦汉制度的异同，从同的方面显示秦汉历史发展的连贯性和一致性；从异的方面阐明秦汉历史的差异性，从而反映秦汉历史的发展变化，借以体现历史发展的规律性。这样分专题去研究秦汉历史的异同，是别开生面的。它既可以避免一般历史著作中讲到秦汉制度时像蜻蜓点水般很不深入的毛病，又可以防止孤立地、静止地看一种制度的流弊。这种比较研究，充实了"汉承秦制"的内容，经过研究，作者得出秦汉是同一社会形态的结论。从微观入手，得出宏观的结论，这是研究历史的一种可取的方法。

第三，该书发展前人研究的成果，在前人研究的基础上，把研究领域向前推进，并得出一些新的结论。学术研究好像接力跑，某些问题由于条件的限制，前人的研究只能达到他那个时代所能达到的水平；或者前人对某些问题只提出一些看法，需要后辈去阐述、证明。该书有几篇文章，就是作者在其老师唐长孺先生的著作所提出的观点的启发下，"本师意而推衍之"写成的。例如唐先生在其著作的一个注文中，提出了秦汉时期存在着雇佣劳动者的问题，但没有专文论述。作者写成《试论汉代的雇佣劳动者》一文，研究了汉代雇佣劳动者的特殊称谓、社会来源、工值和身份特征等，并探讨了这一社会阶层的存在对当时阶级斗争带来的影响。从而大大推进了这个问题的研究。又例如唐先生提出汉代存在以"吏"命名的服役者的问题，作者写成《试论汉代"吏"的阶级地位和历史演变》一文，以大量的材料证明汉代确实存在以"吏"命名的服役者，并研究了"吏"的服役范围、"吏"的来源、"吏"与更卒和戍卒的区别、"吏"的反封建斗争等，最后还探讨了"吏"的历史演变。作者这种接过老师的接力棒而继续往前跑的精神是值得赞道的。

第四，全书资料丰富、考证谨严、论证透辟。作者研究每一个专题，都力图把有关资料搜集"全"，并对资料进行必要的考证。例如对西汉成帝时"刑徒起义"的研究，对汉末张鲁政权史实的研究，资料都搜集无遗。《秦汉史杂考十二题》一文，考证了 12 个问题。《"谪戍"制非始于秦始皇而始于商鞅说》《屯田之制始于西汉文帝说》《〈史记·平准书〉"除千夫、五大夫为吏"句试释》等等，都对传统的解释予以否定，提出自己独到的见解，而这些见解有理有据，很值得学术界的重视。

该书也存在一些不足之处。有些论点尚欠说服力，即证据不够确凿，例如论证桑弘羊重农，完全建立在逻辑推理上。此外，该书校对较差，有许多错字，甚至今人的姓名都印错。但是，瑕不掩瑜，该书不失为近几年来出版的秦汉史论著中较有学术价值的论著之一，很值得一读。

原载《光明日报》1983 年 11 月 2 日"史学"版。

一本富有特色的论文集——读高敏著《秦汉史论集》

《汉代西北屯田研究》评介

自 20 世纪 30 年代西北居延等地大量出土汉代简牍以来，我国就有一些专家学者利用这些珍贵的材料，对汉代该地区的屯田历史进行过钩沉索隐的工作。从那时起，几乎每年都有这方面的研究论文发表。然而，由于文献资料的简陋、考古资料的残缺，许多问题并未得出令人满意的结论。兰州大学的刘光华经过多年的对古代文献、汉简的悉心研究，取得了一些进展。《汉代西北屯田研究》就是他的这些成果的汇集。

《汉代西北屯田研究》共 15 万字，于 1988 年由兰州大学出版社出版。它以详瞻宏富的史料、合乎逻辑的分析，对汉代西北屯田进行了颇有见地的论述。该书分九章：西北屯田概说、论"徙民实边"不是屯田、西汉前期的边疆问题及其对策、西汉西北屯田概述、西汉屯田的组织管理系统及其有关的问题、西汉屯田的劳动者、西汉屯田的作用、东汉西北屯田概述、关于东汉屯田的特点。书末附有《汉代屯田资料论著目录》以供查索。综述起来，大的贡献有四个。

第一，作者对几乎是成定论的汉代"徙民实边"就是民屯之始的观点，并没有轻信。他以严谨的态度，对古代大量文献、简牍及其他考古资料进行综合的研究，得出汉代并不存在民屯的独特的结论。持"徙民实边"即民屯观点的其中不乏一些名家，绝大多数学者也认为可以接受。他们认为，中国的民屯始于汉文帝，到曹魏统治时便成熟起来。日本学者尾形勇曾提出"徙民实边"非民屯说，但他没有深入阐明理由。国内也有个别学者提出过类似的看法，但没有一个人否定汉代存在过民屯观点。刘光华在书中提出，徙民实边之举，不自汉文帝始，秦朝乃至更早的时期就有过。民屯有两个基本特点。其一，必须是由超出政府正常行政机构统治之外的中央大司农下属之专门的田官系统管理。其二，政府对于屯田之民，一般的剥削量是收获物的 50% 左右，远重于一般编户齐民的三十税一。作者运用丰富的文献资料与简牍及其他的考古资料相互印证，证实了汉代"徙民实边"之民像内郡的人民一样，置于郡、县、乡、里这一汉代行政机构统治之下，并用什伍进行编制。同时，发现他们像内郡人民一样，向国家承担赋税徭役的义务。由于汉代的实边之民根本不具有民屯的基本特点，所以该书作出汉代不存在民屯这一坚实的结论。

第二，关于西汉屯田的组织管理系统，作者提出由大司农—农都尉—农令—部农长—农亭长构成的看法。在一些文献和简牍材料中，出现过许多关于屯田机构中官称的词。如"农都尉""农令""部农长"等。他们究竟按什么程序来排列呢？研究者向来为之头痛。书中，作者对目前史学界存在的九种看法一一做了剖析。从一些零乱、散杂的记载中，作者经过小心翼翼地揣摩，终于理出一个清晰的头绪来。

第三，该书对汉代西北各个区域的屯田，做了具体细致的介绍。一般的文章在论及汉代西北屯田的时候，总是笼统而谈，缺乏对各个屯田区具体的探讨，该书弥补了这个缺陷。在第四章，作者分别对朔方部的朔方郡、北地郡，河西走廊地区的令居、番和、居延、敦煌、酒泉、武威，西域的轮台、渠犁、伊循、车师、北胥鞬、赤谷城以及河湟，陇西等地区进行逐一论述。材料丰富的地区，如居延、令居、敦煌等地，作者对该地区的屯田区域、人数、时间等方面做了十分细致的描述；材料少的地方，作者轻描淡写，一笔带过。因而该章显得详略各得其宜。

第四，有关汉代屯田的劳动者，文献及简牍资料上，在论及该问题时，经常提到"戍田卒""戍卒""吏卒""屯士""田士""免刑罪人""弛刑应募""吏士私从者"等称谓。作者经过对这些材料的周密研究，认为戍田卒是屯田的主要承担者。至于屯田卒生活上的问题，该书也给我们分析得相当明了。陈直先生曾提出这样的看法，即屯田卒采取个体经营方式，从事农业生产活动。每人耕田20亩。每亩上交4斗收获品，其余留给自己食用。尽管有些学者对此提出过异议，以为屯田卒是由国家统一供给口粮及其他生活用品的，但大多都讲得很笼统。该书对这种观点做了补充、具体化的工作，指出屯田卒的衣、物、零用钱及其生产工具、牛等均由国家供给。这样一介绍，使我们对从事屯田活动的屯田卒生活状况，及其屯田的具体情形，有更详尽的了解。

毋庸讳言，掩卷之余，总感到该书也有些美中不足之处。这主要表现在三个方面。一是作者在论证汉文帝"徙民实边"不是民屯时，用三国时曹魏民屯的特点为标准作逆向考察，证明西北之"徙民实边"不具有民屯的特点。我们知道，从汉文帝徙民实边到汉献帝建安元年（196）实行民屯，经过了300多年的时间，用成熟了的民屯形态去衡量初期的事情，不一定合适。要证明汉文帝的"徙民实边"不是民屯，最好定出该时代的民屯界说。二是同一事重复叙述。在该书的第94页、第165页，作者曾两次叙述"典农都尉"的"典"字系曹操始加。三是在讲到古代西北的自然条件时，所用的是现在西北自然条件的材料，这似乎有些不妥，因为时隔2000余年，自然条件是有差异的。

本文与文火玉合撰，原载《中国史研究动态》1989年第6期。

《汉代西北屯田研究》 评介

日本永田英正著 《居延汉简研究》 评介

 1989 年 10 月日本同朋舍出版了日本滋贺大学教授永田英正的《居延汉简研究》。该书列为《东洋史研究丛刊》之四十一，全书正文 617 页，藤枝晃写了序文。

 该书是永田英正 30 年来研究汉简成果的总结集。全书分四部分，第一部分"序章"，叙述中国简牍研究的现状和课题，对简牍出土状况、简牍研究的历史、简牍研究的课题等问题，做了概述。第二部分"居延汉简的古文书学研究"，分三章。第一章"居延汉简集成之一"，主要研究破城子出土的簿籍简牍。第二章"居延汉简集成之二"，主要研究地湾、博罗松治、瓦因托尼、大湾出土的簿籍简牍。第三章"簿籍简牍诸样式分析"，主要叙述籍与簿的不同，簿籍简牍与文书，簿籍呈送文书集成，候燧、候官制作簿籍及其处理，簿籍检查与文书行政。第三部分"居延汉简与汉代历史研究"，分五章，即原书的第四、五、六、七、八章。第四章"从简牍看汉代边郡的统治组织"，主要叙述汉一般的地方统治组织及边郡统治组织。第五章题为"对陈梦家以破城子为居延都尉府说的批评"。第六章"试论居延汉简所见的候官"，主要叙述"诣官"簿及从"诣官"官簿看候官的职掌。第七章"再论汉代边郡的候官"，主要分析 1973—1974 年新出土的居延简《居延令移甲渠吏迁补牒》及从发信日簿看候官的职务。第八章"论礼忠简和徐宗简"，主要是对这两枚简的释文和解释进行校订，对平中苓次氏认为这两枚简是算赋申报书的说法提出商榷意见。第四部分"附篇"分两章，即原书的第九、十章。第九章"云梦秦简的发现与中国的研究"，主要叙述云梦第十一号秦墓的发掘及出土秦简的整理与释文，云梦秦简研究的现状。第十章"江陵凤凰山十号汉墓出土的简牍——特别以算赋为中心"，主要分析引人注目的与算赋有密切关系的五号简和四号简，并论证了墓主的身份。书后作者写了"后记"，回顾他在史学前辈森鹿三、藤枝晃等指导下开始研究汉简的历史。书后附有"索引""欧文索引""引用汉简中的候燧名索引""引用汉简中的人名索引""原简编号索引"等，便于检索。

 居延汉简自 1930 年西北科学考察团大批发现以来，在长达半个多世纪的时间里，国内外的许多学者都做过研究。这些研究集中在三个方面：①对出土简牍进行整理、释读、注解、释文正误；②根据简牍的文字结合文献记载，研究汉代的历史；③研究简牍本身的形制、特征、字体、类别、编排顺序、书写格式等。关于前两个方面，中外学者做了大量的研究工作，并取得丰硕的成果。但是，第

③项的研究，却是薄弱环节。在中国，除陈梦家 20 世纪 60 年代写过《由实物所见汉代简册制度》（原是《武威汉简》书中的一章，后收入《汉简缀述》一书中）之外，其他的研究成果寥若晨星。永田英正的《居延汉简研究》中的第二部分"居延汉简的古文书研究"，弥补了这个不足。他就汉简的形制、类别、编排顺序、书写格式、出土地点等进行系统的研究，试图建立汉简的古文书学体系。永田英正认为，单单重视汉简中所记载的事情，原封不动地把它作为正史的补充材料，这种研究方法是有很多缺陷的。正确的方法应该是，根据汉简的形状、书写格式或出土地点等，建立起汉简的古文书学体系，充分掌握每支简的性质，然后用作正史的辅助材料。基于这种认识，他采用古文书学的方法集居延汉简之大成，对破城子、地湾、博罗松治、瓦因托尼、大湾出土的定期文书，进行分类整理。经过整理，他把簿籍简牍分为下列类别。

一、 簿籍标题类

A. 封面
（1）吏卒：①"吏卒名籍"；②"病卒名籍"；③"卒家属名籍"。
（2）勤务：①"日迹簿"；②邮书递送记录簿；③"作簿"。
（3）器物：①"守御器簿"；②"戍卒被兵簿"及其他。
（4）现金：①"钱出入簿"；②"吏受奉名籍"。
（5）粮食：①"谷出入簿"；②"吏卒廪名籍"；③"卒家属廪名籍"。
（6）其他。
B. 封面以外的简
（1）揭；（2）"·右"类；（3）"·凡"类。

二、 簿籍本文类

（1）吏卒：①"吏卒名籍"；②"病卒名籍"。
（2）勤务：①"日迹簿"；②邮书递送记录簿；③信号传达记录簿；④"作簿"。
（3）器物：①"守御器簿"；②"戍卒被兵簿"及其他。
（4）现金：①"钱出入簿"；②"吏受奉名簿"。
（5）粮食：①"谷出入簿"；②"吏卒廪名集"；③"卒家属廪名籍"；④与粮食有关的其他类。
（6）其他。
作者认为，根据这样的分类标准，把同类的简牍集中起来，这就是简牍古文书学研究的第一阶段。然后研究者再对各类簿籍简牍进行分析，并研究燧、候、候官各机关如何制作和处理簿籍，从而进一步了解汉代文书行政的特征。这一课题研究所取得的成果的要点如下：①搞清楚了籍与簿的区别，籍就是我们所熟知的名籍，以人为登记对象；记录物及物的变动情况的就是簿。②簿籍不单是集中这些记录的簿和籍，而是报告书或文书。③簿籍简牍虽然是片断，但是可以确定是全部文书的片断。④可以考察各种样式簿籍简牍的意义和机能。⑤可以考察制成各种样式簿籍简牍的程序和制作机关。⑥制作程序今日虽然没有原物残留下来，但发现了候官原来制作的簿籍。⑦制作机关，首先由候燧中专门负责记录的候史制作，但是候官不是单单根据候燧的报告上报，而是收到所管辖的候燧的所有记录后，做根本的集中整理再上报。⑧统率候燧的候官是作成行政文书的最后机关。⑨发现了许多样式的簿籍互相校核的痕迹。⑩搞清楚了汉代文书行政的一部分特征。这些内容在某种意义上是古文书学的基础，但不是古文书学的全部内容。作为古文书学还必须研究书法、墨色、简牍的材料和编缀方法等外形方面。尽管如此，这些研究成果把简牍古文书学的研究推进了一步，为建立完整的简牍古文书学做出了应有的贡献。

永田英正的这些研究成果，弥补了简牍研究的不足，是值得我们借鉴的。另外，在《居延汉简与汉代历史研究》这部分中，有许多独到的见解，真知灼见，跃然纸上，值得我们参考。该书反映了目前日本研究汉简的水平，很值得一读。

原载《中国史研究动态》1990 年第 5 期。

读 《居延汉简通论》

居延汉简自 1930 年大批发现以来，至今已发现了三万余枚。重要的大批发现有两次。一次是 1930 年西北科学考察团团员、瑞典人贝格曼在额济纳河（弱水）流域的大湾、地湾、破城子等汉代烽燧遗址中发现一万余枚。另一次是 1972—1976 年，甘肃省博物馆、酒泉地区文化主管部门和当地驻军等单位联合组成居延考古队，对破城子、肩水金关和甲渠塞第四燧进行了调查和发掘，发现了两万余枚。前后两批共发现三万余枚居延汉简，多是经科学发掘，有发掘记录、摄影、测量、绘图以及等高测定等，为简牍研究提供了准确的数据和依据，保证了进行综合研究的必要资料。这些简牍中，有相当一部分是有纪年的，特别是后一批简，有完整和比较完整的簿册 70 多个，更是重要的发现。可以说居延汉简的内容包括了当时社会的政治、经济、军事、文化、科技等各个方面，具有极高的科学、历史和文物价值，是珍贵的遗产、无价的国宝。

自居延汉简大批发现以来的 60 多年时间里，国内外的许多学者都做过研究。这些研究集中在三个方面：①对出土简牍进行整理、释读、注解、释文正误；②将简文与文献记载结合，研究汉代的历史；③研究简牍本身的形制、特征、字体、类别、编排顺序、书写格式等。薛英群从事文物考古工作 30 余年，20 世纪 70 年代以来，一直参与居延新简的发掘、整理、释文、研究工作。也就是说，上述汉简研究的三个方面，他都认真进行过。在自己研究的基础上，他又充分吸收了前人研究的成果，完成了《居延汉简通论》一书。该书分 8 章，34 节，凡41 万字，1991 年 5 月由甘肃教育出版社出版。该书是他长期利用汉简研究汉代历史的成果的结晶，也是初学居延汉简者入门之津梁。

我们之所以说该书是利用汉简研究汉代历史的成果的结晶，是基于两点认识：第一，从该书的章节结构来看，它包括了居延汉简所涉及的各个方面的知识。其研究的内容包括了居延汉简所反映的汉代的政治制度、经济制度、军事制度、科技文化以及各种典章制度的源流和发展等。可以说该书是居延汉简知识的总汇。第二，该书的第一节就是一个专题研究，有些专题的内容多吸收前人的研究成果；大多数专题是作者自己长期研究的心得。而这些心得都建立在丰富的可靠的资料的基础之上。例如，对简牍形制与分类的研究，首先介绍了劳榦 1943年《居延汉简考释·释文之部》和 1960 年该书修订本的分类方法，后者比前者有很大进步，但都是沿袭王国维《流沙坠简》中以文籍内容归类的方法。近年来日本的永田英正提出定期文书和不定期文书的简牍文书分类法，它反映了当代国际学术界对居延汉简分类的新观点。该书作者对大量居延新简进行排比、归纳，认为"无论其采用何种简牍分类形式，说到底它是一定历史阶段的史实记录，是当时社会历史的真实写照，因而，如将简牍学研究与其所载述的内容完全割裂开来，这既不利于在了解内容的基础上加深对简牍形制的研究，也不利于在掌握简牍制度形式的前提下促进对内容的进一步分析，所以，孤立的、分离的研究方法似不宜采取。简牍文书分类，既要依据其出土地点、形制和书式，也要分析考辨其内容、题揭，进行综合比较、研究，才有可能在全面的多因素考虑下，优选出合理的、科学的分类法"（第 101 - 102 页）。基于这点认识，该书将简牍文书分为中央文书、地方文书、律令与规章制度和经史子集四类。这是对居延汉简分类的一种创新，而这种创新是建立在大量可靠的资料基础之上的。对简牍和文书，过去的学者多是根据文献记载而命名，该书一反传统的做法，对简牍依其自身名称分类，分为牒、检、板（牍）、橛、札、槧、简、两行、觚、册、符、传、过所等类。对文书亦依自身名称分类，中央文书分为诏书、制书、敕书，地方文书分为府书、应书、爰书、举书、吏除、遣、授及调书、变事书、病书、过书、行塞书、报书、捕亡书、赦书等。由于该书对简牍文书的分类和命名，是建立在对大量新出土简牍分类排比、归纳的基础上，并做一些必要的计算和统计，因此"其结论具有较强科学性"（第 158 页）。又例如，作者根据新出土汉简，对两汉之际的重要人物窦融进行研究，把对窦融的认识提高到一个新的水平。《后汉书·窦融传》对窦融自更始初任张掖属国都尉，到建武八年（32）赴中央任职为止的十年间的事迹，记载简略，因而对窦融在河西的情况知之甚少。1974年在破城子的一个房子里，获简 800 多枚，多为建武年间的，这些简记述了有关窦融在河西时的军民讼事、官吏迁补、烽火品约、修治社稷、购赏科别、贩卖衣物、私铸钱币、婚娶毋过令、禁屠马牛、禁伐树木、推辟界中，以及奉谷、赦令、死驹、屯戍、吏卒等重要材料。根据这些新材料，作者认为，窦融在河西统治时期，有严密的军事措施，政策法令宽厚，有积极的经济政策，维护了当地的社会治安，促进了经济的发展，因此"窦融的历史作用，首先在于他不同于当时一些割据者。他拥戴中央政权，维护国家的统一"（第 290 页）。这一结论，一反过去窦融"是西汉末年的割据势力之一"的传统观点。再如对"秋射和署"的研究，也使由于文献史籍缺佚而难明原委的制度，通过对居延汉简的研究而明晰起来。据作者搜集，居延汉简中可涉"秋射"者百数十枚，有关"署"者达98 枚。作者对这些简牍进行分层次的、系统的比较、分析与研究，探讨西汉时期"秋射"制度的具体内涵与活动秩序。作者认为"秋射"，史书称之为"都试"，汉简多称"秋射"。内郡，特别是京师"都试"，以典仪为主，骑射多属余兴；而边郡，重在"秋射"考核，检验训练成绩，有明确的考核时间、地点和规则，赏罚严格。"秋射"考核，最迟到汉武帝太初时已基本上形成了一套完整的制度，每年举行一次，时间在秋季，故曰秋射。秋射在"候官"所在地进行，参加人员包括都尉以下的所有武职人员，射技是主要考核项目，"秋射"获胜者，受"赐劳"，并记录在案，称为"署功劳"，作为"升迁"的重要依据。"署"，在居延汉简中，一为动词，多见于"秋射""署功劳"；一为代名词，是官方办事机构的泛称，而非专指某一级机构。汉简中有"不在署""去署"的记载，意思都是人不在署中，但两者的内涵有差异。"去署"是指未经上级同意的错误行为，而"不在署"，多数是因公外出或经上级允许离署。以上真知灼见，从表面看来是琐碎的考证，实际上是关系到一些制度的具体内容及边郡一些机构的性质的大问题。这些问题的解决，是意义重大的贡献。该书对经济史的研究，也有许多独到的见解，值得珍视。如汉简中的"大石""小石"问题，对其中的含义，经许多学者研究仍解释不清楚，该书搜集了大量记有"大石""小石"的简牍，经过各种排比、验证，认为"大石"与"小石"的比率为5：3，即小石一石合大石六斗。这是比较可信的数据。对两汉官吏的俸禄，作者认为"两汉支奉形式可谓是谷、钱、帛兼行，概括来讲，西汉多用钱，王莽后期，窦融的过渡时期多用谷，而东汉大体上是半钱半谷。布帛可能是一种补充形式"（第364页）。这些结论对进一步研究两汉的职官制度都有帮助。总之，该书的每一专题，都用文献材料结合居延汉简进行研究，既注意吸收前人的研究成果，又不囿于成说；既大胆提出自己的观点，又小心翼翼加以求证。因此，我们说它是作者长期研究的成果的结晶。

我们之所以说该书又是初学居延汉简者入门之津梁，是因为其一，学习研究居延汉简，首先要了解其史料和学术价值，了解其发现的历史和研究现状，以提高研读的兴趣。该书的第一、第二、第三章解决了这个问题。第一章谈居延汉简的史料和学术价值及居延新简的整理和研究现状，首先指出汉简的重要性——研究秦汉史绝不能忽视对汉简的研究，并举出许多实例来说明居延汉简对解决汉代历史上的问题的关键意义。进而叙述居延汉简出土的历史及新简整理和研究现状，把读者引进简牍学知识的海洋，大有引导初学者在这个知识海洋里游泳之气概。第二、第三章讲居延地区的自然环境及历史变迁，把居延、居延城塞和烽燧遗址的调查与发掘及烽燧分布情况做了介绍，为初次接触居延汉简的读者扫清了考古学上的障碍，进一步提高读者研读居延汉简的兴趣。其二，要研读居延汉简，必须掌握简牍学的一些基本知识。该书的第四、第七章解决了这个问题。第四章讲述简牍制度，介绍了简牍形制与分类、简牍中的符号等基本知识。第七章介绍在居延汉简中大量发现的守御器簿、符、传、过所、棨、节、各种簿籍、烽火品约等。若不了解这些简牍知识，要读懂支离破碎的简牍文字的内容是很困难的。而且，如果不首先扫除这些障碍就去读简文，有使初学者望而却步之虞。该书通过许多实例，用通俗易懂的文字讲述简牍中的一些基本知识，读起来也不觉得枯燥，收到事半功倍之效。其三，要读懂居延汉简的文字，还必须了解汉简中的习惯语、常用语和一些今天不容易理解的专用名词、词句。该书在这方面为初学者做了大量的工作。除了第十二节专门介绍简牍中的符号、习惯语和常用语，在许多章节都随内容的需要考释一些专门术语、名词和词句。例如，"官文书"一节中，考释了官文书中的一些专门术语，"律令文书"一节中，考释了律、令、科、比的专门术语，"吏员与职官"一节中，考释了职官制度中的专门名词和词句，"屯田与屯田机构"一节中，考释了与此有关的专门名词，"守御器"和"烽火制度"一节中，考释了守御器和烽火品约中的各种名词，"簿籍"一节中，考释了各种簿籍及出现的专门名词，"年历与记时"一节中，考释了历谱中的各种名词等等。当然，这些考释不一定完全正确，仅是作者的一得之见，学术界尽可以见仁见智、开展讨论，但它可以给读者一种阅读汉简的专业观点，启发读者进一步深入研究。由于该书为初学居延汉简者提供了简牍学中的一些基本知识，扫除了入门中的一些拦路虎，启发读者进一步深入研究，所以它是入门居延汉简的津梁。

总之，该书融研究成果与普及简牍知识于一炉。对研究有素的学者来说，从中可以了解新简发掘、整理与研究的状况，该书为推动居延汉简研究深入发展提供信息。对初学者来说，从中可以学习到许多基本知识，引导读者进入研究殿堂，浏览璀璨夺目的祖国宝藏——居延汉简。这是一本雅俗共赏的佳作。

诚然，该书也不是完美无缺的，亦存在一些不足之处。例如第十四节"律令文书与吏员"中有关吏员的内容，放在第十五节"职官"中讲述更合适。"简牍的源流"一章也没有把简牍的源与流讲清楚。"科技文化"一章内容单薄一些。望今后该书修订时进一步完善。

原载《中国史研究动态》1992 年第 1 期。

《秦汉仕进制度》评介

黄留珠著的《秦汉仕进制度》一书，最近由西北大学出版社出版了。这是秦汉史研究的一个可喜的收获。

仕进制度，就是选拔官吏的制度。对仕进制度的研究，本来并不是新的课题，前人已经进行过"深耕细作"。但是《秦汉仕进制度》在旧的课题里却进行了新的耕耘。我们说的"新的耕耘"，包括两层意思。

第一，过去研究秦汉仕进制度，因资料所限，往往详汉而略秦。而该书的上编"秦仕进制度考述"，却将秦的选官制度考述得有条有理。有"考"有"述"，考述结合，从秦的世官制到荐举的产生，从保举制到"军功入仕"，"辟田入仕"的盛行，从任用客卿到"尊吏道""通法入仕""入仕特例"，等等，通过大量的文献资料、出土秦简、铜器铭文，钩沉索隐，条分缕析，把秦选官制度的面目呈现在读者的面前，使对秦选官制度的研究达到了一个新的水平。特别是对秦客卿制度的研究，作者从纷杂的材料中，整理出以客卿出仕制度的来龙去脉，并指出这一制度，对秦统一中国具有举足轻重的作用。

第二，即使是前人研究得比较多的两汉仕进制度，由于作者独具慧眼，在前人研究的基础上亦有新的发现，或指出前人的不足，或厘正前人的错误，真知灼见，跃然纸上。作者名下编为"两汉仕进制度新探"。"新探"的"新"在于作者研究每一种制度的产生、发展和衰亡时，紧紧结合当时的经济、社会特点加以分析考察，力图说明这种制度产生的合理性、发展的必然性，及其衰亡的理由。历史唯物主义告诉我们，因为政治制度属于上层建筑，有其相对的独立性，因此研究历史上的一种政治制度，除要注意研究这种政治制度与以前的制度的继承关系和其他制度的相互关系之外，更重要的是要研究产生这种制度的土壤——经济、社会特点等。例如察举制为什么在汉文帝时正式产生，而在汉武帝时才完全确立？后来察举制是怎样演变成按郡国人口比例察举孝廉？对这些问题，作者都力图指出这是时代使然，正如时势造英雄一样，时势也造就了适合那个时代的制度。这种分析研究方法就比学者限于考证具体问题略胜一筹。唯其如此，故能在前人"深耕细作"的领域里，别开生面，写出新意。

该书的另一个特点是资料翔实，除引用大量的"前四史"资料之外，还搜集了各种政书、类书、诸子的有关资料以及新出土的秦简、汉简、汉碑、汉画像石、铜器铭文、瓦当文字等考古文物资料。书中罗列了各种表格和统计数字，如秦客卿表、两汉孝廉一览、东汉郡国察举孝廉人数表、东汉茂才统计、秦汉仕进大事表等。而这些表格和统计都是以丰富的资料为基础的，经过深入细致的分析、研究而作出的。因而为今后的研究者提供了大量有用的资料。同时书末附有《1924—1984 年国内外关于秦汉仕进制度问题重要论文目录》，为进一步研究提供了索引。

第三，该书通俗易懂，深入浅出。既是一部有一定深度的学术专著，可供广大历史专业研究者参考；同时也可供各级领导同志和人事干部阅读，使他们从在中国封建社会中具有开创之功的秦汉时期的选拔官吏、任用人才的制度中，总结前人的经验和教训，为今天选贤任能、合理使用人才，作参考、借鉴。在进行伟大的社会主义四个现代化建设的今天，该书的出版颇具有现实意义。

当然，该书亦有不足之处。有些论点的论据不足，立论欠谨严。例如秦工官系统由吏入仕的升迁问题，材料较薄弱，说服力不强。另外，关于仕进制度对秦汉政治的影响也阐述得不够。但瑕不掩瑜，该书仍不失为一本值得一读的好读物。

原载《中国史研究动态》1987 年第 7 期。

尹湾汉简研究的新成果

——廖伯源《简牍与制度》评介

尹湾汉简是 1993 年 2 月底发现的，由于木牍与竹简保存情况较好，缀合整理工作进行得很快，1996 年 8 月就在《文物》杂志上公布了大部分释文，1997 年北京中华书局又印行了《尹湾汉墓简牍》。尹湾汉简的内容以汉代地方行政文书为主，对秦汉地方行政制度研究来说十分重要，因而迅速引起了海内外学者的关注。

台湾"中研院"史语所廖伯源研究员早年曾师从严耕望先生，长期致力于归纳汉代官制特质及官制演变理论，主要著作有专书《政治制度与西汉中期的权力斗争》（法文版），论文集《历史与制度——汉代政治制度试释》。廖伯源先生自 1997 年初读到尹湾汉简释文之后，就致力于文书的考证，并于 1998 年 8 月由台湾文津出版公司印行了研究成果《简牍与制度》一书。这是尹湾汉简公布后的第一部研究专著，由于印数仅 500 本，大陆学者寓目者无多，故就其书内容作一介绍。

《简牍与制度》一书副题为"尹湾汉墓简牍官文书考证"，由《汉代仕进制度新考》《汉代郡县属吏制度补考》《汉代地方官吏之籍贯限制补证》《〈东海郡下辖长吏名籍〉释证》《汉书敬丘侯国与瑕丘侯国辨》《东海郡官文书杂考》六篇论文组成。全书共 224 页。

中国地方行政制度研究的开拓者是严耕望先生，其著《秦汉地方行政制度》与《魏晋南北朝行政制度》更是极富价值的史学名著。廖伯源研究员的《简牍与制度》在很大程度上继承发扬了严先生的学术成果，以及治学方法。正如他在《简牍与制度》一书自序中所说："余考证尹湾简牍，专注于汉代官制，尤重于以尹湾简牍验证严耕望师于汉代官制研究之成绩。此书卷二《汉代郡县属吏制度补考》及卷三《汉代地方官吏之籍贯限制补证》，俱就严耕望师之研究成绩续作补证与推论。卷一《汉代仕进制度新考》之撰述，亦以师之《秦汉郎吏制度考》为基础，是此书可谓师门拾遗补缺之作。余自拊得撰成本书，盖常读师之著作所致，今出版本书，因用以纪念先师。"

《简牍与制度》一书考订细密周详，提出了不少有见地的看法。如传统观点所认为的汉代仕进制度，属吏与朝廷命官间有一鸿沟，属吏必须经历荫任、富赀、纳赀、诏征、诏举、公卿举府掾属、举茂材、郡举孝廉、博士弟子甲科、军功十种仕进途径之一种跨越鸿沟，乃得成为朝廷命官。廖伯源研究员则指出"此一了解恐与历史事实有违"。《东海郡下辖长吏名籍》中，约有 43.56% 长吏是由地方属吏以功升迁的，这是此前所不了解的仕进途径，对汉代仕进制度当大幅改写。再如严耕望先生归纳汉代史籍、碑刻所载地方官吏籍贯 2000 余例，得汉代地方官吏之籍贯限制，即长吏不用本籍，属吏必用本籍。廖伯源研究员除以大量例证补证师说外，还得出侯家丞及文学应无籍贯限制、盐铁官有籍贯限制的新见解。廖伯源研究员还考订了《东海郡吏员簿》，推论《秦汉地方行政制度》所考汉代郡县政府组织之属吏名目为西汉中叶以后及东汉郡府县廷组织扩大后属吏的实际吏员数；《东海郡吏员簿》所列，则为汉初制定的郡县属吏吏员名目。还有《汉书百官公卿表》谓西汉元始二年（2）全国的官吏人数是"吏员自佐史至丞相，十二万二百八十五人"。廖伯源研究员以尹湾简牍加以检证，认为此数字大致合理。当然，廖伯源研究员还有许多细密的发现，如对黄留珠《秦汉仕进制度》所述"察廉"的补充说明及证汉代敬丘侯国地望等。这里就不再一一列举了。

　　《简牍与制度》一书的出版也反映出近年来海峡两岸学术交流的频繁。廖伯源研究员于 1996 年 8 月在广州中山大学秦汉史国际讨论会中首闻谢桂华先生介绍尹湾汉墓简牍，两年后便推出了研究成果。相信本书的出版将会推动国内外学者对尹湾汉简的研究。

　　　　本文与曹旅宁合著，原载《中国史研究动态》1999 年第 8 期。

读吴小强 《秦简日书集释》

2000 年 7 月岳麓书社出版了吴小强撰《秦简日书集释》一书，27 万字。黄留珠、孙雍长分别写了序。这是一部充分吸收学术界研究成果，融学术性与通俗性、科学性与可读性于一体的秦简《日书》的现代汉语读本。

1975 年云梦睡虎地出土的《日书》和 1986 年天水放马滩出土的《日书》，都有甲、乙两种。早在 20 世纪 80 年代，香港著名学者饶宗颐对云梦秦简《日书》进行研究时就指出：“《日书》因为带上日者神秘的色彩，向来被目为天书。”但饶先生又指出：“如果掀开它的外衣，结合天文学史的知识，加以探索，便可发现它在远东古代占星术的研究上应该占有极重要的地位，这意味着了解术数某些渊源，或许可为人类文明揭开一些奥秘。”（饶宗颐、曾宪通著《云梦秦简日书研究》卷前语，香港中文大学出版社 1982 年版）饶先生的话揭示了研究《日书》的难度及其意义。吴小强的先师林剑鸣教授也曾感叹：“《日书》之难，如读天书！”但是，学术责任感促使林教授于 1986 年下决心以集体“攻关”的形式，组织“研读班”，对《日书》逐字逐句逐章进行研读。吴小强便是这个“研读班”的成员之一。从那时开始，吴小强的工作数次更易，但仍坚持对《日书》进行研究。经过十余年的努力，他最终完成了《秦简日书集释》一书。吴小强这种为学术奉献的精神，是值得称道的。

该书书名为《秦简日书集释》，我认为它的“集释”有三层意思。

首先，吸收各种版本的精华和学术界的研究成果，对《日书》的语言文字进行校勘、训诂。睡虎地《日书》的释文、标点、注释已有几种版本，而且学术界也发表了不少对释文、注释的研究成果。而放马滩《日书》的注释，可供利用的研究成果却不多，大部分是作者自己所为。该书对各家的意见，择善而从，使注释简明易懂，言而有据。该书通过注释，帮助读者基本读懂佶屈聱牙的简文。对语言文字的“集释”工作，完全是靠“坐冷板凳”的功夫，不是靠“才气”所能完成的。

其次，作者从历史学、社会学、宗教学、科技史、民俗学等多学科的角度，对《日书》进行全面、系统、深入的研究，广泛地吸收学术界的研究成果，揭示了《日书》的学术价值和文献价值。这主要反映在该书的“述论”部分。据作者说，“述论”形式系受《史记》“太史公曰”的启发而设置，“对《日书》一章或若干章内容进行概述、评论，集中反映中外学者对有关专题的最新研究成果，并阐释作者对《日书》的研究观点”（《绪言》第 18 页）。《日书》作为古代"日者"所使用的择日手册，虽是迷信之物，但是通过十几年由冷门到热门的研究，人们已经揭示出它所隐含的大量社会历史信息，是秦史研究的新资料，可补史籍记载之不足。学者们称《日书》为秦国社会的一面镜子。通过该书的"述论"，"这面秦国社会的镜子清晰地展放在我们的面前"（孙《序》，第7页）。《日书》反映的社会生活面极为广泛，经济生活方面，如农业、畜牧业、小商品经济、土木建筑，以及当时的阶级状况都有反映；对秦国的风俗礼制，如出门归家、娶嫁生育、避邪驱鬼等提供了第一手丰富的资料；在思想方面，如迷信禁忌、鬼神信仰、五行学说等，以丰富的资料说明了许多过去所不了解的问题；在天文历法和术数方面，如二十八宿星座名称和运行、秦楚月份的对照、十二分和十六分时的计时制度、十二生肖和占卜术等，都保存有较多的重要资料。凡此种种，十几年来，学术界已发表了不少论著，作者力所能及地搜罗、阅读，从附录三《近年来秦简"日书"研究评介》一文和每章的"述评"可知作者阅读之广泛。所以，该书充分反映了国内外研究《日书》的前沿状况，为研究者提供了大量研究信息。这也是《秦简书书集释》的一个方面。

最后，该书的译文也反映了《秦简书书集释》的功夫。《日书》问世以来，已有几种版本的"注释"，但迄今无一本现代汉语译本。该书的出版，填补了这个空白。我们知道，要把古代汉语译为现代汉语，并不是一件很容易的事情；尤其要把秦代的简牍文字译为现代汉语，更难；而《日书》完全是新的材料，涉及许多先秦的典章制度、天文历法、术数占卜等专门名词术语，要译成现代汉语，就难上加难。作者在熟读《日书》的基础上，以睡虎地秦墓竹简整理小组所做的秦简释文为准绳，采用直译的方法，使译文达到了信达雅的水平，译文有较高的质量。本来是味同嚼蜡的《日书》简文，通过质朴流畅、简洁明快的翻译，使读者兴趣盎然，产生进一步去探索"日书世界"的愿望。所以，该书在普及中国传统文化方面也做出了重要贡献。

总之，该书既是一部建立在扎实研究基础上的高质量的普及读物，又是充分反映学术前沿，对研究者具有重要参考价值的学术著作，是一部雅俗共赏的优秀的古籍整理作品。它是作者治学认真、学风谨严的体现，真可谓"板凳要坐十年冷，文章不写半句空"！

按照一般学术著作的规范，如果书后附录《日书》词语索引和研究论著目录索引，将更加完善，也更加方便读者。

原载《中国史研究动态》2002年第1期。

勇于探索新理论　勤于开拓新领域
——读林甘泉主编《中国经济通史·秦汉经济卷》书后

林甘泉先生于 1990 年出版了由他主编的《中国封建土地制度史》第一卷，在史学界引起了巨大反响。时隔 9 年，林先生又在此基础上推出了由他主编的《中国经济通史·秦汉经济卷》（经济日报出版社 1999 年 8 月出版，以下简称《秦汉经济卷》）。《秦汉经济卷》是多卷本《中国经济通史》的一部分，也是国家社会科学"七五"重点科研课题"中国古代经济断代研究"之二"秦汉经济史断代研究"的最终成果。全书分 22 章，共计 80 万字，分为上、下册。

秦汉史向称难治，而秦汉经济史研究则更有其特别的难度。其中原因，正如林甘泉先生在该书后记所说："一是文献资料少而且分散零碎；二是有些领域（如土地制度、赋役制度等）前人和当代学者已有不少研究成果，要提出独创性的观点并不容易。"（第 1003 页）然而，林先生对课题组提出要求："对原来研究成果比较多的领域，不但要尽可能吸收已有的成果，而且要力争有所突破，有所进展；对一些过去研究比较薄弱的领域，要着重多下些功夫；对秦汉封建经济结构的基本特点及其自然和社会环境，要尝试做新的探讨。"（第 1003 页）正因为如此，要达到上述要求，就需要作者具有无畏的学术勇气、深厚的理论素养、扎实的文献功底和务实肯干的工作作风。林甘泉先生及其合作者们不仅具备以上品格，而且能够团结协作，经十余年努力，终于完成了《秦汉经济卷》一书。

拜读该书后，依笔者之见，这部巨著无论是在研究的深度上，还是在广度上均超过以往的有关秦汉经济史的著述，是一部富有特色的高水平的秦汉经济史著作。

第一，围绕秦汉经济史上有争议的重大问题展开论述，力求在重大问题的研究中凸显其理论色彩，是本书的一大特色。

林甘泉先生是 20 世纪 50 年代成长起来的一位马克思主义史学家，在研究工作中非常重视马克思主义理论的指导作用，同时又注重将这一理论与中国历史实际相结合。关于中国封建社会经济形态理论的探讨，社会经济形态理论是经济史研究的基础性理论，它既是大量经济史问题研究成果的概括、抽象，反过来又为经济史的研究提供理论的指导。马克思主义的社会经济形态理论是在科学地概括和总结人类历史上的种种经济现象的基础上提出的，对研究中外经济史都具有理论指导意义。作为马克思主义社会形态理论最重要组成部分的社会经济形态理论，又是划分一个国家或民族历史发展阶段最重要的理论依据。因此，忽视社会经济形态理论的探讨，缺乏对经济史宏观的把握和理论的指导，就不可能准确地认识经济史上的重要现象，就难以从复杂的经济现象中揭示出其本质和相互联系，发现符合经济发展的历史规律，当然也就不可能为从总体上把握社会形态的性质提供最基本的保证。

关于中国社会形态的性质，自 20 世纪二三十年代中国社会史论战以来就是一个聚讼纷纭的大问题。中国历史上有没有奴隶社会，奴隶社会何时过渡到封建社会这些问题的讨论，主要是由于对中国社会经济形态的性质的判断不同而产生分野的。就秦汉时期而言，迄今为止有的学者认为是封建社会，有的则认为是奴隶社会，还有的认为秦和西汉是奴隶社会，东汉才进入封建社会。之所以人们对秦汉社会形态的性质意见如此不同，主要原因是由于对秦汉社会经济形态的看法不同。因此，研究秦汉社会经济形态问题，不仅对于秦汉经济史有着十分重要的理论意义，而且对于确定秦汉社会形态的性质，并进而对于确定其他历史阶段的社会形态性质都有着重要意义。林甘泉先生在《中国封建土地制度史》第一卷中，对殷周至三国西晋时代的社会经济形态做过一些表述。他认为殷周时代的土地制度具有"亚细亚财产形态"特点，战国秦汉多种生产关系并存，而三国西晋存在着封建土地国有制、封建地主土地所有制和自耕农小土地所有制。《秦汉经济卷》在论述秦汉时期的土地所有制形式时，认为存在着三种基本形式：封建国家土地所有制、封建地主土地所有制和自耕农小土地所有制。此外，还存在着奴隶主土地所有制和共同体土地所有制的残余。可见，前后二书对秦汉时期的土地所有制形式的表述虽略有不同，但大体上是一致的。就劳动者和生产资料的结合方式而言，《秦汉经济卷》认为，秦汉时期的农业劳动生产者，既有授田制农民和非授田的自耕农，也有国家和私家的佃农；既有人身依附关系相当松弛或严格的庸客，也有完全丧失人身自由的农奴和奴隶。在官私手工业中，劳动者的身份也是各种各样。林先生认为，要确定秦汉社会经济形态的性质，关键是要从各种生产关系中，找出"支配着其他一切生产"的主导的生产关系。在秦汉时期的三种基本土地所有制形式中，地主土地所有制占主导地位。从大土地所有者对生产者所采取的剥削方式而言，租佃制和庸客制已成为秦汉时期主要的剥削方式。也就是说，封建制生产方式已成为支配其他一切关系的主导的生产方式。经过严密的论证，确定了秦汉社会经济形态的性质为封建制。此外，该书还以秦汉政权的性质和社会思想的价值取向对秦汉社会经济形态的性质进行了验证。作者对秦汉社会经济形态的论述，是非常精辟的，因而成为《秦汉经济卷》中最重要的理论成果之一。

对中国封建社会的经济特点或经济类型这一重大问题，该书也做了理论性的探索。长期以来，我国史学界在论说中国封建社会经济特点时一直使用"自然经济"这一概念，绝大多数学者认为，中国封建社会经济活动中自给自足的自然经济一直占统治地位。但是战国以来封建社会商品经济的发展远非欧洲中世纪所能比拟这一事实，又使得许多研究者处于一种两难的境地：若肯定中国封建社会自给自足的自然经济占统治地位，那么如何说明商品经济相当发展的事实？若承认中国封建社会商品经济比较发达，那么又如何解释自给自足的自然经济占统治地位？

自1983年以来，黄宗智先生先后发表了他的《华北的小农经济与社会变迁》与《长江三角洲小农家庭与乡村发展》两本论著及《中国经济史中的悖论现象与当前的规范认识危机》（以下简称《悖论》）一文，在中国国内经济史学界引起了极大反响。在两部专著中，黄氏对明清以来的中国小农经济的发展规律作了新的探讨。而在《悖论》一文中，作者指出，根据中西学术界共同承认的规范认识，商品经济的发展必然导致经济发展和近代化，但中国经济史上的悖论现象，如明清以来高度的商品化和糊口农业并存，有增长而无发展，城市工业化和农村不发展并存等，对这种规范认识提出了挑战。因此，必然要对商品化理论本身进行反思。作者认为，中国明清以来的商品化，是在人口压力下产生的、不能引起近代化质变的"过密型商品化"，并以此解释上述各种悖论现象。黄氏《悖论》一文发表不久，大陆经济史学界就组织中国经济史专家座谈，对黄氏的中国经济史研究特别是其论著中涉及的中国封建社会中的自然经济和商品经济问题展开过专门讨论，有的学者还撰写了这方面的学术论文，林甘泉先生结合秦汉经济史来研究这一问题，经过多年的不断求索和反复探究，终于在这一问题上取得了突破性的新认识，并撰成《秦汉时期的自然经济与商品经济》一文（见《中国社会经济史》1997年第1期）。这篇文章是很有影响的一篇有关中国封建社会经济特点的理论文章，已收入在该书《绪论》第四节中。林先生认为，通常把封建社会经济生活的基本特征表述为自给自足的自然经济，这是根据马克思的《资本论》和恩格斯的《反杜林论》关于欧洲中世纪经济生活的论述得出的结论。事实上，即使在欧洲中世纪，不仅完全自给自足的领主庄园为数不多，而且为数众多的分散的依附农民和自由农民也不是自给自足的。因此，用自给自足来界定自然经济的本质特征，即使对于欧洲中世纪来说也是很难完全适用的，更不用说中国的封建社会了。经过全面考察马、恩关于自然经济的论述，林先生认为，马、恩虽然肯定前资本主义社会的经济类型基本上是一种自然经济，但并没有排斥商品经济的存在。因此，自给自足应该是自然经济表现得最完整和纯粹的形态，但不能把自然经济归结为自给自足。自然经济和商品经济的根本区别，在于前者是自给性的生产，而后者是商品性生产。林先生在对秦汉时期小农经济状况及其与市场的联系，大土地所有者的自然经济与商品经济，民间手工业与官府手工业的商品生产做了全面考察和深入研究后指出，自给性生产是自然经济的本质特征，"男耕女织"的自然分工是中国封建自然经济的特色；自然经济和商品经济相结合，而以自然经济占统治地位，这是中国封建社会经济结构的一个重要特点。这一结论是以马克思主义关于前资本主义社会经济类型理论为指导，深入剖析秦汉社会的经济生活后得出的，因而是符合中国封建社会经济的实际的。

林甘泉先生关于中国封建社会经济形态和经济结构特点的有关论述，为《秦汉经济卷》一书提供了最基本的理论支撑。它不仅为秦汉经济史中其他一些问题的研究提供了理论根据，而且对研究秦汉以后封建社会的经济史也具有理论上的指导意义。这部巨著之所以有吸引人的魅力，大概主要原因正在于此。

第二，运用科学的经济学理论与方法，对秦汉经济方面的诸多问题进行探讨，努力充实秦汉经济史的内容，是本书的又一个特色。

过去研究秦汉经济史的学者很少注重地理环境与生态状况对经济发展所起的作用，在有关秦汉经济史的著述中很少叙及秦汉时期的地理环境与生态状况。该书作者则认为，地理环境是人类社会发展的必要条件之一，而生态环境的变迁可以对经济生活产生重要的影响。作者在充分吸收前人和时贤关于秦汉时期的地理环境和生态状况研究成果的基础上，并经进一步研究，在"绪论"第一节对秦汉时期的地理环境和生态状况做了较为全面的论述。

作者认为，经济发展从来不是自发的过程，它不但要受地理环境和生态状况的影响，而且要受一定的社会关系和社会环境的制约和影响。统一的封建专制主义中央集权国家、家族、宗族与乡里的聚落形态，家长制的个体家庭，构成了秦汉经济发展的特定的社会环境。"绪论"对秦汉社会经济发展的社会环境也予以专节叙述。在该书第十五至第十八章，对秦汉时期的赋税、徭役、财政制度及国家的经济统制政策做了详尽论述。

人类社会的再生产不仅包括物质资料的再生产，而且包括人类自身的繁衍或人口的再生产。因为，人是社会物质生活条件的必要因素，没有一定的人口数量，就不可能有任何社会物质生活。在古代社会，人口的增减、人口密度的大小不仅是社会经济状况的重要标志，而且是影响社会经济发展的重要因素之一。正因为如此，中国古代各代王朝都把为控制人口而进行的户口统计和随之而建立的户籍制度作为其实施有效统治的重要手段。该书在第二章对秦汉时期的户籍制度与户口统计、人口的分布与迁徙、人口增减与经济发展的关系等问题做了较为深入的探讨。作者在分析人口增减对农业生产的发展的影响时指出："人口增加会加速荒地开垦，种植面积扩大；人口增长的压力又会迫使人们改进劳动技术，提高生产能力，以创造可供需求的社会财富。同样，人口过度膨胀又会造成生产发展与人口增长不平衡，导致社会生产秩序的破坏，阻碍经济的发展。"（第132页）这样的分析是非常有说服力的。

产业结构是经济史研究的重要内容，因为不同时期的产业结构反映了相应时期社会分工和科学技术的发展水平。该书在充分吸收现有成果的基础上，在"绪论"第四节简要概述了秦汉时期的产业结构，而后则分别对农业、手工业、商业等产业做了详细叙述。特别值得注意的是，作者在论述这一时期的产业结构时，注意到了不同区域产业结构的不同。作者指出，农业是社会经济中最重要的生产部门，"在农业区，采集业、畜牧业、渔猎业只作为农业的补充而退居次要地位，成为农民家庭的副业"（第 187 页）；长城以北和西域地区是"单一畜牧业或以畜牧业为主的经济区域"；"在西南地区的羌族和西南夷中，半农半牧业居主导地位"（第 251 页）。

秦汉王朝虽然实现了大一统，但在统一的多民族国家的各地区之间，社会经济的发展是不平衡的。作者非常注重这一点，并根据各地区经济文化传统的差异特别是因自然条件不同而导致的产业结构的不同，按《史记·货殖列传》将全国划分为四个各具特色的基本经济区："山西"经济区、"山东"经济区、"江南"经济区和"龙门、碣石北"经济区。

从经济学的观点来看，人类社会存在和发展的基础是物质资料的生产。任何社会不能停止消费，也就不能停止生产，因而社会生产过程总是连续不断地反复进行的再生产过程。社会再生产过程包括生产、分配、交换、消费四个环节，他们相互影响、相互制约，其中生产虽起决定性的作用，但分配、交换和消费对生产也起重大的反作用，四个环节缺一不可。但以往的秦汉经济史研究对生产和分配环节重视较多，而对流通和消费环节重视不够，研究不足。《秦汉经济卷》的作者显然注意到了这一问题，因此在第十二章叙述了商业和都市，在第十三章叙述了商品价格，第十四章叙述了货币，第十九章叙述了交通运输，特别是在第二十一章专门叙述了不同阶级和等级的生活消费状况。作者认为，汉代是中国古代商品经济的一个大发展时期，商品经济的发展是形成汉代商业繁荣的基础。但作者也指出，商品经济的发展有助于社会经济的发展，但不应估计过高，应该进行具体的、实事求是的分析。在叙述秦汉时期不同阶级和等级的生活消费状况时，作者认为，农民家庭、地主商人家庭和贵族官僚家庭三者的消费水平是悬殊的，其原因在于他们在社会财富的分配中所得不同。

经过先秦时期的民族融合，至秦汉时期，统一的多民族国家已经形成。而长期以来由于不同民族之间相互交往和碰撞所形成的多元一体的经济格局，则是统一的多民族国家形成的最重要的基础。因此，只研究汉族或中原发达地区的经济发展而不研究少数民族的经济发展，或者只把少数民族经济作为陪衬，就无法全面了解秦汉经济的发展，当然也就无法对秦汉经济发展的统一性与多样性有深刻的认识。同时，汉族的经济发展虽有其自身的规律，但也是与周边少数民族地区的经济发展相互依存、相互影响的。不研究少数民族地区的经济发展，汉族或中原发达地区经济中的许多问题或许多现象就难以得到合理的解释，当然也就无法从总体上把握秦汉经济发展的规律。因此，少数民族经济问题是秦汉经济史研究中的一个重要问题，理应被纳入秦汉经济史的著述中。但长期以来，少数民族经济问题未能进入秦汉经济史研究者的视野中，有关秦汉经济史的著述要么很少叙述，要么仅叙述其社会形态和社会性质，对其生产力状况、生产关系到相应的上层建筑的各个方面，和从农牧、采集到手工业、商贸、交通等各种产业缺乏全面的探讨和叙述。该书的作者注意到了这些问题，在书中设专章对匈奴、西南夷、西域、越及东北各族的经济予以叙述，并对各少数民族经济的产业结构做了较为详细的描述。如在叙述匈奴经济时，对畜牧、狩猎、农业、手工业等方面均做了较多的叙述。

从以上所述可见，该书在叙述秦汉社会经济发展时，既注重地理环境和生态状况的影响，又注重考察社会环境；在考察社会环境时，不仅注重人口增减对社会经济发展的影响，而且特别注重国家经济行为在社会经济发展中的作用；在详尽叙述产业结构的同时，又注重描述经济的地区结构；在叙述社会再生产的过程中，对生产、交换、分配、消费四个环节均做了详细叙述。所有这些，构成了到目前为止秦汉经济史著述最完备的内容。

第三，既重视新资料的发掘，又注重旧资料的充分利用，力求在详细占有资料、分析资料的基础上立论，是本书的又一个特点。

众所周知，研究秦汉经济，可资利用的传世文献资料非常稀少而且这些有限的资料又大都被运用过，再发现有用的资料非常不易。因此，对考古资料的开拓和利用就显得尤为重要。考古学上的重大发现往往会使一些历史篇章要因此重写。作者非常重视出土文献和文物资料的利用，并以此作为取得的研究上突破的重要途径。近几十年来，考古发现了居延汉简、楼兰木简、银雀山竹简、云梦秦简、青川秦牍、江陵凤凰山汉简、居延新简等文献资料，相应的整理研究工作已取得了很大成就。而这些成果中只要和秦汉经济史有关的大都在该书中得到了不同程度的反映。作者运用这些出土文献资料研究秦汉时期的户籍制度、西北屯田、水利工程、官营畜牧业、赋税制度、遗产继承制、土地买卖等问题，得出了许多新见解和重要结论。如在论证西汉的遗产继承制时，作者对江苏仪征胥浦乡西汉墓出土的《先令券书》简文进行研究，得出了明确的结论：汉代田产的支配权属于父家长；父家长去世后，其田产的支配权属于作为户主的遗孀；诸子无论是否为同一父母，都享有继承田产的权利。作者利用汉简研究汉代的屯田制度，深入具体地揭示了军屯、民屯在经营方式、剥削形态、劳动者身份地位和经济状况诸方面的差异，纠正了有的学者把民屯出租误作为军屯出租的错误。关于秦代官营畜牧业，据《汉书·百官公卿表》，是由中央所设的太仆掌管的，其基层机构及属官的情况不明。作者利用近年在西安发现的秦封泥材料，指出作为基层机构的厩名有中厩、外厩、章厩、宫厩、左厩、右厩和小厩等；属官有厩丞和将马。该封泥资料发表于 1997 年初，而该书后记写于 1998 年底，从材料公布到被该书利用，时间相隔仅一年多。由此不难看出，作者对考古出土的文字资料的重视及搜集之勤。

考古出土的文物资料不仅量大而且相当零散，利用起来相当不便。但这些资料对于经济史的研究仍然有着相当大的价值。《秦汉经济卷》在叙述农业生产中的农田、水利、生产工具改进、生产技术提高、农作物种类、家庭副业、畜牧业、林业、渔业，手工业生产中的染织、冶铁、青铜器铸造、漆器生产、金银器制作、制陶、制盐、酿造、车船制造、造纸以及货币铸造等方面，都大量运用考古出土文物，因而其论证扎实有力，结论也自然可靠可信。如作者根据20世纪30年代以来先后在新疆罗布泊、西安市东郊灞桥、居延肩水金关汉代遗址、陕西扶风、甘肃敦煌马圈湾、甘肃天水放马滩、甘肃敦煌悬泉置等处发现的西汉古纸残片，断定"早在西汉时期纸就开始成为书写工具，而且说明纸在西北边郡广泛使用"（第491页）。

有关秦汉经济史研究的传世文献资料虽然稀少，但是并非已经挖掘殆尽。放宽视野，努力寻求可资利用的材料，充分挖掘现有传世文献的价值，仍然是有工作可做的。《秦汉经济卷》的作者正是这样做的。《九章算术》是中国古代数学史上的一本重要著作，其作者不明，一般认为其成书年代不会晚于东汉。尽管该书保存了不少秦汉社会经济史方面有用的材料，但长期以来并没有被研究秦汉经济史的学者所重视，殊为可惜。该书在论证汉代车舆的运行速度和载重量，汉代亩制大小、关税及庸工、牲畜、纺织品、黄金等的价格方面都运用了《九章算术》的材料，并与其他材料相印证，得出了不少令人信服的研究结论。如作者运用《九章算术》中的几道关于畜产类价格的算术题，算出了六畜在汉代的最低价和最高价。又如汉武帝复征关税后的税率问题，长期以来人们无法知道。作者引用了《九章算术》中关于关税率计算的几道算术题，经过推算，得出了"汉代关税的税率似无统一的标准"（第688页）的结论。

总之，这部著作既集过去秦汉经济史研究之大成，又把秦汉经济史的研究提高到了一个崭新的阶段，达到了林甘泉先生在后记中所说的课题组预先设计的目标。我们可以负责任地说，《秦汉经济卷》是到目前为止有关秦汉经济史研究最优秀的专著之一。当然，毋庸讳言，这部优秀著作也有一些不足和可商之处。例如如何论述秦汉时期的奴隶制生产关系的残余，就可商榷。作者在论述奴隶劳动与农业生产的关系时，不仅认为秦汉时期奴隶数量较前有所增加，而且承认农业上存在使用奴隶劳动、主要经营商品生产的大地主田庄。但作者又认为这种使用奴隶劳动的田庄终汉之世未能得到充分发展，其主要原因是奴隶生产的效率不高，奴隶制的生产方式的经济效益远不如封建租佃制。依笔者之见，作者仍无法解释一些历史现象：其一，西汉时期耕豪民之田的农民后来并未继续发展，而是走向了萎缩和消失；而奴隶劳动由战国至西汉早期主要存在于手工业、矿业方面，而至西汉末则与大土地所有制结合得越来越紧密，而且越往后奴隶人数越多。其二，作者在计算封建租佃制与奴隶制两种土地经营方式的经济效益时，忽视了主要经营商品生产的大土地所有者使用奴隶进行土地耕作的同时可以进行多种经营，综合效益不会比租佃制差。由此看来，要想论证这一问题，还需另找途径，不然很难服人，也会与魏晋封建论者的说法纠缠在一起。

该书在结构安排上也存在一些问题。如"交通运输"一章写得很有分量，但安排在第十九章似不合理。作为社会经济结构中重要组成部分的交通运输，似应列于第十二章"商业和都市"之后，不然就看不出它与其他产业的联系，显得不伦不类。全书列表 12 个，为说明一些繁杂的问题如土地、粮食、奴隶、畜产品、纺织品、金银珠铜玉等的价格节省了笔墨，也收到了一目了然的效果。但全书未用一幅图，是一个缺憾。如人口分布、人口迁徙、都市分布、冶铸业分布等用图示的话，可收到更好的效果。如果再附上重要的考古出土文物照片，该书会变得图文并茂。该书有绪论及 21 章正文，并附有后记，但唯独没有列出全书参考论著和征引文献目录，这反映了内地学术界对学术著作的规范化问题尚未引起足够重视。此外，该书在校对方面也有不细之处，如第 972 页引《史记·西南夷列传》中的"其俗或土箸"中的"土箸"应为"土著"，第 943 页最后一行的"剩除粮食"应为"剩余粮食"，第 798 页第 7 行的"卖官"应为"买官"，第 781 页第 15 行的"市师卫士当在 10 万人之谱"的"谱"应为"多"，第 657 页"汉代亩产量估算表（二）"中的"大石／小亩"应为"小石／大亩"，"1668"应为"16·68"，535 页最后一行的"在供在大于求"中的"供"字后的"在"是衍文，等等。此或为笔误，或为刊误，未能校出。但这些无非是书中小疵，瑕不掩瑜，无妨该书所具有的学术价值和学术贡献。总的说来，《秦汉经济卷》一书是秦汉史、中国经济史领域近年来所推出的一部具有很高学术水准和理论创造性的佳作。中国经济史包括秦汉经济史研究划时代的进展需要有理论上的突破、方法上的创新和研究领域的拓展，《秦汉经济卷》为此做了可贵的尝试。它的面世，必将对推动秦汉史、中国经济史研究的进一步深入产生积极的影响。

本文与李炳泉合撰，写于 2001 年 10 月。

《秦律新探》序

曹旅宁同志在博士学位论文的基础上，修改、补充而成的《秦律新探》就要出版了，他嘱我作序。我从来没有为别人的作品写过序，但作为旅宁同志博士学位论文的指导老师，在他的论文将要出版时，除表示祝贺之外，写几句话也是义不容辞的。

自从1975年云梦秦简出土以后，对其中心内容——秦律的研究的热潮一浪接一浪。许多比较容易解决的问题，都被解决了。剩下的都是"硬骨头"，研究的难度越来越大。即使如此，旅宁同志还是选择了这个课题，而且经过努力，作出了新意，得到论文书面评审的各位专家和答辩委员会的好评。他是在职定向培养的，在本单位还有繁重的教学任务。旅宁同志教学之余常到寒舍来借书和闲谈，所以对他也比较了解。他为什么在职却又能在三年之内完成难度较大的学位论文，我以为有三点是可以称道的。

第一，他在硕士学习阶段却是学历史文献学的，师从著名历史文献学家黄永年教授，对考据、音韵、训诂、版本、目录、校勘等学问受过较系统的训练，打下文献学的功底，对古籍比较熟悉。所以他运用出土的简牍结合文献记载进行研究，能运用自如，得心应手，时有创获。这点只要认真阅读这本著作，就会有体会。

第二，他对中国古代法制史有强烈的兴趣，勤奋好学，有"打破砂锅问到底"的钻研精神。比如，他在本科时是学历史的，法制史的知识储备相对薄弱，为了充实这方面的知识，他挤出时间去中山大学法学院旁听有关课程，向法制史的老师请教，扩大这方面的知识。比如在搜集前人研究成果的过程中，他读到李学勤先生在《中国史研究》撰文介绍过英文版的何四维先生《秦律遗文》一书。在广州找不到该书，他通过朋友在北京各大图书馆也没有找到。他在我面前说过几次，知道有该书而未能看到，总觉得是一个遗憾，于心不甘。当时中山大学历史系一位副教授访问香港中文大学，他又通过该教师在香港寻找，最后由该老师在香港为他复印回来。这件事反映了他有强烈的追求知识的欲望。他对法制史的兴趣和爱好，使他产生了强烈的研究欲望，这是研究取得成绩的基本条件。爱因斯坦说过："只有热爱才是最好的老师。"我想旅宁同志能在秦律研究方面有一点成绩，他的强烈的兴趣和追求知识的欲望是他的最好的老师。

第三，从治学方法来说，他涉猎较广，对老一辈有成就的学者的治学掌故多有了解。在我们的研讨和平常闲谈中，我要求他搜集材料要"竭泽而渔"，有一分材料说一分话，大凡学术上有成就者都沿此道而行。从《秦律新探》来看，他基本上沿着这条道路走。研究某个问题时，我要求他尽可能地收集相关资料，然后对资料进行仔细分析，发现问题，有心得就写，懂多少就写多少，通过札记的形式，把它记录下来，做到言必有据，言之成理，不要空发议论。该书中的一些真知灼见，就在考证之中。如认为《公车司马猎律》源于部落时代秦人田猎生活中的劳动纪律；"葆子"是由质子组成的近侍集团成员，是特殊的政治人物；"弃市"的处刑方式为绞刑；从秦简"定杀"考中，看出古老风俗习惯对秦律的影响；对秦律中斩发结、拔须眉行为的严惩方法的论考，看出它与古代"迷信"的联系；中都官是内史的派出机构；等等；都是考证的结果。这种治学方法，他从前辈学者中学来，又运用于自己的研究实践中。我在这里不是要吹捧"考证"，而是认为考证是历史学研究的一项基本功。要在历史学领域要取得一点成绩，此功是不可少的。

书山有路勤为径，学海无涯苦作舟。旅宁同志通过勤学、苦读，获得了博士学位。学无止境，希望他继续努力，学术上取得更多的成绩。

原载曹旅宁著《秦律新探》，中国社会科学出版社 2002 年版。

百越族是祖国南疆的最早开发者

"百越"一名最早见于《吕氏春秋·恃君览》。注释家对"百越"的解释，是"越有百种"，"百"不是具体的数字，而是越族支系众多的意思。越族主要分布在我国东南和南方地区。关于越族的形成，过去有种种说法，或说越人是"南太平洋人"的后代，或说是"马来人"的后代，或说是由爪哇猿人发展而成，或说是"海洋蒙古利亚种"。这些说法都不符合历史实际，因而是错误的。新中国成立后我国考古学、民族学、历史学的研究，证明越族主要是由我国东南地区和南方地区的土著原始居民发展而形成的。在百越地区发现了旧石器时代文化，如广东的马坝人、广西的柳江人等。从新石器时代开始，这些土著的原始居民创造了一种文化——几何印纹陶文化，这种文化一直延续到商周秦汉，自成一个体系。这种文化分布于我国东南和南方地区，有些地区已经找到它的发展序列。这些地区同文献记载百越分布的范围是相符的。考古学界一般认为这种文化是古越族创造的。因此，越族是我国东南和南方地区土生土长的民族。

从文献记载看，越族因它分布的地区不同而有不同的名称。比较大的支系有六个：

于越——主要分布于今浙江，春秋时建立越国，都于会稽（今绍兴），后被楚国所灭，其族人或融合于荆楚，或散处于海滨。

东瓯——或称瓯越，主要分布于今浙江南部的瓯江流域。西汉惠帝三年（前192）封其首领摇为东瓯王，都于东瓯（今温州），后闽越攻打东瓯，东瓯请汉援救，闽越退兵，汉徙东瓯人于江淮之间。

闽越——主要分布于今福建闽江流域。西汉刘邦封其首领无诸为闽越王，都于东冶（今福州）。

南越——主要分布于今广东、广西。秦汉之际，赵佗建立南越国，自称南越武帝，并以兵威财物役属闽越、西瓯、骆越等，称雄一时。汉武帝时平定南越，南越建国共历5世93年。1983年在广州象岗山发现第二代南越王墓，出土一枚铭刻"文帝行玺"的龙钮金印及1000多件文物，为研究南越国的历史提供了重要的实物资料。

西瓯——主要分布于桂江、浔江流域，以今广西贵县为中心。其地秦置桂林郡，汉为郁林郡，郡治在布山。1976年在贵县罗泊湾发现一座西汉初期的大型木椁墓，出土漆器有"布山"铭文，正与史籍记载相符。

骆越——主要分布于广西左、右江流域，广东雷州半岛及海南岛，至越南东北部。骆越以农耕为主，有"骆田"。部落首领称"骆侯""骆将"。

越族有许多支系，故称"百越"，但他们有共同的文化特征，现概括如下。

第一，越族创造了印纹陶文化。这种文化以陶器表面拍印几何形花纹为主要特征，较早的陶器质软，叫几何印纹软陶；较晚的陶器质硬，叫几何印纹硬陶。

第二，越族使用的石器主要是有段石锛和双肩石器。

第三，青铜铸造发达，普遍使用铜鼓，善于铸造青铜宝剑。春秋时代，"干（吴）越之剑"和欧冶子的铸剑技术，著名全国。以往的铜器著录中，收录了不少吴越铜剑。新中国成立后经科学发掘，有明确出土地点的吴越铜剑也不少，如"越王勾践剑""越王州句剑"等，这些剑都保存完好，刃薄而锋利。

第四，经济生活以种植水稻为主，兼从事渔捞。

第五，越族建有"干栏式"建筑。这种建筑的特点是底部悬空，正脊的两头翘起，屋顶结构作两面坡式。建筑"干栏式"房屋的目的在于防卫毒蛇瘴疠。这与越族分布于山林密布、气候潮湿的地方是相适应的。

第六，越族流行断发文身和拔齿习俗。越族断发文身，屡见于记载。1982年在广州瑶台柳园岗发掘了一处西汉墓群，其中北柳11号墓出土的护墓木俑，彩绘红、黄色的卷云纹饰，使我们看到了2000年前越族断发文身的实况。关于拔齿的资料，近年考古亦屡有发现。广东增城金兰寺二号墓墓主是生前拔齿的；广东佛山河宕遗址的77座墓中，有19个成年男女拔齿。

第七，分布于高山地带的越族，其葬俗流行崖葬、悬棺葬或船棺葬。崖葬即把死者葬于悬崖峭壁之上，船棺葬即将葬具造成船形。

第八，越族有自己的语言。古越语保留下来的资料不多，只在汉代刘向《说苑·善说篇》中有关于《越人歌》的故事。最近有人把《越人歌》和现代壮语做比较研究，认为古越语和现代壮语差别很少。

越族分布在我国东南沿海和南方辽阔地区，历史绵延数千年。从远古的时候起，它就与中原地区的华夏族有着密切的交往，进行经济与文化的交流。在新石器时代，越族分布地区的文化遗址出土的文物与中原地区的文物有惊人的相似。商周时代，越族逐步参与中原王朝的政治活动。秦统一越族地区之后，中原地区的劳动人民大量迁来"与越杂处"，一定范围内形成了越族与汉族相互杂居的局面，促进了民族间的交融。东汉以后，史籍上对越族的称谓及其活动的记载消失了，这是越族融合于汉族的明证。百越不仅是我国统一多民族大家庭中不可缺少的成员，而且对汉族的形成和发展也做出了重大贡献。百越是祖国南疆的最早开发者，它创造了我国南方灿烂的文化，开拓祖国美丽富饶的南大门，使越族地区成为我国版图的不可分割的一部分。

原载《中国历史三百题》，上海古籍出版社1989年版，原题为《为什么说百族越是祖国南疆的最早开发者？》。

岭南铜鼓及其流传

    铜鼓，是我国古代南方少数民族地区的特有文物，初由用作炊具的铜釜发展而来，后成为号令部众的权力象征，或作为祭祀、赏赐、进贡的重器。它是我国丰富文化遗产中的瑰宝。据1980年调查，现藏于我国各级文物博物馆的古代铜鼓有1360多件。分散在少数民族地区群众手中和埋藏在地下的铜鼓还不知有多少。可见我国是世界上保存古代铜鼓最多的国家。

    在我国古代，使用铜鼓的民族有很多，使用时期很长，流传地区很广。它从一个侧面反映了这些地区古代民族的经济文化生活和历史面貌。同时，在东南亚国家也有铜鼓发现，它也是我国古代与东南亚各国人民文化交流的实物见证。因此，对古代铜鼓的搜集和研究是一个很重要的课题。

    我国文献最早记载铜鼓的是《后汉书·马援传》，马援征交趾，在交趾"得骆越铜鼓"。唐朝章怀太子李贤为这段文字作注时，只说"铸铜为鼓"。但究竟铜鼓是什么样子？不甚了了。唐杜佑《通典》把铜鼓列入"乐"部，说它全身皆铜，"虚其一面，覆而击其上"。唐刘恂的《岭表录异》、宋范成大的《桂海虞衡志》、宋周去非的《岭外代答》等著作，从不同角度记录了铜鼓的发现、使用、流传及其有关的风俗民情。

    古代铜鼓的用途是很广泛的，但主要作为乐器演奏，所以《通典》等书把它列入"乐"部。《旧唐书·南蛮列传》记载，东谢蛮宴聚时，"击铜鼓，吹大角，歌舞以为乐"。清代屈大均《广东新语》记载说，广东风俗，凡遇嘉礼喜庆，必用铜鼓以伴歌舞。更有趣的是，铜鼓伴舞早在8世纪已流入缅甸宫廷艺术团。白居易的《骠国乐》诗，记录了骠国（今缅甸）的宫廷艺术团在唐代长安演出的盛况。"玉螺一吹椎髻耸，铜鼓千击文身踊"，把当时的铜鼓舞生动而形象地展现在读者眼前。

    用铜鼓赛神，以祈年禳灾，在我国古代南方一些少数民族中是普遍的现象。宋代方信孺在《南海百咏》中记载，广州南海神庙有铜鼓，每年春、秋享祀时，都有许多人来敲击铜鼓以劝神灵吃酒肴。唐宋以来的许多诗人，把人民用铜鼓参加赛神的情景写入诗句，如唐朝许浑《送客南归有怀》诗中说："瓦尊留海客，铜鼓赛江神。"《湖南通志》转引王阮亭的诗："铜鼓蛮歌争日上，竹林深处拜竹王。"这些诗句都把古代群众性的铜鼓赛神活动描写得栩栩如生。

    古时也用铜鼓作传信工具。战争时，敲击铜鼓以召集部众，用铜鼓声鼓励部众勇猛作战。平时亦用铜鼓传递消息。如失火，则敲击铜鼓呼唤邻寨的人赶来救火；死人，则敲击铜鼓把不幸的消息通知亲戚和邻居。

此外，铜鼓还是一种礼器，是铜鼓占有者身份和地位的象征；铜鼓还可以作为珍贵物品被少数民族首领赏赐给有功劳的人；占有铜鼓的特权贵族，也可以把它作为陪葬品。

铜鼓的用途如此之大，那么它是怎样发明的呢，后来又是怎样演变和传播的呢？

在中国古文献中，有说铜鼓是马援首造的，有说是诸葛亮造的，这些都是一种传说而已。因为文献记载和考古材料都证明在马援以前已有铜鼓存在。近世学者对铜鼓的起源有种种说法：或说模仿革鼓而来；或说由錞于演变而成；或说来源于木鼓。但是，考古材料证明了铜鼓起源于炊具或容器。我国学者很早就注意到铜鼓的形态像倒过来放置的炊具或容器。1975 年在云南楚雄县万家坝墓葬中出土过几件铜鼓和几件铜釜，铜鼓出土时是倒放着的，和那些铜釜完全一样，鼓面上有烟熏痕迹，说明它曾作炊具使用。而万家坝铜鼓目前被公认为铜鼓的原始形态。因此，铜鼓由铜釜演变而来即被人们所肯定。

艺术源于生活。正如普列汉诺夫所说，生产者简单地敲击自己的劳动工具或用具，它就是乐器。古代人类在饮食之后，将炊煮器铜釜倒置过来，敲击其底部为歌舞伴奏，这是完全可能而又自然的事情。久而久之，一种专门用于敲打的乐器就从铜釜中分化出来，成为后来的铜鼓。不但考古工作者找到了原始型的万家坝铜鼓，而且在云南中部地区出土的铜鼓可以从早期到晚期排成序列，自成系统，发展脉络清晰，是土生土长的。因此，我们说铜鼓的发祥地是我国云南滇池以西地区。铜鼓从铜釜分离出来成为专门乐器，大概在公元前 7 世纪左右，相当于中原地区的春秋时代。当时生活在那里的民族是濮族。濮族首创铜鼓，然后向东南、西北方向传播。从现在资料看，铜鼓分布稠密的地区有四大块，即我国云南滇池地区、两广南部云开大山区、越南北部和中部偏北地区以及缅甸的掸邦地区。这些地区的民族在很长的时期内都使用铜鼓。由于铜鼓是一种珍贵物品，可以通过掳夺、赏赐、进贡、买卖等方式传播到未使用铜鼓的地区去。现在世界许多大城市，如德国的柏林、法国的巴黎、英国的伦敦、瑞典的斯德哥尔摩、奥地利的维也纳、意大利的罗马、乌克兰的基辅、美国的纽约等地的博物馆和私人收藏家手里，都有铜鼓。铜鼓足迹遍天涯。

原载《中国历史三百题》，上海古籍出版社 1989 年版，原题为《什么是铜鼓？它是怎样流传的？》。

香港、澳门古文化的母体在祖国内地

　　1997 年 7 月 1 日，香港回归祖国，我国政府恢复对香港行使主权，这是中国历史上洗雪民族百年耻辱的重大事件。在庆祝这一具有深远历史意义的日子的时候，广东炎黄文化研究会举办"香港回归后粤港澳文化交流研讨会"是很有意义的，也是很及时的。在回顾、探讨、展望粤港澳文化交流时，充分认识香港、澳门古文化的母体在祖国内地是十分重要的。这也是对包括香港、澳门同胞在内的全国人民进行爱国主义教育的重要内容。本文简要探讨香港、澳门古文化与祖国内地的关系。不妥之处，请方家指正。

　　考古资料证明，人类在香港活动的历史至少可以上溯到 7000 年前，1989 年在大屿山石壁东湾遗址发现的 50 多件打制石器，就是 7000 年前的文化遗存。考古资料同样证明，人类在澳门生息的历史至少可以上溯到 5000—6000 年前，澳门路环岛黑沙遗址下文化层出土距今 5000—6000 年前的以波浪纹、浪花纹、条带纹为主要彩绘图案的彩陶盘，就是这个时期人类活动的遗物。[①] 近几十年来，尤其是近十几年来，香港、澳门的考古事业获得重大发展，取得重要的成果。在香港发现新石器时代遗址 100 多处，在澳门也发现不少新石器时代遗址，两地都出土了大量的石器、陶器等。[②] 凭着这些资料可以勾画出香港、澳门史前文化的概貌。

　　香港、澳门地区的古文化如同任何一个地区的古文化一样，既有其自身的特点，同时与邻近地区的古文化也有密切的关系。因此，我们研究香港、澳门地区古文化的时候，必然要进行各方面的对比研究。有的学者根据资料，将香港地区的考古研究工作划分为两个研究阶段：①与东南亚古文化对比研究期。这一时期主要是 20 世纪 20—60 年代。由于这个时期岭南和我国东南沿海其他地区的考古资料较少，加上从事香港考古的多是外国人，他们熟悉东南亚地区的考古资料，并带有殖民主义观点，因此他们著文散布香港地区古文化与东南亚地区有亲缘关系，从而衍生出古代的香港居民是从东南亚地区迁徙来的论点。②与中国内地古文化对比研究期。主要是从 60 年代至今。随着岭南地区考古资料的积累、古代

---

　　① 邓聪：《从东亚考古学角度谈香港史前史重建》，载《中国文物报》1996 年 1 月 21 日、28 日；杨式挺：《略论澳门黑沙史前文化与珠江三角洲史前文化的密切关系》，载《澳门教育、历史与文化论文集》，《学术研究》杂志社，1995 年，第 81 - 99 页。

　　② 香港中文大学中国文化研究所、中国考古艺术研究中心：《香港和澳门近十年来的考古收获》，见《文物考古工作十年 1979—1989》，文物出版社 1990 年版，第 364 - 375 页。

遗物的大量发现、中国考古学者对香港古文化研究的参与，考古学者从而得出了新的认识。目前内地考古学者与香港、澳门考古学者，取得了共识：香港、澳门古文化与华南乃至中原古文化的亲缘关系，较之与东南亚古文化更为密切；香港、澳门与珠江三角洲属于共同的文化圈，我们称之为珠江三角洲文化圈，这个文化圈与长江中下游和中原古文化有着密切的关系。①

在珠江三角洲，目前发现有增城金兰寺遗址下层、东莞万福庵遗址下层、新会罗山咀遗址、南海西樵山遗址中期、珠海后沙湾遗址下层、深圳咸头岭遗址和大黄沙遗址等新石器时代中期文化遗存；有增城金兰寺遗址中层、佛山河宕遗址、南海灶岗遗址等新石器时代晚期文化遗存；以及丰富的青铜时代文化遗存。香港地区位于珠江口东侧，包括香港岛、大屿山岛、九龙半岛及附近众多岛屿，九龙半岛与祖国内地相连。澳门为珠江口西南的一个半岛，东面隔海距香港约75公里，南有凼仔、路环两岛。从地理区域上说，香港地区、澳门地区都属于珠江三角洲南部沿海岛屿或半岛。香港、澳门的古文化，正是以这种相同的自然地理区域为背景，作为整个珠江三角洲古文化的一部分而发生、发展起来的。我们之所以这样说，有下列证据。

一、 香港、澳门地区与珠江三角洲古文化有着广泛的一致性

这种一致性首先在史前遗址的堆积特征上反映出来。香港、澳门地区发现的众多史前遗址中，绝大多数为沙丘遗址。这些沙丘遗址，与整个环珠江口地区新石器时代的沙丘遗址具有基本相同的特征。位于大大小小的海湾内，文化层堆积一般较薄。它们包含不同时期文化遗存的遗址，上、下文化层之间往往有一层沙质纯净、基本没有文化遗存的"间歇层"。下文化层中居住遗迹较少、文化遗物种类简单，没有明确的农业活动迹象，出土遗物反映出明显的渔猎采集经济生活特征；上文化层中，居住遗迹及墓葬的数量增加，文化遗物的种类和数量有所增多，并且出现了纺轮，暗示出经济生活的某些变化。这些特点，在内地珠海后沙湾、草堂湾遗址，深圳大黄沙遗址，香港的南丫岛大湾遗址、深湾遗址、大屿山东湾遗址，澳门的黑沙湾遗址等都可以见到。② 这些遗址的分布及堆积特征的一致性，说明包括香港、澳门在内的珠江三角洲地区属于同一个文化共同体。

---

① 商志谭、吴伟鸿：《香港考古学发展史简论》上，载《考古与文物》1997 年第 2 期；云翔：《香港古文化与珠江三角洲文化圈》，载《中国文物报》1997 年 6 月 8 日。

② 参阅《珠海考古发现与研究》，广东人民出版社 1991 年版；《深圳考古发现与研究》，文物出版社 1994 年版；《南中国及邻近地区古文化研究》，香港中文大学出版社 1994 年版。

二、 从一些有代表性的文化遗物看，同样证明香港、澳门与珠江三角洲地区古文化的一致性

（一）有肩石锛

这是香港、澳门新石器时代文化遗存中一种常见的遗物。研究表明，有肩石锛首先产生于珠江三角洲地区，而南海的西樵山就是这种石器的制造工场。[①] 这种石器从珠江三角洲向其他地区传播，广泛分布于我国的广东、广西、云南等省区，乃至中南半岛和马来西亚、印度尼西亚等地。它开始出现于新石器时代中期，盛行于新石器时代晚期，乃至青铜时代。在香港，有肩石锛始见于大湾文化时期，在澳门，见于黑沙湾遗址中。且港、澳这类石器的产生、发展与整个珠江三角洲同步。

（二）新石器时代中期彩陶盘

1933 年，芬戴礼在香港南丫岛大湾遗址首次发现了两件颇为完整的泥质圈足彩陶盘，据碳 14 年代测定，年代约距今 5000—6000 年。1990 年，香港中文大学和广州中山大学共同发掘大湾遗址，又新发现陶盘一件。这种彩陶盘的特色是相当明显的，因为最初是在大湾发现的，有学者名之为"大湾式彩陶盘"[②]。从目前的资料看，大湾式彩陶盘分布于粤东海丰沿海，西至珠江三角洲一带水域的附近。

（三）夔纹陶

夔纹陶，在香港、澳门地区许多遗址都有发现，是这个地区青铜时代文化遗存重要文化因素之一。夔纹陶，又称为"F纹陶"或"双F纹陶"。它作为几何印纹陶的一种，是在新石器时代晚期几何印纹陶的基础上发展起来的，广泛发现于广东境内及湖南、江西、福建交界地区，可以说是岭南地区有代表性的文化遗存之一，[③] 但其分布的中心地带是珠江三角洲地区，一般认为其时代大致相当于商周时期。夔纹陶作为当时土著越人的文化遗存，在香港、澳门和珠江三角洲地区大量发现，而且风格一致，说明这些地区同属于一个文化圈。

---

① 参阅曾骐《新石器时代考古教程》，广西人民出版社 1992 年版。
② 邓聪：《香港出土文物精品简介》，载《文物》1997 年第 6 期。
③ 参阅彭适凡《中国南方古代印纹陶》，文物出版社 1987 年版。

（四）青铜器

香港自1932年在南丫岛的大湾遗址首次发现青铜器以来，至今已在许多地点发现了青铜器，出土的青铜器种类有斧、戈、短剑、镞、刮刀、鱼钩等，其年代相当于商代到战国时期。同时，在不少地点发现了砂岩制的铜斧等的铸范，有的地点还发现了铜渣等铸铜遗迹，证明香港的青铜器大多是在当地铸造的。在珠江三角洲地区也发现了不少青铜器，其种类、形制特点及铸造技术，都与香港的相同或相似。例如，香港发现的短剑有两种：一种是"人面弓形格剑"，这种剑在广州郊区瑭冈苏元山也有发现；一种是"扁茎无格剑"，这种剑曾发现于深圳观澜追树岭和大梅沙等地。香港发现的一件青铜戈，短胡较宽，阑侧四穿，内一穿，与广州郊区瑭冈遗址出土的一件短胡四穿戈，以及深圳大梅沙出土的一件戈相似，具有胡短援宽等相同的特点。尤其值得指出的是，铜器铸范作为当地制造铜器的实物例证，在珠江三角洲地区也有发现，如珠海平沙堂下环，淇澳岛亚婆湾、南芒湾，南屏石沙坑，东澳岛南沙湾，斗门区缯船埔以及中山市龙穴等遗址出土有青铜器的铸范，并且其特点与香港发现的相同。香港青铜器的类型、形体和铸造技术都与珠江三角洲发现的相同或相似，说明它们之间的文化具有一致性。

三、 上述材料说明香港、澳门古文化与珠江三角洲同属于一个文化圈——珠江三角洲文化圈

这个文化圈与长江中下游文化、中原文化有着密切的关系，很早就进行文化交流，取长补短，互相促进，且长江中下游文化、中原文化给珠江三角洲文化圈以深刻的影响。这方面的证据是很多的，在此谨举两例。

（1）上述以"大湾式彩陶盘"为代表的珠江三角洲新石器时代中期陶器，受长江中游一带大溪文化的影响至深。这一观点由香港中文大学邓聪、区家发先生在《环珠江口史前文物图录》的前言《环珠江口史前考古学刍议》[1] 中提出，其后被学术界一些学者所认同。时任湖南省文物考古研究所所长何介钧先生在《环珠江口的史前彩陶与大溪文化》一文中[2]，举出环珠江口地区接受大溪文化影响的证据甚多，如器物组合、陶器装饰工艺、彩陶的特色、彩陶与白陶共存等等，两者都极相同或相似。时任中国社科院考古研究所所长任式楠先生亦认为香

---

① 参阅邓聪、区家发《环珠江口史前文物图录》，香港中文大学出版社1991年版。

② 该文载于《南中国及邻近地区古文化研究》，香港中文大学出版社1994年版。

港大湾出土彩陶与白陶所代表的文化，与著名的大溪文化有密切联系。^① 目前学术界已普遍肯定香港大湾文化受大溪文化的影响甚深。

（2）1990 年在香港南丫岛大湾遗址的 6 号墓中出土一件"牙璋"，这是一个相当重要的发现，对研究香港、澳门及珠江三角洲古文化有着深刻的意义。1994年香港中文大学中国文化研究所中国考古艺术研究中心举办"南中国及邻近地区古文化研究国际学术研讨会"，其中就大湾"牙璋"的年代及"牙璋"的起源、用途、传播等问题展开讨论。就根据会议内容出版的《南中国及邻近地区古文化研究》一书的论文看，虽然对大湾"牙璋"的年代是商代还是战国时代尚有不同意见，但有三点认识是一致的：第一，"牙璋"是由农业工具逐渐演变为礼器；最早见于黄河流域的龙山文化，至二里头文化（约当夏代）而臻至兴盛。商文化二里岗期（商代前期）继续存在，而且分布则更广泛，出现于南方各地。到殷墟期（商代后期）已渐衰落，只保留在南方，且有变化退异的趋势。至于西周及《周礼》书中的"璋"与这里讲的"牙璋"，是否有直接继承关系，很值得探讨。第二，"牙璋"的传播，从现有材料看，是由北而南，自黄河流域向南方推进，四川广汉三星堆、福建、广东、香港等地都发现了"牙璋"。越南等东南亚国家也有发现。第三，"牙璋"在中原消失之后，在南方仍存留一定时期，直至战国时代都还有出土。^② 香港及广东发现"牙璋"，是珠江三角洲文化圈受中原文化深刻影响的确证，其意义是深远的。

四、秦统一中国以后，香港、澳门和珠江三角洲成为同一行政区域，这不仅为文献记载，而且为大量的考古文物所证明

《史记》《汉书》记载，秦始皇三十三年（前 214）统一岭南，设置三郡，其中南海郡的范围包括了今天广东全境，下设六县，首县就是番禺，且为南海郡治所在，香港、澳门地区当时即属番禺县。番禺城即今天的广州市。1953 年，广州发现的一座秦墓出土一件烙印有"蕃禺"二字的漆器；1983 年发现的西汉南越王墓出土九件刻有"蕃禺"（或一"蕃"字）铭文的铜鼎；1996 年发现的南越王宫署遗址，也出土刻有"蕃"字的方砖和瓦当（古代"蕃""番"两字通用，东汉以前写作"蕃"，东汉以后写作"番"）。这是秦设番禺县，番禺城即今广州的铁证。1955 年在香港九龙半岛南端发现的李郑屋东汉砖室墓，平面作"十"字形，其墓葬结构及随葬品的组合、器物特征都与广州市同期墓葬相同，

---

① 参阅任式楠《论华南史前印纹白陶遗存》，见《南中国及邻近地区古文化研究》，香港中文大学出版社 1994 年版。

② 参阅《南中国及邻近地区古文化研究》一书中有关"牙璋"的各篇论文。

反映出两地随葬习俗、经济生活以及物质文化发展水平也相同。该墓出土的墓砖上模印有"大吉番禺""番禺大治历"等反映墓葬所在地及吉祥语的文字，表明了当时九龙为番禺县的辖地。当时的香港同珠江三角洲地区成为同一行政区域，标志着香港社会和文化的发展进入一个新的阶段。1997 年 7 月 1 日香港回归祖国时，广州市人民政府赠送给香港特别行政区的礼物为一个西汉南越王墓出土的刻有"蕃禺"的青铜鼎（重铸），置于用广州汉代木椁的铁杉木做的木垫上，两边镶上香港九龙出土汉"大吉番禺""番禺大治历"砖文拓本，题为"穗港一家，源远流长"。这一礼物，寓意深刻，意义深远。

以上论述充分说明几千年前香港、澳门与珠江三角洲就同处于一个文化圈内，其经济文化发展水平相一致。这个文化圈很早以前就与长江中下游文化圈、中原文化圈有着经济文化的交流，并且后者对前者产生过深刻的影响。秦汉以后，香港、澳门与珠江三角洲成为同一个行政区域，这是历史发展的必然。说明香港、澳门古文化的根在祖国内地。

原载《岭峤春秋——省港澳文化交流论集》，广东人民出版社 1999 年版。

南华寺发现的北宋木雕罗汉像
铭文反映的几个问题

　　1963 年在广东曲江南华寺相继发现北宋庆历年间木雕罗汉像共 360 尊，其中 154 尊造像座上刻有铭文。这些铭文中，有"庆历五年"年号的 1 尊，"庆历六年"年号的 7 尊，"庆历七年"年号（包括丁亥年）的 52 尊，"庆历八年"年号（包括戊子年）的 8 尊，还有 3 尊只能看出"庆历"二字，2 尊刻有"皇宋"或"大宋"字样。从这些铭文中的纪年分析，这批木雕罗汉像的雕造年代至迟从庆历五年（1045）已经开始，大约庆历八年（1048）结束，前后用 4 年时间。46 号罗汉像的铭文中有"入韶州南华禅院罗汉阁永奉供养"的记载，证明当时的罗汉像是置于罗汉阁之中的。关于南华寺罗汉阁的记载，最早见于明郭棐所撰的《岭海名胜记》中的《曹溪图》，称为"罗汉楼"。清代康熙年间修的《曹溪通志》卷一亦称为"罗汉楼"①。这批木雕像不仅是难得的宋代木雕艺术珍品，而且其大量铭文为我们研究南华寺的历史和广州北宋时期的城坊建设、佛教情况、商业和海外贸易等问题提供了重要资料。

一

　　有 17 尊造像铭文记载了舍造人在广州的住址，这些住址既不是坊市，也不是街巷，而是厢和界（届），例如：

　　　　广州第一厢第一界。（4 号）
　　　　广州第一厢第二界居住女弟子秦九娘，抽舍净财，收赎罗汉一尊，入韶州南华寺供养，乞保平安。庆历七年二月置。（22 号）
　　　　广州第一厢第五届（界）住□庚子生弟子吴文亮，抽舍净财，收赎罗汉二尊，舍入韶州南华永充供养，乞保身田安吉。庆历七年十二月丁亥岁谨题。（157 号）
　　　　大宋国广州右第一厢第四界住止女弟子邓氏六娘，谨抽净财，镌造罗汉一尊，舍入韶州南华寺永充供养。（26 号）

---

　　①　参阅广东省博物馆编《南华寺》，文物出版社 1990 年版。本文引用的木雕罗汉像铭文，均出自本书，下不再注。

广州右第一厢第六□住癸□□□氏二娘，雕造罗□□□□□□□□□□□。（161 号）

广州第三厢弟子刘德成，含尊者保自身安吉□□□□。（13 号）

据统计，铭文中厢、界的编号：厢有第一厢（129 号）、第二厢（144 号）、第三厢（13 号）、右第一厢（208 号）、左第一厢（196 号）；界有第一厢第一界（届）（4、28、39、50、54、57 号）、第二界（265 号）、第三界（22 号），右第一厢第四界（26 号）、第五界（157 号）、第六界（25、161 号），左第一厢第二界（196 号）。①

很明显，当时广州的城市管理行政系统中有厢、界两级。中国的城市有着自己特殊的发展道路，就都城而论，唐以前基本上在城郭内存在居民的"坊里"和集中贸易的"市"，因此称为"坊市"制度。唐宋之际，都城人口急剧增长，社会经济发展，广大居民生活必需品的供求日益增加，因此，"坊市"制度被打破，都城管理制度也发生变化，② 即从原来的"坊市"区分变为"厢坊"制。关于"厢"的起源，宋王应麟《玉海》说："左右厢起于唐"，"朱梁以方镇建国，京师兵有四厢，而诸军两厢，其厢使掌城郭烟火之事"。最早的厢，是一种军事的编制，负责"城郭烟火之事"，后来变成城市区划的名称。宋代城市设厢已成为制度。宋真宗大中祥符元年（1008），京城内外开始设"厢"，"厢"成为"坊"之上一级的行政组织。东京里城设有"左第一厢""左第二厢""右第一厢""右第二厢"四厢，所属共 46 坊；外城设有"城南左厢""城南右厢""城北左厢""城北右厢""城东左厢""城西右厢"六厢，所属共 75 坊③；附郭设有京东第一、第二，京南、京西第一、第二、第三，京北第一、第二等九厢，所属共 15 坊④。整个东京总共 19 厢，136 坊。宋代，不但在都城设厢，在一些地方的州府治所也有设厢的记载。而南华寺的北宋木雕罗汉像的铭文则提供了广州设厢的确凿证据。

广州，秦汉时称番禺，三国时由交州分出南海、苍梧等四郡，新设广州，州治迁到番禺，广州之名由此而来。自秦汉以来，广州一直是岭南的政治、经济、文化中心，是岭南第一大城，是西汉南越国、五代南汉国的都城。宋灭南汉时，

---

① 广东省博物馆编：《南华寺》，第 124 页。

② 参阅〔日〕加藤繁《宋代都市的发展》，载《中国经济史考证》第 1 卷；杨宽《中国古代都城制度史研究》，上海古籍出版社 1993 年版；漆侠《宋代经济史》下册，上海人民出版社 1988 年版。

③ 〔清〕徐松辑：《宋会要辑稿》兵三。

④ 〔宋〕高承编：《事物纪原》卷六"都厢"条。

广州城既破，刘长"乃尽焚其府库、宫殿"①，对广州城造成破坏。随着宋朝经济的恢复和发展，广州城人口的增加，手工业、商业和对外贸易的繁荣，迫切需要修筑广州城。据《宋史》卷四二六《循吏传》载，宋真宗大中祥符四年（1011），邵晔"知广州，州城濒海，每蕃舶至岸，常苦飓风，晔凿内濠通舟，飓不能害"。文莹的《玉壶清话》（或作《玉壶野史》）也说："邵晔知广州，凿内濠以泊舟楫，不为台风所害。"这是开始建设广州港之时的一件大工程，而更重要的是修筑和扩建广州子城（或称中城）。修广州子城最主要的一次是宋仁宗庆历四年（1044），据《宋史》卷三〇三《魏瓘传》，魏瓘"知广州，筑州城环五里"。经过这次扩建，子城东起今仓边路，西至今华宁里和教育路，南界今大南路，北抵今越华路。周长五里，有四门：东有行春门，南有镇安门（又名镇南门）、冲霄门（又名步云门、文明门），西有年门（又称朝天门）。扩建后的子城，北部为官衙所在，南部为商业区。② 按北宋政府的规定，在城市管理上，分"厢"管理。因此，我们今天看到的雕造于庆历五年至八年（1045—1048）的罗汉像的捐赠者的住址就是按"厢"编制的。城市由按"坊"管理，改为按"厢"管理，是社会经济发展的结果，而按"厢"管理制度的确立，反过来又推动了城市的进一步发展。

按南华寺木雕罗汉像铭文的记载，"厢"的下一级是"界（届）"，一"厢"分为若干"界"。关于"界"的设置还未找到文献记载，或以为"界（届）即街"③，可谓一说。此事还有待于进一步考证。

这些木雕罗汉像铭文，除反映了北宋广州城市建设情况之外，还反映了广州城的佛寺情况。南宋方信孺的《南海百咏》是宋朝有关广州名胜的诗集，每首题下并叙该名胜所在地及沿革等。诗序记载了南汉国广州城的四方，每方7寺，共28个寺的名称，并说："以下二十八寺，列布四方，伪刘所建，上应二十八宿，尚大半无恙。"也就是说，自南汉至南宋，广州城至少有28个寺。事实上不止这个数量，因为当时兴王府的寺观亦盛，如光孝寺等未计在内。见于这批铭文中的广州佛寺名称有三个：宝光寺、开元寺和法性寺。

　　　广州宝光寺□比丘道缘舍一尊供养，追□考妣，各愿生界。（16号）

关于宝光寺，《南海百咏》中《南七寺》诗首句为"井轸南宫焕宝光"，说

　　① 〔宋〕欧阳修：《新五代史》卷六五《南汉世家》。

　　② 参阅曾昭璇《广州历史地理》，广东人民出版社1991年版。

　　③ 参阅黄玉质《记曲江南华寺北宋木雕罗汉像》和《浅谈南华寺木雕像座铭文》，分别载《岭南文史》1985年第1期和广东省博物馆、香港中文大学文物馆编《广东出土五代至清文物》。

明它的位置在城南。清仇巨川纂《羊城古钞》"大通古寺"条下说："在大通口。五代刘晟时名宝光寺，达岸禅师住此化去，有肉身，祈祷辄应。宋政和六年，经略使觉民题赐'大通慈应禅院'。"说明南汉时的宝光寺，到北宋徽宗政和六年（1116）才改名为大通寺，而"大通烟雨"为宋元时广州八景之一。

> 广州开元寺僧思议，舍罗汉一尊入南华寺供养，□□佑□□□。（87 号）

开元寺，据阮元《广东通志》，元妙观在城内稍西，唐名开元，宋大中祥符年间（1008—1016）改名为天庆，元元贞二年（1296）改名为元妙观。据此，元妙观即开元寺的旧址，位于广州城之西。

> 法性寺比丘德暹。①

法性寺，即现今光孝寺，位于广州市光孝路，为全国重点文物保护单位。据顾光《光孝寺志》记载，寺址初为西汉第五代南越王赵建德王府。三国时虞翻谪徙居此讲学，辟为苑圃，时人称为"虞苑"。虞翻身后，家人舍宅始创佛寺，名"制止寺"。"唐太宗贞观十九年（645）改制止王园寺为乾明法性寺"，"宋太祖建隆三年（962）改法性寺为乾明禅院"，以后再未用法性寺之名。② 此批木雕罗汉像雕造于宋仁宗庆历五年至八年（1045—1048），而仍用"法性寺"之名。而且，建隆三年（962）广州为南汉兴王府，南汉是与宋敌对的，宋太祖怎能在此给此寺改名？可见《光孝寺志》记载有误，可以木雕罗汉铭文订正寺志之误。

反映广州佛寺、佛徒情况的更为重要的铭文是下列两通：

> 广州会首弟子杨仁禧，抄到弟子潘文立，舍尊者入南华寺供养奉为先考生界。丁亥三月日。（179 号）
> 广州会首弟子杨□□，抄到女弟子吴氏十二娘，舍尊者入南华寺供养，荐考生界。二月题。（163 号）

这里的"会首"是什么？查记述宋代都市生活和风俗习惯的书，如孟元老《东京梦华录》、耐得翁《都城纪胜》、西湖老人《西湖老人繁胜录》、吴自牧《梦粱录》、周密《武林旧事》等，得知宋代城市的市民有集会、结社的风俗，各行各

---

① 此铭文未见《南华寺》一书的图版说明，此据该书《北宋木雕五百罗汉造像发现记》一文所引。

② 〔清〕顾光，〔清〕何淙修：《光孝寺志》卷二《建置》。

业组成各种各样的会社。《梦粱录》卷一"元宵"条，记有按说唱歌舞技艺专业分工的各类会社，如"清音、遏云、棹刀、鲍刀、胡女、刘衮、乔三教、乔迎酒、乔亲事、焦锤架儿、仕女、杵歌、诸国朝、竹马儿、村田乐、神鬼、十斋郎各社，不下数十。更有乔宅眷、汗龙船、踢灯、鲍老、驱象社"。卷二"诸库迎煮"条，记有饮食行业和其他行业的各种会社，"如鱼儿活担、糖糕、面食诸般市食，车架、异桧奇松、赌钱行、渔父、出猎、台阁等社"。卷一九"社会"条，更详细记述了京城临安各种会社组织的情况。耐得翁《都城纪胜》的"社会"条，亦有类似的记载，除"社"之外，还有各种各样的"会"：

奉佛则有上天竺寺光明会，皆城内外富家助备香花灯烛，斋衬施利，以备本寺一岁之用。又有茶汤会，此会每遇诸山寺院作斋会，则往彼以茶汤助缘，供应会中善人。城中太平兴国传法寺净业会，每月十七日集男士，十八日则集女人，入寺讽经听法，岁终则建药师会七昼夜。西湖每岁四月放生会。

所谓"会首"，就是这种各式各样会社的为首者、领导者、组织者。"会首"的任务是多方面的，如筹款、组织该会的活动、管理协调好该会内部的事务、行善好施等等。在宋元的戏曲中，"会首"被看成很有体面的人家。如《竹坞听琴》二折："若不是会首人家，几番将这道袍脱。"《秋胡戏妻》四折："俺家又不是会首大户，怎么门前拴着一匹马？"上文两例中的"会首弟子"，对于会社组织来说，他是"会首"，对于佛祖来说，他就是"弟子"，故称为"会首弟子"。这两例"会首弟子"的后文分别为"抄到弟子潘文立""抄到女弟子吴氏十二娘"。"抄到弟子"，即是在"会首"领导之下，抄写佛经的人，"会首弟子"和"抄到弟子"共同"舍尊者入南华寺供养"。从这360尊木雕罗汉像和154通铭文的造型、风格、行文格式等来看，是规范的、统一的，说明当时广州的"会首"把佛教徒和有所祈求的市民、商人、手工业者、家庭妇女等联系起来，在统一的地方，按捐造者的意愿，由工匠统一雕造罗汉像。"会首弟子"杨仁禧就是组织者之一。

二

在舍造罗汉像的人中有两个是"广州纲首"。一为陈德安，捐七尊罗汉像；一为樊密，捐五尊罗汉像。例如：

广州纲首陈德安，收赎尊者南华寺供养，奉为先考陈十二郎生界。丁亥

十一月题。（35 号）

广州纲首陈德安，收赎尊者，奉为先妣梁十五娘早生天界。丁亥二月日题。（66 号）

广州纲首樊密，同母曹八娘，舍尊者南华寺供养，保寿永固。（41 号）

广州纲首弟子樊密，并母曹八娘，舍尊者南华寺，保平善者题。（170 号）

这里的"纲首"是什么？原来唐宋以后，转运大宗货物，分批启行，每批计其车辆船只，编立字号，名为一"纲"，"纲"就是成批运送货物的组织。这种运货办法，称为"纲运"。"纲运"之法，始于唐刘晏。唐代宗广德二年（764）负责漕运的刘晏从扬州运米到河阴（今河南荥阳北），用船 2000 艘，每艘装千斛，十船编为一纲，这是最早的纲运。① 宋代也采用这种办法来运送各地物资、钱粮。而且宋代"纲运"分类繁多，按人数分，有以 500 人为纲的；按物种类分，有米纲、绢纲、糖纲、香药纲、钱纲、盐纲、茶纲、花石纲等；按货色品质分，有细色纲、粗色纲；按交纳地点或地段分，有上供纲、总所纲等；按纲运管理分，有官纲、客纲等。② "纲运"不仅运用于内地漕运，而且应用于海外贸易。政府或商人从事海外贸易的船只，也按一定的规定编为"纲"进行运输。例如《宋会要辑稿》职官四四之二载：

> ［宋太宗］雍熙四年（987）五月，遣内侍八人，赍敕书金帛，分四纲，各往海南诸蕃国，勾招进奉，博买香药、犀牙、真珠、龙脑。每纲赍空名诏书三道，于所至处赐之。

"纲首"就是这种"纲"组织的头领，所以朱彧《萍洲可谈》卷二说：

> 海舶大者数百人，小者百余人，以巨商为纲首、副纲首、杂事。市舶司给朱记，许用笞治其徒，有死亡者籍其财。

由于宋代政府对海外贸易十分重视，管理十分严格，设市舶司专门管理。据《宋史》卷一六七《职官志》载："提举市舶司，掌蕃货、海舶、征榷、贸易之事，以来远人，通远物。"宋神宗元丰三年（1080）还制定了市舶条例，按条例运作海外贸易诸事。市舶司的主要职责是发给出口贩运货物凭证、检查进口船舶货物

---

① 〔宋〕宋祁、欧阳修等：《新唐书》卷五三《食货志三》。
② 参阅关履权《宋代广州的海外贸易》，广东人民出版社 1994 年版，第 144 页。

和抽税、收买及运输舶来货物、招徕海外商舶及迎送等等。因此，"纲运"的"纲首"必须与市舶司打交道，成为海外贸易中的特殊人物。"纲首"都是有钱有势的巨商大富，管理着"番商"。所以顾炎武说："番商者，诸番夷市舶交易，纲首所领也。"①《宋会要辑稿》"职官"四四之一一四说，市舶司设宴时"其蕃汉纲首、作头梢工等人，各令与坐，无不得其欢心"。"其蕃汉纲首"，说明"纲首"有中国人，也有外国人。而且外国的"纲首"与其本国的最高统治者关系也十分密切，《宋会要辑稿》"职官"四四"市舶司"条载："三佛齐詹卑国主及主管国事国主之女"，托"南蕃纲首"携带"唐字书"及"龙脑布匹等物"给广东转运副使兼提举市舶司孙迥，说明"南蕃纲首"与三佛齐詹卑国主关系之密切。宋政府对"纲首"亦优待有加，能招徕蕃舶者，可以升官。《宋史》卷一八五《食货志下》载："诸市舶纲首能招诱舶舟、抽解物货，累价及五万贯十万贯者，补官有差。大食蕃客啰辛贩乳香直三十万缗，纲首蔡景芳招诱舶货，收息钱九十八万缗，各补承信郎。"

这些材料说明，操纵"纲运"的"纲首"，在当时是一种身份显赫的特殊人物。他们来广州之后，给宗教活动捐款，舍造罗汉像于南华寺供养。这既说明当时广州的习俗，也说明广州对外贸易的繁荣。

在这些铭文所记施像人中，除广州人之外，还有客居广州的连州（今广东连州市）人（17人）、衢州（今浙江衢州市）人（3人）、泉州（今福建泉州市）人（15人）、潮州（今广东潮州市）人（3人）。这些人客居广州，都与当时广州商业发达、海外贸易繁荣有关。进口的商品，运往内地销售，地处广东北部的连州，是由广东进入湖南的枢纽，所以连州人来广州经商就不足为奇了。衢州经常有商人来广州购买真珠，运销汴京。《宋会要辑稿》"食货"四一之四六载：

> 景祐四年（1038年）正月二十七日，衢州客毛英言，将产业于蕃商处倚富赊真珠三百六十两。到京纳商税院，行人估验价例，称近降诏，禁止庶民不得用真珠耳坠、项珠，市肆贸易不行，只量小估价。缘自卖下真珠，方得限钱，纳税无所不出，乞封回广州，还与蕃客。诏三司相度，许将真珠折纳税钱。

这个故事生动地反映了衢州商人在广州经商的情况。泉州在北宋是仅次于广州的最大对外贸易港口，来往于泉州、广州之间从事贸易的人必然不少。潮州是北宋时期广东重要的产瓷基地，客居广州的潮州人或许与外销瓷器有关。总之，这么

① 〔清〕顾炎武：《天下郡国利病书》卷一〇四，转引自张星烺编注、朱杰勤校订《中西交通史料汇编》第二册，中华书局1977年版，第298页。

多外地人客居广州，是广州商业繁荣的象征之一。

三

从庆历五年至庆历八年（1045—1048）短短的四年时间里，捐造者使用名贵的檀香木，雕造了工艺如此精细的众多罗汉像。而捐造者涉及广州社会各个阶层，有军人、官眷、僧人、外贸商人头领、客居广州的商人及其眷属、手工业者和市民。施像的目的，多数是为自己和家人及师友"祈福""保安吉""乞清吉""乞延寿平安""安乐平善"；或者"追荐亡人""早超世界"；还有"乞儿子一名"。而且捐造者多半是妇女。为什么当时广州在这么短的时间里，有这么多的人"舍尊者入南华寺供养"呢？出现这一历史现象，除了因当时广州佛教盛行，当然离不开当时的历史环境。

宋仁宗庆历初年，社会矛盾迅速发展，官僚队伍庞大而行政效率极低，人民生活困苦，赋敛增加不已，辽和西夏威胁着北方和西北边疆，各地农民起义此伏彼起，并和士兵暴动交织在一起。社会危机四伏。当时地主阶级中的一部分有识之士，提出改革的要求。庆历三年（1043），范仲淹、富弼、韩琦同时执政，欧阳修、蔡襄、王素、余靖同为谏官。宋仁宗责成他们在政治上有所更张以"兴致太平"。范仲淹和富弼联名上《答手诏条陈十事》，提出明黜陟、抑侥幸、精贡举、择官长、均公田、厚农桑、修武备、减徭役、覃恩信、重命令十项以整顿吏治为中心的改革主张。欧阳修等人也纷纷上疏言事。宋仁宗采纳了大部分意见，陆续颁布几道诏令，实行改革，史称"庆历新政"。由于"新政"触犯了贵族官僚的利益，遭到了他们强烈的反对。他们诬蔑新政官僚结成"朋党"，"欺罔擅权""怀奸不忠"等等。在守旧派的猛烈攻击下，庆历五年（1045），范仲淹、富弼、韩琦、欧阳修等人相继被排斥出朝廷，一再遭受迫害，"皆惧谗畏祸，不敢挺然当国家之事"①。"庆历新政"全部被推翻。宋王朝的贫弱之症，无法医治，社会矛盾仍然持续发展。

广东地区，除有上述社会的共性问题之外，还有它的特殊性。由于广东的地理位置、地形、地质构造、水文、气候等的特征，以及受到人类活动、经济发展和布局、社会环境等的影响，广东是我国的自然灾害多发区和常发区，也是重灾区。而且广东自然灾害具有"多、广、猛"的特点，尤其是经常出现的突发性灾害，来势迅猛，常造成重大损失。② 据查，北宋年间广州的旱灾、水灾、风灾、冷冻灾、冰雹灾、地震灾、虫鼠疫灾、饥饿灾等都相当频繁。《宋史·五行

---

① 〔北宋〕包拯：《包孝肃奏议》卷一《七事》。
② 参阅梁必骐主编《广东的自然灾害》，广东人民出版社1993年版，第19页。

志》明确记载发生于庆历五年至庆历八年者有两次自然灾害，一次是庆历五年七月十四日"广州地震"，一次是庆历七年（1047）"广州大饥"。正史记载的自然灾害一般比较大，造成人身财产重大损失。而广东瘴毒严重，对人民也造成巨大威胁。《宋史》卷二〇一《刑法志三》载，广南转运司言："春州（今阳春一带）瘴疠之地，配隶至者十死八九，愿停配罪人。"《宋史》卷一一《仁宗本纪》载，庆历六年（1046），"徙广南戍兵善地，以避瘴毒"。同时，还有一个情况，就是从庆历三年（1043）开始，湖南瑶人唐和等劫掠州县，仁宗遣杨畋镇压，而瑶人逾过五岭，南逃至韶州、连州。这种战乱对广东的社会经济也造成损失。所以庆历七年，仁宗"诏减连州民被瑶害者来年夏租"①。庆历五年至八年（1045—1048）期间，广东地区的自然灾害，如地震、饥荒、瘴毒等，加上宋朝统治者对瑶民镇压而造成的战乱，对社会经济造成很大破坏，社会萧条，民不聊生。

在这样的社会背景下，人们把精神寄托于宗教。因为宗教的一个重要特征是追求彼岸世界的"幻想的幸福"。人们受到自然和社会的双重压迫，他们将所追求和向往幸福的愿望转诸来世、天堂、佛国及各种各样的彼岸世界。在庆历五年至庆历八年期间，"庆历新政"失败了，广州的自然灾害和战乱，使人们处于痛苦之中。在各会社的"会首"的组织下，人们竞相"舍尊者入南华寺供养"以求幸福生活，就不足为奇了。

原载《中国史研究》1999 年第 1 期。

---

① 《宋史》卷一一《仁宗本纪》。

《柳如是别传》与中国古代姓氏制度

中国古代姓氏制度（ancient China's surname system），其内涵有广、狭二义之分。广义而言，它包括了中国古代的姓、氏、名、字、号等的命定规则、相关礼仪、社会习俗、地理分布等以及由此推及的家庭、氏族、门第等社会历史内容；狭义而言，则仅指当代西方正盛行的"姓名学"（anthroponymy），即以姓名的起源、产生、演变、意义以及命定规则、礼仪、社会习俗、地理分布等规律为研究对象，与地名学为"专名学"（terminology）的两大分支。本文采用广义的姓氏制度。

正如马雍先生所指出的，姓氏制度是人类文化发展的产物，是区别各种不同类型文化的一项重要特征，并且还是具有综合性的文化类型的特征之一；① 著名学者饶宗颐先生亦认为，"人是历史舞台上的角色，人名是他们的标志，离开了人名，一部二十四史，真是无从说起！因此，人名的研究亦是治史的一把钥匙"②。因此，探索中国古代的姓氏制度，对我们了解中国古代历史文化有重要意义。

陈寅恪先生自年轻时即服膺于乾嘉巨匠钱大昕，认为钱氏是"清代史学家第一人"③，钱氏曾主张，"史家所当讨论者有三端；曰舆地，曰官制，曰氏族"④，表明钱氏对中国古代姓氏制度的重视。后来，寅恪先生论著中常以氏族的升降、职官的演变为论述重心，不能不说是受钱氏的影响。⑤ 运用中国古代姓氏制度的知识，探索中国古代的历史，成了寅恪先生一生研究的重要组成部分。

本文拟通过陈寅恪先生在其名著《柳如是别传》及其他著作中运用中国古代姓氏制度知识探索历史所取得的成就，分析寅恪先生对中国古代姓氏制度的深刻认识，从而说明学习中国古代姓氏制度知识对研究历史的重要性。

① 马雍：《中国姓氏制度的沿革》，见《中国文化研究辑刊》第二辑，复旦大学出版社1985年版，第158页。
② 饶宗颐：《中国人名的研究·序言》，国际文化出版公司1987年版，第2页。
③ 陈寅恪：《金明馆丛稿二编》，上海古籍出版社1980年版，第23页。
④〔清〕钱大昕：《潜研堂文集》卷二四《二十四史同姓名录序》。
⑤ 汪荣祖：《陈寅恪评传》，百花洲文艺出版社1992年版，第42页。

一、《柳如是别传》一书中对中国古代姓氏制度知识的运用

陈寅恪先生在《柳如是别传》中，用了专章（第二章）来考查、释证柳如是的姓名、字、号及其变化；另外，他还对钱谦益等有关人物的名号做了详细的考证。据我们粗略统计，《柳如是别传》上、中、下三册，皇皇80余万言，长达1224页。这其中，寅恪先生直接论述钱、柳、惠香等人姓氏的页数就达130左右，此外尚有他引用其他一些古籍中涉及古代姓氏制度的页数约40，二者相加的页数占全书总页数的14%，可见寅恪先生在《柳如是别传》一书中对中国古代姓氏制度的重视。下面，我们略做简析。

（一）考证钱、柳等人名、字、号所出之古典

钱谦益曾自号"聚沙居士"，其含义何在？寅恪先生考证后，认为系取义于《法华经·方便品》所记载的"乃至童子戏，聚沙为佛塔"之古典。① 而柳如是将之戏改为"聚沙老人"，按，聚沙本为童子之戏，将之与"老人"相连，取此"童老相反之两义，合为一辞"，可见柳如是之"放诞风流，淹通典籍"矣。② 通过寅恪先生的这一分析，钱谦益之苦心及柳如是之风流才女形象跃然纸上。再如，钱谦益降清之后，又曾自号"峨嵋老衲彻修"，根据马来西亚学者萧遥天先生的分析，认为钱氏当国变之际，本应一死殉国，但为享温柔余生，无奈厚颜事敌，只能躲入思想的防空洞去忏悔彻修了。③ 由此可见钱氏的矛盾心情，此为通过名号来分析人物思想倾向的又一证。

柳如是一生，有多达二十几个的名号，如以"如是"为字，而自号"我闻居士"等，寅恪先生考证后，皆指明所出之古典，如考证"如是""我闻居士"系出自佛教经典中"如是我闻"之成语④；考证陈子龙之所以称柳如是为"柳子"盖本于白居易诗中以"樊子"称其家妓樊素之古典⑤；考证柳如是离开陈子龙后，改姓柳氏并以"蘼芜"为字，系用薛道衡《昔昔盐》之古典⑥……关于柳如是的名、字、号等称谓，可参见表一。除表中所列的柳如是的名、字、号等称谓外，钱、陈等人的诗词中，还常常喻及柳如是。如钱谦益将柳如是喻为"吴

---

① 陈寅恪：《柳如是别传》，上海古籍出版社1980年版，第579页。
② 同上，第580页。
③ 萧遥天：《中国人名的研究》，国际文化出版公司1987年版，第242页。
④ 《柳如是别传》，第36页、第571页。
⑤ 同上，第112页。
⑥ 同上，第215页。

姬"①"急性子"②"女郎"③"采莲女"④"罗敷"⑤；舒章喻柳如是为"吹箫"之"秦女"⑥；陈子龙喻柳如是为"苏子由"⑦；柳如是自喻为"玉蘂"⑧等；将柳如是借喻为美姬、贤弟、才女、"清而不寒、香而不艳"的名花等⑨；都从不同侧面反映了柳如是的人物特点，而这些比喻，具有"绰号"的某些性质，也属于姓名学的范畴。

表一　柳如是名、字、号称谓

名、字、号等具体称谓	使用时间
杨朝（名）、朝云（字）	崇祯六年（1633）以前
杨云娟	同上
杨緪云	崇祯六年及其以前
杨影怜	崇祯六年秋前后始用
杨爱	崇祯九年（1636）始用
柳隐	崇祯九年春
杨隐雯（简称"隐"）	至迟在崇祯十一年（1638）
柳是（名）、如是（字）	柳如是离开陈子龙后
我闻居士（号）	柳访钱谦益前已用
柳蘼芜（字）	崇祯八年（1635）夏至十四年（1641）六月
美人（号）	—
陈云	崇祯六年以前
柳儒士	钱娶柳后
如君	同上

---

① 《柳如是别传》，第 114 页。
② 同上，第 60 页。
③ 同上，第 254 – 255 页。
④ 同上，第 302 页。
⑤ 同上，第 823 页。
⑥ 同上，第 280 页。
⑦ 同上，第 333 页。
⑧ 同上，第 575 – 578 页。
⑨ 同上。

（续上表）

名、字、号等具体称谓	使用时间
河东君（简称"君"）	同上
细君	同上
河东夫人	同上
婵娟	钱娶柳之前
杨姬	柳离陈子龙之前
柳子	—
杨因（因、隐音近）	—
云生	—
云娃	钱娶柳之前
云友	—
如姬	崇祯十四年后
柳姬	—
云娘	—
影娘	—
柳夫人	钱娶柳之后

寅恪先生又考证柳如是婿之所以名"管"字"微仲"之故，实取义于《论语·宪问》篇中孔子所言的"微管仲，吾其被发左衽矣"之古典，由此可见柳如是抗清复明之微旨。①

寅恪先生更从钱柳长孙的命名上，窥知钱柳二人对朱明王朝的思念。按，钱柳长孙名"佛日"，字"重光"，小名为"桂哥"。寅恪先生考证后，认为以"佛日"为名，系取义于柳如是的诗句，反映了柳氏的佛教信仰；而以"重光"为字，乃是借用《乐府诗集》卷四〇陆机"日重光行"之典，暗寓希冀明室复兴之意；而以"桂哥"为小名，则较为明显地表达了对南明桂王的思念。由此，"钱柳复明之意，昭然若揭矣"②。以名寓托对故朝的思念，是一种古老的命名方

---

① 《柳如是别传》，第575－578页。
② 同上，第1111页。

《柳如是别传》与中国古代姓氏制度

法，可上溯至春秋时代，如孔子同宗孔白，字子上，即寄托了孔氏对故朝殷的思念。① 这种暗寓复明思想的命名方式，在当时绝不少见，如钱谦益的"云间诸友"中有宋存标者，系崇祯十五年（1642）副贡，存标有子三人，名字分别为"思玉，字楚鸿；思宏，字汉鹭；思璟，字唐鹗"②，名字中的思念楚、汉、唐，实为以"汉皇"喻"唐帝"式的手法，反映了宋存标等反清复明之心愿，又为一证。

（二）指出明朝末年盛行的涉及当时姓氏制度的一些社会风俗

寅恪先生在《柳如是别传》第二章的开头，就明确指出明末文士中盛行的一种风气，即在所作的诗词中，"往往喜用本人或对方，或有关之他人姓氏，明著或暗藏于字句之中。斯殆当时之风气如此，后来不甚多见者也"③。这一风俗的指出，是寅恪先生深厚文史根底的表现，其学术发明权属于寅恪先生。④ 对明末文士中盛行的这一风气，寅恪先生在《柳如是别传》一书中多次予以强调⑤，所举的例子也甚多。如寅恪先生根据李雯《江神子》词中"晚来风，玳云重""怜素影，近梧桐"句，指出"云""怜""影"字皆为暗藏的柳如是之名字。⑥ 至于钱谦益为柳如是所撰写的《造大悲观世音像赞》则更为名例，在这篇全文不足 400 字的佛教文学作品中，竟嵌用了柳如是的姓、名、字、号，若"杨"、若"爱"、若"影"、若"如"、若"是"等达数十字，可谓体现明末文士喜用这一风习的登峰造极之作。⑦

寅恪先生又揭示了当时名媛中盛行的一些与姓氏制度有关的社会风俗。这主要有三个方面的内涵。其一，"明季不遵常轨，而有文采之女子，往往喜用'隐'字以为名"，或"颇喜取（'隐'字）以为别号"⑧，证之时人，除柳如是曾名"隐雯"、常简称"隐"之外，当时的名媛如黄媛介名"离隐"，张宛仙名"香隐"，扬州名妓沈氏的名号亦为隐等无不如此。⑨ 其二，"当日名媛往往喜用

---

① 孔白，字子上，古代上尚相通，可知孔白崇白，按《礼记·檀弓》"殷人尚白"的记载及《史记·殷本纪》"汤乃改正朔，易服色，上白"的记载，可知殷尚白，而孔氏自认为是殷之后裔，故孔白之名字寓含了对故朝的思念。

② 《柳如是别传》，第 1135 页。

③ 同上，第 17 页。

④ 何龄修：《〈柳如是别传〉读后》，见《纪念陈寅恪教授国际学术讨论会文集》，中山大学出版社 1989 年版，第 620 页。

⑤ 《柳如是别传》，第 453 页等。

⑥ 同上，第 252 - 253 页。

⑦ 同上，第 793 - 794 页。

⑧ 同上，第 34、100 页。

⑨ 同上，第 34 - 35 页。

'云'字为称,盖自附于苏东坡之朝云"。按朝云本为江南丽姝,后成为苏东坡喜爱的侍妾。除柳如是曾以"緺云""云娟"为称外,名媛徐佛称"云翾"、杨慧林称"云友"等无不然。① 其三,当时名姝未适人之前,与友人交游唱和之诗文中可以比较亲昵,而一旦此女"适人之后,诗文中词旨过涉亲昵者,往往加以删改,不欲显著其名,盖所以避免嫌疑"②,此点于理亦通。对此俗,寅恪先生征引《南吴旧话录》中李宜之"哭修微"绝句序明确指出,当时风流佳丽王修微未适人前,李宜之与之的"七言绝句"中,"多亵猥事","既嫁之后,遂杂入无题","以避嫌也";又如钱谦益之老友程嘉燧有绝句前序称"正月十一十二夜云生留余家,与客连夕酬歌,醉余夜深"等句,寅恪先生对其中"云生"产生怀疑,认为其初稿当作"云娃",因柳如是留宿其家,"甚涉嫌疑,两方均感不便,遂改'娃'为'生'"③,又为一例;再如程嘉燧以前为柳如是所作之诗,如《朝云诗》《緺云诗》及"云生""云娃"有关篇章皆用"云"字,而当钱谦益迎娶柳如是之后,程氏即避开如是曾用之"云"字,而标"柳如是""如君"等新号④,也是为了"洗涤旧迹,宽慰老友"⑤,以避嫌疑。

寅恪先生在揭示了上述明末风俗之后,以这一风俗作为史学工具在《柳如是别传》一书中屡加采用,发掘出了一些罕为人知的史实真相,获得了不少"前此未发"的成就。⑥ 如寅恪先生根据程嘉燧《朝云诗》八首其一中的"芍药携将南浦津"句,考证其所出的古典为《楚辞·九歌》及王勃《滕王阁诗》等,指出其中所暗寓的"朝云""美人"两个柳如是的字与号⑦,此类例子在《柳如是别传》一书中甚多。

(三)《柳如是别传》中对姓氏制度其他内涵的考证

这主要指四个方面。

第一,寅恪先生考证出明末流行的某些称谓的最初来源。

称谓,既包括了人的名、字、号等与姓名学直接相关的专名,也包括了特定历史时期中某些特定人物的通称,如汉代称老年妇女为"媪""负"等⑧。

---

① 《柳如是别传》,第 588 页。
② 同上,第 433 页。
③ 同上,第 196 – 198 页。
④ 同上,第 514、529 页。
⑤ 同上,第 529 页。
⑥ 同上,第 20 页。
⑦ 同上,第 171 页。
⑧ 参阅《史记》《汉书》《后汉书》《后汉纪》等秦汉史籍。

对照表一，可知柳如是曾被程嘉燧等人称为"云生"①，之所以被称为"云"，系来自柳如是之名字"緺云""云娟"，那么，"生"又为何义呢？寅恪先生根据明诗人袁宏道《伤周生》诗，指出明代习以"生"称妓女；又据《渑水燕谈录》卷十，指出"呼妓为'生'，宋人已然"②，由此可窥寅恪先生渊博学识之一斑。

再者，柳如是在给刘同升之信中，以"翁"来称呼时年仅 53 岁的刘氏，之所以然者，寅恪先生认为"未必指其年老，不过以'翁'之称号推尊之耳"③。在论述中，寅恪先生之所以言"翁"有"推尊"之义，是有历史依据的。考之古史，以"公""伯"等自称，虽可上溯先秦时期，但当时尚未成为风气；降及汉晋之世，个人名号中已稀疏出现"公""伯"等字；及至宋代，则蔚然成俗。如时人以"翁""老""叟"等自称者甚多，著名的有孙惟信号花翁、陆九渊号象山翁、张炎号乐笑翁、黄仲元号韵乡赘翁、苏辙号颍滨遗老、周必大号平园老叟以及苏轼年仅 40 岁即在《江城子·密州出猎》词中自称"老夫"等。率宋时社会经济繁荣、文风鼎盛，中国社会历来又有优尊老人之风，故文人虽年纪尚轻，但多喜以"翁""老""叟"自居，这种称谓习惯为后世所沿袭，以斯故寅恪先生方有"推尊"之语。

第二，寅恪先生对中国古代名与字、号关系的认识是十分准确而且深刻的。

名与字、名与号是中国古代姓氏制度的重要组成部分，北齐颜之推云："古者名以正体，字以表德"④，已表明二者有一定关系，而寅恪先生对其关系又做了深刻的论述。

首先，寅恪先生在论述柳如是曾以"朝"为名，以"朝云"为字时指出，"名与字可以共用一个汉字"，并举例说，"如江总字总持，杜牧字牧之"等，亦"赋诗者之风气"。⑤寅恪先生的这一论述，十分准确地概括了古代中国的名、字共用一个汉字的现象。清代学者王引之在《经义述闻·周秦名字解诂》中分别义类，把这种取名加辞为字的现象谓为"并称"，指出这种现象自汉以来已有，如汉杨秉字秉节，晋谢安字安石，梁侯景字万景，唐杜牧字牧之、李白字太白等；甚至有名、字完全相同的，如晋安帝司马德宗、刘宋蔡兴宗、北周王思政、唐郭子仪、宋杨砺等即然。就在钱、柳所处的明代末年，当时的几社胜流如陈子龙字卧子、谢三宾字象三等也同此例。故寅恪先生根据古代姓氏制度而做的推测

---

① 《柳如是别传》，第 197 页。

② 同上，第 197 – 198 页。

③ 同上，第 380 页。

④ 〔北齐〕颜之推：《颜氏家训·风操》，见王利器《颜氏家训集解》，上海古籍出版社 1980 年版，第 98 页。

⑤ 《柳如是别传》，第 204 页。

是具有很强说服力的。

其次，寅恪先生认为，"吾国人之名与字，其意义多相关联"①，这一论断十分简明、精确。因为参照中国古代的众多姓名实例，如关羽字云长、曹操字孟德等就可证此点，即"名与字尚有相互关系"②，这也可以说是寅恪先生对王引之的研究成果的精辟概括③。值得注意的是，寅恪先生指出"多相关联"，并不是指所有的名、字都有关系，这也十分符合中国古代姓名的实际情况，如古代命字中或纯以伯仲排行，或纯以赞美之辞，或纯记居处室宅，或纯志景仰钦慕等，就很可能是名与字意义的全不相应。④对于这一点，根据前所列的词句，我们知道寅恪先生是十分清楚的，遗憾的是，由于某种原因，在《柳如是别传》中他推测黄甫之字时似乎遗忘了，以致犯了错误，留下了一点小小的遗憾⑤。

最后，寅恪先生认为，"号间亦与名相关，如谦益之号牧斋，即是一例，但此非原则也"⑥。根据这一观点，结合其他史料，寅恪先生推测陈子龙七律《酬陈实庵翰林》中陈实庵即陈于鼎，实庵系陈氏之号⑦，根据明谈迁《北游录》，这是完全正确的⑧。但这种关系不是"原则"，在某些时候"别号则与其名之关系颇难揣测"⑨，皆为至理。

第三，根据中国古代姓氏制度的特定内涵，寅恪先生做了不少精辟的推测与考证。

他根据黄宗羲所撰的《顾玉书墓志铭》中"赵延史"及钱谦益所作的顾妻黄氏的墓志铭中的"赵延先"二名，认为"延史、延先名不尽同，未必是一人。然俱以'延'字命名，岂兄弟行辈耶?"⑩这是根据族名知识所作的推测，有相当的合理性，但是否与史实相符，于今尚待进一步的证实。再如，寅恪先生在考证钱谦益诗题中"邓氏"为何人时，根据嘉庆修《一统志》及《列朝诗集》中的古典，推测所谓邓氏乃黄鼎之妻（梅之涣之女）也是符合逻辑的。⑪

---

① 《柳如是别传》，第 20 页。

② 同上，第 728 页。

③ 〔清〕王引之：《经义述闻》卷二四《春秋名字解诂》。

④ 萧遥天：《中国人名的研究》，第 105 页。

⑤ 这一点，早为周法高先生指出，可参阅周撰《读〈柳如是别传〉》，载（台北）"中研院"《历史语言研究所集刊》第 53 本第 2 分，1982 年，第 197–203 页。

⑥ 《柳如是别传》，第 20 页。

⑦ 同上，第 852 页。

⑧ 何龄修：《〈柳如是别传〉读后》，载《纪念陈寅恪教授国际学术讨论会文集》，第 649 页。

⑨ 《柳如是别传》，第 728 页。

⑩ 同上，第 692–693 页。

⑪ 同上，第 1167 页。

寅恪先生的有些推测，则大大方便了后人的探索，如他在推测惠香为何人时，驳斥何黄二人认为惠香与柳如是为一人之论"殊为谬妄"。他根据有关诗词等资料，做了较长篇幅的考证，最后"探河穷源，剥蕉至心"，留下了三个可能性答案，即杨绛子、张宛仙、黄媛介。① 为后人研究提供了很大方便。

寅恪先生的有些考证，则被证明是完全正确的。如他根据陈子龙《赠友人》诗中"君家北海饶异略"等句，结合《后汉书·赵岐传》的记载，推测此"不显著其姓名"的"友人"为孙姓，再推证出此友人为孙临（字克咸）。② 再如，他对陈于鼎号实庵的考证，已如前述，被证实是完全正确的。

寅恪先生的有些推证，考论严密，征引广泛，令人不得不佩服他的博识与睿智。譬如，寅恪先生生前曾目睹吴三桂叛清时为招降湖南清将而亲书的手札，该札署名下钤有一章，文曰"月所"。月所何义呢？寅恪先生初视之，亦"颇不能解"，后来"始悟'所'字本义为'伐木声'，见《说文解字·斤部》"，兼之"旧说谓月中斫桂者为吴刚，见《酉阳杂俎·天咫类》。故三桂之称'月所'与其姓名相关应"。这一结论，令人心服，寅恪先生亦满意地认为"'月所'之称，世所罕知"也。③

故，寅恪先生依据对中国古代姓氏制度的深刻理解，在《柳如是别传》中做出了一些推测、释证，其中大多数被证实是正确的，获得了史学界的认同。

第四，《柳如是别传》一书中随处可见寅恪先生对中国古代姓氏制度的其他一些认识。

寅恪先生注意到了中国古代姓氏制度的某些特殊规定（如"古礼"）。其一，《小戴礼·曲礼上》有云"买妾不知其姓，则卜之"，此为周代之古礼，寅恪先生据之指出"颐道居士驳牧斋所言之谬，甚确"④。其二，日本学者宫崎来城《郑成功年谱》记载"郑森执贽先生（指钱谦益）之门，先生字之曰大木"，此外，许浩基《郑延平年谱》则有不同的记载，寅恪先生根据《礼记》所言"三月之末""咳而名之"⑤，即"子生三月则父名之于祖庙"⑥，而"男子二十冠而字"⑦ 等古礼，判断宫崎来城记载是错误的及许浩基记载"较合于事实"⑧，因

---

① 《柳如是别传》，第 462－487 页。
② 同上，第 357－359 页。
③ 同上，第 771 页。
④ 同上，第 448 页。
⑤ 《礼记》之《内则》《曲礼上》。
⑥ 〔东汉〕班固：《白虎通义·姓名》。
⑦ 《礼记》之《内则》《曲礼上》。
⑧ 《柳如是别传》，第 677－678 页。

为郑成功见钱谦益时，已经 21 岁，而此时郑氏若"尚未有字，殊不近情理"①，与古礼更不符。

寅恪先生又注意到了姓氏制度沿革史上的同名现象。早在两周时代，就有子孙与先世同名的例子，② 汉以后，这种情况更是频繁出现。寅恪先生谙悉古今姓氏之书，自然知道此点。在《柳如是别传》中，他举出朱茂曍字子庄，乃一位"年少貌美、豪气纵横之风流世胄"，与同时代的明宗室宁献王九世孙朱子庄字容重者乃二人，故寅恪先生提醒人们读《戊寅草》时须要注意。③

此外，寅恪先生还根据对柳如是等人姓名沿革的研究，来鉴定明代文物的真伪。仲虎腾《盛湖志补》卷三收录了一件所谓柳如是使用过的书镇，该书镇上的款识云"仿白石翁笔""崇祯辛巳畅月，柳蘼芜制"。寅恪先生认为，崇祯辛巳畅月（十四年六月）钱柳已结缡，而这以后，柳如是不再以"蘼芜"为字。因此，他判断该书镇为赝品，④ 此论十分合理。

二、 寅恪先生其他著作中对中国古代姓氏制度知识的运用

早在 20 世纪 20 年代的清华国学研究院期间，寅恪先生就指导学生研究过北朝的胡姓，而他本人也曾在授课时多次论及这个问题。如讲述北魏孝文帝的汉化政策时，他认为治史者"对胡名的改汉名"，"鲜见论述"，故"考察"云，"魏收著《魏书》，其于胡人姓名，概用太和汉化以后的姓和名，胡人原来只有名，而无字和号，孝文帝改胡人姓名，其于名，是赐给他们一个汉名或雅名，而以他们原来的名字，或为号，或为小名。其于先世乃至汉人，也往往照此办理"，并举北魏拓跋焘、北燕冯拔、北周明帝宇文毓、李氏祖先的李初古拔等为例⑤，获得了令人信服的结论。再如，讲述隋文帝改变府兵制时，寅恪先生抓住文帝恢复府兵汉姓这一举动，认为"府兵将卒改从胡姓，便变成胡人；恢复汉姓，便仍为汉人"，而仍为汉人，则"表明汉化的主流，终究战胜了鲜卑化的逆流"。⑥ 这个结论至今对我们研究北朝胡姓仍然很有启发性。

纵观寅恪先生平生的著述，他最早发表的三篇学术论文，就多与古代姓氏制度有关。如在论文《三国志曹冲华佗传与佛教故事》中，他指出"华佗"二字

① 《柳如是别传》，第 678 页。

② 李学勤：《先秦人名的几个问题》，载《历史研究》1991 年第 5 期，第 109 页；亦可参阅张孟伦《汉魏人名考》，兰州大学出版社 1988 年版，第 103 页。

③ 《柳如是别传》，第 356 页。

④ 同上，第 217 页。

⑤ 万绳楠整理：《陈寅恪魏晋南北朝史讲演录》，黄山书社 1987 年版，第 258－259 页。

⑥ 同上，第 323 页。

来自天竺梵文 agada，义训为药，汉译时脱去了字首元音"a"即成为"华佗"，"当时民间比附印度神话故事，因称为华佗，实以药神目之"①；在论文《魏书司马芝传跋》中，寅恪先生见到当时魏国上层社会供奉的佛教"无涧神"，即知其必为"无间神"之误，因"无间神即地狱神，无间乃梵文 Avici 之意译，音译则为阿鼻，当时意译亦作泰山"②；在论文《元代汉人译名考》中，他更是注意到了古代姓氏制度中的译名问题③。可见，在清华国学研究院这段时期，寅恪先生就在对中译佛经的整理工作中，以考订人名及地名等"专名"为主要任务之一。

这以后，涉及中国古代姓氏制度的论述在寅恪先生的论著中随处可见。

在对魏晋南北朝史的研究中，寅恪先生认为家族门第是构成门阀世族的一个要素，因而刻意注重家族门第及区域性方面的分析，为研究魏晋南北朝的宗法性开辟了一条道路。他这种分析在论文《书世说新语文学类钟会撰四本论始毕条后》《述东晋王导之功业》等篇中表现尤为突出④；因此，寅恪先生提出"魏、晋、南北朝之学术、宗教皆与家族地域二点不可分离"⑤ 等著名论断就十分自然了。

在对隋唐史的研究中，寅恪先生于 20 世纪 30 年代先后发表三篇论文，与朱希祖等先生研讨李唐氏族问题⑥，文中所论，更可见寅恪先生对中国古代姓氏制度的真知灼见。又如，他对唐代诗人李白、白居易等家族诸问题的考证。他认为李白可能依托于凉武昭王的后裔，其实并不生于中国，而生于西域之地，到中国后才改为李姓⑦；对白居易氏族的考证上，虽结论则有不尽正确之处⑧，但可窥见寅恪先生的考释功力。在《元白诗笺证稿》一书中，我们亦可窥知寅恪先生对中国古代姓氏制度的深刻了解，如在《长恨歌》诗中对杨贵妃号"太真"的考证⑨；对《琵琶引》中"奴"作为名字的辨析⑩；指出《道州民》中百姓爱戴贤吏因以其姓名为子孙后代名字所出的古典⑪；对《母别子》中杨姓将军姓氏的

① 陈寅恪：《寒柳堂集》，上海古籍出版社 1980 年版，第 160 页。
② 《金明馆丛稿二编》，第 82 页。
③ 同上，第 90 - 95 页。
④ 陈寅恪：《金明馆丛稿初编》，上海古籍出版社 1980 年版。
⑤ 陈寅恪：《隋唐制度渊源略论稿》，中华书局 1963 年版，第 17 页。
⑥ 三文分别是《李唐氏族之推测》《李唐氏族之推测后记》《三论李唐氏族问题》，皆收入《金明馆丛稿二编》中。
⑦ 《李太白氏族之疑问》，见《金明馆丛稿初编》，第 279 页。
⑧ 参阅［日］池田温《陈寅恪先生和日本》，见《纪念陈寅恪教授国际学术讨论会文集》，第 128 - 130 页。
⑨ 陈寅恪：《元白诗笺证稿》，上海古籍出版社 1978 年版，第 38 - 39 页。
⑩ 同上，第 57 页。
⑪ 同上，第 195 - 196 页。

推论①；对《阴山道》中宇文姓氏的引证等②。除此以外，寅恪先生在《记唐代李武韦杨婚姻集团》等论著中提出的"关陇集团""山东集团"等概念③，则为中国乃至国外史学界所认同。

在其他研究领域中，寅恪先生对中国古代姓氏制度的论述还有很多。如在论文《刘复愚遗文中年月及其不祀祖问题》中，他认为刘、李二姓为"汉唐两朝之国姓，外国人之改华姓者，往往喜采用之"，如刘复愚等伊斯兰教徒多姓刘氏即由此故④。寅恪先生的这一见解，显然高于同时代日本学者桑原骘藏、藤田丰八二教授之说⑤。再如，对边疆史地的研究中，蒙古人小彻辰萨囊台吉所撰的八卷本《蒙古源流》是一部重要的史籍，寅恪教授根据《新唐书·吐蕃传》《资治通鉴》《清高宗御制文初集》《藏文嘉喇卜经》等史籍，将"往往不同""相差尤甚"⑥的吐蕃彝泰赞普的名号、年代考证得一清二楚，取得了超越魏源、沈曾植等前人的成就。汪荣祖先生指出，考证出彝泰赞普的名号与年代是寅恪先生研究《蒙古源流》一书的"最得意之作"⑦。

可见，寅恪先生的上述探索为历史研究做出了卓越的贡献，也表明了对中国古代姓氏制度的探索是他一生研究的重要组成部分。

三、 余论

通过第一部分的论述，我们可以得出这样的结论：从《柳如是别传》不仅可以"察出当时政治（夷夏）、道德（气节）之真实情况"⑧，而且可以了解当时我国的姓氏制度；而通过第一、第二部分的论述，我们可以看到，寅恪先生之所以能在历史研究中取得巨大成就，与他谙悉《元和姓纂》《新唐书·宰相世系表》及"其他关于姓氏源流诸书"⑨是分不开的，一言以蔽之，就是与寅恪先生深厚的文史根柢分不开的。

---

① 陈寅恪：《元白诗笺证稿》，上海古籍出版社 1978 年版，第 253 页。

② 同上，第 256 页。

③ 陈寅恪：《记唐代之李武韦杨婚姻集团》，载《历史研究》1954 年第 1 期。

④ 《金明馆丛稿初编》，第 327 页。

⑤ 可参阅［日］桑原骘藏《蒲寿庚事迹考》，东亚研究会编，1923 年；［日］藤田丰八《南汉刘氏祖先考》，载《东西交涉史之研究·南海篇》，第 163 – 178 页，冈书院编，1932 年。

⑥ 《金明馆丛稿二编》，第 98 页。

⑦ 汪荣祖：《陈寅恪评传》，第 96 页。

⑧ 吴宓：《雨僧日记》，1961 年 9 月 1 日，此转引自吴学昭《吴宓与陈寅恪》，清华大学出版社 1992 年版，第 145 页。

⑨ 《柳如是别传》，第 32 页。

更值得指出的是，在《柳如是别传》一书中，寅恪先生明确指出姓名等是"专名"①，按"专名"，饶宗颐先生又称之为"术语"（terminology）②，属于西方学术界正盛行的"专名学"的范畴。30 年前，寅恪先生已能明确指出此点，从中也可见寅恪先生能够"预流"的深远史识吧！

本文与王川合撰，原载《柳如是别传与国学研究》，浙江人民出版社 1995 年版。

---

① 《柳如是别传》，第 588 页。
② 饶宗颐：《中国人名的研究·序言》，第 2 页。

风义生平师友间
——陈寅恪与王国维的友谊

"风义生平师友间"，这是陈寅恪《王观堂先生挽词》中的一句。在中国近现代学术界中，王国维（1877—1927）与陈寅恪（1890—1969）是两位著名的历史学家、考证学家。他们在各自的研究领域中，为中国的学术事业做出了开拓性的贡献，因而在国内外学术界享有很高的声誉。尽管他们两人共事时间不长，政治思想亦不完全一致，但是，由于学术渊源及治学方法比较接近，互相影响，因而结成了"风义生平师友间"的忘年之交。

陈寅恪与王国维都深受清代乾嘉学风的影响，受晚清学者沈曾植（子培）的影响更大。沈曾植专精音韵训诂，又深通梵文，精研我国西北史地与元蒙史，平生著述不下几十种。1915 年王国维经罗振玉介绍与沈曾植相识，从此他们过从甚密，王国维的《尔雅草木虫鱼鸟兽名释例》一书，直接受沈氏的启迪而作。王国维晚年从事元蒙史、西北史地、边疆之学的研究，都直接受沈氏的影响。王国维对沈曾植非常敬仰。1922 年沈氏病逝时，王国维写的挽联中称沈是"大诗人""大学人""大哲人""世界先觉"，并悲痛陈辞："一哀感知己，要为天下哭先生。"

陈寅恪的父亲陈三立（散原老人）与沈曾植的关系亦十分密切。沈自退官之后，避地海滨，时与散原老人相唱酬。陈寅恪是晚辈，对沈产生仰慕是很自然的。后来陈寅恪从事梵文、西北史地、元蒙史的研究，与沈曾植的影响不无关系。

此外，王国维与西方著名汉学家如法国的伯希和、沙畹等都有密切关系。陈寅恪在巴黎结识伯希和，是由王国维写信介绍推荐的。当年法国著名汉学家戴密微，虽然没有见过陈寅恪，但称陈是"最伟大的中国学者"。戴氏在悼念陈寅恪的文章中说，陈寅恪在巴黎时很可能听过伯希和的各门课程。据与陈寅恪是"两代姻亲、三代世交、七年同学"的俞大维说，陈寅恪受瑞典汉学家高本汉、德国缪勒的影响很深。可见，陈寅恪的学术受西方汉学的影响，这固然与他青年时代游学日本欧美十几年有关，但也有王国维推荐、介绍和影响的因素。

1925 年清华国学研究院成立，聘请王国维、梁启超、赵元任、陈寅恪为导师。陈寅恪因侍父疾请假一年，于 1926 年秋才到清华园履任。从此与王国维共事于清华研究院。至 1927 年 6 月，王国维自沉于颐和园昆明湖，陈、王共事前后不到一年。但这短暂的时间，却是他们的友谊凝聚、升华的极为重要的时期。

陈寅恪住在清华园工字厅，王国维住清华园西院，由于学识、志趣十分契合，王国维常来工字厅与陈寅恪叙谈旧事。陈寅恪讲授"佛经翻译文学"，王国维讲授"古史新证"、《尚书》、《仪礼》、《说文》等课程。在工作方面，研究院采购外文书籍及佛道典籍，由陈寅恪审定；采购中文书籍，由王国维审定。他们配合默契，并经常互相往还，在他们的书斋、客厅，或于晨风熹微之际，或在荷塘月色之中，商量工作，探讨学问。他们之间的友谊与感情，像流水行云一样自然、融洽。后来陈寅恪在《王观堂先生挽词》中说："回思寒夜话明昌，相对南冠泣数行。"指的就是这段友谊。

陈寅恪对王国维是十分敬仰的，在《王观堂先生挽词》中说："鲁连黄鹞绩溪胡，独为神州惜大儒。学院遂闻传绝业，园林差喜适幽居。"这里说的是1925年创办清华国学研究院时，胡适（安徽绩溪人）推荐王国维主持其事。陈寅恪称王国维为"神州大儒"，称他的学问为"绝业"。胡适推荐王国维，自然使清华国学研究院的"绝业"得以继承发扬。王国维逝世后，其学生赵万里辑录他的著作，编成《王静安先生遗书》，由陈寅恪作序，序文中说，"寅恪虽不足以知先生之学，亦尝读先生之书"，其学问"能开拓学术之区宇"，其著作"可以转移一时之风气"，其学问博大精深，"几若无涯岸之可望，辙迹之可寻"。对王国维敬仰之情溢于言表。有一次，陈寅恪对研究院同学说，他送给同学们一副对联"南海圣人再传弟子，大清皇帝同学少年"。因为导师中梁启超是康有为的弟子，而王国维是宣统帝的师傅。结果引得哄堂大笑。

陈寅恪对王国维的思想最了解。因此，他们是相互信任的。王国维主张思想自由、学术自由，认为"今日之时代已入研究自由之时代，而非教权专制之时代"，他希望学术研究应脱离政治而独立发展。陈寅恪十分赞同这种主张。1929年研究院同学为王国维建立纪念碑，陈寅恪撰写碑铭，高度赞扬了王国维"思想自由"之主张，说"先生之著述，或有时而不章，先生之学说，或有时而可商。惟此独立之精神，自由之思想，历千万祀，与天壤而同久，共三光而永光"。对于王国维投湖自尽的原因，学术界一直有不同的看法。陈寅恪最了解王国维，因而仿王国维的《颐和园词》作《王观堂先生挽词》，在序文中，分析了王国维自沉之原因，认为一种文化衰落之际，为此文化所化之人，必感苦痛，被此文化所化愈深，则其所受之苦痛亦愈甚。王国维所处的时代，封建文化正值衰落，王国维被封建文化所化很深，因而十分苦痛，"此观堂先生所以不得不死"。如果没有对王国维思想的深刻了解，不可能作出这种中肯的分析。于此可见他们是真正的"相知"。

王国维深知陈寅恪最了解自己，因而在遗书中，把后事嘱托给他，说"书籍可托陈（寅恪）吴（宓）二先生处理"。陈寅恪亦不负王所托，在王国维死后，他写了挽联、挽诗、挽词、碑铭、书序等诗文，充分叙述王国维的学术思想、学术成就及其治学方法，并使之发扬光大。

罗振玉看到陈寅恪写的挽词之后评价，"辞理并茂，为哀挽诸作之冠"，并说"忠悫（即王国维）以后学术所寄，端在吾公（指陈寅恪）矣"。罗振玉把王国维死后中国学术的希望寄托在陈寅恪身上，这不是有意恭维陈寅恪，而是由于他对陈、王的学术及他们之间的友谊有深刻了解。

原载《历史大观园》1988 年第 5 期，又见《追忆陈寅恪》，社会科学文献出版社 1999 年版。

风义生平师友间——陈寅恪与王国维的友谊

陈寅恪与周连宽

陈寅恪晚年双目失明，身体不好，但以"惊天地泣鬼神的气概"完成了80多万字的巨著《柳如是别传》（上、中、下三册）。该书研究明末清初著名学者钱谦益与柳如是的关系，该书最初的书名为《钱柳姻缘诗释证》，后改名为《柳如是别传》。钱谦益，字受之，号牧斋，江苏常熟人。明万历进士，官至礼部侍郎。明亡降清，官礼部右侍郎，所著有《初学集》《有学集》，并选辑明人诗为《列朝诗集》。陈先生论钱、柳的关系，主要目的在于说明钱氏虽降清任官，但仍怀旧主，暗中与隐居太湖的明遗民来往，尚有恢复之志。筑室虞山之下，娶柳如是为侍妾以自娱。言其藏书之处曰绛云楼，中多善本，因女仆不慎于火，尽付一炬。

全书最主要的是笺释钱谦益、柳如是存世的几乎全部诗词，并及程嘉燧、陈子龙、谢三宾等的许多诗词。明清史专家何龄修先生说：

> 陈氏旁征博引各种典籍，举凡汉唐明清、儒法道释、人事花果、经史子集，据粗略统计，多达六百种以上，其中诗文集（包括戏曲、诗话、诗注等）约二百四十种，正史、野史、年谱等约一百七十种，方志约五十种，儒佛典籍、笔记、小说、杂志等约一百四十五种。引书总数如此，则连参看过而没有引用的在内，恐将近千种。①

一个双目失明的老人，怎样能够查找那么多书来完成自己的学术著作呢？

我们知道，主要靠助手帮助他。当时帮助他著书的助手主要有黄萱和周连宽。黄萱主要负责读资料给陈先生听，记录陈先生构思完成的文字。黄萱回忆：

> 1952年冬，由于偶然的机会，由友人关颂姗介绍，我得以到陈寅恪教授家当助教。承他老人家不以我的学识浅薄见弃，谆谆善诱，使我能在他的教导下，完成了应做的工作。这工作一直很顺利地进行，到1966年"文革"开始，我才被迫离开。
>
> …………

---

① 何龄修：《〈柳如是别传〉读后》，见《纪念陈寅恪教授国际学术讨论会文集》，中山大学出版社1989年版，第620－621页。

陈先生因出入不便，就在寓中的走廊上课及做研究工作，他起床较晚，工作的时间是每星期五、六上午九时到下午一时半，每天早上我上楼后还来不及坐下，他便把当天的工作安排给我。例如：应查关于他的教学或研究的材料的某书某句，论文中的某段某句要修改或移置等等。他说："晚上想到的问题，若不快点交代出来，记在脑子里是很辛苦的。"①

周连宽主要帮助到图书馆寻找资料。20 世纪 50 年代初，周先生在中山大学图书馆工作，之所以能够当陈寅恪的助手，是由于历史系梁方仲教授的推荐。

失明已达 10 年之久的史学大师陈寅恪教授仍"不惮辛苦，经之营之，钩稽沉稳"，以"惊天地泣鬼神的气概"潜心著述，然因失明，困难重重，学校多方物色助手，又多难遂大师之意。1954 年梁方仲先生将此事告知周老，并表示如有意可代为举荐。周老素对历史有兴趣，"似出天性"，且仰慕大师陈寅恪先生已久，悉一口应承。后梁方仲先生将周老之意转告陈寅恪先生和副校长陈序经先生，均获其首肯。不日教务长王越先生便正式通知周老：每日以半天帮助陈教授搜集整理资料，半天在图书馆工作。从此以后直到 1969 年陈寅恪教授逝世，周老一直是陈先生的得力助手之一。……1965 年 11 月，学校鉴于周老颇能胜任助手一职遂将周老调至历史系资料室任主任，以便更好地工作。②

周连宽作为陈寅恪的助手之一，主要"帮助陈教授搜集整理资料"，周连宽回忆：

我曾协助他做资料搜集工作，前后达十年之久，他每天把所想到的问题若干条记录下来，交给我去图书馆查找有关的资料。他两目虽盲，但记忆力很强。他往往向我指示某书有某种内容，可供参考，及一查阅，十中八九。我因为受过图书馆学的基本训练，对图书馆的参考工具书比较熟悉，阅读古书，范围较广，故尚能应付。③

陈寅恪完成《柳如是别传》得力于周连宽。黄萱回忆："在校内的资料，多数是

---

① 黄萱：《怀念陈寅恪教授——在十四年工作中的点滴回忆》，见《纪念陈寅恪教授国际学术讨论会文集》，中山大学出版社 1989 年版，第 67 - 68 页。

② 程焕文：《周连宽先生生平及其学术贡献简述》，见《高校文献信息学刊》第 1 卷第 1 期，1994 年 6 月。

③ 周连宽：《回忆陈寅恪先生二三事》，见《纪念陈寅恪教授国际学术讨论会文集》第 65 - 66 页。

周连宽教授从图书馆给找来的。"① 现在历史系一位著名教授说："我可以负责任地说，没有周连宽先生，就没有陈寅恪先生的《柳如是别传》。"可见周先生对陈寅恪先生写作的作用。然而，周先生从不自吹自擂、邀功请赏，只是默默无闻地工作。

由于周先生的助手工作做得好，陈先生正式承认周是他的学生。周先生回忆："有一次，他严肃地对我说'我正式承认你是我的学生'。"② 周先生与陈先生结下了深厚的感情。周先生回忆："在经济紧张的年代，米珠薪桂，国家对他配给较多的食油和肉类，以示照顾，其时我正因缺少营养而眼珠变黄，肝病缠身，他慷慨地分给我一瓶生油，济我于危难之中，我感激涕零！""他去世时适值'文化大革命'的动乱日子，'打倒资产阶级学术权威'的口号正响彻云霄，只有刘节先生和我等少数人冒险前往殡仪馆参加祭奠。"③ 这种真正的师生感情令人为之感动。

周连宽能胜任陈寅恪的助手工作，且陈寅恪赏识他，后来正式承认他是自己的学生，这与周先生的治学经历大略是分不开的。

周连宽，原名周梓贤，清光绪三十一年正月初七（1905 年 2 月 10 日）生（出生地不详）。幼时家贫，其父为雇工，因无力维持家计，遂于 1914 年周先生8 周岁时，将他卖给广东省开平县蛇岗乡东和里村周姓人家，取名周梓贤。1924年报考中山大学。当时周先生中学尚未毕业，无中学毕业文凭不能报考中山大学，遂借堂兄之名"周连宽"及其中学文凭应试，结果一举中榜，并于 1924 年9 月升入中山大学工科，因此，周先生便将错就错废周梓贤名而改用周连宽名。1928 年 6 月中山大学毕业。

周先生就读中山大学期间，一切费用均需自己筹措，故必须于课余在校外兼做一些工作。1928 年 1 月至 6 月，周先生在广州培英中学谋得图书馆管理员兼教员一职。在这半年间，周先生对图书馆工作产生了浓厚的兴趣，并有志于图书馆事业。恰在此时，私立武昌文华图书科正在全国招收庚款补助免费生，周先生在中山大学毕业后旋即报考了著名的私立武昌文华大学图书科。1928 年 9 月周先生考入文华大学图书科，成为中国近现代图书馆事业的先驱韦棣华女士和享有"中国图书馆教育之父"之称的沈祖荣先生门下，接受当时最先进的图书馆学教育。1930 年 6 月学成毕业。在文华的两年，周先生不仅掌握了丰富的图书馆学知识，而且养成了敬业、乐业的事业精神。从此周先生一生在图书馆学、版本学、目录

---

① 黄萱：《怀念陈寅恪教授——在十四年工作中的点滴回忆》，见《纪念陈寅恪教授国际学术讨论会文集》，中山大学出版社 1989 年版，第 73 页。

② 周连宽：《回忆陈寅恪先生二三事》，见《纪念陈寅恪教授国际学术讨论会文集》，第 65－66 页。

③ 同上。

学、历史学等领域奋斗了一生，做出了骄人的成绩。

抗战胜利后，周先生自重庆赴上海，出任上海市图书馆馆长之职。他积极从事战后图书馆学术研究的恢复工作，于1947年创办了《上海市立图书馆馆刊》，并在上面发表一系列有关图书馆学方面的文章。周先生以笔名"苦竹斋主"在该刊1947年10月创刊号到1948年第6号上连续6期连载《书林谈屑》一文。他在该文中说：

> 余旅沪悠忽两年，车水马龙，灯红酒绿，环境与个性相违，辄思所以逃避尘嚣之法。余虽非场屋出身，然酷嗜古籍，似出天性。遇友辈宴饮相邀，辄藉辞婉谢，实则此时正徜徉于三马路坊肆间，或挥汗读清人笔记，或凝神欣赏宋元旧刻，独乐其乐，不知日之将暮也。两年以来，见闻颇多，乃拉杂记之。

周先生根据自己遍游上海、苏州诸地书肆的见闻，结合上海的藏书与书林掌故，引经据典，既客观地记述了书林的变迁，又探讨了纸张、印刷、古籍等诸多问题。通过这段话，一个酷爱古籍、精通古书版本目录、勤于著述、以逃避尘世阅读古籍为乐的学者的形象，活龙活现地展现在我们面前。

1949年初，因上海时局骤变，周先生遂自沪返穗。4月，他被杜定友聘为广东文献委员会编藏部主任。7月，又应岭南大学之聘转任岭南大学图书馆采编部主任。1952年10月，岭南大学并入中山大学后，他转入中山大学图书馆工作。1949年7月到岭南大学图书馆工作起，直到1978年11月不再担任中山大学历史系资料室主任为止，他任劳任怨地从事近30年的普通图书馆工作，发表了大量图书馆学、文献学、版本学、目录学、历史学的论著，成为学术造诣很深的学者。

周连宽当陈寅恪的助手，帮助陈寅恪搜集整理资料。而周先生在做助手过程中，也学到了陈寅恪做学问的方法。周先生说："（陈）先生治学，最讲科学方法，凡要建立自己的论点，必先从时间、地域、人物和有关社会历史的各个方面，尽量搜集有关资料，以为依据。""十年间在学术上他给我的启示和指导很多，我能写成《大唐西域记史地研究丛稿》一书，就是由于他的启示和指导。"①周先生在历史学方面的贡献是多方面的，尤其对西北史地、南海史地以及汉唐史事的研究，都有卓著成就。上述《大唐西域记史地研究丛稿》，1984年在中华书局出版，该书代表了周先生治史的最高学术成就。该书获1987年广东省社会科

---

① 周连宽：《回忆陈寅恪先生二三事》，见《纪念陈寅恪教授国际学术讨论会文集》，第65－66页。

学联合会"优秀社会科学研究成果二等奖"。《大唐西域记》是唐释玄奘去印度取经归国后所写的记述所经国家和城邑的见闻情况，范围广泛，材料丰富，包括当地的历史、政治、地理、物产、民族、风尚等记载，为后世历史学家和地理学家所引据，是一部十分重要的著作。但由于有关玄奘的事迹和行程方面，在古籍的记载中有不少差异甚至互相抵牾的地方。周先生就该书的"史地"进行研究，用了将近 20 年的时间，完成这一著作。该书内分 29 个专题进行考证，还有 3 篇附录，20 幅行程图、示意图等。这是一部相当严谨的学术著作。我们之所以说它严谨，是因为它的每一个论点，都建立在能够找到的原始资料和前人研究成果的基础上，是作者进行周密论证、反复推敲，直到认为无懈可击才确定下来的。因此，它是经得起时间的考验，是可以传诸久远的。

陈寅恪是史学大师，其著作是祖国优秀的史学遗产。周连宽当他的助手，学习了他的治学方法，也撰写了可以传诸后世的著作。周先生与陈先生的这段相辅相成、相得益彰的十年学术情谊的确可以算作史学界的一段薪火相传的佳话。

本文根据 2001 年 5 月 8 日在中山大学珠海校区"中外优秀文化讲座"讲演稿整理而成。

傅斯年在中山大学

　　傅斯年（1896—1950）于 1926 年冬结束了长达六年之久的海外留学生涯，由德国返国，受聘为中山大学教授。从该年底赴中山大学任教，到 1928 年 11 月辞去中山大学职务，在校将近两年时间。傅斯年历任中山大学文史科主任并兼任史学系、中国语言文学系、哲学系主任，创办语言历史学研究所并亲自任主任，还担任过其他职务。这时期"是他初为人师的时期，也是他经过长年的留学后学术思想的初步整理时期，也是他教育思想初步形成时期"[1]。这期间他写了大量的讲义，发表了许多论文，集教学、科研、行政工作于一身。这是他一生中的重要时期。他为中山大学的发展做出了重大贡献。

一、 受命于改革之时

　　中山大学原名广东大学，为孙中山 1924 年创办。广东大学建立不到一年，孙中山病逝于北京，为纪念孙中山，广东大学于 1926 年 8 月更名为中山大学。[2] 广东大学第一任校长邹鲁因西山会议问题被免职，学校一度陷入混乱，校内形成许多派别，各派政治力量明争暗斗，秩序混乱。广东大学改名中山大学后，任命戴季陶为校长。戴季陶到校后，对学校进行整顿和改革，改校长制为委员制。国民党政府任命戴季陶为中山大学委员长，顾孟余为副委员长，徐谦、丁惟汾、朱家骅为委员。由五人委员会开始对学校进行整顿和改革。在整顿过程中，戴季陶出访日本，顾孟余、徐谦、丁惟汾都在国民政府中另有职务，多数情况下是由"担任教务方面"的委员朱家骅主持中山大学的工作。1926 年 10 月 16 日发布的《中华民国国民政府令》称："中山大学为中央最高学府……政府决意振兴，已明令改中山大学为委员制，期集一时之人望，为根本之改造。应责成委员会努力前进，彻底改革，一切规章制度，重行厘定。"[3]

　　五人委员会努力贯彻国民政府上述训令，制定各种改革措施。1926 年 10 月 22 日委员会召开第四次会议，其中有两项决定，对中山大学今后的发展具有重要意义：一是募集建设图书馆及各科实验室基金，用以建筑图书馆、建设实验室

---

　　① 焦润明：《傅斯年传》，人民出版社 2002 年版，第 139 页。

　　② 黄义祥：《中山大学史稿（1924—1949）》第 1 章，中山大学出版社 1999 年版。

　　③ 《中华民国国民政府令》，载《广州民国日报》1926 年 10 月 18 日，转引自黄义祥《中山大学史稿》，第 120 页。

及购置必要书籍及设备；二是添聘教员，延聘国内知名学者来校任教。傅斯年就是在这样的背景下受聘于中山大学的。

傅斯年是由当时主持中山大学工作的朱家骅聘任的。朱家骅在《悼亡友傅孟真先生》中回忆：

> 民国六年在北京，沈尹默先生对我说："傅孟真这个人才气非凡！"我当时并不认识他，到了民国十五年我在中山大学，为了充实文学院，要找一位对新文学有创造力，并对治新史学负有时名的学者来主持国文系和史学系，和戴季陶、顾孟余两先生商量，聘请他来担任院长兼两系主任。是年冬，他从德国回来到校，马上全力以赴，他延聘有名教授，自任功课亦甚多。十六年春，更在文学院内，创办历史语言研究所，他对教务贡献甚大，当时中山大学的声誉隆盛，他出力很多。①

从这里可以看出，当时聘任傅斯年就是"为了充实文学院，要找一位对新文学有创造力，并对治新史学负有时名的学者来主持国文系和史学系"。傅斯年不负众望，到任后"全力以赴"，"延聘有名教授"，"自任功课亦甚多"，"对教务贡献甚大"。顾颉刚在日记中写道，傅斯年"任文学院长，以其纵横捭阖之才，韩潮苏海之口，有所凭藉，遂成一校领袖"②。他为中山大学声誉隆盛，做出了重大贡献。

二、 重在加强学科建设

傅斯年到任后，秉承学校委员会改革之意旨，大刀阔斧地进行文史科的学科建设。图书资料建设是学科建设的重要方面。傅斯年聘请顾颉刚到中山大学任教。顾颉刚到校不久，被朱家骅、傅斯年派到江浙一带为中大图书馆采购图书。为此，顾颉刚用了半个月的时间作《国立广州中山大学购求图书计划书》。这个《计划书》是开创性的，它打破以"经、史、子、集"为书籍分类的观念，认为购书的宗旨是"搜集材料"，"把记载自然界和社会的材料一齐收采"。③ 顾颉刚前后五个月的时间，足迹遍及江、浙，购到图书约 12 万册。这批图书入藏，使中大图书馆成为当时全国藏书量较多的少数几所高校图书馆之一。

---

① 朱家骅：《悼亡友傅孟真先生》，转引自王为松编《傅斯年印象》，学林出版社 1997 年版。

② 《顾颉刚日记》，1928 年 4 月 30 日（1973 年 7 月之初叙），转引自《现代社会与民俗文化传统》，黑龙江人民出版社 2002 年版，第 82 页。

③ 《国立广州中山大学购求图书计划书》，中山大学图书馆藏。

傅斯年为加强文史科的学科建设，广泛延聘知名学者。先后聘任施存统、许德珩、容肇祖、马衡、赵元任、顾颉刚、俞平伯、罗常培、汪敬熙、杨振声、商承祚、何思敬、吴梅、俞大维、珂罗掘伦（瑞典古登堡大学教授）、史禄国（苏联人）等人。当年朱家骅、傅斯年致李石曾、吴稚晖的信中说："我们又在这里筹备一齐聘北大文理等科之良教授来此。即可免于受压迫；并开此地空气。已去请者，有马叔平、李玄伯、丁山、魏建功、刘半农、周作人、李圣章、徐旭生、李润章诸先生。……我们于大学日用省得无复加，且于此等事上大大破费一回。"① 他们不惜重金聘请的这些教授，多是具有新思想、具有较高学术水平者，既使教授们免受北方封建势力的压迫，又可"开此地空气"，创造中山大学的学术氛围，提高学术水平。朱家骅曾自豪地说："文科原无丝毫成绩凭借，现在几乎是个全部的新建设，聘到了几位负时誉的教员，或者可以继北大当年在此一科的趋向和供献，一年以后，在风气和成绩上，当可以比上当年之有'学海堂'。"② 顾颉刚在致胡适的信中也说："我深信这一年中已为广东学界造成一个新风气。"③ 中大同学想起那时，都觉得是一个学术上的黄金时代。

　　为了加强文史科的学科建设，傅斯年站在学科发展前沿，提倡历史学、语言学、民俗学、人类学相结合，决定设置各种专门学科研究所，并引进"集团研究"的学术研究方式。1927年6月20日，傅斯年主持的文史科第四次教授会议做出决定，设置语言历史学研究所、心理学研究所、教育学研究所等。傅斯年亲自担任语言历史学研究所主任，"着力于聘定教授，设置各研究组，招收研究生，成立各研究会，发行定期刊物及丛书等五个方面之进行"④。1927年10月6日，傅斯年召集有关人员开会，商议出版学术刊物事宜，决定由顾颉刚、余永梁、罗常培、商承祚等编辑《国立中山大学语言历史学研究所周刊》，顾颉刚、杨振声、杜定友编辑《图书馆周刊》，钟敬文、董作宾编辑《歌谣周刊》（出版时改名为《民间文艺》）。⑤ 语言历史学研究所还决定编辑出版"语言历史学丛书"，傅斯年、罗常培主持语言学丛书，傅斯年、顾颉刚、容肇祖主持历史学丛书，傅斯年、容肇祖主持史料丛刊。由于傅斯年的努力，中山大学文史科的语言学、历史学、民俗学、教育学以及心理学的学科建设，走在全国各大学的前列。

　　中山大学的民俗学有着光辉的历史，为中国民俗学的发展起了奠基的作用，

---

　　① 《朱家骅、傅斯年致李石曾、吴稚晖书》，见《傅斯年全集》第7册，台湾联经出版事业公司1980年版，第102页。

　　② 《朱家骅启事》，载《国立中山大学日报》1928年2月27日增刊。

　　③ 中国社会科学院近代史研究所中华民国史研究室编：《胡适来往书信选》上册，中华书局1979年版，第481页。

　　④ 《国立中山大学语言历史学研究所概览》，第1页，中山大学图书馆藏。

　　⑤ 顾潮：《顾颉刚年谱》，中国社会科学出版社1993年版，第144页。

有学者认为中山大学的民俗学有十二个第一。① 傅斯年对中山大学民俗学运动的最大贡献在于引进顾颉刚和协同创办民俗学会。顾颉刚在语言历史学研究所内创办民俗学会，主办《民俗》周刊，主编"民俗学会丛书"，举办民俗学传习班等。他被誉为"中国现代民俗学先驱"。后来傅、顾两人，由于主张不同而分道扬镳，但傅斯年对中大民俗学的贡献还是应该肯定的。

在这里需要特别指出的是，1928 年春，南京国民党政府委派蔡元培筹办中央研究院，规定国立中央研究院"为中华民国最高科学研究机关"，其宗旨是"实行科学研究，并指导、联络、奖励全国研究事业，以谋科学之进步，人类之光明"②。傅斯年极力向蔡元培陈述历史学、语言学之重要性，建议在中央研究院设立历史语言研究所（简称"史语所"）。蔡元培同意傅斯年的意见，并邀请傅斯年、顾颉刚、杨振声任历史语言研究所筹备委员，筹备处办公地点设在中山大学校内。11 月该所成立，所址设于广州市东山恤孤院后街 25 号柏园。傅斯年辞去中山大学教务，专任该所所长兼《中央研究院历史语言研究所集刊》主编。从此，他以该所为大本营，在中国建筑"科学的东方学之正统"。傅斯年一生为史语所呕心沥血，为中国现代学术发展树立了不朽的丰碑。傅斯年为中山大学做出了重要贡献，中山大学也哺育了傅斯年。他为中国现代学术做出重大贡献，是从中山大学起步的。

三、 重视教学，以培养学生能力为己任

大学是培养人才的地方，关于大学的重要性和培养目标，傅斯年说，现在凡是"一切在水平线上的国家"，无不"以大学为他的社会生命上一个重要机关"，主要原因有三点：①在近代社会中，一个有用的人才，必须掌握一定的知识，这样的知识不是每个人都能在社会上学得到的，在没有走向社会之前就应进行系统的学习。②在近代社会中，一个工作有成效的人，必须有良好的品性，这也不是在社会上能够自然养成的，须先在学校这样一个"健康的自由的环境"中获得。③在近代社会里，人们是分工而又合作的，故须有"专门的技能"，"大学正为训练这种技能而设"③。傅斯年对大学培养人才的重要性的认识是相当深刻的。

对大学的文史科如何培养学生，傅斯年有一套看法，并付诸实践。他提倡教学与研究并重，提出每个系或有关的几个系必须设一个研究所，教授的学术研究

① 王文宝：《中山大学民俗学的十二个第一》，见《现代社会与民俗文化传统》，黑龙江人民出版社 2002 年版。

② 中央教育科学研究所：《中国现代教育大事记》，教育科学出版社 1988 年版，第 152 页。

③ 《中山大学民国十七年届毕业同学录序》，见《傅斯年全集》第 7 册，转引自李泉《傅斯年学术思想评传》，北京图书馆出版社 2000 年版，第 84 页。

和学生的学术训练都在其中进行。在他的推动下，中山大学设立了语言历史学研究所、教育学研究所、心理学研究所等。傅斯年、顾颉刚等都充分利用研究所对学生进行学术研究的训练，培养了不少学术人才，有的毕业后即从事学术研究工作。如陈槃，1928 年上学期，修习傅斯年的"中国文学史"课。他写的有关《离骚》的作业，傅斯年认为有新意、写得好，便给予他很多的鼓励，引导他从事学术研究，甚至让他在研究所承担一些任务，给予他一定的生活补贴，使陈槃得以完成学业。

要培养优秀的学生，傅斯年认为必须扩大学生的知识面以适应社会的需要。扩大学生知识面的最好方法，是设置讲座。在傅斯年主持文史科的时候，开设了各种讲座，如文史导读专题讲座，中国三百年来学术成就及思想派别讲座等。各种知名学者都在讲座登台讲演。傅斯年在文史导读讲座中讲史料问题、南北朝史、顾炎武、阮元、中央亚细亚文化接触、西洋人研究中国史的几个问题、东汉文史大略、比较语言发达史略、乐府、五言诗的起源、文体问题、西人研究广韵的成绩等；顾颉刚讲《诗经》、中国神祇史等；罗常培讲经今古文、广韵解题及读法、蔡邕的文学、后汉魏晋之际文学变迁大势、等韵研究等。在中国三百年来学术成绩及思想派别讲座中，傅斯年讲宋学和明学之不同、"心学"及其反动、顾炎武、阮元、孔广森、宋代的朴学、耶稣会士在中国之影响等；顾颉刚讲阎若璩、崔东璧、三十年中新发现的学问、康有为等；罗常培讲庄存与、近三百年经学的派别、近三百年古音学的总成绩、刘师培、耶稣会士在中国韵学上的贡献及其影响等。① 从这五花八门、林林总总的题目中，学生可以猎取比较丰富的文史知识，扩大知识面。我们从傅斯年所讲的题目中，看出他确实是一位对文史知识融会贯通、博学多才、大气磅礴的学者。

傅斯年对教学认真负责，敬业爱生，以培养学生解决实际问题的能力为己任。1926 年冬，他刚到学校，学生期末考试刚结束。根据学校的安排，成绩合格的学生按程度分别等级，补习国文、数学、外语三科。傅斯年行李甫卸，即投入这三科的补习课。第二年 3 月 1 日新学期开始，傅斯年即登上讲台上正式的课程。傅斯年在中大将近两年的时间里，开的课程很多，计有《尚书》《诗经》研究、中国古代文学史、陶渊明诗、心理学、统计学、书目编纂法、比较语言学、印度支那语系导论、尼采与巴特勒、《史记》研究等。他白天忙于上课、行政事务，晚上忙于编写讲义。《中国古代文学史讲义》是他自己刻在钢板上，在蜡纸上起草，稍加修改，即付油印，所以讲义上常有增删涂改的地方。他在《诗经讲义稿·叙语》中谈及当时编讲义的情况："日中无暇，每晚十一时动笔写之，一

① 参阅《凝聚中大精神》第 6 章《部分著名学者在国立中山大学》，中山大学出版社 2001 年版。

日之劳，已感倦怠，日之夕矣，乃须抽思。"① 这是当年傅斯年工作繁忙、教学紧张的写照。

在教学方法上，傅斯年反对填鸭式的陈腐说教，主张把教学的重点放在培养学生获取新的知识的方法和运用资料以解决实际问题的能力方面，力求一步一个脚印地将学生引入学术研究的殿堂。他开"中国古代文学史"课程，要求学生一定要阅读原始资料。他告诫学生"要避免的，是太着重了后来人的述说、批评、整理的著作，以及叙录的通书，而不着重原书"②；只要能够细心地读一部古籍，就比读完一切近年出版的文学史著作要好。学生不可把读教师的讲义代替读专门的古籍资料，恰恰相反，教师的讲义只是用来刺激学生读原始资料的手段。他嘱咐学生，要学会思考问题。他说，我的讲义"非供诸君以结论，乃赠诸君以问题"，"假如这些问题刺激得诸君心上不安宁，而愿工作，以求解决，便达到这讲义的目的了"。③ 他开"《史记》研究"课。至于为什么要开设此课？"我们第一步自然是把《史记》从头到尾细读一遍，这是我们设这一课的第一个目的。第二步是找出若干问题，大家分别研究去。第三步，如果大家长期努力，或将《史记》一书中若干头绪，整理出不少来，共同写成一书，也是一番事业。"④ 总之，傅斯年认为，教师不仅仅要传授知识，而且要引导学生阅读原始资料，教会学生学习的方法，启发学生提出问题、思考问题，进而解决问题，从而提高学生的素质和能力。傅斯年在 70 多年前提出这样的培养目标和教学原则，是难能可贵的。

四、 熠熠光辉的史学研究成果

傅斯年在中山大学的时期，是他学术研究的重要时期。根据有关资料统计，他在中山大学期间发表的史学论著有十种左右，可分三类：第一类是有关史学方法论性质的，如《历史语言研究所工作之旨趣》等；第二类是有关先秦秦汉史的，如《与顾颉刚论古史书》⑤《评秦汉统一的由来和战国人对于世界的想像》⑥《论孔子学说所以适应于秦汉以来社会的缘故》⑦《评〈春秋时代的孔子和汉代的

① 傅斯年：《〈诗经〉讲义稿》，见《傅斯年全集》第 1 册，台湾联经出版事业公司 1980 年版，第 185 页。

② 傅斯年：《中国古代文学史讲义》，见《傅斯年全集》第 1 册，第 11 页。

③ 同上，第 15 页。

④ 《傅斯年全集》第 2 册，第 397 页。

⑤ 载《国立中山大学语言历史学研究所周刊》第 2 集第 13、14 期。

⑥ 载《国立中山大学语言历史学研究所周刊》第 1 集第 2 期。

⑦ 载《国立中山大学语言历史学研究所周刊》第 1 集第 6 期。

孔子〉》①《周颂说》② 等；三类是四种讲义，即《中国古代文学史讲义》《〈诗经〉讲义稿》《战国子家叙论》《〈史记〉研究》，后来台湾出版《傅斯年全集》，这四种讲义分别被收入第一册和第二册。从这些论著中，可以看出傅斯年精通中外史学理论，谙熟中国传统古籍文献，提出了许多真知灼见。下面分别加以叙述。

1.《历史语言研究所工作之旨趣》

傅斯年一生中在学术上的最大贡献莫过于创办和主持中央研究院历史语言研究所。他在这篇《历史语言研究所工作之旨趣》（以下简称《旨趣》）中阐明了为什么要成立这个所。他认为，中国的历史学、语言学发展得早，有光辉的历史，但近代以来却落伍了。"中国境内语言学和历史学的材料是最多的，欧洲人求之尚难得，我们却坐看他毁坏亡失。我们着实不满这个状态，着实不服气就是物质的原料以外，即便学问的原料，也被欧洲人搬了去乃至偷了去。我们很想借几个不陈的工具，处治些新获见的材料，所以才有这历史语言研究所之设置。"③他确定了该所的宗旨有三条：第一，"保持亭林百诗的遗训"；第二，"扩张研究的材料"；第三，"扩张研究的工具"。他认为判定这两门学问进步与否的标准有三点：第一，"凡能直接研究材料，便进步。凡间接的研究前人所研究或前人所创造之学统，而不繁丰细密的参照所包含的事实，便退步"。第二，"凡一种学问能扩张他研究的材料便进步，不能的便退步"。第三，"凡一种学问能扩充他作研究时应用的工具的，则进步，不能的，则退步"。为了贯彻该所宗旨，他提出三点：第一，"我们反对'国故'一个观念"。第二，"我们反对疏通"，"只是要把材料整理好，则事实自然显明了。一分材料出一分货，十分材料出十分货，没有材料便不出货……推论是危险的事，以假设可能为当然是不诚信的事。"第三，"我们不做或者反对所谓普及那一行中的工作"。他提出破除"读书就是学问"的风气，公然宣布"我们不是读书的人，我们只是上穷碧落下黄泉，动手动脚找东西！"最后他提出了三个响亮的口号："一、把些传统的或自造的'仁义礼智'和其他主观，同历史学和语言学混在一起的人，绝对不是我们的同志！二、要把历史学语言学建设得和生物学地质学等同样，乃是我们的同志！三、我们要科学的东方学之正统在中国！"

这篇《旨趣》在中国现代学术界产生了重大影响，劳幹说它"奠定了中国现代历史学的基础"④。李济说："他这一原则我想历史语言研究所的同仁到现在

① 载《国立中山大学语言历史学研究所周刊》第 1 集第 7 期。

② 《中央研究院历史语言研究所集刊》第一本第一分。

③ 《中央研究院历史语言研究所集刊》第一本第一分。《傅斯年全集》第 4 册，第 1308 页。以下关于该文的引文均同此，不再注。

④ 转引自李泉《傅斯年学术思想评传》，北京图书馆出版社 2000 年版，第 97 页。

还一直遵守的。"① 这篇重要文献虽然发表于 1928 年，但其中的一些观点却是傅斯年酝酿已久的。杜正胜、王汎森编《傅斯年文物资料选辑》第 55 页有傅斯年留学后期以迄回国途中的几页手记，其中就记有《旨趣》的一些观点，例如：第一页中说"如不去动手动脚的干——我是说发掘和旅行——他不能救他自己的命"，"我们现在必须把欧洲的历史作我们的历史，欧洲的心术作我们的心术"就是明证。②

2. 先秦史、秦汉史

在这类论著中，他提出很多创始性、突破性的见解。例如《与顾颉刚论古史书》一文，这是写给顾颉刚的信，在文后颉刚案云："傅孟真先生此书，从 1924 年 1 月写起，写到 1926 年 10 月 30 日船到香港为止，还没有完。"文章的最后，傅斯年说："抄到此地，人极倦，而船不久停，故只有付邮。尾十多张，待于上海发。"③ 说明这是傅斯年酝酿已久的对中国古史的看法。回国后他发表的一系列论文和编写的讲义，进一步阐述了这封信中的一些观点。例如 1930 年发表于《国立中央研究院历史语言研究所集刊》第二本第一分的《论所谓五等爵》一文，在文后所加的按语说："此文主旨，大体想就于六七年前旅居柏林时，后曾以大意忽忽写投顾颉刚先生，为顾先生登于《国立中山大学语言历史学研究所周刊》第十四期。今思之较周，节目自异，然立论所归仍与前同。"④ 关于周族起源，《与顾颉刚论古史书》中提出姬、姜同出自西戎，"与其信周之先世曾窜于戎狄之间，毋宁谓周之先世本出于戎狄之间。姬、姜容或是一支之两系，特一在西，一在东耳"。1930 年傅斯年发表于《国立中央研究院历史语言研究所集刊》第二本第一分的《姜原》一文，他根据《诗经》《左传》《国语》等文献，对与姜的世系二族系、地望等问题进行探讨，认为"姬周当是姜姓的一个支族，或者是一更大支族之两支"，他们起源于西戎。⑤ 1935 年傅斯年为董作宾的《新获卜辞写本后记》写的跋，洋洋洒洒数万言，再度申述周族出自西戎的说法。⑥ 关于商纣王，《与顾颉刚论古史书》认为，儒家经典中说纣王残忍暴虐，被周所灭，是靠不住的。"我想殷周之际事可作一出戏，纣是一大英雄"，"纣乃以天下大英雄之本领与命运争，终于不支，自焚而成一壮烈之死"。这些观点在当时都是振聋发聩的。

---

① 转引自李泉《傅斯年学术思想评传》，北京图书馆出版社 2000 年版，第 97 页。

② 杜正胜、王汎森编：《傅斯年文物资料选辑》，台湾傅斯年先生百龄纪念筹备会印行，第 55 页。

③ 傅斯年：《民族与古代中国史》，河北教育出版社 2002 年版，第 148 页。

④ 同上，第 115 页。

⑤ 同上，第 61 - 70 页。

⑥ 同上，第 149 - 187 页。

1926 年 11 月，顾颉刚写信问傅斯年：“孔子只是旧文化的继续者，而非新时代的开创者。但秦汉以后是一新时代，何以孔子竟成了这个时代的中心人物？”傅斯年复以长信，以《论孔子学说所以适应于秦汉以来的社会的缘故》为题，发表于《国立中山大学语言历史学研究所周刊》第一集第六期。傅斯年认为，孔子的政治思想“只是一个霸道，全不是孟子所谓王道”，是“强公室杜私门”主义，与当时的社会相合。孔子是鲁国人，鲁国在春秋时代，文化比哪一国都高，“鲁国的风气，是向四方面发展的”，“大约当时人谈人文者仰邹鲁，而邹鲁之中以孔子为最大的闻人。孔子之成后来中心人物，想必是凭藉鲁国”。而鲁国的儒化有两个特别之色彩，一是“最好文饰，也是长于文饰”，“所以好名高的世主，总采儒家”。二是“儒家的道德观念，纯是一个宗法社会的理性发展。中国始终没有脱离了宗法社会”。① 所以孔子学说适应秦汉以来的社会。傅斯年这一见解也是有创见的一家之言。

3. 四种讲义

这四种讲义分别是《中国古代文学史讲义》《〈诗经〉讲义稿》《战国子家叙论》《〈史记〉研究》。

《中国古代文学史讲义》是他在中山大学开“中国古代文学史”课的讲义。这份讲义对儒家经典有独到的研究，如《尚书》。傅斯年对《尚书》，除两三篇外，其余都可以背诵。上《尚书》课时，“他在黑板上一段一段的写，并没有《尚书》在手里”②。《中国古代文学史讲义》中专门写了《论伏生所传书二十八篇之成分》一节，把《今文尚书》28 篇分作七类，就各篇的成书年代、核心思想、价值等问题提出自己的见解。这些成果对我们今天研究《尚书》仍有重要的参考价值。他对《礼记》部分篇章的成书年代作了考证。还对《大戴礼》的成书年代及亡佚情况做了论述，指出《大戴礼》尽管是后人拼凑而成，但其中保存了许多珍贵的材料，我们不能轻视这部材料书。傅斯年对《易》《春秋》《论语》《孝经》的成书年代及与孔子的关系都有精辟的见解。他对儒家经典有一个总的看法，认为许多书都经过西汉人的重新编订，西汉人的思想与晚周人的思想不同，西汉人的文章也和晚周不同，因此，判断一篇文章属于晚周还是西汉，有四条标准：

　　　　（一）就事说话的是晚周，做起文来的是西汉的。（二）对当时问题而言的是晚周的，空谈主义的是西汉的。（三）思想成一贯，然并不为系统的

① 《傅斯年全集》第 4 册，第 1488－1492 页。
② 钟贡勋：《孟真先生在中山大学时期的一点补充》，载台湾《传记文学》1976 年第 28 卷第 3 期。转引自王为松编《傅斯年印象》，学林出版社 1997 年版。

铺排的是晚周，为系统的铺排的是西汉（自《吕览》发之）。（四）凡是一篇文章或一部书，读了不能够想出他的时代的背景来的，就是说，发的议论是抽象，对于时代独立的，是西汉……汉朝也有就是论事的著作家，而晚周却没有凭空成思之为方术者。①

这是傅斯年熟读大量先秦、两汉典籍而抽象出来的规律性的总结，今天对我们还有指导意义。

《〈诗经〉讲义稿》是他在北京大学读书时，曾在《新潮》杂志上发表过的研究《诗经》的论文，是 1928 年傅斯年在中山大学讲授"《诗经》专题研究"课程的讲义。《〈诗经〉讲义稿》，比较全面地阐述对《诗经》的看法。

傅斯年对诗产生的年代、《诗经》的分类及各名称的来源、历代研究《诗经》的得失都做了探讨。关于诗产生的年代，他认为雅、颂中有不少两周的诗，其中以无韵的颂产生得最早。大体上说，"诗三百之时代一部分在西周之下半，一部分在春秋之初期中期"②。世有诗三百篇为孔子删定之说，这乃是"汉儒造作之论"。对于历代研究《诗经》的情况，他认为，战国秦汉之际，这部"绝美的文学书成了一部庞大的伦理学"，汉代又有人把它当作谏诗。后来齐、鲁、韩三家诗亡佚，是因其政治哲学味太重。毛诗朴素，与古文经互相发明，东汉大儒而取毛诗。六朝到唐，学人讲诗多无可取之处。宋代古文学复兴，产生了许多新观点。朱熹作《诗经集传》，集诗本意解诗，对以前一切美化附会之说扫地以尽，诗的文学作用复显露出来。清代学者对《诗经》的贡献，一是古韵，二是训诂。由于傅斯年对《诗经》及诗学史有深邃的研究，所以对研究《诗经》的态度提出深刻的见解，"一、欣赏他的文辞；二、拿他当一堆极有价值的历史材料去整理；三、拿他当一部极有价值的古代言语学材料书"③。对于声音、训诂、语词、名物之学，他认为此乃经学的基础，须继承前人的研究成果而继续提高。

《战国子家叙论》是他 1927 年在中山大学开课的讲义。此文附记说："此篇必须与下篇《战国诸子文籍分析》参看，方得持论之义。"可惜下篇没有流传下来。此篇分 15 个子题目，除十一、十二两题作者自注云"以上两章非仓卒所能写就，待后补之"却没有留下文稿之外，其余每个题目都有创见。尤其是对战国诸子产生的原因，他提出非常深刻的见解。他认为春秋战国时期百家兴起，"只能生在一个长久发达的文化之后，周密繁丰的文化之中"。具体说来，第一，"春秋战国间书写的工具大有进步"，"这是战国子家论言著书之必要的物质凭借"。第二，春秋战国之世，"政治无主，传统不能支配。加上世变之纷繁，其

---

① 傅斯年：《中国古代文学史讲义·儒林》，见《傅斯年全集》第 1 册，第 146 页。
② 傅斯年：《诗经讲义稿·泛论诗经学》，见《傅斯年全集》第 1 册，第 188 页。
③ 同上。

必至于摩擦出好些思想来"。第三，春秋之世，各国生产大发展，经济力量大大加强，蛮夷戎狄融合，使得文化"绝富于前代"，"这自然是出产各种思想的肥土田"。第四，社会组织发生变化，"部落式的封建国家进而为军戎大国，则刑名之论当然产生"。"国家益大，诸侯益侈，好文好辩之侯王"益多，养客之风盛行，为各种学说的产生提供了条件。① 傅斯年认为，诸子除墨子外，皆出于职业。由于各国地理条件、经济因素、人文环境的不同，诸子学说皆有地方性。这些分析，除了说明傅斯年熟悉诸子文籍，也说明他的有些论断是符合唯物论的。

《〈史记〉研究》是在中山大学开"《史记》研究"一门课程的讲义，流传下来五篇。他认为《史记》值得研究之处，大致有四点："第一，《史记》是读古书治古学的门径，我们读汉武帝以前之遗文，没有一书不用把他来作参考"。"第二，史记研究可以为治古书之训练，将《史记》和经传子籍参校，可以作出许多有意义的工夫"。"第三，太史公即有大综合力，以整齐异说，又有独到的创见，文词星历，综于一人，八书货殖诸传之作，竟合近代史体，非希腊罗马史学家所能比拟，所以在史学上建树一个不朽的华表，在文词上留给后人一个伟壮的制作，为《史记》研究《史记》，也真值得"。"第四，《史记》作于汉武时，记事迄于天汉"，有他这一部书，我们借此得到不少历史知识。然而，《史记》不是容易研究的书，因为它是"古籍中最紊乱者"；"太史公所据之书，现在无不成问题者"；"《史记》一书之整理，需用若干专门知识"。傅斯年认为司马迁的卓越贡献在于三点：第一，"整齐殊国纪年"，"年代学乃近代史学之大贡献，古代列国并立，纪年全不统一，子长独感其难，以为十二诸侯六国各表，此史学之绝大创作也"。"是表之作，实史学思想之大成熟也"。第二，创作八书，将文化史纳入史书之中，"斯真睹史学之全，人文之大体矣"。"其在欧洲，至十九世纪始有如此规模之史学家也"。第三，"疑疑亦信"，"子长于古代事每并举异说，不雅驯者不取，有不同者并存之"，这样求真求实精神，值得褒扬。②

从上述可知，傅斯年在中山大学期间的史学研究成果是辉煌的。邓广铭说："傅先生关于中国古代史的文章，几乎每一篇都有其特殊的贡献，都具有开创性的意见和里程碑的意义。"③ 何兹全说，"他（指傅斯年）对中国古代史所提出的见解，都是有创始性，突破性的第一流的精辟的见解。这不是我个人的看法，自知他最深的胡适之先生起，他的朋友，他的学生，大多持这一相同的意见"④。

原载《中山大学学报（社会科学版）》2004 年第 2 期。

---

① 傅斯年：《民族与古代中国史》，第 187－237 页。

② 傅斯年：《史料论略及其他》，辽宁教育出版社 1997 年版，第 84－96 页。

③ 邓广铭：《回忆我的老师傅斯年先生》，见《傅斯年》，山东人民出版社 1991 年版，第 8 页。

④ 何兹全：《前言》，见傅斯年《民族与古代中国史》，河北教育出版社 2022 年版，第 21 页。

顾颉刚与中山大学

顾颉刚（1893—1980）是我国著名历史学家、国学大师、学术界的一代宗师。他 20 世纪 20 年代创立的"古史辨学派"的"疑古"精神，是当时反封建思潮的一个侧面。他在古史考订、古文献考订、历史地理学、民俗学等领域都进行了开拓性的研究，为中国学术事业的发展做出了重要贡献，在国内外产生了广泛而深远的影响。他又长期从事高等教育，为我国培养了许多领域的杰出人才。

顾颉刚 1927 年 4 月至 1929 年 2 月在中山大学任教，曾任史学系教授兼主任，后来又兼任语言历史学研究所主任和图书馆中文部主任，并承担了繁重的教学任务和研究工作。顾颉刚在中山大学虽然只有短短的一年多的时间，但是，对中山大学的学科建设、图书资料的搜集和整理、优良学风的形成等方面都做出了开创性的贡献。顾颉刚生前的助手王煦华先生 1998 年发表过《顾颉刚先生在中山大学》① 一文，该文从顾颉刚的日记、手稿和大量资料中，整理出顾颉刚在中山大学一年多时间里所做的工作及其重要贡献。今天的中山大学与 70 多年前顾颉刚任教的中山大学已有许多不同，有很大的发展。但是，顾颉刚当年在中山大学开创的事业，后继有人，他所提倡的优良学风得到发扬光大。现在我就顾颉刚当年在中山大学开创的事业以及今天这些事业的发展做一个论述，就教于同好，并告慰于九泉之下的顾颉刚。

一、 为中大图书资料建设立下汗马功劳

我们知道，办好一所高校，图书资料是十分重要的。中山大学成立于 1924 年，离顾颉刚 1927 年到中大任职，只有三年时间。当时中大的图书资料是缺乏的。顾颉刚到中大后，与时在中大任教的鲁迅等发生矛盾。当时中山大学委员会中"担任教务方面"的委员朱家骅实际主持中山大学工作，他作出调处办法：一方面允许鲁迅等请假离校；一方面派顾颉刚到江浙一带为中大图书馆采购图书。为此，顾颉刚用了半个月的时间作《国立广州中山大学购求图书计划书》（下文简称《计划书》），后来这个《计划书》列入"中山大学图书馆丛书"出版了。这个购书计划是开创性的。他提出收集中国书籍应该破除"圣道"和

---

① 参阅王煦华《顾颉刚先生在中山大学》，见《庆祝杨向奎先生教研六十年论文集》，河北教育出版社 1998 年版。

"古文"的传统观念，打破以"经、史、子、集"为书籍分类的看法，认为购书的宗旨是"搜集材料"，"把记载自然界和社会的材料一起收来"，"使得普通人可以得到常识，专家们也可以致力于研究"。对于图书馆的建设，顾颉刚认为，把图书馆办成"供给许多材料来解决现代发生的多种问题的"机构，"我们要以新观点所支配之材料搜集，成就研究本国各问题之科学化，既以助成新材料之基础建设，并使我们的图书馆成为一个有生命的图书馆"。

按顾颉刚计划书，要搜集的图书有 16 类：①经史子集及丛书；②档案；③地方志；④家族志；⑤社会事件之记载；⑥个人生活之记载；⑦账簿；⑧中国汉族以外各民族之文籍；⑨基督教出版之书籍及译本书；⑩宗教及迷信书；⑪民众文学书；⑫旧艺术书；⑬教育书；⑭古存简籍；⑮著述稿本；⑯实物的图像。他对每类的内容及收集的必要性都做了说明。当时的中山大学图书馆馆长杜定友对这个计划书推崇备至。他写了一篇很长的《书后》，略云："他这《计划书》的篇幅，虽然很短；但是含义甚深，计划周密。所要说的，都说过了。我对于他的计划，不敢赘一辞。他拟的十六大类，已经把所有的材料，包括殆尽，更不容有所添减。""现在把它付印，作为'图书馆丛书'之一。我们的宗旨，非但要把它作为购书根据；而且希望这本小书能够在中国图书馆学上发生重大影响，以助中国图书馆事业之发展。"顾颉刚按照这个计划，前后五个月足迹遍及杭州、苏州、上海、绍兴、宁波、嘉兴、南京、松江等地，购得图书约 12 万册，其中有丛书约 150 种、地方志约 600 种、科举书约 600 种、家谱约 50 种、考古学书约 250 种、近代史料约 800 种、民间文艺书约 500 种、民众迷信书约 400 种、碑帖约 30000 张，内善本书及未经见之稿本、抄本、批本甚多。顾颉刚采购这些图书，使中大图书馆成为当时全国藏书量较多的几所高校图书馆之一。顾颉刚这个《计划书》大大地扩大了人们的视野，但在当时实行起来确不容易，因为书商和藏家不是这个看法，"他们所谓好书，是指版本书，价钱大的书。我所谓好书是史料"。因而顾颉刚在购书期间不得不亲自去搜寻诸如杂志、日报、家谱、账簿、日记、公文、职员录等等。"我们要收'个人生活之记载'，日记尺牍等是很难收到的，诗文集却是个人生活之记载，我们用历史的眼光去看，差不多一部诗文集就是一部自传。"① 对于近代史料的价值及搜集之困难，他在 1928 年 12 月 7 日为中大图书馆旧书整理部作《本部杂志书目跋》，说明去年购得的 400 多种杂志中，"三十年来支配全国思想的刊物，如《万国公报》《格致益闻汇报》《湘学报》《知新报》《清议报》《新民丛报》《庸言报》，都有了。清末大学士王文韶家里散出一大批旧官报，如谕折汇存、北京新闻汇报、时事采新汇选等，保存了

① 1927 年 6 月 27 日顾颉刚致傅斯年信。转引自顾潮《顾颉刚先生与史语所》，见台北"中央"研究院历史语言研究所编《新学术之路》上册，第 88 页。

光绪一朝的公文，都买来了。陈乃乾先生在上海替我买到《政府公报》《外交报》《江苏公报》、民国以来《申报》全份，我自己又在杭州买到《浙江公报》《浙江军事杂志》，以及浙江谘议局和省议会的全份刊物，二十年中的重要史料虽然不完全，总算有一个规模。""切盼各处的图书馆都能注意到'当时'和'当地'的材料，轶出通常的藏书范围，专到旧家去寻废纸，到小书摊上去寻破杂志，使得研究近代史的都得着捡取材料的方便。"① 对购来之书，经过一年的整理，在《中山大学图书馆周刊》编了一个专号《本馆旧书整理部年报专号》，顾颉刚写了《卷头语》②，其中谈到了经史子集以外的书搜集之不易和这些资料不被人们所重视。他说：

> 所买的仍以经史子集为多。其他如杂志、日报、家谱、账簿、日记、公文、职员录等等，虽是亲到旧家及小书摊上去寻得了多少，但仍不能适合原来预定的数目。惟有地方志，是因商务印书馆和外国图书馆的收买，他们已懂得搜求了（二十年前是不知道有这一回事的），所以这项买到很多。还有医卜星相的书，从前虽不入藏书家的收藏范围，但因有特种人的信仰，这类专家往往有很丰富的收藏范围，所以也居然买到了许多秘本。至于民众文学书，上海滩上石印小本的势力遐被全国，我也买了一个全份。碑帖虽无大宗收藏，但旧家总积存着许多，又有专做营业的碑帖铺，所以也觅得了不少。

从这里可见顾颉刚当年在江浙收购图书资料的甘苦。他为中山大学图书资料建设做出了重要贡献。

顾颉刚的族叔顾廷龙一生从事图书馆的工作，历任燕京大学图书馆采访主任、上海合众图书馆总干事、上海历史文献图书馆馆长、上海图书馆馆长等职。对顾颉刚这个《计划书》，他说："我从事图书馆古籍采购事将五十年，即循此途径为收购目标，颇得文史学者的称便。"顾廷龙回忆，1955 年秋上海造纸工业原料联购处从浙江遂安县收购了一批废纸 200 担左右，上海市文化局组织人力展开抢救工作。当时选取的标准就是采用了《计划书》中的 16 项。结果抢救出 2000 斤有价值的文献。③ 由此可见《计划书》对图书资料建设的深远意义。

顾颉刚对中大图书资料建设的贡献，还表现在 1928 年 3 月主持创办《中山大学图书馆周刊》，为中大图书馆事业的发展起了重要作用。今天中山大学的图书馆已经发展成华南地区高校藏书最丰富的图书馆，就藏书及设备而言，当时顾

---

① 顾潮：《顾颉刚年谱》，生活・读书・新知三联书店 2002 年版，第 165 页。

② 《国立中山大学图书馆周刊》第 6 卷第 1 至 4 期合刊。

③ 顾廷龙：《介绍顾颉刚先生撰〈购求中国图书计划书〉——兼述他对图书馆事业的贡献》，见顾潮编《顾颉刚学记》，生活・读书・新知三联书店 2002 年版，第 291–298 页。

颉刚任教时不可与现在同日而语。但是，顾颉刚提出的把图书馆办成"供给许多材料来解决现代发生的多种问题的"机构，"使我们的图书馆成为一个有生命的图书馆"的办馆宗旨却有永恒的指导意义，是我们永远应该遵循的原则。

在这里我要特别介绍顾颉刚为中大购进的 30000 张碑帖。由于入藏这 30000 张碑帖，使中大图书馆成为当时全国收藏历代碑帖最多的几个图书馆之一。但由于各种条件的限制，未能充分发挥作用。由于近百年中存放在各种恶劣收藏环境及多次搬迁，绳断套破，次序混乱，拓片多有磨损、破烂。中山大学领导为抢救这批珍贵的文化遗产，制订了《中山大学图书馆关于抢救整理馆藏石刻拓本的计划》，成立以黄达人校长为组长，李萍副校长、程焕文馆长为副组长的"抢救、整理馆藏石刻拓本领导小组"。经初步清理，馆藏碑帖拓本约 15000 种、30000 余件，多为近代所传拓，所拓各种刻石、摩崖、碑记、墓铭、联语、刻帖等，上自秦汉，下迄民国初年，历代皆有，其中碑刻最多。绝大部分为原始拓纸，弥足珍贵。有一定数量的珍本、善本；有少数孤本、稀见本；有较多的摩崖、造像，历代官规民约、治河筑路买地券等石刻，以及亭台楼阁等名胜古迹的题记、联语之拓本，这些拓本未为许多收藏单位所藏，是该馆拓本的一个特色；而且极少剪裱本，绝大部分是学术及文物价值较高的整幅拓本。

这次整理、保护工作，严格按国家《文物保护法》规定进行整理、编目、鉴定、评定等级等。中大图书馆参与海峡两岸暨香港文献资源共享的协调协作，对中国古代拓片进行国际间的联合编目，并参与了有中国国家图书馆等 13 家单位参加的"中文古代石刻拓片数据库"工作，按计划实施该数据库的收录范围、著录项目、分类方法等。在这些工作的基础上，我们将有计划、有选择地出版《中山大学图书馆藏石刻拓片图录》。当把这些碑帖整理、出版完成，并为广大读者所利用时，我想顾颉刚一定会含笑于九泉之下。

二、 为中大文史类学科建设奠定基础

如前所述，傅斯年到校后，为加强师资队伍，聘请大批全国名流学者。当时国文、史学两系人才济济，大家云集。顾颉刚就是在这样的背景下，由朱家骅、顾孟余推荐，傅斯年发函邀请来中山大学任教授的。

傅斯年在中山大学任教时最突出的贡献是加强学科建设，使文史科的语言学、历史学、教育学以及心理学等科学研究走在当时全国各大学的前列。根据学校教育事业发展的需要，学校决定设立各科专门学科研究所。顾颉刚 1927 年 10 月从江、浙购书返回，除任历史系主任外，还与傅斯年同办语言历史学研究所，傅斯年任主任，"着力于聘定教授，设置各研究组，招收研究生，成立各研究会，

发行定期刊物及丛书等五个方面之进行"①。傅斯年是一位具有新思想，站在学科发展前沿的大气磅礴的学者，提倡历史学、语言学与民俗学和人类学相结合的研究风格。据顾颉刚日记，1927 年 10 月 6 日，傅斯年召集有关人员开会，商议出版学术刊物事宜。会议决定编辑刊物四种：《文史丛刊》《歌谣周刊》《民间文艺》《图书馆周刊》。半个月后，《国立中山大学语言历史学研究所周刊》于 11 月 1 日创刊，《发刊词》是顾颉刚写的②，他高瞻远瞩地提出要认清时代，重视材料的搜集整理，用新的方法研究，达到现代的研究水平。他说：

> 我们生在此际，应该永远想着：这个时代是一个怎样的时代？我们研究的学问有怎么大的范围？我们向哪里寻材料？我们整理学问的材料应当用怎样的方法？能够这样，我们自然可以在前人的工作之外开出无数条的新道路，不至拘守前法，不能进步。
>
> ……我们要打破以前学术界上的一切偶像，屏除以前学术界的一切成见！我们要实地搜罗材料，到民众中寻方言，到古文化的遗址去发掘，到各种的人间社会去采风问俗，建设许多新的学问！我们要使中国的语言学者和历史学者的造诣达到现代学术界的水平线上，和全世界的学者通力合作！这一种刊物是达到我们希望的先导……

这些声音在当时的语言学界和历史学界具有振聋发聩的作用，产生了重要的影响。

语言历史学研究所除出版周刊之外，决定筹办以顾颉刚为总编辑的语言历史学丛书。傅斯年、罗常培负责主持语言学丛书，顾颉刚与何思敬、钟敬文负责民俗学丛书；顾颉刚、傅斯年、容肇祖负责历史学丛书；傅斯年、容肇祖主持史料丛刊，并先后出版了《庄史案辑论》（朱襄廷著）、《教会源流考》（陶成章著）、《星槎胜览》（费信著）、《荷牐丛谈》（林时对著）、《诸蕃志》（赵汝适著）等。

顾颉刚在中大期间，科研成果丰硕。他在《国立中山大学语言历史学研究所周刊》和《国立中山大学图书馆周刊》上，发表了大量有学术价值的文章。如《春秋时的孔子和汉代的孔子》《盘庚上篇今译》《纪元通谱序》《四记杨惠之塑像》《五记杨惠之塑像》《毛诗序之背景与旨趣》《阮元明堂论》《天问》《论康有为辨伪之成绩》等，为《图书馆周刊》第六卷第一至第四期合刊写《卷头语》，并在该刊发表《清代著述考》（连载）、《天算大家海宁李善兰的著述》、

---

① 参阅黄义祥《中山大学史稿》，中山大学出版社 1999 年版。

② 朱家骅：《悼亡友傅孟真先生》，见王为松编《傅斯年印象》，学林出版社 1997 年版，第 26 页。

《钱大昕及其家族著述考》、《曲阜孔广森及其家族的著述》、《李二曲杭世骏著述考》、《闽侯林纾著述考》、《会稽章学诚的著述》、《瑞安孙诒让著述考》、《咸阳刘光蕡著述考》等。① 顾颉刚在语言历史学研究所工作，办周刊，编丛书，发表大量科研成果，为中山大学学科建设做出了重要贡献。

顾颉刚对中山大学民俗学学科建设做出的贡献也是巨大的。顾颉刚、钟敬文等被誉为"中国现代民俗学先驱"②。钟敬文说："中山大学在上世纪的20年代末，曾经是中国民俗学发展地之一。"③ 王文宝先生（中国民俗学会副理事长）说："广州中山大学为中国民俗学奠基活动，对以后该学科在中国的发展产生了重大而深远的影响。"④

顾颉刚与钟敬文、容肇祖等中国民俗学先驱，在中山大学所做的工作，主要有四方面。

（1）1927年11月，他们在中山大学语言历史学研究所内成立民俗学会，并把《民间文艺》周刊改名为《民俗》周刊，于1928年3月21日出版。顾颉刚写的《发刊辞》，强调要重视"农夫、工匠、商贩、兵卒、妇女、游侠、优伶、娼妓、仆婢、堕民、罪犯、小孩"的生活，并号召：

> 我们要站在民众的立场上来认识民众！
>
> 我们要探险各种民众的生活，民众的欲求，来认识整个社会！
>
> 我们自己就是民众，应该各个体验自己的生活！
>
> 我们要把几千年埋没着的民众艺术、民众信仰、民众习惯，一层一层地发掘出来！
>
> 我们要打破以圣贤为中心的历史，建设全民众的历史！⑤

这篇《发刊辞》被誉为我国民俗学运动的一篇宣言书和动员令，而"顾颉刚就是民俗研究的开路人。……中山大学出的《民俗》杂志，便是《歌谣》中断时

① 《国立中山大学语言历史学研究所概览》，第1页，国立中山大学图书馆藏。

② 一说是"孟真（傅斯年）先生的手笔"。见董作宾《历史语言研究所在学术上的贡献》，载台湾《大陆杂志》第2卷第1期。

③ 参阅黄义祥《民俗研究开路人顾颉刚教授》，见《凝聚中大精神》，中山大学出版社2001年版。

④ 叶春生：《中山大学民俗丛书·总序》，见叶春生主编《现代社会与民俗文化传统》，黑龙江人民出版社2002年版。

⑤ 《钟敬文先生的贺辞——祝贺中大"现代社会与民俗文化传统"国际学术研讨会召开》，见《现代社会与民俗文化传统》，第2页。

期，他大力提倡在南方生长出来的新苗"①。可见《民俗》周刊在民俗学界的地位和作用。

（2）顾颉刚主编"民俗学会丛书"（初名为"民俗学会小丛书"），并为这套丛书写了《弁言》。他说，"民俗可以成为一种学问，以前人决不会梦想到"，而"现在我们的眼睛已为潮流所激荡而张开了"，"我们为了不肯辜负时代的使命，前已发刊《民间文艺周刊》（后改为《民俗》周刊——引者注）。此外，风俗宗教等等材料也将同样地搜集和发表。这部小丛书便是我们努力中的一种"。②为什么要出版这套丛书呢？他在《〈闽歌甲集〉序》中说得很清楚："我最悲伤的，北京大学自从成立歌谣研究会以来，至今十年，收到的歌谣谚语有二万多首，故事和风俗调查有数千篇，但以经费不充足的缘故，没有印出来，凡是不到北京大学的人便没有看见的机会，有了同没有一样！……我因有了这几次的创痕和怅念，所以到了中山大学之后，发起民俗学会，就主张把收到的材料多多刊印，使得中山大学所收藏的材料成为学术界中公有的材料。……即使我们这个团体遭逢不幸，但这些初露的材料靠了印刷的传布是不会灭亡的了；这些种子散播出去；将来也许成为长林丰草呢！"③ 这套丛书陆续出了 37 种。顾颉刚自己编著的《苏粤的婚丧》《妙峰山》和《孟姜女故事研究集》等也收入这部丛书。他还为其中的《广州儿歌甲集》《苏州风俗》《泉州民间传说》等十几种书写了序言，在这些序言中，用不同的文字说明印行材料的重要性和作用。后来因为这套丛书的出版问题，与傅斯年等发生矛盾，引起很大的风波。由于朱家骅的支持，丛书和《民俗》周刊能继续出版。这套丛书在当时的学术界产生了很大的影响。

（3）为扩大民俗学的影响，设立风俗物品陈列室，把收集到的实物公之于众。为培养民俗学方面的人才，普及民俗学知识，他们还举办民俗学传习班。顾颉刚在传习班讲"整理传说的方法"，讲了三次：一为"《孟姜女故事研究集》"，讲故事传说的演变和整理的方法；二为"古代民族宗教"，讲商、周、秦、楚、燕、汉诸代所崇拜的神祇，为古代宗教传统之源流；三为"《山海经》"，讲此书集战国时人对于世界万物想象之大成，为研究古代传说的资料。④ 在传习班授课的多是对民俗学有研究的学者，如何思敬、庄泽宣、汪敬熙、容肇祖、余永梁、钟敬文等。这个传习班开启了我国专门培养民俗学人才之先河。

（4）组织团体赴云南考察少数民族生活。成员为史禄国（S. M. Shiro-kogorov）夫妇、杨成志、容肇祖。顾颉刚在 1928 年 7 月 10 日的日记中记："到

---

① 王文宝：《中山大学民俗学的十二个第一》，见《现代社会与民俗文化传统》，第 5 页。

② 《民俗》周刊《发刊辞》，1928 年 3 月出版。

③ 魏建功：《〈歌谣〉四十年》，载《民间文学》1962 年第 2 期。

④ 顾颉刚：《〈民俗学会小丛书〉弁言》，刊于中山大学语言历史学研究所出版的《民俗学会小丛书》各书之首，1928 年版。

南园，为饯别赴滇调查诸君也。"1973 年 7 月顾颉刚又追记此事："此为我主持中大研究所时，作到组织一团体以考察彝族生活的惟一事件。结果史禄国又出了岔，惟容肇祖、杨成志写出一册报告耳。"此"史禄国又出了岔"，指史禄国在调查中对云南土著的社会和原始状态"感到恐惧"，提前结束调查回到广州。学校有关部门专门"为质问史禄国事，在校开会"，汪敬熙要学校辞退史禄国，顾颉刚在日记中记此事："孟真（傅斯年）极袒史禄国，此感情用事也，缉斋（汪敬熙）必欲去之，亦成见。予极畏事，而今乃不得不为调人。"此后，史禄国虽被保留教职，但被中大教授排除在主流学术圈外了。① 可见顾颉刚积极协调此事。

从上述顾颉刚等学者在中大成立学会、出版刊物、编辑丛书、设置风俗物品陈列室、办传习班、组团考察少数民族生活等一系列活动来看，顾颉刚为开展民俗学研究做了大量的组织、宣传工作，有力地推动了南方的民俗学运动。"中国民俗学研究之先驱""民俗学学科建设的奠基者"的评价，他是受之无愧的。

顾颉刚当年为中山大学历史学、人类学、民俗学的学科建设所做出的贡献，今天其传承已得到发扬光大。今天中大的历史学，已发展成一级学科博士学位授予单位，建有历史学博士后流动站，中国近现代史专业是全国重点建设学科。中大在 20 世纪 80 年代，在国内率先复办人类学系。现在，文化人类学专业建有博士点，人类学专业是全国重点建设学科。特别是 2001 年，为了继承和发扬傅斯年、顾颉刚等 20 世纪 20 年代在中大所倡导的历史学、语言学、民俗学与人类学相结合的研究风格和学术传统，以历史学系和人类学系具有相近学术兴趣的教师为主体，正式组建了历史人类学研究中心。该中心提倡历史学、人类学等人文社会科学多学科综合研究的方法取向，重点发展族群与区域文化、民间信仰与宗教文化、传统乡村社会三个方向的研究。该中心提倡田野调查和文献分析、历时性研究与结构性分析、上层精英研究与基层社会研究的有机结合。该中心重视民间文献和口述资料的收集和整理。该中心曾承担包括教育部"十五"期间重大委托课题在内的各类纵向课题 13 项、国际合作课题 5 项、横向课题 6 项。族群与区域文化研究方向已公开发表了一批成果。民间信仰与宗教文化研究方向曾计划出版一套以宗教文化为主要内容的丛书。传统中国乡村社会研究方向曾计划编辑出版"珠江流域文化研究丛书"和"走向历史田野丛书"。该中心与香港科技大学华南研究中心合作，于 2003 年 4 月出版了《历史人类学学刊》。该中心十分重视历史人类学人才的培养，不定期举办历史人类学研究生研讨班、历史人类学系列讲座、历史人类学高级研修班。来自世界各国的历史人类学知名学者应邀前来讲课、参加研讨。该中心的成立，是历史学与人类学互动的一个标志性成果，是

---

① 顾颉刚：《〈闽歌甲集〉序》，中山大学语言历史学研究所，1928 年 7 月。

学科渗透的创新，提升了历史人类学的学术品位，是傅斯年、顾颉刚在中山大学开创的事业的继承和发展。

按国务院学位委员会有关规定，学科门类属法学、一级学科属社会学的民俗学专业也获得了很大的发展。2000 年成立了中山大学民俗学研究中心，招收硕士生、博士生，承担纵横向研究项目十多项。研究方向以区域民俗与文化认同、民俗文化遗产保护与研究、民间信仰与地方社会、民间文艺研究为重点。该中心已有一批重要研究成果发表，公开出版《民俗学刊》（澳门出版社出版）。特别是该中心决定重版《中山大学典藏民俗丛书》，更具重要意义。当年顾颉刚主编的"民俗学会丛书"共出版了 37 种 39 册（《孟姜女故事研究集》分三册出版），从 1930 年出版最后一本到现在，已有 70 多年，原书多数已经散失难寻。钟敬文曾经回忆："50 年代顾颉刚跟我谈过，他说我们在中大出了那么多书，是否可以选编一些留下来。""有些经典的论著可以一印再印……《孟姜女故事研究》，我们这个学科的人都要有。"由于种种原因，这套丛书没有重印。① 现在中大民俗研究中心决定重印这套丛书，这实现了顾、钟等先生的遗愿。而且该中心还决定编辑出版"中山大学民俗丛书"，赓接"民俗学会丛书"，从第 38 种开始，继续编下去。2001 年 12 月，该中心与中国民俗学会联合举办的钟敬文先生百岁寿庆暨"现代社会与民俗文化传统"国际学术研讨会在中山大学召开。会议论文集《中国民俗研究前沿论丛：现代社会与民俗文化传统》作为"中山大学民俗丛书"之一种，于 2002 年由黑龙江人民出版社出版。顾颉刚开创的事业后继有人，这是令人欣慰的。

三、 为中大优良学风的形成树立典范

所谓大学的学风，就是一所大学中治学、读书、做人的风气。学风是一所大学的灵魂和气质，是一所大学的立校之本。我校的学风就是孙中山先生为我们题写的"博学、审问、慎思、明辨、笃行"校训。一所大学的学风的形成，不是一朝一夕的事，而是长期积累的结果。中大校长黄达人曾在学校研究生工作会议上的讲话《谈大学学风》中指出，中山大学优良的"学风正是靠着一代又一代优秀的学者积累起来"的，在中山大学的历史中，"有许多杰出的学者，他们用毕生的努力告诉我们，什么是神圣的学术，也正是他们，为我们奠定了中山大学今天的地位，在我们学校形成了良好的学术环境和严谨求实的学术风气"②。顾颉刚先生就是这"许多杰出的学者"之一，为中大优良学风的形成树立典范。

① 《顾颉刚年谱》，第 152 页。
② 施爱东：《傅斯年、顾颉刚与民俗学》，见《现代社会与民俗文化传统》，第 100 页。

我们从三个方面来看顾颉刚是如何在中大树立优良学风的。

（1）教师与学生的关系。

教师与学生是大学学风建设的主体。师生间学术薪火的传承，不仅仅是知识的传承，而且是严谨的治学态度以及求真、求知的道德感和责任感的传承。根据顾颉刚日记可知，1927 年 10 月至 1929 年 1 月，他先后开设"中国上古史""《书经》研究""书目指南""文史导课""古代地理研究""《春秋》研究""孔子研究""中国上古史实习"等课程，并编写了五种讲义。他的教学方法，是传授知识，更重要的是培养学生研究的能力和学术责任感，寻求学术的传人。他所编写的讲义，全是相关的原始材料。据上述王煦华先生的文章，可知这些讲义的情况。顾颉刚把材料分门别类，在卷首写上研究性的"按语"。《中国上古史讲义》所引的材料分为五种：甲种——上古史的旧系统，以《史记》秦以前的本纪、世家为代表；乙种——《史记》本纪、世家所根据的材料及其他真实的古史材料；丙种——虚伪的古史材料，古代的神话传说与宗教活动的记载；丁种——古史材料的评论；戊种——预备建立上古史新系统的研究文字。这五个系统共收集材料 158 种，其中 37 种有按语。《尚书学讲义》所收材料，正文凡 113篇，其中《尚书》28 篇，《逸周书》60 篇，《伪古文尚书》25 篇；参考材料凡62 篇，加上附录，列为 14 卷。《古代地理研究讲义》分甲乙两种：甲种为旧系统的参考材料 19 篇，全都有按语；乙种为新系统的材料 13 篇，9 篇有按语。《春秋研究讲义》分甲乙丙丁四种：甲种为《春秋》本经的参考材料 10 篇，乙种为《春秋三传》参考材料 24 篇，丙种为经的《春秋》参考材料 1 篇，丁种为史的《春秋》参考材料 6 篇，总共 41 篇，全都有按语。《孔子研究讲义》也分四种：甲种为孔子事实及记载孔子事实之文籍考订的参考资料 24 篇，22 篇有按语；乙种为各时代人心目中之孔子的参考资料。丙种为道统传衍问题的参考材料；丁种为经书著作问题参考材料 11 篇，都有按语。顾颉刚在给胡适的信中，两次谈到在中大编发讲义的事。1928 年 6 月 15 日的信说：

> 这一年中，我拼命发讲义，现在已有千余张了。将来想编排一下，名为《上古史材料类编》及《尚书学史材料》两书。所得的创建虽不及以前多，但比以前踏实，对于这两种学问的常识比以前丰富多了。学生很有几个好的。我深信这一年中已为广东学界造成一个新风气。①

同年 8 月 20 日的信说："我拼用这一年的精力化在教书办事上罢！所以上古史和

---

① 《中山大学典藏民俗丛书》重版说明，载《民俗学刊》2003 年 6 月。

《尚书》两课的讲义拼命发。"① 顾颉刚拼命给学生发讲义，目的是希望学生在阅读原始材料时，受老师按语的启发，发现问题、思考问题，进而解决问题，引起研究问题的兴趣。为实现这个目的，顾颉刚特别重视考试及所出的试题，他出的试题具有较高的学术价值。在"中国上古史第一学期试题"附告中说："这份题目请带回和讲义钉在一起。"他又在"中国上古史课平时成绩题目"的前记中说：

> 此等题目皆为研究上古史者所必当思索或必当编录者，故即不作，亦应时时悬诸心目中，使见到此类材料之后，可以随手加以分析及综合，则问题虽因难必有解决之一日，即不能全部解决，至少亦必有一部分可以解决，研究学问之方法即在于是，幸留意焉。

在"孔子研究"的学期试题前记中他又说：

> 此次考试未选作之题目，希望于寒假中都去想一想，能作笔记最好，因为写笔记是引入自己研究一条路。②

1929 年 2 月 25 日，顾颉刚离开中山大学前，作《离粤时与诸同学书》，曰，请假赴平期间，所任课除"上古史实习"一课请杨筠如代理外，其他三门课仍"由我编好讲义，寄粤付印"。他希望选修"古代地理研究"者，"把《左传》《战国策》《史记》三书中关于地理的部分细看一下"，比较春秋、战国及秦汉时代的疆域大小，"再把《禹贡》《山海经》《职方解》三篇同这些材料比较看着"，看这三篇与何时代的疆域相符以判定他们的著作时代。选修"春秋研究"者要把三传细读，"记出它们在意义和形式上的种种同异之点；再把春秋经文和三传比较，看经文中哪些事情是幸赖传文而明白的，哪些事情是给三传一讲反而弄糊涂了的，哪些事情是终于失传了，作三传的人一点都不知道的"。选修"孔子研究"者要"把《汉书》《春秋繁露》《古微书》《白虎通德论》等书翻一遍，看孔子的偶像如何给汉人抬起来的；再把《宋元学案》《明儒学案》等书翻一遍，看理学家心目中的孔子是怎样的，他们把汉朝人造成的孔子变得怎么样了"。选修"上古史实习"者要"把《史记》百三十篇统研究完"。这部书在古代史和学术史上所牵涉的问题有许多"是可由我们解决了，有许多不是一时间内可以解

---

① 黄达人：《谈大学学风》，载《国家教育行政学院学报》2003 年第 2 期。

② 中国社会科学院近代史研究所中华民国史组：《胡适来往书信选》上册，中华书局1979 年版，第 480 - 481 页。

决的问题也可由我们提出了,《史记》的糊涂账我们可以担任结算的义务了"①。从以上这些材料中可以看出顾颉刚时刻想把学生引上研究之路、提高他们研究能力的一片苦心。从这些对学生充满着爱的试题附言以及实际上是治学经验谈的《离粤时与诸同学书》,我们可以看出顾颉刚是怎样教学生去读书、去思考问题、去发现问题、去解决问题的。对前人的研究方法,顾颉刚又怎样教导学生呢?1929年1月28日,顾颉刚作《致选修三百年来思想史诸同学书——代〈桂学答问〉序》,曰,本学期的"三百年来思想史"课是讲康有为,因忙未编讲义,因嘱夏廷棫标点刚买到的康有为的《桂学答问》印本,暂代本课讲义。他在文中说,对于本书中所讲的研究学问的方法,"千万不要把现在应用的眼光来看它,而要用十九世纪末年一个从经生改行的新学家的读书方法来看它,看它如何沿袭着前人,又如何独辟着新路,看它怎样受时势的影响,又怎样受环境的束缚。能够这样做,我们研究康有为时,就不是研究他一个人,而是研究一个康有为的时代了"。书中所言,"有极创辟的。如谓《老子》为战国书,在孔子后,这是以前的人从没有讲过的"②。顾颉刚通过自己的课程,言传身教,身体力行,把学生引导上研究问题之路,一步一个脚印地提高研究能力。这种高度负责的精神和责任心,就是一种优良的教风,这是优良学风的表现。

(2)传授与创造的关系。

大学是传授知识的地方,更是创造知识的地方。大学是一个国家和民族发展和前进的动力。这种动力来源于创造性地发展知识。我们教师要以创造知识为己任,要让学生获得知识,更重要的是教学生获得创新的治学理念,获得将来继续学习的能力,获得创造知识的能力。顾颉刚在中大任教,就有这种使命感和责任心。我们还是以他所教的课程为例来加以说明。

陈槃是1928年中山大学国文系一年级学生,听顾颉刚讲"中国上古史"课。开课不久,陈槃给顾颉刚写过一封信,顾于3月25日复信给他:"接读来书,快悉一切。兄着手作'黄帝事迹演变考',极好。"对于如何作好此考,顾颉刚在信中给予详细指点,并应邀开列了书目。顾颉刚还指出:"古史的著作年代不可定者多。我常想编一种'古书著录表',以书名为经,以各代目录为纬。例如见于《汉书·艺文志》的,便可知是唐以前书。人事纷扰迄未能就,兄有意乎?"接着他又说:"写笔记是读书最好的办法,只要做一二年就可有很大功效。能永远做下去,就会引起无数问题,得到无数材料。"在这里,他教学生如何创新。陈槃后服务于中央研究院,1936年著成《左氏春秋义例辨》一书。陈在自序中

① 中国社会科学院近代史研究所中华民国史组:《胡适来往书信选》上册,中华书局1979年版,第532页。

② 以上两段引文转引自王煦华《顾颉刚先生在中山大学》。

说："往槃读书中山大学，尝从颉刚师受《春秋》，窃闻绪论，颇疑三传之说不可尽信，而思所以辨之。"此书"得顾师苦费精心，为之是正（诸所启示，书中注明，不没其实也）"。顾颉刚为此书《〈春秋〉"公矢鱼于棠"说》一章作附记曰："槃庵此文，以射鱼为宗庙之事，泮宫为习射之地，搜罗证据至富，其说明亦至详，古礼灿然复明，为之称快不已"①。这是顾颉刚在传授知识的同时教学生创造知识的显例。

我们还以何定生为例，看顾颉刚如何一步步地循循善诱，引导他走上研究《尚书》之路，并做出创造性成绩。1928 年何定生选修顾颉刚的"《书经》研究"课。何定生读了《胡适文存》中的《汝尔篇》，写了一篇《从胡适的汝尔篇到尚书去》的文章，交给顾颉刚。顾颉刚阅后交还他。当何定生看了顾颉刚在稿子上的批示后，不禁面红耳赤，颇感愧疚。因为何定生连今古文都还没有弄清楚，就研究起《尚书》来。但顾颉刚发现他有培养前途，建议他对《尚书》的代词全部加以研究。何定生认为，既要研究《尚书》的代词，则要与他书的代词比较，不如作更大规模的研究。顾颉刚非常赞同。何定生经过努力，写成《汉以前的文法研究》，为他进一步研究《尚书》的文法打下了坚实的基础。在顾颉刚循循善诱下，何定生一步步深入研究《尚书》的学术殿堂。何定生整天沉浸在古籍中，"遂为被枷带锁之人"。"坐、站、跑，无论到什么地方，我的心都不会轻松。"最终何定生完成《〈尚书〉的文法及其年代》一文。1928 年 10 月 17日《中大周刊·〈尚书〉的文法研究专号》出版，全文刊登何定生的《〈尚书〉的文法及其年代》洋洋洒洒数万言的雄文。这篇文章的创造性在于，一个时代的文章必然渗透着这个时代的意识。时代意识往往可以通过其普遍的文法表现出来。何定生断言："我们要求古代文法，我们要从文法上发见时间性，我们捉住此意识之流，什么假把戏都是逃不了的。"若某一时代的出版物与此进化的文法不类，就只待它是伪造的；若某一书籍的文法与某时期同，就知道它是某时代的产物。此篇文章给古籍辨伪，有莫大的帮助。此文一出，不仅获得广东学界的好评，还引起胡适、钱玄同等学界名流的注意。后来在上海顾颉刚向胡适推荐何定生时，胡适对何亲切地说："玄同和劭西（按，黎锦熙）都注意你这篇东西。"对这篇文章，顾颉刚感到十分高兴，他在 1928 年 11 月 16 日的日记中写道："此自有研究所以来之第一篇成绩也！"此文乃何定生成名之作，但它凝聚着顾颉刚与何定生二人真挚、浓厚的师生情谊。② 这是顾颉刚正确处理传授知识与创造知识的关系，树立良好学风的典范。

---

① 《顾颉刚年谱》，第 170–171 页。
② 同上，第 168 页。

（3）嗜学如命的学术风格。

顾颉刚自己说："学问是我的嗜好，我愿意用全力去研究它。"他在中大的一年多时间里，无论为中大采购图书，还是创办三种周刊、出版丛书、推动民俗学运动、教书、研究，处处都体现他以学术为生命的学术品格。顾颉刚曾说："我要过的生活，只有两种，一种是监禁式的，一种是充军式的。监禁式的生活是把我关在图书馆和研究室里，没有一点人事的纷扰；充军式的生活则是许我到各处地方去搜集材料，开辟学问的疆土。"他把人生的跋涉与学术的追求融为一体，学术追求成了他生命的目的。1928 年 8 月 20 日，他在中山大学致函胡适，"我这几年的烦闷、愤怒、希望、奋斗，我有一中心问题，便是想得到一个研究的境地。除了这件事，什么名，什么利，都不在我心上。……如果有一个地方能够供给我，我便用整月整年的功夫研究我心中积蓄的几个问题，并按日程认真读书，增加我的常识。如果有人毁坏我，我也不管。我深信如果能构成我理想中的作品，一定抵得过种种毁坏的损失。"这种以有限的生命去追求无涯的知识的精神风貌，多么令人敬佩。许冠三在《新史学九十年》中评价顾颉刚："最值得人怀念的，恐怕还是他那嗜学如命的性格，探索真理的豪情和开拓门径的兴味。""在现代史学家中，他无疑是极少数乐学的学者之一。"①

顾颉刚通过自己的实践推行"博学、审问、慎思、明辨、笃行"的学风，为我们树立了典范。他在中山大学"为广东学界造成一个新风气"。中大同学想起那时，还觉得是一个学术上的黄金时代，令人留恋。

顾颉刚在中山大学只有一年多的时间，但为我们创造了许多有形的、无形的优秀遗产。胡绳在评价顾颉刚先生时说："他是马克思主义者的朋友。我想，他从 20 年代起 60 年间做的学术工作都是对马克思主义的学术有益的，虽然他不是马克思主义者。他的一生工作对于我们来说是一笔丰富的遗产，马克思主义者应该也必须很好地继承这笔遗产。不重视继承顾颉刚先生以及其他类似的遗产的人就不是真正的马克思主义者。"② 我们应该学习、继承、借鉴、发扬顾颉刚先生留给我们丰富的遗产，作为建设国内外第一流的中山大学之用。

原载《纪念顾颉刚先生诞辰 110 周年论文集》，中华书局 2004 年版。

---

① 转引自王学典、孙延杰《顾颉刚和他的弟子们》，山东画报出版社 2000 年版，第 83 - 84 页。

② 王学典、孙延杰：《顾颉刚和他的弟子们》第 3 章《始于爱而终于离——顾颉刚与何定生》。

陈垣与陈乐素的学术道路
——读陈垣致陈乐素书信

陈垣（1880—1971）是 20 世纪中国著名的历史学家、教育家，被学术界称为"民国以来史学开山大师"①。其长子陈乐素（1902—1990）也是 20 世纪中国著名的宋史专家、教育家。父子两代都能成为著名史学家、教育家，在中国近现代史上是少见的。近读 1990 年上海古籍出版社出版的陈智超编注的《陈垣来往书信集》。该书收入陈垣与陈乐素往来书信 104 通，主要是陈垣致陈乐素的书信。可以这么说，这 104 通书信，没有一封不是与学术问题有关的。笔者读完这些书信，对为什么父子两代都成为著名史学家、教育家有所觉悟。这些书信充分反映了陈垣对陈乐素学术道路的影响。这些影响主要反映在学术思想的传承、治学方法的传授和教书为人的教诲。

一、 学术思想的传承

学术思想对一位学者来说是非常重要的。学术思想指导学术行为。本文不专门探讨陈垣的学术思想，只是从上述书信中探讨陈垣学术思想对陈乐素学术思想的形成与发展影响最大的两个方面。

（一）陈垣实事求是的科学精神，给陈乐素以重大影响

"实事求是"的科学精神是陈垣学术思想的精髓。他一生从事考证，认为"欲实事求是，非考证不可"②，一生把实事求是作为治学的金科玉律。综观陈垣的所有著述，如"古教四考"、"宗教三书"、《元西域人华化考》、《通鉴胡注表微》、《二十史朔闰表》、《中西回史日历》、《史讳举例》等，无论鸿篇巨制，还是吉光片羽，都是实事求是精神的直接产物。所以学界把陈垣实事求是的精神，奉为后世治学的楷模。

我们从上述书信中可以看出，陈垣的许多著述的写作过程，都在书信中说

---

① 牟润孙：《励耘书屋问学回忆》，见《励耘书屋问学记》，生活·读书·新知三联书店 1982 年版，第 90 页。

② 陈垣：《通鉴胡注表微·考证篇第六》，辽宁教育出版社 1997 年版，第 76 页。

及。如《旧五代史辑本忌讳改窜例》（最后定名为《旧五代史辑本发覆》）①、《释氏疑年录》②、《汤若望与木陈忞》③、《明末滇黔之佛教》（最后定名为《明季滇黔佛教考》）④、《清初僧人之斗诤》（最后定名为《清初僧诤记》）⑤、《南宋初河北新兴三教》（最后定名为《南宋初河北新道教考》）⑥、《通鉴胡注表微》⑦等等，这些著作形成的过程，就是陈垣实事求是地做学问的过程。他对"实事求是"并没有太多的论述，而是通过其踏踏实实的史学著作来实现的，载之空言，不如见诸行事，求真、求实、求新，不言诸口，而体现在笔端。1945年1月31日的信，充分说明他写《通鉴胡注表微》的实事求是精神：

> 《胡注表微》至今始写定《本朝》及《出处》二篇。成书殊不易，材料虽已找出一千一百余条，未必条条皆有按语。如果按语太少，又等于编辑史料而已，不能动众。如果每篇皆有十余廿条按语，则甚不易。说空话无意思，如果找事实，则必须与身之（即胡三省——引者注）相近时事实，即宋末及元初事实，是为上等；南宋事实次之；北宋事实又次之；非宋时事实，则无意味矣。⑧

这说明立论必须以事实为依据。陈垣的学术师承乾嘉考据学，在乾嘉诸儒中，他最推崇钱大昕，说"《日知录》在清代是第一流的，但还不是第一；第一应推钱大昕的《十驾斋养新录》"⑨。钱大昕治学，皆由"实事求是"出发。他认为"通儒之学，必自实事求是始"⑩。可见，陈垣继承了钱大昕的"实事求是"的治学精神。

陈乐素说："就学历史而言，我的家庭条件比较有利。我父亲陈垣……还在我幼年时代，他就通过讲论和实践教育我，启发了我对学习历史特别是中国古代

---

① 陈智超编注：《陈垣来往书信集》，上海古籍出版社1990年版，第636页。以下引用此书，简称《书信集》。

② 《书信集》，第637、638、639、640、641、645、646、660、661页。

③ 同上，第642、643页。

④ 同上，第646、650、651、652、655、656、659页。

⑤ 同上，第665、667、668页。

⑥ 同上，第669、671、674、677页。

⑦ 同上，第679、680、700页。

⑧ 同上，第679页。

⑨ 赵光贤：《回忆我的老师陈援庵先生》，见《励耘书屋问学记》，生活·读书·新知三联书店1982年版，第159页。

⑩ 〔清〕钱大昕：《潜研堂文集》卷二五《卢氏群书拾遗序》。

史的兴趣和搜集史料的重视。"① 陈乐素成年以后，陈垣在家书中不断以治学必须"实事求是"的精神教育他。陈乐素虔诚地接受、继承了这种科学精神。综观陈乐素的著作，如《徐梦莘考》《〈三朝北盟会编〉考》《宋史艺文志考证》等，都是在"实事求是"精神指导下，经过艰苦卓绝的努力而取得的重大成果。陈乐素的夫人常绍温教授在总结陈乐素的学术时说：

> 我所了解的陈乐素同志，是一位笃实严谨的学者，严肃认真的老师，敦厚纯朴的长者。他一生不慕荣名利禄，不追求生活享受，只是孜孜不息地钻研学问，悉心教育学生。治学上一心求真求是。80 年代中期广东人民出版社出版他的文集，他名之为《求是集》，可说是这种心声的表露。②

陈乐素承传陈垣治学"实事求是"精神，得到学界的认同。陈乐素逝世后，不少好友送了挽联，其中暨南大学原副校长王越教授所写联文为"宣扬求是精神，两卷鸿文堪问世；树立过庭风范，一门史学有传人"③。这反映了学界对此的赞许。

（二）陈垣通史以经世致用的思想，给陈乐素以重要影响

我们知道，陈垣的学术思想，经历过前后两个不同的阶段。1937 年"七七事变"以前，"服膺嘉定钱氏"，陈垣专心致志于精密考证。"七七事变"以后，发生了变化，陈垣越来越推崇"经世致用"的思想。④ 1943 年 11 月 24 日陈垣致方豪信：

> 至于史学，此间风气亦变。从前专重考证，服膺嘉定钱氏；事变后颇趋重实用，推尊昆山顾氏；近又进一步，颇提倡有意义之史学。故前两年讲《日知录》，今年讲《鲒埼亭集》，亦欲以正人心，端世习，不徒为精密之考证而已。⑤

陈垣"经世致用"的思想直接来源于清初著名学者顾炎武。他反复研读

---

① 陈乐素：《学习历史，整理古文献》，见《求是集》第 2 集，广东人民出版社 1984 年版，第 336 页。

② 常绍温：《陈乐素教授（九十）诞辰纪念文集·前言》，见《陈乐素教授（九十）诞辰纪念文集》，广东人民出版社 1992 年版，第 1－2 页。

③ 《陈乐素教授（九十）诞辰纪念文集》，第 6 页。

④ 牛润珍：《陈垣学术思想评传》，北京图书馆出版社 1999 年版，第 219 页。

⑤ 《书信集》，第 302 页。

《日知录》，深受其经世思想的熏陶，称《日知录》为清代第一流的著作。并以这部书和赵翼《廿二史札记》、全祖望《鲒埼亭集》作为"史源学实习"课程的教材。陈垣把这门课程的目的、教材、教法、经验写信告诉陈乐素，并建议他也开同样的课程。1946 年 6 月 1 日陈垣致陈乐素信：

> 关于汝所担任功课，我想《鲒埼亭集》可以开，不管用甚么名目，但以此书为底本，加以研诵及讲授，于教者学者均有裨益。我已试验两年，课名是《史源学实习》，即以此书为实习。……惟其文美及有精神，所以不沾沾于考证，惟其中时有舛误，所以能作《史源学实习》课程，学者时可正其谬误，则将奉自己作文精细也。……未讲此书前，余曾讲《日知录》两年。又前，曾讲《廿二史札记》好些年，皆隔年一次。错误以《札记》为最多，《鲒埼》次之，《日知》较少。学者以找得其错处为有意思。然于找错处之外能得其精神，则莫若《鲒埼》也，故甚欲介绍于汝。①

关于以《鲒埼亭集》为教本之事，他们在通信中还多次提到。如同年 6 月 23 日陈垣致信云：

> 闻愿下年开《鲒埼亭》，至慰。但史源学一名，系理论，恐怕无多讲法，如果名《史源学实习》，则教者可以讲，学者可以实习。余已试用两年，觉颇有趣。……总之，朱竹垞（彝尊）、全谢山（祖望）、钱竹汀（大昕）三家集，不可不一看，此近代学术之泉源也。能以为课本者，全氏最适宜。②

当陈乐素开《鲒埼亭集》课时，陈垣又致信："《鲒埼亭》读出有头绪未？文章、意义皆佳，在清人集中总算第一流。考据稍疏，此其所以能为《史源学实习》课本也。若全篇无甚错处：则不能作课本矣。"③

陈垣以《鲒埼亭集》作为教材，是"欲以正人心，端士习，不徒为精密之考证而已，""惟其文美及有精神"，这种"精神"是什么呢？是全祖望在作品中热烈歌颂东南义士抗清斗争精神。虽然清初江南人民抗清斗争，与中国人民反对日本帝国主义侵略的斗争，在性质上不能同日而语，但在民族的危急关头，我们祖先反对民族压迫的光荣传统，确能唤起人民的民族意识和斗争精神。他是用史

---

① 《书信集》，第 694 - 695 页。
② 同上，第 696 - 697 页。
③ 同上，第 698 页。

学作为抗日斗争的武器。

抗日战争时期，陈垣生活在日寇统治的北平。他这个时期的几部著作都体现他的通史以经世致用的思想。他认为"古人通经以致用，读史亦何莫非以致用？"① 1950 年，他在致席启骃（字鲁思）的信中，把当时身处沦陷区不便说明的意思，说得更清楚了：

> 九一八以前，为同学讲嘉定钱氏之学；九一八以后，世变日亟，乃改顾氏《日知录》，注意事功，以为经世之学在是矣。北京沦陷后，北方士气萎靡，乃讲全谢山（祖望）之学以振之。谢山排斥降人，激发故国思想。所有《辑覆》《佛考》《诤记》《道考》《表微》等，皆此时作品，以为报国之道止此矣。所著已刊者数十万言，言道、言僧、言史、言考据，皆托词，其实斥汉奸、斥日寇、责当政耳。②

其实，这些意思在当年致陈乐素的信中都有所述及。例如上述《佛考》，即《明季滇黔佛教考》，1945 年 5 月 3 日致陈乐素信：

> 本文之着眼处不在佛教本身，而在佛教与士大夫遗民之关系，及佛教与地方开辟，文化发展之关系。若专就佛教言佛教，则不好佛者无读此文之必要。惟不专言佛教，故凡读史者皆不可不一读此文也。三十年来所著书，以此书为得左右逢源之乐。③

当时陈寅恪为该书写了序，陈寅恪深知作者之心，说："虽曰宗教史，未尝不可作政治史读也。"④ 1957 年重印此书时，陈垣在《重印后记》中说："此书作于抗日战争时，所言虽系明季滇黔佛教之盛，其实所欲表彰者乃明末遗民之爱国精神，民族气节，不徒佛教史迹而已。"把此书的写作目的说得更清楚了。

上文说的《诤记》，即《清初僧诤记》，陈垣在 1941 年 1 月至 3 月多次至信陈乐素，说明此书的写作情况。⑤ 书中突出两人：木陈忞和澹归。1962 年重版该书时，陈垣在后记中说："1941 年，日军既占平津，汉奸得意洋洋，有结队渡海朝拜，归以为荣，夸耀于乡党邻里者。时余方阅诸家语录，有感而为是编，非专

---

① 陈垣：《通鉴胡注表微·书法篇第二》，辽宁教育出版社 1997 年版，第 24 页。

② 《书信集》，第 216 页。又该书第 796 页录 1954 年年致佚名者一信，意同而文少异。

③ 《书信集》，第 656 页。

④ 陈寅恪：《陈垣明季滇黔佛教考序》，见《金明馆丛稿二编》，上海古籍出版社 1980 年版，第 240 页。

⑤ 《书信集》，第 667－669 页。

为木陈诸僧发也。"他写《僧诤记》的目的，就是抨击沦陷区中的汉奸行为。

上文说的《道考》，即《南宋初河北新道教考》，陈垣在致陈乐素的信中，多次言及本书的写作过程。[①] 关于写作的本意，1957 年的《重印后记》说："卢沟桥变起，河北各地相继沦陷，作者亦备受迫害，有感于宋金及金元时事，觉此所谓道家者类皆抗节不仕之遗民，岂可以其为道家而忽之也。因发愤为著此书，阐明其隐……诸人之所以值得表扬者，不仅消极方面不甘事敌之操，其积极方面复有济人利物之行，固与明季遗民之逃禅者异曲同工也。"所谓"济人利物"，就是用历史教育世人、劝诫世人。陈垣借《佛教考》《道教考》两书所表彰的人物，都是抗节不仕，表现民族气节的义士，以警告人们要保持大节，不可投敌变节。1942 年陈垣写成《中国佛教史籍概论》，1955 年出版时，他在"后记"说："稿成于抗日战争时期，时北京沦陷，故其中论断，多有为而发。"所谓"多有为而发"和《佛教考》《道教考》，同时针对当时现实，提倡民族气节，反对无耻事敌。

上述《表微》，就是《通鉴胡注表微》，这部著作是他通史以经世致用学术思想发展到顶峰的作品，也是这一思想的总结。他在致陈乐素的信中，多次提到这部著作。他在 1945 年 1 月 31 日的信中说：

> 《表微》目录，为本朝、书法、校雠、解释、旧闻、避讳、考证、察虚、纠谬、评论、感慨、劝戒，为前篇，论史法；君道、治术、相业、臣节、伦纪、出处、兵事、边情、民心、夷夏、生死、货利，为后篇，论史事。[②]

这里提出的"史法"和"史事"，是陈垣对自己过去的史学研究做了带总结性的叙述。"史法"，就是读史、研究历史的方法；"史事"，就是对历史事件、历史人物的评论。在写作过程中，关于全书的格式、完成进度，陈垣都对陈乐素言之极详。陈垣 1945 年 5 月 1 日致信说："《胡注表微》付写者只有本朝、书法、校勘、解释、避讳、出处六篇，每篇约八千言，余尚未写就也。全书格式，每篇前有小序，低二格；次引《通鉴》，顶格；次引注，低一格；次为表微，亦低二格。今将已成诸篇，各抄一段寄阅，亦可略知书之内容也。"[③] 完稿之后，他还要陈乐素协助校对。1946 年 2 月 3 日致信云："《表微》订误表甚佳，尤其是

---

① 《书信集》，第 671 – 677 页。

② 《书信集》，第 679 页。关于本书的目录，最后定稿时，与此稍有出入，即本朝、书法、校勘、解释、避讳、考证、辩误、评论、感慨、劝戒、治术、臣节、伦纪、出处、边事、夷夏、民心、释老、生死、货利 20 篇。

③ 《书信集》，第 680 页。

《通鉴》卷数有误，非细对不可。至于熙、纂等误，于排印尚无碍，因铅字不至误也。惟符、苻，偏、编等字，铅字有二，钞本误则排字误矣。"①

在 1957 年该书重印后记中，陈垣叙述了研究与写作该书的过程及目的。他说："胡三省亲眼看到宋朝在异族的严重压迫下，政治还是那么腐败，又眼见宋朝覆亡，元朝的残酷统治，精神不断受到剧烈的打击，他要揭露宋朝招致灭亡的原因，斥责那些卖国投降的败类，申诉元朝横暴统治的难以容忍，以及身受亡国惨痛的心情，因此，在《通鉴注》里，他充分表现了民族气节和爱国热情。""我写《胡注表微》的时候，正当敌人统治着北京；人民在极端黑暗中过活，汉奸更依阿苟容，助纣为虐。同人同学屡次遭受迫害，我自己更是时时受到威胁，精神异常痛苦，阅读《胡注》，体会了他当日的心情，慨叹彼此的遭遇，忍不住流泪，甚至痛哭。因此决心对胡三省的生平、处境以及他为什么注《通鉴》和用什么方法来表达他自己的意志等，做了全面的研究，用三年时间写就《通鉴胡注表微》二十篇。"他根据自身的处境与遭遇，对胡三省的遭遇和心情有了深刻的认识与体会，于是写《表微》以"表"胡三省作注之"微"。据陈乐素说，书名"表微"是经过反复推敲的；最初作"通鉴胡注述义"，"述义"后改为"奥论""探微"，最后才定名为"表微"。② 陈垣对陈乐素说："因'表微'云者，即身之（胡三省）有感于当时事实，援古证今也。"③ 该书达到了通史以经世致用的学术思想的最高境界。所以陈垣的学生牟润孙说：

> 援庵师在《胡注表微》中真的达到"古为今用"、"通史以经世致用"中国传统史学的目的，完成史学家应尽的责任，上绍司马迁、司马光以迄顾炎武之学。钱大昕深知这番道理，局限于时代不敢为，章学诚虽然能知史学之大义在于用此，亦不能为。援庵师写出了《胡注表微》，表现出中国史学的功用，为中国史学家在世界上争回一口气!④

从上所述，对陈垣通史以经世致用思想的形成及表现，陈乐素都是十分清楚的。而且从陈乐素踏进史学门槛开始，就受到这种思想的影响与陶冶，并运用于自己的研究实践中。1983 年春他在教育部高等院校古籍整理研究规划会议上，以《学习历史，整理古文献》为题发表讲演，简略地叙述他的史学研究都是经

---

① 《书信集》，第 685 页。

② 陈乐素：《陈垣同志的史学研究》，见《求是集》第 2 集，广东人民出版社 1984 年版，第 223 页。

③ 《书信集》，第 679 页。

④ 牟润孙：《从〈通鉴胡注表微〉论援庵先生的史学》，见《励耘书屋问学记》，生活·读书·新知三联书店 1982 年版，第 72－73 页。

世致用的。20 世纪 30 年代初，陈乐素在上海《日本研究》杂志任主编，有感于日本侵略的危机重重，对中日历史关系进行研究，写了《魏志倭人传研究》《后汉刘宋间之倭史》等论文，旨在以历史上我国对日本的友好文化传播，对比当时现实，唤起同胞对日本军国主义者侵略野心的同仇敌忾。"九一八事变"之后，他对日本侵占东北和当时政府所持的不抵抗政策十分愤慨，发表了《宋徽宗谋复燕云之失败》一文，意指像宋徽宗这样的昏君，也还有过谋复燕云的行动，难道当时的执政者连古代昏君也不如？从此他便把宋代历史作为主要研究对象，从研究它的外患频仍进而研究它的经济、政治、文化。① 抗日战争时期，陈乐素居住香港，他受叶恭绰和《广东丛书》编印会的委托，主持明末清初广东志士屈大均所著《皇明四朝成仁录》的汇编、校订工作。这部著作由于主要记载了明末崇祯和南明弘光、隆武、永历等四朝各阶层人民的抗清斗争和死难事迹，对唤起人民爱国热情有促进作用。该书校订编纂完成，于抗战胜利后作为《广东丛书》第二集出版。② 1979 年陈乐素调到广州暨南大学任教，目睹广州对外开放改革，经济发展迅速，他开始研究两广地区古代与中原文化的联系，写出了《珠玑巷史事》《流放岭南的元祐党人》《桂林石刻〈元祐党籍〉》等论文。这些文章既是宋史研究的一部分，也是岭南地方史研究的一部分，为岭南地区历史的研究做出了重要贡献。③ 陈乐素是陈垣通史以经世致用思想的承传者，也是忠实实行这一思想的实践者。陈乐素在史学研究上也取得卓著的成绩，与此是分不开的。

二、 治学方法的传授

从陈垣的家书中，我们可以看到许多陈垣对陈乐素治学方法的具体指导。首先，他以自己的体会说"二十年来余立意每年至少为文一篇（专题），若能著比较有分量之书，则一书作两年或三年成绩，二十年未尝间断也"，要求儿子"每年必要有一、二稍有分量之文发表，积之数年，必有可观"④。对写文章如何选题，如何搜集材料，如何与朋友讨论，他都有原则性的教导。他在 1940 年 1 月 7 日的信中说：

> 论文之难，在最好因人所已知，告其所未知。若人人皆知，则无须再

① 《求是集》第 2 集，广东人民出版社 1984 年版，第 337 页。
② 常绍温：《陈乐素同志从事教育和学术研究情况述略》，见《求是集》第 1 集，第 20 页，32－33 页。
③ 常绍温：《陈乐素同志从事教育和学术研究情况述略》，见《求是集》第 1 集，第 32－33 页。
④ 《书信集》，第 642 页。

说，若人人不知，则又太偏僻太专门，人看之无味也。前者之失在显，后者之失在隐，必须隐而显或显而隐乃成佳作。又凡论文必须有新发现，或新解释，方于人有用。第一搜集材料，第二考证及整理材料，第三则联缀成文。第一步工夫，须有长时间，第二步亦须有十分之三时，第三步则十分之二时间可矣。草草成文，无佳文可言也。文成必须有不客气之诤友指摘之，惜胡（适）、陈（寅恪）、伦（明）诸先生均离平，吾文遂无可请教之人矣。非无人也，无不客气之人也。①

总体来说，这是原则性的指导。陈垣在自己的历史研究实践中，有许多行之有效的具体方法，都通过家书教育陈乐素。而陈乐素亦步亦趋，终成事业。这些具体方法，举其大者，有三端。

（一）陈垣以目录学为治学门径的方法，直接影响陈乐素的一生

陈垣治学从目录学为门径，特别是从《书目答问》和《四库全书总目提要》两部书入手，摸索到一套行之有效的寻书、买书、读书、藏书的路子，形成具有陈垣自己独特风格的学术道路和方法，这是学术界公认的事实。陈垣在对北京师范大学历史系应届毕业生谈自己读书经验时，勉励学生治学"从目录学入手"，精读《书目答问》《四库全书总目提要》等目录书。② 陈垣在家书中经常教导陈乐素治学要从目录学入手，而且要花时间和精力去研究目录学。据陈乐素的自述和常绍温先生介绍，当陈乐素选定宋代历史作为研究工作的主要对象时，首先遇到的是大量的史料问题。要想掌握和运用史料，必须掌握史料的目录学。陈乐素留学日本为陈垣收集宗教史资料期间，陈垣就嘱咐他尽可能掌握详尽的目录。这培养了他对史料本身和史料采集方法的重视。此后，陈乐素用了相当多时间去研究目录学、版本学、校勘学、避讳学、考据学、年代学等治史所必需的知识。陈乐素所发表的论著，有相当一部分是关于目录学的，如《宋初三馆考》《记万历刊本毛诗六帖》《〈直斋书录解题〉作者陈振孙》《宋史艺文志序文证误》《四库提要与宋史艺文志之关系》《袁本与衢本〈郡斋读书志〉》《略论〈直斋书录解题〉》等。他在大学开设的课程有"中国目录学史"，并写成专著初稿。特别需要指出的是他对《宋史·艺文志》的研究。2002 年 3 月广东人民出版社出版的陈乐素著《宋史艺文志考证》，是他大半生心血的结晶，是他对宋史研究做出的重要贡献的学术成果之一。整理者陈乐素的儿子陈智超在"前言"中说："在祖

---

① 《书信集》，第 650 页。

② 陈垣：《谈谈我的一些读书经验——与北京师大历史系应届毕业生谈话纪要》，见《陈垣史学论著选》，上海人民出版社 1981 年版，第 640－645 页。

父的教导、影响下，父亲从开始研究历史起，就注意掌握目录学。自从三十年代初期他把研究领域转移到宋史上来，就注意宋代史籍的目录。"陈智超回顾了该书从开始写作到完稿的全过程。这是一篇感人至深的陈乐素治学严谨的真实记录。"本书经过整理以后正式出版，无疑对《宋志》的研究提高到了一个崭新的阶段，对宋史的研究也将起推动作用。"① 这一重大成果，可以说是陈垣播下的种子成长而来的。

陈乐素也以治学从目录学入手的方法教育他的学生。他的学生程光裕说乐素师曾说，目录校勘之学是治史之基础学问，也是工具之学；叮嘱阅读正史艺文志、经籍志，《通志·艺文略》，《通考》经籍、金石、图谱、校雠考，于《汉书·艺文志》、《隋书·经籍志》、晁公武《郡斋读书志》、陈振孙《直斋书目解题》、永瑢等撰《四库全书总目提要》，尤须精读。校勘学则多本陈垣太老师所撰《元典章校补释例》所云，以为之范。乐素师于目录、版本、校勘、避讳学极为精湛。②

（二）搜集材料要"竭泽而渔"

研究问题搜集材料要"竭泽而渔"，也就是说要详细地占有材料。这是陈垣治学的一贯主张。他的学生启功说：

> 老师研究某个问题，特别是做历史考证，最重视占有材料。所谓占有材料，并不是指专门挖掘什么新奇的材料，更不是主张找人所未见的什么珍秘材料，而是说要了解这一问题各个方面有关的材料。尽量搜集，加以考察。在人所共见的平凡书中，发现问题，提出见解。自己常说，在准备材料的阶、段，要"竭泽而渔"，意思即是要不漏掉一条材料。至于用几条，怎么用，那是第二步的事。③

陈垣著作时，在搜集材料方面，都是"竭泽而渔"的。例如《元也里可温教考》，陈垣先将《元史》通读一遍，对书中凡是提到"也里可温"的地方，全部抄录出来，再参阅其他有关书籍，不断搜集相关材料。从初稿到最后定本，前后历时 18 年。他研究明末清初画家、天主教司铎吴历（号渔山），编写《吴渔山

---

① 陈乐素：《宋史艺文志考证》，陈智超写的《前言》，广东人民出版社 2002 年版，第 1–7 页。

② 程光裕：《永怀乐素师》，见《陈乐素教授（九十）诞辰纪念文集》，广东人民出版社 1992 年版，第 18 页。

③ 启功：《夫子循循然善诱人》，见《励耘书屋问学记》，生活·读书·新知三联书店 1982 年版，第 99 页。

年谱》，参考文献达 80 多种，尽将有关材料囊括无遗。他早年写的最满意的著作《元西域人华化考》，依据典籍 220 种，原稿有三四大捆，写成论文时才只有七万多字。他为撰写的《旧五代史发覆》一书，搜集了大量资料和例证，写成初稿有三尺厚，后来约取例证 194 条，精简成两万多字的论文。他校补《元典章》，曾用五种本子互勘①，校出沈刻本《元典章》一万多条错误，而只选取一千多条撰成《元典章校补释例》。他研究问题，往往一半时间花在材料搜集上，真正做到"竭泽而渔"。

陈垣把这一方法传授给陈乐素，而且他把怎样才能做到搜集材料"竭泽而渔"的章法告诉儿子。他于 1939 年 3 月 26 日致信说：

> 欲撰陈同甫年谱，应将四库全书全部南宋人文集与同甫年代不相上下者尽览一遍，方可无遗漏。然南中岂易得此机会也。且凡撰年谱，应同时撰一二人或二三人：因搜集材料时，找一人材料如此，找三数人材料亦如此，故可同时并撰数部也。若专撰一人，则事多而功少矣。吾撰《渔山年谱》时，本可同时撰四王并南田（指与吴渔山齐名的王时敏、王鉴、王翚、王原祁及恽寿平）年谱，以欲推尊渔山，故独撰之，其实找渔山材料时，各家材料均触于目也。竹汀先生撰二洪及陆王年谱，亦此意，然知此者鲜矣。余撰《释氏疑年录》，目前已整理完竣，无意中又发现某处藏《嘉兴藏》一部，有清初语录二百余种，塔铭可采者多，因此又须将第十一、十二卷改造，此意外收获也。《嘉兴藏·弘觉语录》，本附有《北游集》，因目录不载明，故知者绝少。吾亦据目求书，故十年不得，可笑也。②

这是一封关于如何搜集材料的有趣家书，既讲出方法，又讲出自己的甘苦。我以为有三点是特别值得提出的：第一，要将有关材料"尽览一遍，方可无遗漏"。第二，撰写年谱或研究专题，几个问题同时进行，避免"事多而功少"，要达到事半功倍之效。第三，在撰写著作的过程中根据新发现的材料，不断修改。以其著《释氏疑年录》为例，发现《嘉兴藏》而重新改写第 11、12 卷，为寻找《北游集》而花了十年时间，在《嘉兴藏》发现此书，可喜又可笑。父子交流心得之乐，跃然纸上。启功关于发现《嘉兴藏》之事有一段有趣而深刻的回忆：陈垣家藏有三部《大藏经》和一部《道藏经》，启功怀疑老师是否都阅览过。一次陈垣在古物陈列所发现了一部嘉兴地方刻的《大藏经》，立刻知道里边有哪些种

---

① 徐梓：《陈垣先生史学的总结性特征》，见《纪念陈垣校长诞生 110 周年学术论文集》，北京师范大学出版社 1990 年版。

② 《书信集》，第 645 页。

是别处没有的，而且这些有什么用处。陈垣即带着人去抄出许多本，摘录若干条。启功这才"考证"出老师藏的"四藏"并不是陈列品，而是都曾一一过目，心中有数的。① 可见陈垣搜集材料的"竭泽而渔"。陈乐素接受这种方法的教育，并贯彻到自己的研究实践中，最显著的例子，就是他的《宋史艺文志考证》一书。该书第一篇《宋史艺文志考异》就对《宋志》著录的9000多种书名、卷数、作者而无其他记载的古籍进行考订。凡是《宋志》记载与他书有异，或本志上下有异的，一一举出。然后他加以分析、考证，哪些是宋志的错误，哪些是他书的错误。不能判断是非的，他也加以说明。陈乐素对《宋志》的研究，凡50年，倾其半生心血。他对材料可谓"竭泽而渔"。

（三）专题深入与窄题宽作的方法

蔡尚思曾论及陈垣的"专题深入的治学方法"，他说陈师"比清代朴学家更加集中精力，专做'窄而深'的史学工作，不再上自天文，下至地理，近自书本，远至器物调查，什么自然科学与哲学社会科学、文艺等无所不包。他曾亲自对我说：'像胡适的《中国哲学史大纲》之类的所谓名著，很像报章杂志，盛行一时，不会传之永久。'"② 1933年6月24日，陈垣致书蔡尚思："什么思想史、文化史等颇空泛而弘廓，不成一专门学问。为足下自身计，欲成一专门学者，似尚需缩短战线，专精一二类或一二朝代，方足动国际而垂久远。不然，虽日书万言，可以得名，可以啖饭，终成为讲义的教科书的，三五年间即归消灭，无当于名山之业也。"③ 同年7月1日他致信蔡尚思："关于治学问题，前函不过偶尔论及，士各有志，不能强同。且仆所反对者系'空泛弘廓'之理论，未尝反对'博'，更未尝主张'无博之精'也。来示先博后精之论，仆岂敢有异词。愿足下勉之而已矣。"④ 陈垣这种专题深入研究的著作很多，关于宗教史的有《元也里可温教考》《明季滇黔佛教考》《清初僧诤记》《摩尼教入中国考》《回回教入中国史略》等；关于元史方面的有《元西域人华化考》《元典章校补释例》（即《校勘学释例》）等；关于专题深入研究的论文则不胜枚举。

陈乐素继承了这种治学方法，他所发表的有影响的论著都是遵循这一方法进行研究的结果。他一生以宋代历史作为主要研究对象，就是按照陈垣"欲成一专门学者，仍尚需缩短战线，专精一二类或一二朝代"的教诲。1934年和1935年

---

① 启功：《夫子循循然善诱人》，见《励耘书屋问学记》，生活·读书·新知三联书店1982年版，第99－100页。

② 蔡尚思：《陈垣先生的学术贡献》，见《励耘书屋问学记》，生活·读书·新知三联书店1982年版，第8页。

③ 《书信集》，第355页。

④ 同上，第355－356页。

陈乐素先后发表《徐梦莘考》和《三朝北盟会编考》（以下简称两《考》），共约 18 万字。这两本著作，既是陈乐素继承陈垣通史以致用学术思想的表现，也是陈垣窄而深专题研究方法运用的典范。南宋史学家徐梦莘因痛感靖康之耻而写宋徽宗、钦宗、高宗三朝与金国会盟的《三朝北盟会编》（以下简称《会编》）。徐梦莘写作该书用了 46 年的时间，倾尽毕生心血，他在"自序"中谈到写这部书的目的是"使忠臣义士，乱臣贼子善恶之迹，万事之下不得而淹没也"。这是一部既有政治教育意义，又有相当学术价值的史书。陈乐素深感自己所处的时代与《会编》所记述的时代有某种相似之处。他花相当长的时间，对这部宋朝"国难痛史"《会编》及其作者徐梦莘进行研究，撰成了上述两《考》。从政治上说，这两《考》，是他自己爱国心声的表达，是对陈垣通史以致用思想的运用；从学术上说，这两《考》旁征博引，考证并纠正了《会编》各种传抄本和刊本的不少错误，也考订了《会编》本身的不足之处，是贯彻学习陈垣窄而深的专题研究方法的典范。台湾学者、宋史专家王德毅撰《跋陈乐素〈徐梦莘考〉》和《徐梦莘年表》两文，对两《考》评价颇高，认为两《考》对于《会编》及其作者的研究，"都是很值得参考的"，"在有关本书（指《会编》）的内容、流传版本、引用书目和材料来源，陈乐素撰之《三朝北盟会编考》言之甚详，兹不重赘"。① 陈垣对此两《考》也十分重视，把自己知道的信息及时告诉陈乐素。1946 年 2 月 3 日致信云："美国人哈佛柯立夫翻译你《北盟会编考》论文。"3 月 8 日致信云："柯君译《北盟会编考》，已出版否亦未知。"②

我们还必须指出，陈乐素的一些专题研究直接得到陈垣的指导。如陈乐素在《大公报》1946 年 11 月 20 日《文史周刊》第 6 期发表《〈直斋书录解题〉作者陈振孙》一文，就得到陈垣的直接指导。1946 年 3 月 2 日陈垣致陈乐素信，是关于此文的指导意见，今不惮冗长，摘录如下：

> 家信久不谈学问，接 2 月 16 日函，喜慰无已。直斋（按：指《直斋书录解题》作者陈振孙）本名瑗一节，前此未见人说过，可算是一发见。但此等作法甚劳，而所获不算大，在乾嘉诸志中，不过笔记一条，扩而充之，则为今人一论文矣。譬诸炼奶，一匙可冲水一大碗也，为之一笑。但当搜索材料时，应并注意他题，或同样诸题，庶不致劳多获少耳。

其后是对材料的运用，文章的结构，如何使文章"不干燥"等提出的意见，"照

---

① 转引自常绍温《陈乐素同志从事教育和学术研究情况述略》，见《求是集》第 1 集，广东人民出版社 1986 年版，第 18 页。

② 《书信集》，第 686、689 页。

来信分名字、成书、卒年、学行四项，甚妥。学行改言行，何如？"① 陈垣在同年4月8日的信中说："顷接3月30日书并陈振孙文，甚好。惟有一笑话，以《梅诗话》为胡身之诗话是也。宋元间的梅为号者不止一二人。故此文未有给别人看，今签改数处寄回，可自斟酌，不必尽依吾说也。此外尚有两点须注意：一此文引号多，传写排印，易于脱落，故须预备其有脱落时，亦不至令人误会乃可。则行文时须做到不加引号，而引文与己文分别显然，乃足贵也。二此文小注不少，其多者乃至二三行，此必须设法减少，或改为正文，如十一页前数行是。因近日印品多用五号，再有小注，须用七号，大不宜也。且作文自加注，只可施之词章，如诗赋铭颂之属，字句长短有限制，不能畅所欲言，有时不得不加自注。史传散文自注甚少，除表及艺文志之属为例外。……此文在研究院集刊发表如何？"② 这里陈垣不仅以严谨的学风教育儿子，而且对行文的格式和著作体例都非常严格地教育乐素。对陈乐素从事《四库提要》与《宋史艺文志》的关系、北宋主客户对称等专题的研究，都给予指导。1946年3月20日致信云："《四库提要》与《宋志》，大体尚稳，余文批了三处：一、第二行引《宋志》序，'前后部帙有亡增损互有异同'，应在'损'字绝句；二、《包拯奏议》条，《宋志》是元至正本，非成化本；三、《中兴小历》条，四库改作小纪，是避清讳耳。……客户云云，未见有人注意，日文杂志中似亦未见有此等目录。……颐采引文，谬误如此，是为引书不检元文者戒。真所谓'毋信人之言，人实诳汝'也。"③ 同年3月25日致信云："客户文是何意思？能将题解开列及此文提要抄来。或可找找日本杂志有此类论文否，空洞'客户'二字，无从知其内容也。"④这里陈垣不但教育乐素治学要严谨，而且教育他要了解自己研究专题的学术动态及学术史，这是研究问题的起点。这既是言教，也是身教。

陈乐素也以这种窄而深的专题研究教育他的学生：选题要窄，但研究要深。其学生宋晞回忆，1948年夏，他在福建晋江国立海疆学校任教，生活粗定之后，即给时在浙江大学任教的乐素师写信，并"寄《宋代的商税网》一文请其指正，及告知正在撰写《南安九日山宋代石刻》一文"。翌年3月27日乐素师来函，关心宋晞的身体，示知学术研究近况。乐素在信中又说："税网文容稍待阅读，发表则似不必急急，普通刊物不宜也。九日山上知州或提举市舶名已知者谁，宋代石刻一文甚有意思，但'宋代'二字似当改，太泛也。"⑤ 这就是教育他选题

---

① 《书信集》，第686－688页。

② 同上，第691－692页。

③ 同上，689－690页。

④ 同上，第690－691页。

⑤ 宋晞：《对乐素师教学风范之感念》，见《陈乐素教授（九十）诞辰纪念文集》，广东人民出版社1992年版，第7－8页。

不要"太泛"。他的另一学生程光裕，1944 年在陈乐素的指导下完成的论文《宋代四川茶盐》，被评为"能于事之本末述其概要"，列为甲等。这些都是窄而深的选题。①

三、 教书与做人的教诲

陈垣一生主要教书和做研究，是蜚声中外的著名教育家和学者。陈乐素一生也主要从事教学与研究。在如何教书和做人方面，陈垣对陈乐素有许多教诲，使陈乐素常以"饭疏食、饮水，曲肱而枕之，乐亦在其中矣。不义而富且贵，于我如浮云"（《论语·述而》）和"士而怀居，不足以为士矣"（《论语·宪问》）的教导为自乐。他对夫人常绍温说，我的名字叫"乐素"，就是说，可以安贫乐道，对粗茶淡饭安之若素。②

（一）如何教书

陈垣多次致书教育陈乐素安心教书，"教书最好能教学相长，详人之所略，略人之所详，而后能出色"③。1939 年 8 月 21 日的信中，他很详尽地说明如何教书："教书可以教学相长，教国文尤其可以借此练习国文（于己有益，必有进步）。教经书字音要紧，最低限度，要照《康熙字典》为主，不可忽略。吾见教书因读错字闹笑话而失馆者多矣，尤其在今之世，幸注意也。《左传》人名最难记，每一人数名，前后不画一，应有法记之。"④ 同年 9 月 9 日致信说："《左传》、四书教法，应注重文章，不能照经书讲，总要说出使人明白而有趣为主。我近亦在《论》、《孟》选出数十章（目另纸），令学生读之烂熟，涵泳玩索（每一二句），习惯自然，则出口成文，可免翻译之苦。作文是作文，翻译是翻译。今初学作文，辄先作成白话，然后易为文言，此翻译法也。本国人学本国文不须此。学本国文贵能使言文一致，今以《论》、《孟》为言文一致之标准，选出数十章，熟读如流，不啻若自其口出，则出笔自易。"⑤ 1941 年 5 月 7 日的信也有类似的论述，并强调"最忌先做成白话，乃改易为文言，则难得佳作矣"⑥。1940 年 4 月 6 日致信云："今想起一事，久欲告汝，凡与学生改文，应加圈，将

---

① 程光裕：《永怀乐素师》，见《陈乐素教授（九十）诞辰纪念文集》，广东人民出版社 1992 年版，第 17 页。

② 同上书，常绍温《前言》第 5 页。

③ 《书信集》，第 697 页。

④ 同上，第 647 页。

⑤ 同上，第 647 页。

⑥ 同上，第 669 页。

其佳句圈以旁圈，俾其高兴。改不必多，圈不妨多，平常句亦须用单圈圈之。因见有改文而不圈者，殊不合，故告你。"① 这是对教国文、文选一类课程的指导意见。

对于在教学中如何启发学生的兴趣，也就是教书之法，陈垣也谆谆教导。他在 1939 年 10 月 15 日致函云："前夕复一函后，想起教书之法。前已说过要充分预备，宁可备而不用，不可不备也。又对学生多夸奖，生其兴趣，都已明白矣。"② 1940 年 2 月 19 日致信云："初教书，先要站得稳，无问题，乃安心。认真多奖励（即尽心之谓），要学生有精神，生趣味为要。凡说学生懒学生闹者，必教者不得法之过也。"③ 同年 6 月 27 日致函云："又中学教员有批评学生不用心，或讲话，或睡觉（音教）者，分明系教者之不能引起兴趣，或不得法。又大学教员有上堂只批评人，说人人都不成，以自显其能，学生反问他，则又不能满答。凡此种种皆不适宜。大约教书以诚恳为主，无论宽严，总要用心，使学生得益。见学生有作弊（指考试偷看等）或不及格等等，总要用哀矜而喜态度，不可过于苛刻，又不必乱打八九十分讨学生欢喜，总不外诚恳二字为要。"④ 陈垣苦口婆心地教育儿子，这是多么令人感动。

至于在大学中如何处理好教学、研究和行政管理关系，陈垣也有许多令人深思的意见。当陈乐素在大学教书，没有什么文章发表时，陈垣十分关切地问："汝年来曾作甚么文，甚愿知道。记得从前似曾对汝说过，每年必要有一二稍有分量之文发表，积之数年，必有可观。"⑤ 当陈乐素因生活奔波、劳累、生病而不能写文章时，陈垣十分关心。他在 1945 年 12 月 13 日致信说："11 月 14 日及 17 日晚函均收到，因劳及肠病以致不能作文，殊可感唱。……身体第一要紧，其次则学问。因生活而劳，因劳而病，以致不能有所述作，最不值得也。教书固然要紧，然全力放在教书上，而自己无所就，亦不上算。年前吾防汝随便发表文章，嘱要谨慎，今因汝久无文章发表，又想汝注意于此。……能有一机关半教书半研究，而可以解决生活，多写几篇文章，最上算也。有所图否？即使有研究机关，不能完全解决生活，而有家中帮补解决生活，亦中策也。年一过往，何可攀援，乘精壮之年，养好身体，多著几部书，最有意思，幸留意也。……身体要紧，著述第二，幸紧记。"⑥ 陈垣强调大学的教师一定要搞研究，不能单成教书匠。1946 年 2 月 3 日致信云："减少教书钟点，或少改课本，为惟一自救之方

---

① 《书信集》，第 654 页。
② 同上，第 649 – 650 页。
③ 同上，第 652 – 653 页。
④ 同上，第 659 – 660 页。
⑤ 同上，第 642 页。
⑥ 同上，第 683 – 684 页。

法。不然，舍己芸人，殊不值得也。教大学（要自己劳）与教中学（要对学生劳）不同，亦须注意。"① 同年2月15日又在信中云："'舍己芸人'一语，幸切记。总要留一点日子为自己修养之地，教大学与中学不同也。"② 在大学，教学与研究的关系，一直是大学教师需要处理好的问题。有些人或偏教学轻研究，或重研究轻教学。陈垣强调两者要并重，既要教好书，又要加强研究，出论文，出著作。至于在大学中的教授是否担任行政管理职务，陈垣听"有人说浙大史系主任有属汝说"③，同年4月27日写的信，对此言之颇详："要注意，资格是不能一时得的，需要积，最好能积至五年，则算一段落矣。现行款则，每有任大学教授五年以上等条文，少有云三年以上者。廿四日函言主任'好做否'？我意是不宜做也。资望浅，令人妒，而且起眼。对于聘人，聘者固然得好感，不聘者则生恶感矣，故暂不做也。过几年资历稍深，则又当别论。今日之函言教授'好辞否'？我意是不可辞也。稍积数年，著作日多，实力充足，则无施不可，此时可自由矣。最要者是要基础稳固，能任教授五年以上，非常时及平时皆曾任过，此所谓打好基础也。"④ 陈垣不是笼统地反对教授任行政管理职务，而是主张任行政管理职务一定要有资历，任教授五年以上，基础稳固，则可以任系主任；资望浅，则不宜任主任也。这些主张都是让令人深思的。

关于在大学中开设"史源学实习"课，陈垣把自己选定的教材、经验告诉陈乐素，让他在大学中也开设同样的课程。前面已经述及，在此不赘。

陈乐素对陈垣的教诲是遵循不违的，所以陈乐素在大学中教课教得好，科研成绩卓著，最终成为著名的教育家和宋史研究专家。

（二）如何做人

教师是人类灵魂的工程师。教师如何做人，如何处理好同事的关系，如何在学生中树立好的形象，事关重大，为人师表者不可不慎也。陈垣对此也给陈乐素以深刻的影响。尊老，是中国传统的美德。陈垣对老一辈是非常尊敬的。全部家书的字里行间都洋溢着对老一辈学者崇敬的感情。1939年10月5日他致信云："即接廿一日函，知憬老（按即汪兆镛）去世，至为感怆。卅年前，憬老见予所写作小品，以为必传。当时受宠若惊，不审何以见望至此，然因此受暗示不少。今日虽无成，不能如老人所期，然三十年来孜孜不倦，未始非老人鼓舞之效也。今往矣，天南知己又少一个矣，为之凄然者终日也！"⑤ 并撰挽联曰："节拟西

---

① 《书信集》，第685页。
② 同上，第686页。
③ 同上，第692页。
④ 同上，第693页。
⑤ 同上，第648－649页。

山，学传东塾。词刊雨屋，诗著晴簃。"汪兆镛（1861—1939）字憬吾，广东番禺人，比陈垣大 19 岁。汪为陈澧弟子，著有《晋会要》《碑传集三编》等，挽联中的"雨屋"，指汪著《雨屋深灯词集》，"晴簃"指徐世昌辑《晚晴簃诗汇》，例不录生存人诗，但采汪作《渤溪岩》一首①，可见陈垣对老人的尊敬。对于交友，陈垣认为必须有诤友，在学问上互相磋商、辩难，才能成学。1939年 1 月 14 日致函云："《汤若望与木陈忞》已印讫，昨将原稿寄阅。前者文成必先就正于伦、胡、陈（按指伦明、胡适、陈寅恪）诸公，今诸公散处四方，无由请教，至为遗憾。但此稿亦曾经十人参阅，凡有勾抹，大抵皆赖人指摘者也。直谅多闻之友不易得，当以诚意求之。"②1940 年 1 月 7 日致信云："文成必须有不客气之诤友指摘之，惜胡、陈、伦诸先生均离平，吾文遂无可请教之人矣。非无人也，无不客气之人也。"③ 对于一般同事的关系，陈垣认为，"对同事要注意，太生疏不好，太密亦不好，总要斟酌及谦让，不可使人妒忌，使人轻侮。交友原本要紧，无友不可以成学，但同事则又另一样，与为学问而交之友不尽同，因有权利关系也"④。在人际关系方面，陈垣比较严格地区别学问上的诤友与一般同事的关系。这都是非常深刻的人生阅历的总结。

总之，陈垣通过教育，把陈乐素塑造成"一位笃实严谨的学者，严肃认真的老师，敦厚纯朴的长者"⑤。陈垣的教育是成功的，对我们今天有很大的教育意义。古人云："养子不教，父之过。"陈垣对儿子进行非常严格的教育与训练，使儿子能继承自己的事业，这一现象给我们以深刻的启迪。我们今天纪念陈乐素诞辰 100 周年，总结陈垣对他的教育，我认为是有意义的。

原载《宋代历史文化研究》（续编），人民出版社 2003 年版。

---

① 《书信集》，第 445 页。
② 同上，第 643 页。
③ 同上，第 650－651 页。
④ 同上，第 650 页。
⑤ 常绍温《前言》，《陈乐素教授（九十）诞辰纪念文集》，广东人民出版社 1992 年版，第 1－2 页。

论徐信符的学术渊源

徐信符（绍棨）是近现代教育家、文学家和著名藏书家。他一生为祖国文化和教育事业勤奋耕耘、默默奉献，是近现代广东学术界的著名学者。我们为弘扬其学术成就，使学术事业在社会主义精神文明建设中发挥应有的作用，探讨其学术渊源是很有意义的。

一、 从家世、师承看其学术渊源

徐信符，广东番禺人，其先世为浙江钱塘望族。族兄徐绍桢（固卿）撰父亲徐灏（子远）《传略》，追溯其先世：明天启年间，翰林院侍讲时泰生五子，次曰尚义，尚义生士钟，士钟生世瀛，世瀛生廷发，廷发生之琏，之琏生秉均，秉均生继铭，继铭生灏。述其祖先入粤：

> 灏高祖廷发即世瀛子，初以刑名游幕来粤，有《可圃诗存》，蒋相国攸铦序而之刊。曾祖之琏，事母以孝闻，游幕留粤三十年，遂占籍番禺。

徐灏是信符的伯父，《传略》曰：

> 灏少日好为诗古文词，弱冠后精研经训，子氏百史，博涉多通，以小学为治经根底，尤致力。先著《说文部首考》《象形文释》，晚成《说文注笺》二十九卷，又撰《通介堂经说》三十七卷。同邑张维屏撰《松心十录》，称其博采通人，亦自下己意，五经纷纭井大春，说经铿铿扬子行，盖兼而有之云。……撰《学乐律考》二卷发明之。……其为学覃思博辩，戛戛独造多类比。上所论述，今在《通介堂文集》中，文集凡二卷，非考据有用之学不轻作也。同治初，灏尝自撰所为诗得六卷，题曰《灵洲山人诗录》。南海谭莹序之，论经师能诗者举顾炎武、阮文达相况，而以孙季逑为不及，以为具万夫之禀，通四部之全，儒林文苑，各分一席。近人樊布政桢祥题辞，亦历举有清诗家以为罕可比四。……凡生平著述盈百卷，而政书幕牍不与焉。

由此可见徐灏是晚清一位学识渊博、文理兼通的经学大师，其藏书丰富，著述等身。徐灏交游甚广，多为一代名士，《传略》曰：

其所交游，如张维屏、黄培芳、曾钊、陈其锟、徐荣、谭莹、温训、许其光、李长荣、郑菜、萧谦，皆一时通人名士。而与陈澧为总角昆弟交，尤相善。

徐氏世代为官，书香门第，《传略》曰：

> 徐氏之以刑名佐时也，始于士瀛，为康熙初年，五传而及灏。灏之昆弟子侄若孙，盖数十人，皆世其学，其累世才俊，科举世宦，牧守监司以至开府，无一人不通刑名。①

这"昆弟子侄若孙，盖数十人"中，当然包括徐信符在内。徐灏之子绍桢一生遵其父训，承其父学派，于游幕及戎马生涯之余，藏书甚富，遍读书诗，并留有大量著述，涉略历法、算学、历史、经学、诗文等领域。计有《四书质疑》《孝经质疑》《三国志质疑》《学一斋算学》《学一斋勾股代数草》《学寿堂诗说》《大学疏义》等十余种。绍桢幼时体弱，其父常授以学寿祈年之道，故以学寿命其堂，并刊刻《学寿堂丛书》，收有其父祖几代著作。王謇《续补藏书纪事诗·徐绍桢》云："所著《学寿堂丛书》，可与戴（震）、孔（广森）、段（玉裁）、王（锡阐）相出入，而复有梅定九（文鼎）以及徐林、李华诸家之长。近世军人中无第二人矣。"② 并说他"握算持筹名将帐，擘经译史大儒堂"。徐绍荣《广东藏书纪事诗·徐绍桢》云："从容讲艺即投戈，戎马书生阅历多。学寿堂中题跋在，云烟过眼感如何。"又云："家传通介故儒门，戎幄谈经结习存。莫问钟山旧池馆，百城灰烬岂堪言。"并传其事迹云：

> 绍桢嗜书，搜藏甚富。虽参戎幄，亦以书卷自随。光、宣间在南京治兵，于后湖湖神庙之左购地五十余亩建藏书楼，所藏不下二十余万册。辛亥起义，尽为张勋所焚。故绍桢南归，草有《壬戌（1922年）十二月由沪车过南京太平门》诗云："车行忽过太平门，遥指钟山认旧园。八代兴衰已如此，百城灰烬岂堪言。"自注言张勋焚其书楼事。诚慨乎言之也！绍桢入民国后，又曾复搜书。寓北平，与琉璃厂书肆往来最密，所藏复充牣。著有《学寿堂题跋》，于版本研究至精。③

---

① 徐绍桢：《徐灏传略》，见陈正卿、徐家皋编校《徐绍桢集》，四川师范大学出版社1991年版，第374－379页。

② 谭卓垣、伦明等：《清代藏书楼发展史·续补藏书纪事诗传》，辽宁人民出版社1988年版，第356页。

③ 《清代藏书楼发展史·续补藏书纪事诗传》，第357页。

徐绍桢的学问渊源来自乾嘉考据学派,《学寿堂丙寅日记(1926 年)》七月初一(公历 8 月 8 日)记曰:

> 余抵苍梧后,刘庶泉太守移任梧州府,仍兼入其幕,刘辄取余所著《四书质疑》、《孝经质疑》、《三国志质疑》呈诸大府,谓余履蹈粹然,生平所学,最服膺高邮王文简公引之,嘉定钱少詹事大昕,盖其时余方治考据之学也。①

绍桢服膺的高邮王引之、嘉定钱大昕,都是乾嘉考据学派的大师。

徐信符之子徐汤殷撰《叙传》云:"先祖守初公尝训之曰:'吾家世以游幕为生,然弟子必须读书,方有操守品节。'"② 伦明《辛亥以来藏书纪事诗·徐信符》云:"君家城北系南州,名满书林书满楼。通介堂中说经叟,无书无屋雪盈头。"③《南州吟草·沈次高见招赋此见志》诗曰:"抢攘世局嗟何极,通介家风幸尚全。"说明徐灏"通介堂"对他的影响。先祖题有楹联:"庭前隙地多种竹,家有余钱但买书。"可见徐信符出身于官宦人家、书香门第,学术世家对他的学术事业产生深刻影响。④

徐信符青少年所受的教育是晚清旧式书院教育,6 岁启蒙于陈之良夫子。光绪二十三年(1897)进学海堂,受业于陶春海(福祥)之门。学海堂是阮元于道光年间任两广总督时在广州倡办的。"学海堂"之名,据阮元《学海堂集序》云:"昔者何邵公学无不能,进退忠直,聿有学海之意,与康成并举。"何邵公即东汉著名学者何休,他精通六经,学问渊博,著书讲述,名噪一时,被誉为"学海",故阮元用以名堂。阮元自撰堂联:"集诸生于山水之间,刚月读经,柔月读史;当秀才以天下自任,处为名士,出为名臣。"他另撰一堂联:"公羊传经,司马纪史;白虎论德,雕龙文心。"可见阮元办学海堂之气概。

阮元的治学主张是"崇尚汉学,求实求真"。他认为读书的正确态度应该是"推明古训,实事求是"⑤,提倡"事必求其根柢,言必求其依据"的"实学"。在这样的办学宗旨下,学生入学后于学长中择师而从,学生于《十三经注疏》

---

① 陈正卿、徐家阜编校:《徐绍桢集》,第 373 页。

② 《清代藏书楼发展史·续补藏书纪事诗传》,第 359 页。

③ 同上,第 357 页。

④ "信符"是徐绍棨的字。徐绍棨与徐棨是两个人。徐棨是徐绍桢的胞弟,徐绍桢是徐绍棨的族兄。徐绍桢撰《道德经述义》二卷,徐棨为之写了三篇序言,署"胞弟棨谨序"。冼玉清撰《广东释道著述考》时,把"棨"误以为是徐绍棨,说:"而以自《序》及徐绍棨三《序》冠于卷首。"见《冼玉清文集》,中山大学出版社 1995 年版,第 855 页。

⑤ 〔清〕阮元:《研经室集·自序》,中华书局 1993 年版。

《史记》《汉书》《后汉书》《三国志》《昭明文选》《杜诗》《昌黎先生集》《朱子大全集》各书中，自选一本学堂采用教学与研究相结合办法，不搞写八股文的做法，而是要求学生切实地研究学问。学海堂培养了不少人才，推动了学术事业的发展。

阮元对广东的学术贡献，除在"学海堂"提倡"实学"之外，还大量刊刻经史子集类书籍，使广东学术风气为之一变。在阮元的提倡和推动下，道光后广东刻书大盛，官私刻书风起云涌。学海堂创立后的 80 年间，共刊刻书籍 30 余种、2400 多卷，其中影响较大的有《皇清经解》《通典》《续通典》《皇朝通典》《经典释文》《学海堂集》《揅经室集》等。学海堂刻书，虽然其中大部头的经典巨著不多，但其贡献在于开创了清代中期广东大规模刻书的风气。①

在"学海堂"先后任学长的 55 人中，以吴兰修、曾钊、谭莹、陈澧等人最为著名，谭莹、陈澧的任期最长。徐信符师从陶春海（福祥），而陶春海受业于陈澧，故徐信符是陈澧的再传弟子。

陈澧（1810—1882），广东番禺人，道光十二年（1832）举人，为学海堂学长数十年，学识渊博，会通汉宋之学。凡天文、地理、乐律、算术、篆隶无不涉猎，于古声律音韵学多所发明，又善诗、词、骈文。著有《东塾丛书》等。除教书、著述外，陈澧大量参加广东官私刻书的编纂、整理、校勘工作。学海堂、菊坡精舍、广东书局所刻各书，多由陈澧担任总校。故所出诸书，校对精湛，版式古雅，素为人所称道。他堪称近代著名校勘家之一。陈澧的学术源流和治学方法，伦明《辛亥以来藏书纪事诗》和徐信符《广东藏书纪事诗》都有论述。徐信符诗曰："传鉴堂前东塾楼，穷经正变熟源流。读书最要识家法，好向微言大义求。"关于其读书治学的方法，《东塾集》有《复刘叔俛书》一篇，其中有言：

> 中年以前治经，每有疑义，则解之、考之；其后幡然而改，以为解之不可胜解，考之不可胜考。乃寻求微言大义、经学源流、正变得失所在，而后解之、考之、论赞之，著为《学思录》一书，今改名曰《东塾读书记》。

观此书，可以知陈澧读书之宗旨。伦明读其著作，悟其读书治学之法曰：

> 先生治学之法：凡阅一书，取其精要语，命钞胥写于别纸；通行之书，则直剪出之。始分某经，继分某章、某句、某字，连缀为一，然后别其得失，下以己见。如司法官之搜集证据，乃据以定案也。余因阅《学思录》

---

① 广东省地方史志编纂委员会编《广东省志·出版志》，广东人民出版社 1997 年版，第 59－60 页。

与《读书记》，而悟其法如此。①

可见伦明、徐信符观其藏书，读其手稿，悟陈澧之治学方法最深刻详尽。而且陈澧之藏书及手稿，许多为徐信符所得。伦明记曰："陈东塾先生（澧）所藏书迩年尽散出，多为徐信符所得。"徐信符记曰："近年，东塾遗书多已播散，其稿本及评校本，余南州书楼搜藏最多。"② 陈澧是徐信符的学术渊源、治学方法的来源之一。

陶春海（福祥），番禺人，光绪丙子（1876）举人，学海堂学长、禺山书院院长。师从大儒陈澧，笃守师承。富藏书，精版本，以"爱庐"名室。著作有《爱庐经学丛钞》《爱庐文集》等。其管理学海堂文澜阁，所印书精选纸墨，发兑处名"镕经铸史斋"。徐信符在学海堂从陶春海学，《广东藏书纪事诗》记陶春海诗："镕经铸史盛名传，吾爱吾庐也夙缘。结习未忘事铅椠，苏书陶集字如钱。"张之洞督粤，创建广雅书院，附设广雅书局，行刊群籍，聘陶春海为总校，在院长梁鼎芬等指导下，前后刊书凡 178 种、5746 卷、2096 册（据刘伯骥《广东书院制度·广雅书院刻书目表》统计）。光绪末年，书局停办，书版散乱。入民国后，由徐信符清理版片，择其一律者 155 种，汇为《广雅丛书》。其中属史部书者 93 种，别为《史学丛书》，多为广雅师生及清代学人的研究成果，人称"治史学者，诚不可不读也"③。从这里可见徐信符的学术成就与他的老师陶春海有很大关系。

吴道镕，广东番禺人。光绪六年（1880）进士，改翰林院编修。回籍后，补学海堂学长，历主潮州韩山、金山，惠州丰湖，三水肆江，广州应元等书院讲席，后任广州越秀书院山长。光绪二十九年（1903）停科举办学校，两广大学堂改为广东高等学堂，吴道镕任监督（校长）。任《番禺县续志》总纂，并为之作序。晚年留心乡邦文献，辑《广东文征》，著有《明史乐府》等。吴道镕也是清末民初广东著名学者，属学海堂一派的学术人物。吴道镕与徐信符，既是师生，又是同事，关系甚深。吴道镕任广东高等学堂监督时，聘徐信符为中国文学教员；徐信符编写的《中国文学史》讲义，吴氏曾经批改。吴道镕逝世时，徐信符写《道镕夫子谢世谨成十绝句以志哀悼》，其中有一首记其事，云："无邪堂畔常承教，仍在春风化雨中。文学批评非易事，犹劳大匠广陶镕。"自注："光宣年间师任高等学堂监督，荣年未三十，任国文教授，学识浅拙，所编文学史讲义，承师详为批示，有未当者皆为摘出，受益良深。自后荣任大学专门学校教授

---

① 《清代藏书楼发展史·续补藏书纪事诗传》，第 283－284 页。
② 同上。
③ 《丛书集成初编目录·丛书百部提要》，中华书局 1983 年版，第 44 页。

历三十年，幸免陨越，皆由受师之训迪也。"可见吴道镕对徐信符影响之深。还有一首追溯其师生感情："问字难忘弱冠年，随行后长立堂前，文澜学海俱零落，回首师承意黯然。"

有一首记他们共同编修《番禺县续志》事："邑志荒残四十年，广搜文献续前篇。书成无限人琴感，窃幸微名附骥传。（自注：番禺续志，师任总纂，命荣分纂，凡十载而书成。番禺李志成于同治辛未，由辛未下逮宣统辛亥，凡四十年，见师序中。）"

有一首记辑《广东文征》事："文海凋残蛀蠹侵（自注：顺德温谦山粤东文海版已残），大灵文选更销沈（自注：屈翁山广东文选已成孤本）。名山自有千秋业，百卷文征重艺林（自注：当梁文忠公回粤倡修广东通志，开馆之初，议聘师任总纂，师力辞。及开馆，荣与茂名林朴山兄任纂述，同谒师，请教编纂事。师言文征诗征之重要，慨然自任编辑《广东文征》。以荣藏有明张邦翼《岭南文献》，杨瞿崍《续广东文献》及屈大均《广东文选》，温汝能《粤东文海》，因命荣草文征条列，刊布后，在敝书楼中调取广东先儒名著，师费二十年精力，成《广东文征》一百二十卷。昨岁命荣再取《喻园集》《昨梦斋集》，拟于梁、彭二公文，多取数篇，并欲于序文中标举吾粤人之能为古文者，以诏后学。今序文未成而师遽归道山，可为呜欤）。"

从徐信符对吴道镕的十首"志哀悼"绝句中，可以看出他们之间师生关系甚深，吴道镕对徐信符的学术影响至大。

以上我们所论述徐信符的学术渊源来自他的官宦世家、书香门第。经学大师伯父徐灏、学识渊博的族兄徐绍桢对他都产生了重要影响。他受业于学海堂，师从陶春海、吴道镕，受阮元、陈澧等大师倡导的"实学"风气的影响，受学海堂一派学风的熏陶。

二、 从《广东藏书纪事诗》看其学术渊源

徐信符在版本学、目录学、校勘学、刻书、印书、藏书等方面有很大成就，其渊源即来自学海堂。他在《广东版片纪略》一文中勾画出广东刻书、印书的历史，并高度评价阮元和学海堂对广东学术的贡献以及自己保管版片的来龙去脉：

> 自道光朝，阮元总督两广，以朴学课士，经史子集，皆为研究实学所必需。学海堂创立，文澜阁启秀楼，为藏版校书之所，一时风化大开，上行下效，官刻私刻，风起水涌，其庞然巨帙，乃冠于各行省矣。……今言版片，可分官刻、私刻二者言之。官刻之书，以学海堂、广雅书局最有时名。学海

堂在粤秀山麓，成立于道光四年，设学长八人，专课生读书，定有课程，分
句读、评校、抄录、著述四项。于是注重书本，而刻书之事起焉。堂内有文
澜阁，即为书版之地。……学海堂自开版以来，最繁博者为《皇清经解》
一百八十三种……皆为要籍。当时陈兰甫先生为学长，主持刊书事宜，故校
对精审，版式古雅。……及光绪间菊坡精舍继起，亦为陈兰甫先生任学长。
菊坡亦有刻书……自山堂菊坡后先辉映，粤省之风，焕然改观。及光绪十五
六年，粤督张之洞于城西设广雅书院，别于城南设广雅书局，专司印刻古
籍，规模弘大，文化益张。……余于民国七年，规复广雅版片印行所，更择
其版式一律者，合经史子集，广之为《广雅丛书》。……私家所刻……所述
诸人，皆与学海堂有关。学术渊源，亦有自来也。……自光绪晚年，学校兴
而书院废，铅印兴而雕刻微，于是版刻渐渐衰替。……当今南天烽火，焦土
遍于全省，公私版片，难免秦灰。惟学海堂、广雅书局版片，由省立编印局
保管。余与同事黄希声、廖伯鲁均负保管之责。广州失陷前已移徙乡中，现
时犹获安全，有欣幸矣。①

这段文字清楚地记述了自学海堂以来广东刻书印书的情况，以及徐信符和他的同
事们对保管版片所做的历史性贡献。徐信符先后在广东省图书馆修志局、编印
局、文献馆任职，1917 年设立广雅版片印行所，编印《广雅丛书》150 余种。其
他宏篇巨著，如武英殿聚珍丛书，学海堂、菊坡精舍、海山仙馆、粤雅堂等所刻
书版，亦先后印行。他为广东刻书事业做出重要贡献。他的"南州书楼"藏书
甚丰，并根据自己整理广东文献的经验，著《广东藏书纪事诗》，收入广东自明
代以迄民国藏书家数十人，评述广东典籍聚散之源流。

徐信符著《广东藏书纪事诗》，是受全国藏书史领域研究成果影响而编著
的。藏书纪事诗发端于清末著名学者叶昌炽。叶昌炽，江苏长洲（今苏州市）
人，学问渊博，尤长金石、版本之学。叶氏家刻七卷本《藏书纪事诗》。王颂蔚
序曰："光绪初元（1875），余与管子操敔、叶子缘裻为瞿氏编校书录，铁琴铜
剑楼之藏无不寓目。既而叶子馆潘氏滂熹斋，凡文勤公所藏又遍窥之。"② 这说
明叶昌炽对清代大藏书楼铁琴铜剑楼，及大藏书家潘祖荫家中的许多名贵旧籍都
接触过，潘氏《滂熹斋藏书记》即出自其手。他为什么要编著《藏书纪事诗》
呢？王颂蔚序曰："叶子自恨家贫力薄，不能多得异书，又叹自来藏书家节食缩
衣，鸠集善本，曾不再传，遗书星散，有名姓翳如之感。因网罗前闻，捃摭逸

---

① 《广东文征续编·徐绍棨》，第 246－248 页。
② 王颂蔚所作的序，见叶昌炽《藏书纪事诗·附补正》，第 4 页，上海古籍出版社 1989
年版。

事，竭八九年之力，由宋、元迄今，得诗二百余首。"① 叶昌炽在自序中亦曰：

> 昌炽弱冠即喜为流略之学，顾家贫不能得宋元椠，视藏家书目辄有望洋之叹。因念古人爱书如命，山泽之癯，槁项黄馘，吾吴如孙道明、朱叔英、吴方山、沈与文，皆名不挂于通人之口。缥缃既散，蒿莱寂然，可为陨涕。顾涧薲先生尝欲举藏弆源流，汇所见闻述为一编，稍传文献之信。窃不自揆，肄业所及，自正史以逮稗乘方志、官私簿录、古今文集，见有藏家故实，即衺而录之。光绪丙戌（1886）以后，度岭而南，暨客都门，见闻稍广，箧衍遂充。初欲人为一传，自维才识谫陋，丝麻菅蒯，始终条理之不易，乃援厉樊榭《南宋杂事诗》，施北研《金源纪事诗》之例，各为一诗，条举事实，详注其下。②

据此叶昌炽是想继承"顾涧薲先生尝欲举藏弆源流，汇所见闻述为一编，稍传文献之信"的遗志。顾涧薲，即清代著名校勘学家顾广圻，字千里，是拟汇集我国历代藏书史料的较早者。据王欣夫考据：

> 《有学集》卷八十四《钱叔宝手书续吴都文粹跋》云："余欲取吴士读书好古，自俞石涧以后，纲罗遗逸，都为一编，老生腐儒笃经蠹书者悉附著焉。庶功甫辈流不泯泯于没世，且使后学尚知先辈师承在也。"据此则牧斋已先涧薲有志于斯事矣。③

据此，明末清初的大学者钱牧斋（谦益）已有汇集历代藏书史料，为藏书家编写传记的想法。可见叶昌炽的《藏书纪事诗》的渊源深远。

叶昌炽《藏书纪事诗》是一部开山发凡之作。在此之前虽有《吴兴藏书录》（1830 年刻）以我国第一部藏书家传行世，但它仅是吴兴一地共 15 名藏书家的传记资料，难以称为研究藏书史的专著。叶昌炽的《藏书纪事诗》，因为史料广泛，史论内容精当，编著体例适洽，所以在中国藏书史上奠定了开山发凡的特殊地位，且在学术界享有崇高的声誉。它被誉为"艺林绝业"，"文字一日不灭，此书必存天壤"的不朽之作，是"书林之掌故""藏家之诗史"。该书对每一位藏书家，领以绝句，缀以事迹，必要时殿以按语。这是叶昌炽在《藏书纪事诗》里处理所辑藏书家史料的基本方式。这种体例使该书提供了某一藏书家的基本史

---

① 王颂蔚所作的序，见叶昌炽《藏书纪事诗·附补正》，上海古籍出版社 1989 年版，第 4 页。

② 叶昌炽：《藏书纪事诗·附补正》，《自序》，第 30 页。

③ 叶昌炽：《藏书纪事诗·附补正》，《自序·补正》，第 31 页。

料和线索。恰如近人谭卓垣在《清代藏书楼发展史》中所说，"这部书的最具价值之处，是在于叶昌炽博征群书所得的引文"，正是由于这些引文，"这部书事实上成为了古代藏书家的传记辞典"。①

徐信符的《广东藏书纪事诗》完全仿照叶昌炽的《藏书纪事诗》的体例。关于该书的特点、学术价值等，已有学者专文论述，在此不叙。本文只是指出，徐氏的著作，虽然它只谈广东的藏书家，但其学术渊源是全国该领域的研究成果，是与全国的学术信息相沟通的。

徐信符的学术成就是很大的，但由于种种原因，过去不被人们所注意。今天我们探讨其学术成就的历史渊源，从中可以得出两点有益的启示：其一，广东的学术要发展，一定要与全国的学术相接轨，徐信符是阮元、叶昌炽的学术事业的继承者之一，就说明了这一点；其二，学术上一定要坚持实事求是，要有严谨的学风。只要在学术上嘉惠后人，有益社会，必然会受到人们的敬仰和尊重，人们就会用不同的形式纪念他、怀念他。

原载《岭峤春秋——徐信符研究文献集》，广东人民出版社 2004 年版。

---

① 《清代藏书楼发展史·续补藏书纪事诗传》，第 63–64 页。

厚积薄发　纲举目张

——胡守为著《岭南古史》读后

　　胡守为教授著《岭南古史》（26 万字）一书，作为《岭南文库》之一种于
1999 年 9 月由广东人民出版社出版了。该书主要叙述自秦统一至南朝约 800 年岭
南地区的历史，读后觉得可以用"厚积薄发，纲举目张"八个字来概括它的优
点。下面是我读后的五点体会。

　　第一，该书写作目的是非常明确的。胡教授有感于近 20 多年来广东经济的
迅速发展引起了各方面的注意，并出现了许多探讨广东取得成就的原因的论著。
但一个地区的发展，必有一个演变的过程。所以，"总结岭南的历史，探讨其发
展的原因，寻找规律，把握积极因素，为创造更辉煌的未来"（《序》第 4 页）
是非常有益的。因此，它不是发思古之幽情的产物，而完全是为当前经济发展服
务的、可资借鉴的著作。

　　第二，该书在体例上不同于一般的地方通史，也有别于一般的专门史。它用
18 个题目，将自秦朝统一到南朝约 800 年的岭南历史，包括政治、经济、民族、
文化等方面，用生动流畅的语言及史论结合的方法描述得非常清楚。由于作者对
史实谙熟，叙述起来娓娓动听，可读性很强。对人物、事件的评价亦鞭辟入里。
它的结论一般都建立在较丰富的史料基础之上，并将其放在一定的历史范围内推
敲，"厚积薄发"，是可以信赖的。因此，它是一本对治学者、从政者或一般读
者，都非常难得的佳著。

　　第三，由于岭南地理条件和习俗与中原地区有较大差异，中央王朝与岭南地
方的关系，"是岭南诸特性中的一个较重要的特性"（《序》第 5 页）。作者紧紧
抓住这一特性作深入细致的研究，认为在岭南同中央的关系中，在岭南出现"家
族统治的问题"并且影响到整个政治局面，这是理解岭南古史的关键。作者在
"士燮家族的浮沉""交州的纷争，家族统治的回潮""家族统治在岭南的变化"
等题目下，分别叙述了从三国士燮家族、吕岱家族开始，到东晋时期的陶（瑾）
氏家族和王（毅）氏家族相继统治岭南达数十年之久的历史现象；并深刻地指
出，父子兄弟几代相继统治岭南，"主因是朝廷的中心地带混乱，朝廷无暇南顾。
家族成员自相替换州刺史的职位，朝廷亦无力过问，或企图借已取得威望的刺史
家族的成员平息岭南发生的纠纷。而刺史在州日久，便积聚势力，乃至组织私
兵，为家族掌权打下基础，这时候，朝廷欲去之也不易"（第 110 页）。这是历
史的总结，也是深刻的教训。

在岭南政治史上，东晋以后，由于岭南地区日益重要，朝廷统治者更加重视岭南，世袭官位的家族统治现象才逐渐淡化，而地方土著豪酋的家族重新出现在岭南的政治舞台上。陈寅恪先生指出南朝地方土族豪酋的崛起，"造成南朝民族及社会阶级的变动"，这是读南朝历史的纲领。胡教授遵循这一训示，在陈先生《魏书司马传江东民族条释证及推论》一文中所检出的地方豪酋之外，还补充了若干名岭南土族首领的事迹，这是很不容易的。在岭南土著豪酋家族中，以冼氏、宁氏家族的事迹最为显彰。作者以"冼、冯的政治婚姻"为题，叙述了冼、冯两族婚姻对岭南政局影响之大，并对岭南三国魏晋时期的家族统治，南朝地方土著豪酋崛起的背景、特点、过程及应总结的历史经验、教训等进行了阐释。许多观点发前人所未发，是作者几十年治史的心得体会，亦是全书的精华所在。

第四，岭南经济的崛起，与中原人民南迁带来先进生产技术和经验，南北进行经济、文化交流是分不开的；同时也是岭南土著各族之间与中原各族之间民族融合的结果。该书用"北人南迁""古代岭南的土著民族"两个题目，把岭南户籍、人口概况、北人南迁的路线、历代入岭南的名人以及岭北人对开发岭南的贡献等重要问题梳理清楚；同时对岭南十分复杂的俚、僚、乌浒、骆越与西瓯等土著民族的来龙去脉以及各民族融合的情况分析得有条不紊，以雄辩的事实说明了是中华民族各族人民共同创造了岭南光辉灿烂的古代文明。

第五，对古代岭南的思想文化，以往的研究成果犹如凤毛麟角。该书以"岭南早期的道教"为题，把罗浮山与道教的关系，鲍靓、葛洪以及道教的其他著名人物的思想和在岭南的影响、传播等都做了简明扼要的阐述，并以"佛教在岭南的传播"为题，叙述了古代的海外交通、佛教名僧在岭南、岭南译经概况等。作者认为创建于印度的佛教传入岭南，似从"海路进入"。传入时间始于何时，虽难确定，但大抵由扶南传入，而中国与扶南正式通使始自孙吴，而于史传明确涉及佛教的，乃在刘宋末年。因此，佛教由海路传入岭南的时间不会太早。

岭南的最南边是日南郡。自三国以后，史籍记载历朝与南方周边各国的关系日多，其中最重要的是林邑与扶南。该书以"林邑与扶南"为题，简述了林邑国、扶南国的概况及与中国的交往。扶南是中国古代海上交通路线上的枢纽，从中可以窥见岭南早期的海外经济、文化交流概况。

另外，"主要文献介绍"一题，作者介绍了有关岭南古史的文献资料及考古资料，为学者做进一步深入研究提供了方便。但该书对古代岭南的儒学未置一章，或许作者有别的考虑。

原载《学术研究》2000 年第 9 期。

岭南古史研究的可喜收获
——杨式挺《岭南文物考古论集》读后

杨式挺先生的《岭南文物考古论集》（由广东省地图出版社 1998 年 11 月出版），收录论文 29 篇，皇皇 56 万字，是式挺先生在广东从事考古文物工作 30 多年间，关于岭南考古文物的代表性著述的结集。主要内容包括若干古遗址的发掘与重要发现，栽培稻作的起源、演变及传播，广东早期铁器，岭南青铜文化，南海早期交通贸易，西樵山文化，石峡文化，广东新石器时代文化与邻区原始文化的关系，粤闽台先秦考古学文化关系，港澳考古发现与内地的历史关系，等等。书中附有大量考古图录、文物照片和各种资料统计表格，可谓图文并茂。书前冠以著名考古学家苏秉琦教授、著名国际汉学家饶宗颐教授以及广东省社会科学院院长张磊教授所作的三篇重要序言。今年年初得到此书之后，我非常高兴，因为这些课题都是研究岭南历史的重大问题，决心认真阅读，从中吸吮养料。由于身体和工作的原因，我断断续续地披阅。阅后感奋不已，我为式挺先生所做出的成绩，为他复原岭南史前、先秦史的面貌做出的贡献而高兴。该书所取得的成就，我认为主要表现在四个方面：

第一，该书对岭南史前的新石器时代文化的类型、特征、年代、分期、发展序列，勾勒出一个基本的轮廓，描述了岭南史前社会发展的生动情景。我们知道，要复原原始社会的历史，主要靠考古资料。在新中国成立之前广东的旧石器遗存的相关考古发现是个空白，现已发现多处，尤其是曲江"马坝人"的发现，填补了我国华南人类进化系统上的空白。广东新石器时代考古在岭南占有重要位置。作者及其同事们，在全省开展了广泛的调查、发掘，据不完全统计，全省发现的新石器时代遗址（包括遗物地点）已达五六百处之多，清理墓葬 200 多座，窑址 20 多座，各类文物数以万计。经过作者及其同事们的研究，已经大致弄清了全省新石器时代文化的区分、特征、年代、分期，各种埋葬习俗以及经济生活特点，并已提出若干考古学文化名称或文化类型。诸如，粤西区"独石仔—黄岩洞类型文化"、粤北区"青塘洞穴类型文化"、韩江三角洲"陈桥类型文化"、珠江三角洲"西樵山文化"、粤北区"石峡文化"、西江流域新石器时代晚期文化、南路区—海南岛新石器时代晚期文化等。其中"西樵山文化""石峡文化"已被列为中国新石器时代考古学文化，"西樵山遗址""石峡遗址"等已被载为《中国大百科全书·考古学卷》的条目。文化分期可分早期、中期和晚期。早期遗存（距今 1 万年至 7000 年左右），全省目前已发现 20 多处，主要分布于粤北和粤西的石灰岩洞穴。中期遗存（距今 5000~6000 年），主要分布于韩江、珠江三角洲和港澳地区，计有 60 多处。以贝丘、沙丘遗址为多，也有土墩和山岗遗址。当时社会大致处于发展或繁荣的母系氏族社会。晚期遗存（距今 4000~5000 年），数量最多，分布更广，几乎遍及全省各地，面积扩大，内涵丰富。根据典型遗址的层位迭压关系和器物特征及发展演变关系，可分为前后两个发展阶段。作者在该书的诸多篇章中，向人们展示了岭南的先民们如何从依赖大自然的恩赐，发展到披荆斩棘、因地制宜，从事原始锄耕农业、渔猎捕捞业、家畜饲养业，及石器、陶器、玉石牙饰物等手工制作的绚丽多彩、艰苦创业的生动情景，描述了岭南原始社会产生、发展、衰亡的历史过程。式挺先生运用这些资料和研究成果编撰了广东社会科学院的重点科研项目《广东通史》的第一章"广东地区的原始社会"，在学术界获得好评。

第二，该书就岭南先秦时期的青铜文化问题提出系统的见解，并把岭南青铜文化遗存的发现、分布、内涵、特征、年代与分期做了理论的概括。岭南先秦时期有没有存在过青铜时代，是否出现过奴隶制，是岭南古史上的重大学术课题。对此学术界有不同看法：一种意见认为存在过青铜文化，也存在过奴隶制；另一种意见认为存在过青铜文化，但不赞成存在过奴隶制；第三种意见认为不存在青铜文化，岭南发现的先秦青铜器，是秦或汉初的将领或官员从中原带进来的。据作者统计，广东发现的青铜文化遗址（含遗物点）约有 500 处，墓葬近 200 座，各类青铜器 1100 多件。这些青铜文化遗存几乎遍及各个省辖市。作者把这些青铜文化遗存，大致分为三个时期：第一期相当于商末西周，包括"浮滨类型文化""石峡中层类型文化"等，属于岭南早期青铜文化；第二期相当于西周晚期至战国早期，岭南青铜文化有较大发展，其特点是与夔纹陶共存；第三期相当于战国中晚期，下限及至西汉早期，青铜器数量增加，晚期开始使用铁器，其特点是与米字纹陶共存。作者从形制特征分析，认为这些青铜器一部分来自中原、吴、越和楚地；一部分具有越式特点，乃岭南所铸造。因此，作者认为岭南先秦青铜文化，绝非无源之水、无本之木，它是在本地区新石器末期原始文化基础上萌发而来的；而它的产生、发展过程，始终受到长江以至黄河流域先进青铜文化的影响和浸润；岭南青铜文化的创造者应是本地区的古越人。至于岭南地区是否存在过奴隶制社会，作者在撰写《广东通史》时定义为"不发达的奴隶制"，因此第二章的题目为"不发达的奴隶制和岭南古越族"，我认为这个提法也是符合岭南历史实际的。

第三，该书就岭南古文化与邻近地区古文化的关系问题，进行了探讨，并提出了许多有益的、独立的见解。中国土地辽阔，民族众多，各地的自然条件、生态环境千姿百态。因此，原始先民们在各地所创造的文化也就会有千差万别。考古学文化就是考古遗存中属于同一时代、分布于共同地区、具有相同特征的文化共同体。一个考古学文化以若干特定类型的居址、墓葬、工具、陶器、装饰品及独特的工艺技术为标志，可反映一个具有共同文化传统的古代社会集团。运用考古学文化的方法去观察和分析考古遗存，使在考古学中探寻各个族群的共同体的特殊发展规律成为可能。式挺先生的老师苏秉琦教授，根据考古学文化理论，结合中国的历史实际，创立了"考古学文化区系类型理论"，为从宏观上研究原始文化的体系，从考古学上研究民族文化传统的形成及各文化的关系等问题开辟了新的途径。式挺先生正是运用"考古学文化区系类型理论"，去研究岭南古文化与邻区古文化的关系的，并得出许多富有启发性的结论。比如他把石峡文化类型遗存与江西樊城堆文化做比较研究，认为"樊城堆与石峡文化的面貌最相似，两者的关系也最密切。"两者的关系很可能就是苏秉琦先生提出的"以鄱阳湖—珠江三角洲为中轴的南方地区"当中的"赣江—北江区"同一原始文化系统的两种类型。同时，作者也注意了石峡文化与长江中下游、东南沿海区、湖南湘江流域的原始文化的关系等。又例如西樵山文化，作者把西樵山文化的主要因素如双肩石器、绳纹圜底釜、广东彩陶的源流、墓葬、人骨与拔牙等问题与邻近地区的原始文化的关系做了广泛的探讨，对人们进一步认识西樵山文化都是相当有益的。

还有特别值得提出的是，作者把近年来香港地区、澳门地区的考古新收获、出土的文物，与珠江三角洲出土的文物，从"考古学文化区系类型理论"的高度进行分析、比较研究，写出《"大湾文化"初议》《从考古材料看香港与祖国内地的历史关系》《略论澳门黑沙史前文化与珠江三角洲史前文化的关系》等有分量的论文，从考古学上论证香港、澳门古文化的根在内地，阐述了香港、澳门与祖国内地的血肉联系，为香港、澳门主权回归祖国，为国家的统一大业，做出了重要的贡献。

第四，从该书几篇关于岭南秦汉以后历史的文章以及书后附录"未选录的文章目录"来看，作者对秦汉以后的岭南历史也有许多真知灼见，也是非常可喜的。

总之，作者从理论与实践、考古与历史的结合上不断探索，通过大量的真实可靠的考古材料，反映了岭南不"荒"、"南蛮"不"蛮"的本来面貌。因此，该书所取得的成就是应该充分肯定的。

式挺先生为什么能取得这些成就？这些论文的字里行间透露出一些信息：第一，他具有较深厚的马克思主义理论素养和考古专业知识，他的每篇论文都建立在深沉的理论思维和充实的考古资料的基础之上，学风是相当严谨的。第二，他注重田野考古实践。作者在广东从事考古文物工作近40年，广东先秦时期的重大考古发现他都有参与调查、发掘、整理等工作，其足迹所至几乎遍及广东的所有县市。这为他获得第一手资料以及感性知识提供了可能。第三，他具有锲而不舍的刻苦钻研精神。从作者"自序"和张磊院长的"序"中可知，式挺先生1958年从北京大学历史系考古专业毕业后分配来广东，当时制订个人科研规划时即提出"立足广东（岭南）、面向全国，兼顾东南亚；以新石器考古为重点"的努力目标和专业重点。40年来孜孜不倦，为实现自己的奋斗目标而默默耕耘，咬定青山不放松，这是事业取得成功的真谛。式挺先生原籍福建泉州，在广东生活了40多年。我认为岭南人民哺育了式挺先生，式挺先生为岭南的考古文物事业做出了重要贡献。岭南这块沃土可以培育出各种人才。

由于该书所收的论文，其发表时间前后相距30多年，所以有的论点或材料前后有抵牾之处，作者为保持文章原貌以展示自己研究的轨迹，集成该书时未作修改。这是允许的，希望读者注意就是了。

最后，我想以国际著名汉学家饶宗颐教授为该书作的"序"中的一段话作为拙文的结语："杨君从事考古专业多年，多所创获，细读此书，其特色有三：（一）每涉一专题必作综合性的全面考察；（二）必引征文献史料，故所论皆信而有征；（三）必原始要终，细加辨析，以求其是。综此之长，信足为来学典范。"

原载《农业考古》2000年第1期。

热情撼山河　流笔写春秋

——司徒尚纪新著《珠江传》读后

　　珠江是我国最大的热带亚热带河流，从诞生至今已有近 2 亿年的历史。她流经几个省区，地域范围广及 40 多万平方公里。她像母亲一样哺育了两岸的各族人民，也孕育了光辉的文明和灿烂的文化。司徒尚纪教授生于斯、长于斯，青年时代求学于珠江之滨的中山大学，现也执教于中山大学，他对珠江怀有深厚的感情。有感于珠江的巨大变化，近年来他产生了为母亲河珠江写点文字的强烈愿望。他攻读博士学位期间的导师、北京大学侯仁之教授鼓励他："在我国辽阔的国土上，和黄河一样，珠江也是一条有着自己独特文化风格的伟大河流，应该以饱满的热情，把她作为一位历史伟人的传记写下来。"司徒教授几经努力，带着导师的谆谆教诲，以独特且浓厚的感情、多学科知识融会贯通的博雅、蘸满热情的大手笔，描绘珠江多彩的自然景观及丰富的人文内涵，撰成《珠江传》，38 万字，由河北大学出版社出版（2001 年 1 月）。这是司徒教授最新的科研成果，值得祝贺。我以为该书有三个特点是值得称道的。

　　第一，珠江是一条自然的河流，更是一条跳动着生命脉搏、代表着一种流域文化类型、涵容其发展历史的文化河流。该书以时间为经，以自然和历史事件为纬，采用传记形式，一方面描述珠江形成、发育和演变的自然史；另一方面，也是最主要的是，把珠江作为一个历史巨人、一位养育两岸各族人民的伟大母亲，介绍她在融合各族人民，开发、利用、建设和保卫祖国南疆，创造流域多元一体的珠江文化方面的艰辛历程和巨大贡献。因此，该书可以说是有关珠江自然史和文化史的"百科全书"。全书分"文化视野下的珠江""恐龙时代诞生的伟大生命""跃进文明的门槛""中原文化下珠江""在蛮夷土地上流淌""汉文化成为珠江文化的脊梁""珠江文化成熟上岸""中西文化交汇的浪潮""风正一帆悬""历史的警钟在回响""迎接珠江新世纪的曙光"11 个标题来叙述。林林总总的自然史包括了恐龙时代河道诞生、物种兴衰、新生代地表变动塑造的各种形态，全国最大的黄果树瀑布、云南石林、漓江景色、西江三峡等迷人的自然奇观风采及山川形胜的变迁，把读者引入了一个五光十色的珠江流域的"自然世界"。丰富多彩的文化史包括了珠江流域土著居民独特的民族文化及其未解之谜，中原汉人多次南下，秦代灵渠和汉代楼船，唐开沟通中原的大庾岭道和连接域外的"广州通海夷道"，唐宋流寓人物南迁，宋明以来珠江三角洲大围垦，千年不衰港市广州，林则徐禁烟和虎门抗英销烟，从洪秀全到孙中山的革命活动，华侨文化的辉煌，港、澳被外人侵夺，兼容南北、涵摄中西的珠江文化的最后形成，珠江三角洲经济的腾飞，深圳、珠海经济特区的崛起，港、澳回归等光辉的现实和美好的将来，等等。作者以饱满的激情，写出了珠江幼稚可爱的童年、壮丽多彩的青年和成熟骄人的壮年。通过该书的真知灼见，我们可以了解珠江的山川景物、风土人情、铁与血的斗争、欢乐与苦难、创伤与呐喊，以及独特的心路历程和光辉灿烂的前景。作者写这该书的目的，是希望"让人们为孕育珠江文明的母亲河光辉的历史和人文精神而感到自豪和骄傲，同时受到鼓舞和激励"，"为加强中华民族凝聚力、建设社会主义现代化强国而奋斗"（《自序》第4页）。我认为，作者的目的达到了。

第二，《珠江传》结合了多学科并采用了丰富的资料。该书的内容涉及地质学、地貌学、地理学、历史学、民族学、民俗学、文化学、考古学等学科的知识。作者长期从事中国历史地理、区域文化地理、地理学史的研究，地理学造诣甚深。近年来他对岭南历史文化的研究，创获颇丰，几部著作相继问世。作者涉猎甚广、知识面瞻博，涉及的各个学科的知识，能娓娓道来，语言生动流畅，一气呵成，浑然一体。所采用的资料，包括文献记载、金石碑刻、考古发现、民族调查、实地考察，材料相当丰富。尤其值得指出的是，在叙述山川形胜、风土人情的时候，作者引用大量地方志、文人诗词、民歌俚语、神话传说等资料，引人入胜。作者不但在引用原始资料方面显出功夫，而且广泛吸收现代的学术研究成果，使有筚路蓝缕之功的《珠江传》，在材料方面，丰富而翔实。

第三，更难能可贵的是，该书不但写出了珠江光辉灿烂的文化，而且写出了珠江环境的破坏，为我们敲响了警钟，更以饱满的热情迎接珠江新世纪的曙光。珠江以其伟力造就了壮丽的风光和灿烂的文化，两岸人民沐浴了其浩浩恩泽。但是，或由于大自然的变迁，或由于人为的活动，珠江也受到过伤害，曾泛滥成灾，为祸人类。作者在"历史的警钟在回响"的标题下，总结历史经验，认为森林砍伐、水土流失、河床淤高、水质污染等原因，导致了珠江生态平衡失调和恶性循环，甚至诱发经济和社会危机，吞噬两岸无数家园。历史的经验值得注意，珠江流域是一个生态系统，我们要维持这个系统的动态平衡和良性循环，与污染环境和破坏生态平衡的落后文化现象作斗争，保持流域人口增长、社会经济和文化的可持续发展。作者在"迎接珠江新世纪的曙光"的标题下，展望珠江文化走向世界，认为"珠江文化也必须现代化，即应发展为一种创新而不是守旧、前进而不是停滞、高雅而不是粗俗、开放而不是封闭的文化，它不仅是具有全国性，而且是具有世界性意义的文化"（第470页）。作者的这些观点，在改革开放和全球经济一体化的今天，对珠江两岸人民发展经济、规划珠江文化的走向，都有现实意义和指导作用。

中山大学黄伟宗教授组织"珠江文化研究会"，提出"跟上世界文化时代，启开珠江文化工程"的倡议。该书作者积极响应,《珠江传》即是珠江文化研究成果之一。作者还提出珠江文化工程可将珠江文化分为西江文化、北江文化和东江文化三个亚文化以实施研究的具体方案,这些意见都是难能可贵的。

原载《岭南文史》2001 年第 2 期。

一本以文物为载体的信史

——评介《广州文物志》

近来披览由陈玉环任编辑委员会主任、麦英豪任主编、杨资元等任顾问的《广州文物志》（广州出版社 2000 年 12 月出版，98 万字），深被它的内容全面丰富充实、审核考订严谨准确、印制精美怡目所感动。它是一部以文物为载体的广州市的信史，是一部确实有用的工具书。它对研究广州政治史、经济史、文化史、艺术史、建筑史等都有重要参考价值。人们通过它可以更形象地了解和认识广州的过去和现在，充满信心和自豪地去建设美好的未来。读后尽有文物珠玑来眼底，历代兴衰寸心知之感慨。窃以为该书有三方面的特色。

第一，该书内容全面丰富充实，资料收录年代自新石器时代至 1998 年，收录范围，不可移动文物包括广州市属八区、四县市，可移动文物以广州市文化系统所属博物馆、纪念馆所藏为限，收入条目共 900 多条，大凡有关广州的政治、经济、建筑、文化、艺术等方面的重要史迹及各博物馆、纪念馆所藏的"家珍"都有记载。1990 年出版第一本《广州市文物志》，收入条目 700 多条，该书获得社会好评，被评为广州市社会科学优秀成果一等奖。1999 年出版的《广州市志·文化卷》包括《文物志》，但限于篇幅，削减了不少内容，并且限于体例，把博物馆的内容收入《文化志》中。现在出版的这本《广州文物志》，是在前两本的基础上，经过文物、博物单位和市地方志办公室的学者们，用两年的时间集体攻关的成果，比前两本的内容更丰富充实。新增加的内容大都是 1990 年以后新发现的或前两本未列入的代表性文物。如分别于 1995 年和 1997 年被评为"全国十大考古新发现"的西汉南越国宫署和御苑遗址；1998 年发现的东汉、东晋、南朝三朝套叠一起的城墙遗址；首次发现的黄埔笔村明、清两朝的水利碑；1998 年香港爱国人士杨永德和简庆福共捐罕见的清初朱耷、石涛合作《兰竹图轴》；等等。而且该书增加了"博物馆·纪念馆"一章，扼要地介绍了广州市博物馆事业的发展。

更难能可贵的是附录"广州文物、博物馆事业纪事（1926—1998 年）"资料。该资料长达 57 页，较详尽地记述了广州文博事业 72 年特别是建国 50 年以来的大略，可以查找到有关的历史信息、资料。总之，《广州文物志》比前两本"更上一层楼"。

第二，该书考订认真、科学、严谨。该书对条目的设立和释文，都经过认真考订、反复核实，一丝不苟，尽可能做到真实、准确。有不同意见者，则存其说，不轻下断语。例如：《镇海楼》释文，对至今仍悬挂于楼之顶层、有两个不同版本的楹联，原文照录；对于楹联的作者，一说彭玉麟，一说李棣华，也两说并存（第128页）。又如《孙中山先生纪念碑》，关于设计者有不同说法，碑座刻"建筑师吕彦直，承造人林佐"。而当时《国民日报》载杨锡宗设计中头奖。释文说："碑、堂的设计和施工均采用公开征稿及招标的办法，设计中头奖者为吕彦直（当时《国民日报》载为杨锡宗设计中头奖）。"说明编纂者对不同记载的态度是十分审慎的。再如关于新青年社旧址，各种回忆录有不同说法。该书的《新青年社旧址》的条目及释文都经过反复研究，核对不同资料。最后释文为"位于中山五路昌兴街26号—28号。为两幢相连砖木结构房子，两层（原三层）。……二、三楼为新青年社。1921年4月，新青年社迁来广州后，继续出版《新青年》及《新青年丛书》"（第42页）。简短的释文，但凝聚着编纂者多年艰苦探索的心血。该书释文一般都言简意赅、平实无华、准确可信。

第三，该书除书前有24页彩色图版之外，900多条条目，每条都附有照片或绘图、拓片。随文附图编排（因碑刻大，照片不能反映全貌，仅录碑文）。这在全国各地的《文物志》中是一个创举，真正做到图文并茂。对文物的解释，准确的文字说明固然重要，但附上一张该文物的照片，使读者更直观地看到了"庐山真面目"，起到画龙点睛的作用，其效果与纯粹的文字说明是大不相同的。在这里我还要特别介绍两张十分珍贵的图照。一张是彩版第4页的《沙面建筑群》航拍彩照，这是广州市建委规划局的周志平于1993年10月在直升机飞临沙面上空300米时几秒钟内拍摄的，它右侧的六二三路因扩马路拆了沿路旧房子，今天的样子与此图已不同了。这张彩照保留了1993年以前沙面及六二三路一带的原貌。另一张是总图三《清代广州城坊图》，这是孙科当第一任广州市市长，决定要拆城墙开马路之前测绘的，图中明清广州城的八大城门，除"归德门"位于解放戏院那里，其余七大城门如大北门、小北门等，今天仍有路名可寻，图中主要东西、南北走向的里、坊等即今天的中山路、北京路，图中的街道名字，在今天老城区中大部分仍沿用着。这说明今天广州老城区仍保留着明清时期的城厢格局，为广州名城的历史留下了宝贵的一图。

此外，书后附有索引，便于检索，都是它的优点。

总之，该书是一部全（面）、准（确）、精（美）的以文物为载体的广州市信史。但所收入的资料只包括广州市属文物博物馆资料，而位于广州不属市级管辖的文物博物馆资料没有收入，这不能不说是一个缺憾。校对也存在一些问题，文字尚有错漏。除"条目索引"以外，倘能附一个"主题索引"则更方便广大读者。

原载《岭南文史》2001年第3期。

博学以致用

——评《珠江文化与史地研究》

最近拜读司徒尚纪教授新出版的著作《珠江文化与史地研究》（香港中国评论文化有限公司 2003 年 5 月版）。书的扉页有作者简介，作者到今年 5 月为止，共出版独著（含主编）18 部、合著 3 部、论文 130 多篇，共约 650 万字。可谓是一个高产作家、著作等身的学者。他出版的著作，绝大部分都已赠送给我，我从中获益良多。司徒教授今年六十大寿，我想就他这本新著谈一下他的学术成就以及关于广东建设文化大省的认识。

司徒教授是一位知识渊博的学者，《珠江文化与史地研究》是他近年来发表的论文的结集。他先后主持五项国家自然科学基金项目，其中一些论文就是这些项目的研究成果。该书按内容分为五篇：第一篇“历史文化地理”，第二篇“城市历史地理”，第三篇“区域历史地理”，第四篇“海疆历史地理”，第五篇“中国历史地理学史”。从中可见他的研究领域是相当广阔的，而且每个领域都取得可喜的成就，有的领域的成就是开创性、突破性的。因此，他是一位博学多才的学者。他的研究都相当注重致用，他的研究成果为社会进步和经济发展作出应有的贡献，因此，他又是一位学以致用的学者。现我就该书所涉及的中国区域历史文化地理、岭南海洋国土和中国地理学的岭南学派三个领域谈谈司徒教授的贡献。

司徒教授为岭南历史文化地理的研究做出了重要贡献。该书的第一、二、三篇都可视作区域历史文化地理研究。司徒教授写了大量岭南历史文化地理的论文，他在侯仁之教授指导下完成的博士学位论文《海南岛历史上土地开发研究》（海南人民出版社 1987 年出版），深刻地总结了历代治理海南的经验教训，指出行政级别低是导致海南社会经济落后的一个主要原因，为海南区改省提供了决策上的重要参考。1993 年出版《广东文化地理》，作为广东人民出版社的《岭南文库》的一种刊行，此乃我国第一部岭南地区文化地理研究著作，质量上乘，堪称巨著。此书全面展现了广东文化风景线，被学术界视为最成熟的文化地理著作，1997 年入选广东省“百书育英才”书目。1994 年将其研究岭南史地的论文结集为《岭南史地论集》（广东地图出版社 1994 年版），司徒教授在“自序”中说，希望“为建立岭南学作出菲薄的贡献”。2001 年出版的国家自然科学基金研究专著《岭南历史人文地理——广府、客家、福佬民系比较研究》（中山大学出版社 2001 年版），曾昭璇教授在为该书写的“序言”中说：“该书运用历史地理、人文地理等理论与方法，复原岭南各民系历史人文地理面目，反映了各民系历史发展、开发利用资源、创造民系文化的过程、特点与规律，并结合现实，提出很多有益建议"，"该书开启我国民系历史地理研究先河，具有重要的学术意义"。收入《珠江文化与史地研究》中的论文《岭南广府、客家、福佬文化差异与区域社会经济发展关系初探》就是上述国家自然科学基金项目的阶段性成果。该文的现实意义在于揭示了广府文化、客家文化和福佬文化特质和风格，在各个层面上表现出鲜明文化区域差异，使所在区域形成不同社会经济面貌，也是制约当地可持续发展的一个重要因素。因此深刻认识和揭示民系文化差异和联系，对发扬各自文化优势，实现区域文化互补与整合，对当前实施区域社会经济发展战略和规划具有重要意义。2001年还出版了《珠江传》（河北大学出版社），该书是《大江大河传记丛书》中的一种。司徒教授是为珠江立传的第一人。书中反映了珠江那种融通中外、开拓进取、与时俱进的文化风格，我曾以《热情撼山河　流笔写春秋》为题发表过评论。现在又出版《珠江文化与史地研究》一书，可见作者对岭南历史文化地理的研究，不但数量多，而且质量高，不是为学术而学术，而是求致用，用学术来为社会进步和经济发展服务。

我们知道，国土是指一个国家主权管辖的地域空间，包括该国领土、领海、领空和对近海专属经济区、大陆架具有开发等活动权利的区域，以及这个区域内的全部资源。海洋国土是国家国土的一个组成部分。我国的陆地总面积约为960万平方公里，是众所周知的。我国领海面积，根据我国政府1958年9月4日宣布的领海宽度12海里计算，为35万平方公里。而根据1982年签署的《联合国海洋法公约》有关条款，我国达480万平方公里的黄海、东海和南海，有大半大陆架和专属经济区海域可归我国开发、管理和保护。但是，我们对海洋国土的概念和意识非常淡薄。我们在进行大规模社会主义现代化建设中，提高对海洋国土的认识，充分地用好、管好辽阔海洋国土丰富资源是非常重要的。比较早投入对海洋国土的研究，尤其重点是研究岭南海洋国土。1996年司徒教授出版了《岭南海洋国土》（广东人民出版社，《岭南文库》之一种）一书。收入《珠江文化与史地研究》一书中的《〈联合国海洋法公约〉实施后南海海洋权益研究的若干问题》和《海上丝绸之路与我国在南海传统疆域的形成》两篇论文，都是这个方面的系列著作。在这些著作中，他就岭南海洋国土自然环境、开发简史、对海水化学和动力资源、海洋矿产资源、海洋生物资源、滩涂资源、海岛资源、港湾资源、旅游资源等领域的开发以及海洋资源的环境保护等问题系统地阐述了自己的看法，并大声疾呼，提出掀起开发海洋大潮，推动岭南沿海经济跃上新台阶的号召。作者在《岭南海洋国土》一书的"后记"中说，该书为"增强人们的海洋国土意识，同时也为有关部门和地区制定海洋开发方案，建立、调整海洋产业结构提供基础资料和决策上重要参考"。这是一个学者的呼声，一位书生的献策，它反映了国人的心声。该书是中国首部区域海洋地理著作，出版后欣逢 1998 年国际海洋年，深受读者欢迎。从这里我们可以看出司徒教授对岭南海洋国土研究做出了重要贡献，并为利用海洋资源、开发海洋经济而奔走呼号。

收入该书的《浅论中国地理学中岭南学派》一文，就地理学岭南学派的渊源、形成、风格及影响等做了全面、深刻的阐述，是对中国地理学中岭南学派的总结。学派是一种学术源流或派别，有自己的特色和风格，因而能够立于学术之林。作者认为，地理学中的岭南学派是客观存在的，它兴起于明末清初，成熟于近现代，主要形成于 20 世纪二三十年代，30 年代初从法国学成归来的孙宕越、吴尚时，从英国留学归来的林超等在地理学方面都有颇多建树。当时的中山大学地理系是一个容纳各种学说和流派的地理教育机关。吴尚时出现及其学术上的成就与影响是地理学岭南学派形成的标志。这一学派的治学精神和追求，那就是开拓创新，不断前进；涵摄中外，兼收并蓄；长于野外工作和实践；等等。作者于1995 年出版过《吴尚时》一书（广东人民出版社，《岭南文库》之一种），对吴尚时生平、业绩以及地理学在岭南发展的学术源流做了全面系统的评述，书中《附录》还介绍了吴氏主要弟子的生平及业绩。曾昭璇教授在该书的"序"中说，吴尚时"可称岭南近代地理学开山大师之一"，"书中从侧面反映了近代地理学在我国的建立和发展过程、成就和影响，补国内文献少谈岭南学者之缺。尤其司徒君提出我国学坛上独树一帜的岭南学派风格，应为中国地理学史上的一个有力组成部分，很有创见"。司徒教授对中国地理学中岭南学派的研究，是富有开拓性的，对继承和弘扬岭南学派的文化风格，促进中国地理学的发展有重要意义。

在这里我还要提到的是，司徒教授 1993 年出版过一部《简明中国地理学史》（广东省地图出版社版），这是岭南人所编著的第一部地理学史，打破了以往地理学史多为岭北人所编著的旧例。广东人民出版社出版的《岭南文库》丛书，为新中国成立以来广东省最大的一项文化建设工程，至今已出版 60 多种，司徒教授一人便占了三种，即《广东文化地理》《吴尚时》《岭南海洋国土》。从中可以窥见他在岭南历史文化地理研究方面的成就及其所做的贡献。

今天省委省政府号召我们，不但要把广东建设成为经济大省，而且要建设成为文化大省。为此，我认为必须从三个方面入手。

第一，各个学科，包括自然科学、哲学社会科学，都要关注社会，关注现实，必须"学以致用"；但不是庸俗地、媚时地成为现实的脚注。古今中外科学发展的历史说明一个道理，即一个学科的产生、发展、繁荣或曲折、衰落，固然受诸多社会条件以及学科内在原因所制约，但是，对一个学科的生命力具有决定意义的，是社会的需要和该学科满足社会需要的程度。所以，各个学科要关注社会，为现实服务，为社会进步和经济发展服务，这是各个学科的生命力所在。如果我们各个学科都认真按社会发展的需要调整自己的发展方向，我们的学科必然繁荣昌盛，文化大省的目标就能实现。

第二，各学科要培养、产生众多的富有特色的专家、作品和学派。文化大省的标志是什么？我没有研究，但是有众多的专家、高质量的作品、独具特色的学派，应该是重要的标志之一。如果两院院士或有国际影响和资深的专家寥若晨星，站在学科前沿的、突破性的、开拓性的著作寥寥可数，又没有什么特色的学派，我想是不能称为文化大省的，即使自己自吹自擂为文化大省，也不能得到全国乃至国际的承认。因此，下大力气去培养众多的专家，创作作品，乃是建设文化大省所必需的。

第三，要建设文化大省还必须实现文化的普及。关于普及与提高的关系，早在几十年前毛泽东在《在延安文艺座谈会上的讲话》中就阐述得很清楚了。我们的提高，是在普及的基础上的提高；我们的普及，是在提高指导下的普及。两者是一种辩证的关系。

以上是我就司徒尚纪《珠江文化与史地研究》一书发表的评论以及关于建设广东文化大省的一点认识。

原载《海上丝路文化新里程》，香港中国评论文化有限公司 2003 年版。

附录一

治学方法从众师中来

——忆南开历史系老师对我的教诲

　　1959 年 9 月至 1964 年 7 月我在南开大学历史学系历史学专业读书（当时综合性大学本科学制为 5 年）。1959 年 8 月，我踏进南开园，初来乍到，南开给我的印象，一切都是新的。在历史系迎新的晚会上，学兄学姐都非常热情，演节目，聊家常，都想尽快使新同学消除陌生之感，并适应大学的生活和学习环境。在这过程中有一件事使我终生难忘，我的广东同乡曹智英（历史系 57 级，现在是南京海军指挥学院教授）对我说："老弟，五年很快过去，五年学到一个治学方法就不错了。"后来听到一些老师也这么说。我当时很不理解，追求知识欲望非常强的我，以为漫长的五年，著名的学府可以给我非常渊博的知识，现在听到说五年"能学到一个治学方法就不错了"，当然非常扫兴。但是随着时间的推移、我的学养的提高，我对这句话体会越来越深刻。有时赞叹我的学兄曹智英为先知先觉者。现在回忆起来，我认为南开历史系教学最成功的地方，就是教会学生掌握治学方法。但是教会学生掌握治学方法的不单是某一位老师，而是通过一系列的课程、老师的言传身教、教授们的学术成就等，使学生潜移默化，并从中悟出一种道理。这种道理就是治学方法。掌握这一方法，使学生终身受用。我们感谢老师，就是要感谢他们使我们获得了安身立命的本领。

　　当时历史系主任为郑天挺教授。系里非常重视基础课教学。我们的基础课大部分是由在该学科有相当成就的教授授课。如王玉哲教授教"先秦史"，杨翼骧教授教"秦汉魏晋南北朝史"，杨志玖教授教"隋唐五代宋元史"，魏宏运教授教"中国现代史"，来新夏教授（当时是资深的讲师）教"历史文选"，"世界上古史"由雷海宗教授的学生陈兰老师授课，"世界近代史"由杨生茂教授授课，"世界现代史"由梁卓生教授授课，"亚洲史"和"马克思主义经典著作选读"由吴廷璆教授授课。有些课程，本系没有教师，则请外系、外校的老师授课。如"世界中古史"，请北京大学的齐思和教授授课，每隔一周齐思和教授从北京来校上课，上完课即回北京（后来因齐先生生病，由他的学生马克垚来代任），"古代汉语"则请本校中文系解惠全老师授课。这些给我们上基础课的老师，大部分成为 20 世纪 80 年代国家建立博士生制度之后的博士生指导教师。他们讲课风格不同，各有千秋，吸引学生的魅力也各异。如王玉哲先生讲课，材料丰富，旁征博引，引经据典，从材料中得出结论，令学生折服。杨翼骧先生讲课，条理清楚，层次分明，语言简洁明快。一节课下来，学生闭眼一想，这节课的内容便清晰地浮现在脑海里。杨志玖先生讲课善于提出问题，让学生跟着思考，然后引证各种材料，像剥竹笋一样层层剥削，最后露出笋心——结论。细心的学生可以从中悟出道理。这些老师给我较坚实的历史学基础知识，他们的学术成就给我树立了榜样，我朦朦胧胧地想，以后要从事历史学的教学与研究。

如果说一、二、三年级的基础课，使我产生以后从事历史学的教学与研究的朦胧想法的话，那么，四、五年级的专门化课程以及学年论文、毕业论文的训练，则使我坚定了这一想法，并从中初步悟出了一些治学之道。

从四年级开始，系里根据学生的兴趣与志愿，分成中国古代史、中国近现代史、世界史三个专门化课程。我对中国古代史有兴趣，选择了这个专门化的课程。

中国古代史专门化所开的课程，有杨志玖先生的"中国古代土地制度史""元史"、杨翼骧先生的"中国古代史学史"、王玉哲先生的"史记选读"、来新夏先生的"史学名著选讲"、黎国彬先生的"考古学通论"、巩绍英先生的"中国古代政治思想史"，以及没有固定老师的"中国古代史知识讲座"等。由于自己对中国古代史有兴趣，学得特别起劲，我从每位老师的课上或课后，或多或少都吸收到一些治学的方法。比如杨志玖先生的两门课程，每门课发给学生两种材料，一是关于本门课的基本史料目录，二是本门课程的前人研究论著目录。杨志玖先生要求学生根据这些目录到图书馆找书看，并要求精读一二种基本史料。为什么要印发这两种材料，他解释，这是让学生"了解行情"，即摸清前人研究的成果和学习收集资料的方法。这两种材料给我的印象特别深刻，至今我研究问题，都是从这种方法入手。杨翼骧先生的课，除使我了解中国古代史学发展的脉络、浩如烟海的史籍和为史学发展而奋斗的史学名家之外，最使我难忘的就是教我如何逛书店。我从大学三年级开始，有一种逛书店的爱好，常到劝业场古旧书店去，在那里找到我的乐趣。有时我因买书以致没有钱乘公共汽车回校（当时从和平路到八里台只需八分钱）。有一次杨先生说，到书店去，各种图书琳琅满目，就是自己所爱好的领域的图书也不少，如何选择购买？看这本书的前言和后语是很重要的，往往在前言后语中交代了作者的经历、写作该书的经过以及书的基本内容。了解了这些，你就可以根据自己的情况决定是否购买。即使没买，你也知道了该书的基本情况。经他这么一说，我豁然开朗，这是逛书店的要领，至今我还这样实践着。来新夏先生的课，以他宏亮的声音、幽默的语言，由于对古籍的谙熟而以口若悬河、纵横捭阖的辩风吸引着学生。他为了使学生读懂古书，尽可能地结合文选讲授一些读古书必备的基本知识。为此，他把王力主编《古代汉语》中的《古汉语通论》部分印发给学生，包括字典及古书注释的知识，文字学、训诂学、音韵学以及名物典章制度的知识，古书句读、古文结构、文体特点的知识等。这些知识对于初学的学生太重要了。学历史专业的学生没有系统学习过音韵学，但有些工具书是按韵来编排的，我们不会使用。我就此问题请教来先生，他教我，让我先去查《辞海》或《辞源》，查出了该字的韵母，再按韵母去查我所要查的字。经来先生点拨，我学会了使用像《佩文韵府》等这样大型的按韵编排的工具书，使我终身受用。郑天挺教授当时长期住在北京，与翦伯赞教授共同主持历史学科的有关教材工作。他回校时利用"中国古代史知识讲座"讲坛，给我们讲过"明清内阁大库史料"的有关知识。在课堂上，他那谨严、笃实的学风给我留下难忘的印象。

四年级学生要撰写学年论文。我选择"两周生产者的身份"这个课题，由王玉哲先生指导。王先生教我写论文要"小题大作"，他用一个形象的比方说，一篇论文好像一个大胖子，人头好像文章的开头，提出问题要小；脚好像文章的结论，也是小的；大胖子的肚子，就像论证，材料要丰富，论证要充实。搜集材料要"竭泽而渔"。"两周生产者的身份"是一个大的范围，具体题目要我经过研究之后再决定。在王先生的启发下，经过自己的研究，最后题目确定为《两周"小人"试释》。五年级时我的毕业论文仍然由王先生指导。我在对"小人"身份研究的基础上，对两周的文献中出现最多的"民"和"氓"进行研究。在阅读先秦文献的基础上，通过查叶绍钧编的《十三经索引》、哈佛燕京学社编的有关文献的《引得》和《佩文韵府》等工具书，查出了所有两周文献中的"民""氓"和"小人"的材料，并分门别类做了卡片。关于中国古代史分期问题讨论的论著，在南开大学图书馆和天津图书馆（我当时经常去）能找到的我都找来看，并给各家关于两周生产者身份的解释做了摘录。我当时日夜沉浸在对这个问题的研究之中，像谈恋爱一样，时刻想念着它。除图书馆、饭堂、宿舍三个地点之外，其他地方很少有我的足迹。最后我写成《两周的"民"和"氓"非奴隶说——两周生产者身份研究之一》一文。王先生打了5分（当时是5级记分），并写了较高的评语："本论文能初步的运用马克思列宁主义理论搜集到一些必要的原始资料，加以分析和论定，并能在前人研究的基础上提出个人的见解以及个别新的问题，而又能作出初步的解决。所以本论文的论点有一定的说服力，也反映了一些学术界对这一问题的研究成就。另外，本文的文字表达能力也较好。至于缺点方面：一个是语言尚欠谨严，一个是有些地方，显得有材料堆积的毛病。"这是两年来我在王先生的指导下，在书海中努力奋斗的结果（后来经过修改发表，成为我的学术代表作之一）。毕业后我被分配到中国科学院哲学社会科学部（现在中国社会科学院前身）历史研究所从事研究工作。现在想起来，写出一篇较好的论文固然重要，但更重要的是通过这篇文章的写作，我从老师那里学到了治学的方法。

回忆茫茫人生，由衷地感谢南开历史系的恩师。他们教会我治学之道，也就是给我一枝在人生道路上前进的拐杖。我今天能在历史学领域做一点工作，完全归功于恩师。

原载《回眸南开》，南开大学出版社1999年版。

附录二

思乐泮水，薄采其芹

杨 权

　　张荣芳教授 1940 年 12 月出生于广东省廉江。1959 年 9 月考入南开大学历史系历史学专业五年制本科，1964 年 7 月毕业分配到中国科学院哲学社会科学部（中国社会科学院之前身）历史研究所工作，任研究实习员。1973 年 10 月调入中山大学历史系任教，历任讲师、副教授，1991 年 3 月晋升为教授。1989 年开始招收硕士研究生，1996 年 7 月经中山大学学位评定委员会第 38 次会议批准为中国古代史专业博士生导师。从 1983 年开始，曾先后担任中山大学历史系副系主任、中山大学教务长、中山大学副校长等职。1995 年被原国家教育委员会（今教育部）聘为直属高等学校专业设置评议委员会委员、第二届全国高等教育自学考试指导委员会委员；又被广东省高等教育厅聘为广东省高等学校设置评议委员会委员、广东省高校"岭南丛书"编委会委员。从 1996 年 8 月起任中国秦汉史研究会会长。

　　张荣芳教授的研究工作主要集中在中国古代史方面，又以先秦史、秦汉史为重点。秦汉时代是中国封建土地所有制、封建专制政治制度和大一统思想文化确立的时期，在中国历史上占有重要地位，历来吸引着许多学者对其进行研究，名家辈出，著作如林，几乎每个领域都有学者涉足，而且对文献材料的整理爬梳也已相当深入细致，因此，要在这个领域取得成就并不容易。但张荣芳教授依旧一心一意在此领域孜孜以求，一步一个脚印地往既定目标迈进，终于取得了不俗的成绩。他早年曾关注过中国古代史的分期、古代生产者的身份等问题，后来则把研究重点落在秦汉区域史，分河西地区史和岭南地区史两翼展开。汉武帝时期开辟的武威、张掖、酒泉、敦煌四郡，因在黄河以西，古称河西，为秦汉王朝与匈奴的必争之地，也是当时中西陆路交通的咽喉。以往研究河西地区史，在很大程度上只能依靠文献资料。近几十年来，在这一地区出土了大量的秦汉简牍，如敦煌汉简、武威汉简、居延汉简等等，这些简牍成为研究秦汉史相当珍贵的第一手资料。在这个地下材料的"大发现时代"（李学勤教授语），张荣芳教授凭借一个历史学者的敏感，把简牍材料和文献记载结合起来进行研究。他发表的《西汉屯田与"丝绸之路"》《汉晋时期楼兰王国的丝绸贸易》《西汉长城的修缮及其意义》（合著）等论文就是这类研究的典范。它们在材料的利用和观点的论证上都有出色的成绩，为同行学者所肯定。其中，《西汉屯田与"丝绸之路"》还获得了广东省社会科学研究方面的奖项。

作为在广东出生并长期在广东工作的历史学者，张荣芳教授更为关注岭南地区的历史。秦汉时代是岭南地区开发的重要时期，秦始皇统一六国后，发兵经略岭南，并在其地置桂林、南海、象三郡。西汉初年，赵佗在此地建"南越国"。汉武帝元鼎六年（前111）汉朝平定"南越国"后，在此地设立南海、苍梧、合浦、郁林、日南、九真、交趾等七郡，后又增设儋耳、珠崖两郡。这个地区自古以来是百越聚居之地，秦皇汉武曾大量迁徙中原人民与百越杂居，大大促进了这个地区的发展。显而易见，对岭南地方史的研究应是整个中国秦汉史研究的一个重要方面。然而，秦汉史学界对这个地区的研究却一向薄弱，原因在于记载本地区历史状况的资料相当匮乏。正如第一位研究南越国史的清人梁廷枏所说的："尉佗王南越几（近）百年。……大事之可记述者必多，然当时别无记载。"可喜的是，新中国成立50年来，岭南地区发掘了大量的汉墓，出土了大量珍贵的文字或实物材料。这些材料在许多方面推翻了人们对"南蛮之地"的传统看法，证明岭南地区也有光辉灿烂的文化。从1979年起便开始从事岭南地区史研究的张荣芳教授，利用"天时""地利"和"人和"的优势，把最新的出土资料与历史文献资料相参证，发表了《秦汉时期岭南地区社会发展的划时代意义》、《略论汉初的南越国》、《汉代我国与东南亚国家的海上交通和贸易关系》（合著）、《汉代岭南的青铜铸造业》（合著）、《述论两汉时代苍梧郡之文化》（合著）、《从西汉南越王墓出土的玉器看秦汉时期岭南文化与中原文化的融合》、《论马援征交趾的历史作用》等一系列有价值的论文，提出了不少被史学界认为"很值得重视的意见"。后来，张荣芳教授在专题研究的基础上，又与他人合著了不同凡响的《南越国史》（广东人民出版社1995年版）一书。作为国家"八五"规划重点选题且获国家图书奖的《岭南文库》的一种，《南越国史》在前人研究的基础上，详尽地利用1949年以来的大量考古地下发掘材料，比较全面、系统、真实地复原了南越国创立、发展与衰亡的历史，描述了它在政治、经济、军事、文化、艺术等方面的情况，真实地展示了当时岭南地区的社会面貌，可谓半个世纪以来国内外南越国史研究的一个大总结。广州博物馆名誉馆长、著名的考古学家麦英豪先生称本书在创史、补史、证史上下了功夫，"是岭南地方史研究中耸立的一幢新的高楼大厦"。《光明日报》报道了该书的出版情况，认为该书"为今后南越国史研究垫下了一块基石"。这部著作后来分别获得广州市社会科学研究成果一等奖、广东高校人文社会科学研究成果二等奖、广东省社会科学研究成果三等奖等多个奖项。

除上文提到的专著外，张荣芳教授还于1995年11月在中山大学出版社出版了《秦汉史论集（外三篇）》。这部近30万字的著作收入他近年已发表和未发表的文章15篇。它们集中反映了张荣芳教授的治学特点和研究侧重。中国社会科学院历史研究所前所长林甘泉教授读了这部论集后，觉得张荣芳教授在若干方面做了"前人所没有做过的工作"，"无论在史料的占有或观点的说明方面，也都有所深入"。《中国史研究动态》的署名评论文章认为，收入该论集的论文"各有创见，有些在初发表时就产生过较大的影响，有些现在读来，仍然可以体味到新的意象"。作者特别指出张荣芳教授在对岭南地区历史的研究方面，"取得了值得肯定的成功"，"贡献显然是突出的"。

张荣芳教授在相当长一段时间里担任系和学校的要职，教学行政工作任务繁重，但他在从事学术研究工作的同时，也非常重视教学工作。这些年来，他先后为本科生开设过"中国古代史""战国秦汉考古""秦汉历史与文化"等专业基础课程和专业课程，为硕士研究生开设过"秦汉史与简牍研究""秦汉史籍选读与研究""马克思主义关于资本主义以前各社会形态的理论"等课程，为博士研究生开设过"秦汉史料研究""秦汉学术思想研究""简牍学""秦汉法制研究"等课程。这些课程内容丰富，点面结合，深入浅出，很有启迪性。在教学的过程中，他很注重对学生进行马克思主义史学理论素养和做学问的基本功的训练，向学生介绍学术前沿的最新动态，从多方面开发学生的思维，扩大学生的视野，因此深受学生的欢迎。在给学生传授知识的同时，他还十分注重道德素质和健康人格的培养。

张荣芳教授的出色业绩，使他获得了很多的荣誉：1985年被原广东省高等教育局评为"高教战线先进工作者"，1990年被中共广东省委高校工委评为"广东省高等学校优秀共产党员"，1993年获得国务院颁发的政府特殊津贴。

张荣芳教授治学，既善于将文献资料与考古材料、民族学材料相结合来讨论问题，注重了解与研究课题相关的基本材料和学术轨迹，亦十分讲求研究方法，这是他在南开求学时代学来的本领。最近，张荣芳教授写了一篇《治学方法从众师中来》的文章，记述郑天挺、王玉哲、杨志玖、杨翼骧、雷宗海等一批学养深厚的名师在治学上对自己的影响，他深情地说，南开历史系的恩师"教会我治学之道，也就是给我一枝在人生道路上前进的拐杖"。张荣芳教授自己使用过这枝"拐杖"，又把它传给自己的学生。他遵循韩愈"师者，所以传道授业解惑也"的古训去教育学生，在传道中讲治学之法。他告诫学生，为学之道，贵在有恒，绝无捷径；但适当的方法却是治学所不可或缺的。比如，他曾对学生说，研究学术以"小题大作"为好，论文在结构上应如橄榄，两头小中间大。他所说的"两头"，指的是切入点和结论；"中间"，指的则是论证过程。

张荣芳教授学风严谨，无论是教学还是著书，从不妄作浮言，不轻下结论。他一向坚持以马克思主义理论为治学的指导，注意吸收中国史学的求真传统和西方史学的实证方法，总是在充分握有材料、吸收前人研究成果的基础上进行认真的研究思考后才作出自己的结论。对有争论的学术问题，在没有获得确切的材料证明之前，他宁可采取存疑的态度。

张荣芳教授敦厚善良、虚怀若谷，虽历任要职而无"官架子"。在日常生活中，他给人的印象始终是一个谦虚谨慎、不事张扬的谦和君子，一个认真做人、踏实问学的普通知识分子的形象。正所谓"言传身教"，他的为人给学生以良好的影响。张荣芳教授热爱教育，热爱学生，对学生的求教问学总是循循善诱，使学生如饮甘霖，如沐春风，几乎所有的受教者都对他的热诚关怀留下深刻的印象。

"思乐泮水，薄采其芹。"张荣芳教授在科研和教学的田野里勤劳耕耘 30 余载，取得了显著的成绩。"生有涯而学无涯"，年届花甲的张荣芳教授仍耕耘不辍，把主要的教学精力放在博士生培养上；在学术方面，则正在从事"汉至六朝时期南方经济发展的文化阐释"的专题研究。相信在不久的将来，张荣芳教授又会有新作问世。

原载《学者的风范》，中山大学出版社 2000 年版。

附录三

在南开大学历史系读书时，任过课的部分教授照片

郑天挺先生（历史系主任），
主持中国文化史专题讲座

雷海宗先生，教外国史学名著
选读、外国史学史

左起第二杨生茂（教世界近代史）、左起第五魏宏运（教中国现代史）、左起
第六王玉哲（教中国先秦史）、左起第七吴廷璆（教亚洲史、马克思主义经
典著作选读）、左起第八杨志玖（教隋唐五代术元史）、左起第九杨翼骧（教
秦汉魏晋南北朝史）、左起第十来新夏（教中国史学名著选读）

以上照片选自南开大学历史系编《南开大学历史系建系七十五年周年纪念文
集》（1923—1998），南开大学出版社 1998 年版。

后　记

　　1995 年中山大学出版社出版我的《秦汉史论集（外三篇）》，内收我 1995 年以前写的主要论文，其中 12 篇是有关秦汉史的，其他内容有 3 篇，故名之曰《秦汉史论集（外三篇）》。1995 年以后，我继续研究秦汉史，秦汉史是我的专业，我招收的硕士生、博士生都是中国古代史专业，以秦汉史为研究方向的。所以，我不敢轻易离开我的专业，战战兢兢地在秦汉史领域里继续耕耘。这里所收入的秦汉史领域的论文，便是我 1995 年以来的 10 年间陆续写成的心得体会，绝大部分都是公开发表过的，只有 3 篇是第一次发表，另外几篇是 1995 年以前公开发表的书评，但 1995 年出版的论文集没有收入，这次一并将它收入，以反映我的研究轨迹。

　　1995 年以后，我除继续研究秦汉史之外，也较关注岭南文化的问题。岭南，本来是指我国南方的五岭（指大庾、骑田、都庞、萌渚、越城岭）以南的广大地区，具体而言，包括今天广东、广西两省区的绝大部分地区，海南省的全部及越南北部地区。但是，自东汉后期开始，岭南所指的范围逐渐缩小。到现代，人们为了方便起见，往往把"岭南"作为广东的代名词。本书所说的"岭南文化"的"岭南"用现代概念，主要指广东而言。我生于广东，18 岁负笈北上就读于南开大学。1964 年毕业后分配到北京中国科学院哲学社会科学部（今中国社会科学院的前身）历史研究所工作。在北京工作了 10 年。1973 年 10 月从北京调入中山大学任教。在中山大学已工作了 30 多年。今天，中国学术界倡导中国地域文化研究。而对岭南文化的研究，在广东亦方兴未艾。我生活于斯，也比较关注岭南历史上发生的事和对岭南做出过重要贡献的人以及反映岭南的书。本书收入的有关于岭南文化的论文，便是我近 10 年来写的有关岭南的事、人、书的评论。

　　本书的主要内容是关于秦汉史及岭南文化，故名曰《秦汉史与岭南文化论稿》。

　　书的附录，一篇是《治学方法从众师中来》，记录南开大学历史系老师对我的教诲。几十年来我基本上是按照老师所教我的方法从事教学与研究。一篇是我的博士研究生、中山大学古籍研究所研究员杨权写的《思乐泮水，薄采其芹》，原载中山大学出版社 2000 年出版的《学者的风范》一书。该文基本反映了我的治学轨迹，故附录于此，供读者参考。

　　我的学术经历可以分成三个阶段。在南开大学历史系求学阶段，我不敢说自己是一个好学生，但可以说是一个用功勤奋的学生。在这里得到历史科学的基本训练和治学方法。我在北京的 10 年，正值"文化大革命"的 10 年，可以说是学术荒废的 10 年。但是历史研究所丰富的图书资料开拓了我的眼界，众多著名学者的风范对我产生深刻的影响。啃读许多学者的名著，使我悟出学术道路艰辛的道理。刚到历史所时，我被分配在张政烺先生为组长的"物质文化史组"，他第一次与我谈话，说我对先秦两汉史有兴趣，就要熟读《史记》《汉书》。他并没有像当年一般的说教，先谈"物质文化史"的重要，要安心工作云云，而是强调你的"兴趣"，然后熟读原著《史记》《汉书》。短短的几句话，却指出了治学之道。我们在河南信阳明港兵营集中搞运动时，当时杨向奎先生负责烧锅炉，有一天我在锅炉旁向他请教西周周公东征之事，他指导我阅读日本林泰辅著、钱穆译的《周公》一书。先生说该书搜集材料最全，在掌握资料的基础上，才能有所发明。先生的片言只语，却是治学的金玉良言。在历史所的 10 年是我知识积累的 10 年，让我明白了学术为何物。我在中山大学历史系工作了 30 多年。中山大学历史系是一个历史悠久的学系，历来学者云集，一些教授以学术为生命，长期以来形成一种治学严谨的学术传统，对我的成长而言是一个很好的学术环境。历史系优良的学风，像一条无形的鞭子，时刻在鞭策着我。所以，我对历史系已故的先辈们和现在活着的比我年长或比我年轻的、具有赓续优良学风责任的教授们，表示崇高的敬意。我在中山大学写的文字，都是上述优良学风熏陶和历届领导支持的结果。在出版这本论集时，对他们表示衷心的感谢。

本书所收的论文，有几篇是与我的硕士生、博士生合著的，他们是文火玉、王川、曹旅宁、高荣、周永卫、李炳泉等，征得他们的同意，收入文集，在文后注明合作者。在此对他们表示感谢。

本书的校对、核对引文等工作是由我的几位博士生帮助完成的，他们是杨权、曹旅宁、周永卫、白芳、高荣、翟麦玲、贺红卫、丁邦友、陈莉等。对他们付出的辛勤劳动，我谨表深切的谢意。

本书能够出版，有赖于中华书局历史哲学编辑室主任冯宝志先生的支持与帮助，责任编辑欧阳红小姐付出的辛勤劳动，在此谨致以由衷感谢。

我的妻子黄曼宜，平时操劳家务，使我有时间从事研究。本书编辑出版时，她运用电脑技术帮我处理许多事情。在此亦对她表示感谢。

我期待着读者对本书的批评与指正。

张荣芳

2004 年 6 月 20 日于中山大学